HAYMON verlag

Hannes Leidinger

Der Untergang der Habsburgermonarchie

Gedruckt mit freundlicher Unterstützung durch die Kulturabteilung der Stadt Wien, Wissenschafts- und Forschungsförderung.

Auflage:
5   4   3   2
2020 2019 2018 2017

© 2017
HAYMON verlag
Innsbruck-Wien
www.haymonverlag.at

Alle Rechte vorbehalten. Kein Teil des Werkes darf in irgendeiner Form (Druck, Fotokopie, Mikrofilm oder in einem anderen Verfahren) ohne schriftliche Genehmigung des Verlages reproduziert oder unter Verwendung elektronischer Systeme verarbeitet, vervielfältigt oder verbreitet werden.

ISBN 978-3-7099-7066-9

Umschlag- und Buchgestaltung nach Entwürfen von
hœretzeder grafische gestaltung, Scheffau/Tirol
Umschlag: Eisele Grafik · Design, München, unter Verwendung
eines Bildes der ÖNB/Wien, Pf 19000 E 159 Ea
Satz: Da-TeX Gerd Blumenstein, Leipzig
© aller Bilder im Innenteil: ÖNB/Wien, Signaturen bei den jeweiligen Bildern,
außer Seite 9: Nina Rothfos

Gedruckt auf umweltfreundlichem,
chlor- und säurefrei gebleichtem Papier.

Inhalt

Vorwort – Eine kleine Trilogie 9

Teil I:
Der Blick von der Oberfläche in die Tiefe 10

Teil II:
Pfade durch das Dickicht der Widersprüche und Mehrdimensionalität –
Schlüsselfragen und „Architektur" des Buches 13
  Aktuelle Deutungen 13
  Erstaunliche Einsichten 15
  Das Schicksalhafte und der offene Horizont:
    Fragen an die Vergangenheit 16
  Die Gliederung des Buches 18
  Botschaften für die Nachwelt 20
  Der widersprüchliche Nachlass 21

Teil III:
Geschichte und Kakanien oder: „Ulrichs Welt" 24
  Wohin gehen wir? Ist alles unwägbar? 24
  Unsere Schritte werden gelenkt 26
  Der handelnde Mensch und sein Umfeld 27

Die Beständigkeit der Fragilität 31
  Habsburgs Welt der Vielfalt 32
  Staaten und Reiche auf tönernen Füßen 33
  Schritte in die „neue Zeit":
    Homogenisierungstrends und Gegentendenzen 36
  Die „Moderne" kommt auf Touren 38
  „Menschliche Sandkörnchen" im Reizstakkato
    des beschleunigten Wandels 40

K. (u.) k. Weltlaboratorium: Widersprüche,
  Paradoxien, Auflösung des Individuums 41
Trotz allgemeiner Entwicklungen: Außerhalb
  Österreichs geht die Historie andere Wege 43
In Kakanien ist jeder in der Minderheit 45
Latenter Überlebenskampf 48
Die Bedrohung durch Napoleon und
  das österreichische Kaisertum 50
Untergang nach tausend Jahren 52
Hilfe im Moment der großen Schwäche 53
„Balance" als Rettungsanker 55
1848: Der Zerfall droht 57
Das „Haus Österreich" behält die Oberhand 59
Terrainverluste 60
Königgrätz oder: „Aus Deutschland treten wir
  jedenfalls ganz aus" 62
Kurswechsel im Inneren 63
Der Doppelstaat 65
Böhmen: Keine Verständigung im
  „magyarischen Stil" 67
„Monarchie auf Kündigung" 68

Jahrhundertwende 71
  Pessimismus 72
  „Sein oder Nichtsein" 75
  Gefahren jenseits der Grenzen 81
  Vermögensverteilung 88
  Triste Verhältnisse 90
  Auswanderung 94
  Morbidität 96
  „Aufopferung" und „Ausmerzung" 101
  „Rede und Realität" 104
  Zeichen des Zusammenhaltes 109
  Reformideen und Kompromissbereitschaft 115

Wirtschaftstrends im internationalen Vergleich 121
Grenzen der Sozialpolitik 124
Die Unzulänglichkeit der einfachen Erklärungen 128
Der fortgesetzte Streit 132
Imperiale Ziele 138

Gewaltlösungen 147
Sturmzeichen 148
Entscheidung für den Krieg 152
Imageverlust und Weltbrand 158
Eskalation 163
Exzess 166
Der Verlust an Unparteilichkeit 170
Kein Umdenken 173
Das Elend der Internierten 179
Flüchtlingsdrama 184
Die Soldaten des Feindes 187
Ernüchterung 191
Ressourcenschlacht 194
Misere und Uneinigkeit 197

Anatomie des Zusammenbruchs 205
Der Tod des alten Kaisers 206
Stimmungslage im Vergleich:
    Ein Rückblick auf den Sommer 1914 210
Jenseits des Erträglichen 213
Fragwürdige Reaktionen 216
Signale aus Petrograd 220
Linksschwenk 224
Expansion 228
Ambitionierte Ziele 232
Die harte Wirklichkeit 235
Loyalitätsbekundungen 240
Die „Moral" der Truppe 243

Die polnische Frage 245
Doppelstrategien und Absetzbewegungen 247
Auslandszirkel und Verhandlungen 251
Abkehr von „Österreich" 256
Legionäre 260
Die wankenden Streitkräfte 263
Rebellion und Desertion 267
Innere Fronten 271
Parallelwelten 275
Markante Haltungsänderung 278
Der Kollaps 280
Schlusskommentare 290

Das Erbe 299
Kämpfe ohne Ende 300
Großraumdenken 308
Die Restaurationsfrage 314
Zwischen Hoffnung und Ernüchterung 319
Halbe Revolutionen 323
Kontinuitäten 328
Abgründe 330
Wendeerlebnisse 336
Schrittweises Absterben 341
Zerstörungshorizonte 344
„Vergeistigung des Nachlasses" 349

Ein kurzes Fazit – In sieben Teilen 353

Anmerkungen 359

Quellen- und Literaturverzeichnis 409

Personenverzeichnis 435

Vorwort – Eine kleine Trilogie

Der Mann ohne Eigenschaften

Teil I:
Der Blick von der Oberfläche in die Tiefe

Wahrhaft monumentale Werke – oft auf hohem wissenschaftlichem Niveau – sind in den letzten Jahren zur Habsburgermonarchie und zum Ersten Weltkrieg erschienen. Jeden, der an weiterführenden Informationen interessiert ist, muss es positiv stimmen, dass diese umfangreichen Studien vielfach eine große Leserschaft gefunden haben.

Die erhöhte Nachfrage konterkariert zugleich Tendenzen unter anderem im Bildungswesen, „Sachwissen" – gerade im „Fach Geschichte" – zugunsten sogenannter „Schlüsselqualifikationen" in den Hintergrund zu drängen. Das dabei geäußerte Bedürfnis, von der uferlosen Aneignung der Datenmengen wegzukommen und „pädagogische Orientierungshilfen" anzubieten, verlangt bisweilen mit gutem Grund nach übersichtlichen Darlegungen in „Grundzügen". Vereinfachungen werden eingefordert. Und tatsächlich scheint es oft möglich, die jeweilige Sachlage nicht unnötig zu verkomplizieren.

Andererseits bleibt unbestritten, dass komplexe Verhältnisse – vor allem in der „großen historischen Erzählung" über ganze Länder und Epochen oder sogar darüber hinaus – nur um einen mitunter hohen Preis zu simplifizieren sind. Geschichte mag in Archiven und Bibliotheken, in Aktenkartons, „Beschlagwortungen" und Publikationen „strukturiert" erscheinen. Das „Urmaterial", die Zeugnisse der Vergangenheit, aber auch die wachsende Zahl von nachfolgenden Interpretationen bilden in Summe jedoch ein zeitweilig irritierendes Datenchaos.

Ordnung ist immer wieder aufs Neue nicht nur zu hinterfragen, sondern auch zu schaffen. Kategorien und Zuschreibungen werden gleichermaßen überdacht wie hervorgebracht. Im Gliederungsprozess widersetzen sich manche Aspekte der Ein- und Unterordnung. Erweisen sie sich als repräsentativ, bilden sie Gegennarrative. Wir müssen ihnen Raum geben.

Diese allgemeine Erfahrung im Umgang mit Geschichte gilt in gesteigertem Maße für fragile Gemeinwesen und Reichsgefüge, für Herrschafts- und Gesellschaftssysteme, deren Fortbestand – oft über längere Zeit – im fast buchstäblichen Sinn auf „des Messers Schneide" stand. Die Habsburgermonarchie, ihre „Länder, Völker und Kulturen" sind dafür ein gutes Beispiel.

Die Geschichte, die hier zu erzählen ist, besteht nicht bloß aus der Abfolge von Krisen bis hin zur „Zerreißprobe" einerseits und Phasen der Entspannung andererseits. Ebenso wenig geht es lediglich um divergierende Perspektiven von einzelnen Akteuren, sozialen Gruppen oder Schichten. Vielmehr schaffen es gerade bei gründlicher Betrachtung selbst ein und dieselben Fakten, gänzlich unterschiedliche Konsequenzen hervorzubringen. Diese Gegensätze, ihre Verflechtung oder Auflösung, münden in Irritationen und regelrechte Paradoxien.

Sie bewirken außerdem, dass das „Spiel" der Kräfte mehr als nur aus einem Blickwinkel lange offenbleibt, ja bis kurz vor dem Ende unentschieden ist. Man kann sogar noch weitergehen und fragen: Wurde es vielleicht auf bestimmten Ebenen über die vermeintliche „Schlussminute" hinaus noch fortgesetzt?

Die Kapitel dieses Buches, und zunächst einmal explizit die nachfolgenden Texte der „Vorwort-Trilogie", haben sich unzähligen Vertiefungen und Kausalitätsproblemen zu stellen. Sie betreten zuerst den Raum unterschiedlicher Lesarten der (habsburgischen) Geschichte, öffnen sich dann der Mehrdimensionalität und den Verzahnungen historischer Entwicklungen und Phänomene, um sich dann in einer sehr „kakanischen" Art und Weise vor dem Hintergrund der „Gefahr des Untergangs" mit Erkenntniszweifel und existenzieller Skepsis zu befassen.

Diese Abschnitte der „Vorwort-Trilogie" sind – zugegeben – keine „Schonkost", aber dem Thema angemessen. Wer dennoch „Abkürzungen" auf dem Weg zum Hauptteil des Buches bevorzugt, dem sei der Wiedereinstieg am Beginn des Kapitels „Die Beständigkeit der Fragilität" anempfohlen. Hier wird skizzenhaft – in kurzen Gedankenfeldern – eine weiter zurückliegende, ferne Geschichte erfasst, die uns zu den letztlich alles entscheidenden Dekaden, Jahren, Monaten und schließlich Wochen bis zum Untergang der Habsburgermonarchie hinführt.

Teil II:
Pfade durch das Dickicht der Widersprüche und Mehrdimensionalität – Schlüsselfragen und „Architektur" des Buches

Aktuelle Deutungen

„Konnte es wenigstens für ein föderalistisches Österreich eine Zukunft geben", nachdem es bei Königgrätz von Preußen besiegt und aus „Deutschland hinausgedrängt" worden war? Konrad Canis' aktuelle Veröffentlichung zur „bedrängten Großmacht" Österreich-Ungarn im „europäischen Mächtesystem" stellt diese Schlüsselfrage und widmet sich dabei der Zeit bis 1914. In einer äußerst differenzierten Darstellung, die internationale Beziehungen immer wieder mit innenpolitischen Entwicklungen abgleicht, gelangt Canis zu einem insgesamt eher negativen Ergebnis: Für ein Weiterbestehen „gab es kaum Aussichten. So zeichnete sich bereits 1866 das Dilemma ab. Allein halbe und instabile Kompromisse schienen möglich. Deshalb ist die Auffassung ziemlich verbreitet, daß dem danach neukonstruierten System die Gefahr des Verfalls von Anfang an eigen war".[1]

Obwohl sich die Habsburger aus der „revolutionären Krise" von 1848 „herauswinden konnten", war ihnen auf dem diplomatischen Parkett der „Stempel der Reaktion und des Stillstandes aufgedrückt", mangelte es ihrem Reich „an wirtschaftlichem, politischem, militärischem und finanziellem Potential", so der Befund. Und weiter: „Alle Faktoren zusammengenommen lassen erkennen, wie begrenzt die Zukunftsaussichten des Systems" waren. „Nach Königgrätz schien lediglich Zeit gewonnen", um „vorläufig eine gewisse innere Sicherheit und Voraussetzungen für eine Großmachtpolitik zu gewinnen, deren Grenzen sich jedoch rasch zeigen sollten. Eine Gewähr, gar eine sichere Entscheidung für die Zukunft bedeutete" das aber nicht.[2]

Trotzdem gilt die Einschränkung: „Das Urteil, den Anfang a priori auf ein absehbares unvermeidliches Ende der Doppelmonarchie zulaufen zu sehen", geht „zu weit, wenngleich durch den Verlauf bis zum Ende dieser Weg vorgezeichnet scheint".[3]

Wie aber mit dieser Einschätzung umgehen? Gewiss stimmt es, dass Ideen, Pläne und Konzepte existierten, „die nicht alle von vornherein zum Scheitern verurteilt sein mußten". Und ebenso zutreffend ist es, dass auch in der Vergangenheit die „Perspektiven für die Zukunft" erst „einmal offen" waren. Krisen „konnten sich verstetigen oder sogar verschärfen. Doch sie konnten sich auch abschwächen. Es konnten neue Entwicklungen eintreten, die Chancen boten, nach innen wie nach außen".[4]

Diesen Ansatz greift ein fast zeitgleich erschienenes Buch von Pieter M. Judson auf, das sich im englischen Original als „neue Geschichte" des habsburgischen Imperiums versteht und dessen Überlebensfähigkeit betont: „Die Beamten und Parteipolitiker" des Reiches „hatten schon seit langem Flexibilität und Kreativität an den Tag gelegt, wenn es darum ging, strukturelle Änderungen auszuhandeln, die zu einem besseren Funktionieren" des Gemeinwesens „beitragen und ihm langfristige Stabilität verleihen sollten".[5] Auch als Hort der Abwehr gegen Modernisierungserscheinungen lasse sich die Donaumonarchie nicht begreifen, heißt es hier des Weiteren. Denn: Unter anderem die Wahlen bestätigten, „dass die Hoffnungen der Regierung, und sogar des Kaisers, die Reform könnte überregionale Parteien an die Macht bringen, die darauf aus waren, das Reich gegen die regionalen

Kräfte des Nationalismus zu stärken, berechtigt gewesen waren".[6] Also ein System „mit Zukunft", dem im Übrigen auch auf der Mikroebene keineswegs der Todesbazillus eingepflanzt war? Schließlich zeigten Untersuchungen, dass sich „Gegensätze" größtenteils „in Luft auflösten, wenn man Ergebnisse aus der Untersuchung lokaler Gesellschaften zur Überprüfung heranzieht".[7]

Die jüngsten Publikationen widersprechen einander keineswegs diametral, verfügen allerdings nur über beschränkte Schnittmengen. Gegenläufige Argumentationstendenzen scheinen, wie von den Autoren hervorgehoben, vom Fokus abzuhängen, etwa vom Blick auf die inneren Entwicklungen einerseits oder auf grenzüberschreitende Phänomene und Spannungsfelder andererseits.

Erstaunliche Einsichten

Im einen wie im anderen Fall aber überraschen die Ereignisse von 1914 und bis zu einem gewissen Grad sogar die Geschehnisse in den nachfolgenden Jahren: Das System hielt, anders als oft vorhergesagt, dem „Großen Kräftemessen" zunächst stand: Die Soldaten aller Völker schlugen sich im Ersten Weltkrieg für „ihren Kaiser" mit bemerkenswertem Gehorsam. Uniformierte wie Zivilisten begehrten nicht gegen den Waffengang auf und lieferten – wenn auch in unterschiedlicher Intensität – Beispiele für „loyales Verhalten".

Und nicht nur das. Auch aus anderen Blickwinkeln betrachtet konnten die imperialen Eliten noch zur Jahreswende 1916/17 zufrieden sein: Serbien besiegt und besetzt. Rumänien ebenso. Russland zurückgedrängt und im Inneren geschwächt. Italien erfolgreich abgewehrt. Neue Gebiete hinzugewonnen und zukünftig möglicherweise unter dem Einfluss der habsburgischen Dynastie. Mit Karl ein junger Kaiser an der Macht, voll guten Willens und trotz geringer Erfahrungen auf dem Weg, den Völkern der Monarchie die Hand zu reichen. Selbst unter den radikalen Nationalitätenvertretern noch keine eindeutige Abwendung vom gemeinsamen Staat. Ergo: Der Erste Weltkrieg vereinfachte die Lage Österreich-Ungarns zwar keineswegs. Aber die Anzeichen eines völligen Zusammenbruchs hielten sich trotz sozialer Spannungen und wirtschaftlicher Krisen in Grenzen.

Die Umwälzungen der folgenden Jahre waren keine ausgemachte Sache, auch nicht für die „Feindesländer" – erst recht nicht vor 1914. Zwar sprach die in- und ausländische Presse 1913 von einem skandalgeschüttelten Reich, das keine Idee, sondern lediglich eine Verwaltung besitze und „schwer erkrankt" das Bett hüten müsse.[8] Aber handelte es sich deswegen schon um ernstzunehmende Andeutungen eines nahenden Ablebens?

Die Symbolfigur der „Altersschwäche" und des Anachronismus, Franz Joseph I., wurde jedenfalls selbst von jenen Kräften, die den „großbürgerlichen-aristokratischen Eliten" nicht allzu nahestanden, differenzierter gesehen. Bei seinem Regentschaftsjubiläum 1908 war in Bezug auf den k. u. k. Staat außerdem von der „Einschränkung" weiterer „räumlicher" Entfaltung die Rede, gleichzeitig aber auch von „unbegrenzten inneren Entwicklungsmöglichkeiten".

Das Schicksalhafte und der offene Horizont: Fragen an die Vergangenheit

Im Widerspruch dazu standen freilich fortgesetzte ethnische Konflikte und Warnungen vor dem Reichszerfall, gefolgt von der Tatsache, dass der Kollaps im November 1918 Wirklichkeit wurde, es dafür also „gute Gründe" geben musste. Für manche Beobachter und Kommentatoren präsentierten sich die Geschehnisse jedenfalls als Verkettung unvermeidlicher Umwälzungen. Schicksalhaft trat vor ihr Auge eine „Logik des Zusammenbruchs".

Die vermeintliche Vorherbestimmtheit des Nieder- und Untergangs in der Retrospektive forderte freilich angesichts der irritierenden Gegenbilder zu Widerspruch heraus, wie auch einige eingangs zitierten Wortmeldungen belegen, die letztlich immer wieder um die Frage kreisen: Hätte es also doch anders kommen können?

Eine vielfach zum Spekulativen verführende Geschichtsdeutung ist allerdings gar nicht nötig. Dem Kontrafaktischen als reizvolles Gedankenspiel treten nachweisbare Alternativen in den Quellen gegenüber. Und mit ihnen drängen sich noch einmal Schlüsselfragen auf: War das Ende 1918 unausweichlich, vielleicht verspätet, vielleicht vorzeitig? Oder existierte die Donaumonarchie in gewisser Weise ohnehin weiter? Nicht bloß als „Erbe des Doppeladlers", nicht nur – wie so oft belegt – kulturell und mental?[9]

Bei genauerer Betrachtung löst sich der „November achtzehn" als scharfer Trennstrich zwischen den Epochen auf. Raumkonzepte, Handelsnetze, Wirtschaftskontakte, Entscheidungsmechanismen, Rechts- und Elitenkontinuitäten geraten in den Blickpunkt. Darüber hinaus wirkt die Zäsur gewissermaßen wie die Umwandlung der einen „Monarchie" in viele „Imperien".

Aber bestanden zwischen diesen nur Ähnlichkeiten und Gemeinsamkeiten oder vielmehr tiefer gehende Verflechtungen? Gab es einen „Commonwealth" des Donauraumes, und wenn ja, wie lange? Waren seine multikulturellen, grenz- und milieuüberschreitenden Signaturen geradezu idealtypisch etwa in die jüdischen Lebenswelten eingeschrieben?

Und fern von jeder Nostalgie: Bildeten der Donauraum, „Österreich" und das „Haus Habsburg", wie so oft dargestellt, eine untrennbare Einheit, oder gab es Hinweise auf lang zurückreichende Reibungsflächen und Entflechtungen zwischen dem, was angeblich unzertrennlich war?

Die Gliederung des Buches

Das Buch folgt gegenläufigen Erzählungen und Interpretationen, die vielfach von gewohnten Sichtweisen wegführen. Es misst den zweifelsohne erkennbaren Epochenbruch von 1917/18 daher neu ein, zergliedert sich doch die Historie in unterschiedliche geographische, zeitliche, materielle und geistige Räume, Tempi, Kontinuitäten, Beschleunigungen und Zäsuren, Beständigeres und Kurzfristiges oder „Ereignishaftes". Miteinander verflochten, verursachen sie Zuspitzungen und Entspannungen, schaffen und überwinden sie Widersprüche oder Paradoxien, bringen sie „Wellenbewegungen" und Zyklen ebenso hervor wie tiefer liegende, lineare, scheinbar zielgerichtete Tendenzen.

Derlei abstrakte Phänomene fordern zur konkreten Überprüfung auf, die nur mit Hilfe von detaillierteren Darstellungen auf verschiedenen Zeitebenen gelingen kann. Bisweilen sind etwa allgemeine Entwicklungen, regionale und epochenspezifische Eigentümlichkeiten oder auch eventuelle „Konstruktionsfehler" der habsburgischen Herrschaft nur mit einem Blick in die weit zurückliegende, Jahrhunderte entfernte Vergangenheit zu verstehen. Das erste Kapitel, das den Titel „Die Beständigkeit der Fragilität" trägt, befasst sich unter anderem damit. Schlaglichtartig, in kleinen „Portionen", wird hier eine Art Vorgeschichte geboten, die das Feld für die weiteren Ausführungen aufbereitet. Zum Verständnis des Folgenden, das ausführlicher – in stetem Abwägen von Pro- und Contra-Argumenten – die Effekte unterschiedlichster Trends und Aspekte aufgreift, sind sie unerlässlich. Ein zweiter Längsschnitt behandelt auf dieser Grundlage dann die Donaumonarchie während der widersprüchlichen und langen „Jahrhundertwende", die hier in etwa von 1870 bis zum Vorabend des Ersten Weltkrieges reicht. Letzterem sind wiederum die zwei Abschnitte „Gewaltlösungen" und „Anatomie des Zusammenbruchs" gewidmet. In ihnen treten die Geschehnisse und Wendepunkte bisweilen innerhalb weniger Monate oder auch nur einiger Wochen in das Blickfeld der Betrachtung. Schließlich weitet sich der Horizont im abschließenden Teil erneut: „Das Erbe" der Habsburgermonarchie in seinen vielen Facetten und mit seinen unterschiedlich langen Nachwirkungen steht im Mittelpunkt.

Die „Architektur" dieses Gedankengebäudes verlangt darüber hinaus, um nicht zu theoretisch oder skizzenhaft zu bleiben, nach einer balancierten Zusammenschau von Details und Gesamtheit, von Individuellem und Kollektivem. Atemberaubende Fallhöhen zwischen dem persönlichen Erleben und der „monumentalen", abstrakten oder „großen Geschichte" entstehen. Nicht immer können sie ausgeglichen werden. Mitunter lässt sich eine gewisse Unausgewogenheit der Darstellung kaum vermeiden, abgesehen von notwendigen Lücken, um wenigstens ansatzweise den „Bogen zu spannen".[10] Die „großformatigen Narrative", die spezifische Erkenntnisse miteinander verbinden, sind und bleiben Wagnisse, die weiterhin die Schilderung der „Einzelheiten" einfordern. Aus ihnen besteht der „Tragbalken" auch für hinkünftige Versuche, ausgreifende „Erzählstränge" zu entwerfen.[11]

Botschaften für die Nachwelt

Die „Qual" der Auswahl von Signifikantem, die Suche nach dem Repräsentativen, inkludiert mögliche Fehlerquellen bei der Analyse des „historischen Stoffes" ebenso wie die schwierige Frage nach der Bedeutung des Geschehenen für spätere Epochen. Liegt im Austarieren der Interessen eines „Vielvölkerstaates" wie der Donaumonarchie sowie in deren Scheitern eine Botschaft für die Nachwelt? Haben bestimmte Pläne, Modelle und Ausgleichsbestrebungen Vorbildcharakter? Oder dienen sie ganz im Gegenteil als Warnung? Befindet sich unter den Zerstörungshorizonten einer fernen Epoche und versunkenen Gesellschaft, die andere Lebenswirklichkeiten, Prinzipien, Regeln und Werte repräsentiert hat, das Leichengift des verwesenden Doppeladlers? Und entfaltet dieses Erbe „Kakaniens" auch heute noch seine Wirkung?

Carlo Moos stellt in seiner 2016 erschienenen, ausführlichen und multiperspektivischen Untersuchung über das Weiterleben der habsburgischen Welt jedenfalls fest: Ungarn trauerte und „trauert offensichtlich" selbst gegenwärtig „der Zerschlagung seines tausend Jahre alten Königreichs nach".[12] Und „auf der anderen Seite der Grenze", nämlich in der Slowakei, steht „keineswegs alles zum Besten. So hat Bratislava" ein „neues Sprachengesetz in Kraft gesetzt, wonach in dem auch von Magyaren" bewohnten Süden des Landes „nur noch Slowakisch gesprochen werden darf und die zweisprachigen Ortsschilder verschwinden sollen".[13] Während wiederum ungarische Intellektuelle ihrem eigenen Land einen auch aus den österreichischen Erinnerungskulturen bekannten Hang zum „Verdrängen, Verschweigen" und „Beschönigen der Wahrheit" nachsagen[14], haben die Balkankriege des ausgehenden 20. Jahrhunderts auf besonders grausame Art Assoziationen geweckt: Sarajewo in den 1990er Jahren und der nationale Hass in weiten Teilen Südosteuropas verwiesen auf Streitpunkte, die weit zurückreichten, am Anfang unheilvoller Ereignisketten standen und offensichtlich nach wie vor ungelöst waren oder noch sind.

Aber nicht immer geht es dabei um die direkte Folge unbewältigter Konflikte oder deren „Wiederauftauen", beispielsweise nach der „frostigen Ära" der kommunistischen Systeme. Geschichte fungiert auch und vor allem als Reservoir bisweilen fragwürdiger Neubewertungen und Konstruktionen. Im Dienste aktueller Interessen gleicht der vorhandene, beliebig verwendbare „Datenschatz" manchmal einem Giftschrank, der besser geschlossen bliebe. Kritische Gedächtniskultur und entmythisierende Historiographie sind daher gefordert.

Der widersprüchliche Nachlass

Die unvoreingenommene Analyse könnte im Falle der Donaumonarchie und speziell in den letzten Dekaden ihres Bestehens aber auch einiges an Positivem zu Tage fördern: Kulturelle Vielfalt, wissenschaftliche Innovation, künstlerische Kreativität, Kompromiss- und Ausgleichsbemühungen, (zarte) Ansätze eines Sozialstaates, (halbwegs) zufriedenstellende Konjunkturdaten vor 1914, Modernisierungs- und insbesondere auch Emanzipierungs- beziehungsweise Demokratisierungsprozesse, die konstitutionelle Schiedsrichter- und Vermittlerfunktion zentraler Reichsinstitutionen, vor allem für bestimmte Schichten das Stabilitätsgefühl der alten Ordnung, eine maßvolle Politik der kleinen Schritte mit der Tendenz zur „wohltemperierten Unzufriedenheit".[15]

An diesem Punkt wäre freilich mit einer nicht minder langen Liste von Defiziten fortzusetzen: religiöse Intoleranz, rassistischer Hass, „völkische" Aggression und Herrschsucht, Standesdünkel, antiquierte Ehrbegriffe, hierarchisches und autoritäres Denken, Klassengegensätze und eine ungerechte Vermögensverteilung, imperiale Überheblichkeit und kolonialistische Attitüden, rücksichtslose Kriegsbereitschaft als Fortsetzung der Politik mit anderen Mitteln, statt einem Miteinander vor allem auch in nationaler Hinsicht ein Nebeneinander und schließlich ein Abrücken voneinander.

Darüber hinaus existieren gute Gründe, vor allem die Tätigkeit und die Entscheidungen der Hof- und Regierungskreise kritisch zu bewerten, gesellschaftliche und individuelle Aktionsradien zu rekonstruieren und Verantwortlichkeiten zu benennen. Ebenso richtig und wichtig erscheint es aber gleichfalls, den zeitlichen Kontext im internationalen Vergleich zu erfassen. Zurecht wird mithilfe dieses Blickwechsels manches, was auf der Haben- oder Sollseite der Donaumonarchie zu verbuchen ist, seine scheinbar spezifische „kakanische Färbung" verlieren. Es kommen – speziell hinsichtlich der „langen Jahrhundertwende" – Phänomene und Erscheinungsformen zur Sprache, Begrifflichkeiten oder Untersuchungsverfahren zur Anwendung, die auf grenzübergreifende, mitunter sogar globale Trends und bisweilen einfach auf Facetten des Allgemeinmenschlichen rekurrieren. Naturgemäß orientieren sich diese letztlich nicht an den habsburgischen Macht- und Einflusssphären – weder in geographischer noch in zeitlicher Hinsicht. Gerade darin liegt aber ebenso die Möglichkeit eines Erkenntnisgewinnes. Wie die Resultate der Analysen auch ausfallen mögen und beurteilt werden: Sie verweisen jedenfalls immer wieder auf die Gegenwart. Im Generellen wie Spezifischen gilt daher vor diesem Hintergrund: Die Vergangenheit, gerade die habsburgische, kann gelegentlich tatsächlich als „Lehrmeisterin" für die Nachgeborenen und die augenblicklichen Entscheidungsträger wahrgenommen werden. Die österreichische Geschichtserfahrung hat – zumindest – europäische Relevanz.

Teil III:
Geschichte und Kakanien oder: „Ulrichs Welt"

Wohin gehen wir? Ist alles unwägbar?

„Der Weg der Geschichte ist also nicht der eines Billardballs, der, einmal abgestoßen, eine bestimmte Bahn durchläuft, sondern er ähnelt dem Weg der Wolken, ähnelt dem Weg eines durch die Gassen Streichenden, der hier von einem Schatten, dort von einer Menschengruppe oder einer seltsamen Verschneidung von Häuserfronten abgelenkt wird und schließlich an eine Stelle gerät, die er weder gekannt hat, noch erreichen wollte. Es liegt im Verlauf der Weltgeschichte ein gewisses Sich-Verlaufen", denkt Ulrich, der Mathematiker, Philosoph und „Nicht-Held" in Robert Musils Klassiker „Der Mann ohne Eigenschaften".[16] Den gedanklichen „Abschweifungen" folgend, kommt Ulrich selbst vom Weg ab, muss „einen Augenblick anhalten" und sich neu orientieren, um „den Weg nach Hause [zu] finden". Inmitten der Irritation denkt er auch an „seine Militärzeit: Die Eskadron reitet in Zweierreihen, und man läßt ‚Befehl weitersagen' üben, wobei ein leise gesprochener Befehl von Mann zu Mann weitergegeben wird; befiehlt man nun vorne: ‚Der Wachtmeister soll vorreiten', so kommt hinten heraus: ‚Acht Reiter sollen sofort erschossen werden' oder so ähnlich. Auf die gleiche Weise entsteht auch Weltgeschichte".[17]

Diese Unwägbarkeiten rufen in ihm jedoch eine Art Protest hervor, das Verlangen nach Gestaltung und Zielstrebigkeit: „Warum macht der Mensch nicht Geschichte, das heißt, warum greift er aktiv Geschichte nur wie ein Tier an, wenn er verwundet ist, wenn es hinter ihm brennt, warum macht er, mit einem Wort, nur im Notfall Geschichte?"[18]

Ob sich solcherart auch Maximilian Wladimir Freiherr von Beck angesprochen fühlte, der als k. k. Ministerpräsident zwischen 1906 und 1908 bedeutende Reformen auf den Weg brachte? Einige Zeit später, im Dezember 1913, schien sich in ihm jedenfalls Ulrichs Gefühl des „Sich-Verlaufens" breitgemacht zu haben. Als Mitglied des Wiener Parlaments, des „Reichsrates", konstatierte er hinsichtlich der jüngst ausgetragenen gewaltsamen Auseinandersetzungen auf dem Balkan und der danach „abgeschlossenen Vereinbarungen", dass hauptsächlich „auf dem Gebiete der Weltgeschichte die Dinge oft ganz anders kommen, als die Betreffenden, die einen Blick in die Zukunft tun wollen, vermeinen".[19]

Wie sehr er damit in Bezug auf seinen Kollegen Josef Maria Baernreither, der 1916/17 Minister „ohne Portefeuille" werden sollte, Recht behielt, konnte Beck freilich nicht annähernd erahnen. Wenig Monate vor dem Attentat auf den habsburgischen Thronfolger Franz Ferdinand und seine Gemahlin in Sarajewo, am Vorabend des „Weltenbrandes", hatte Baernreither den Parlamentariern prophezeit: „Wir treten jetzt in eine Periode relativer Ruhe ein. Es ist uns wieder einmal eine Frist gegeben zu innerer Arbeit. [...] Und es ist höchste Zeit, dass wir den Andeutungen, den Mahnungen der Geschichte, die uns auf diesen Weg drängen, nachkommen und sie befolgen. Denn dessen seien Sie versichert, meine Herren, das Auftreten des Staates in der Zukunft, die Möglichkeit, in der Zukunft vielleicht kräftiger und entschiedener aufzutreten, als das bis heute der Fall war, hängt lediglich davon ab, ob und wie wir unsere inneren Verhältnisse zu konsolidieren imstande sind."[20]

Das Plädoyer, nicht nur im „Notfall" – wie ein „verwundetes Tier" – zu handeln, entsprach keineswegs bloß dem Geschmack des fiktiven „Mannes ohne Eigenschaften". Baernreithers reale Zuhörerschaft war gleichfalls begeistert. Er wurde zu seinen Worten „beglückwünscht". Das Auditorium spendete „lebhaften Beifall".[21]

Unsere Schritte werden gelenkt

Dem hier akklamierten „Tatmenschen" oder „Geschichte Machenden" tritt jedoch nicht allein die Figur „des durch die Gassen Streichenden" gegenüber. Ulrichs Bild des „Sichverlaufens", des „Verlorenseins" und „Verlorengehens", der Unvorhersagbarkeit, Willkür und Zufälligkeit wird fast unauffällig auf eine ganz andere Weise ebenfalls konterkariert. Schließlich lenken „Menschengruppen" und die „Verschneidung der Häuserfronten" viele Schritte des „Nicht-Helden". Die Stadt, die vor unserem geistigen Auge entsteht, ihre Einwohner, Architektur, Straßenzüge und Gebäude erweisen sich als geeignete Metapher für die „Begrenzung der Unwägbarkeiten".

In Modellen der historischen Zeiten sind demzufolge die menschlichen Handlungen im Wesentlichen von grundlegenden „Konjunkturen und Strukturen" bestimmt. Diese Synonyme für die „Menschengruppen" und „Häuserfronten" lassen in manchen Betrachtungsweisen wenig Platz zur Um- und Neugestaltung. Man kann hier auch maritime Bilder heranziehen: „Majestätisch wie das in seiner Tiefe unbewegte Meer" ist die fast stationäre Zeit des geographischen Raumes, die „anonyme, tiefe und oft stille Geschichte, die eher die Menschen macht, als von ihnen gemacht wird". Rasch bewegt, wie die Wellen, die über die Wasseroberfläche „huschen, und flüchtig, wie der Schaum, der sie bekrönt", ist andererseits die Zeit der Ereignisse. Diese ist eine „blinde Welt wie jede lebendige, wie die unsere", die sich nicht um jene Gewässer kümmert, „auf denen unsere Barke wie das trunkenste aller Schiffe dahintreibt".[22]

Die darin enthaltene Tendenz zu einer neuen Variante des Determinismus ruft allerdings Widerspruch hervor. Gerade die Erfahrungen der „Kakanier" Beck und Baernreither, ihre Einbettung in Entscheidungsmomente mit offenem Ausgang, sollten vor allem Historiker davor bewahren, aus dem Übermut des Nachgeborenen, der Retrospektive und dem Wissen, was folgte, zum „rückwärtsgewandten Propheten" zu mutieren. Die „große Geschichte" hat vielmehr auf ihre Bausteine hin untersucht zu werden, speziell auf die „ständige Gegenwart des Menschen, der in den Küsten, Gebirgen und Wasserebenen anwesend ist", der also keineswegs allein zum Schöpfer von Kulturen, Gesellschaften und Staatswesen, sondern durchaus auch von Naturräumen werden kann.[23]

Die „Ausweitung der Zivilisation"[24] untermauert dieses Argument, wobei sich das „gestaltende Individuum" mit neuen Herausforderungen zu befassen hat. Ansatzweise ließ dies Robert Musil auch seine Hauptfigur erkennen – mit einer bemerkenswerten Wandlung des Menschenbildes. Ein Gesprächspartner Ulrichs erklärte nämlich zunächst eher beiläufig, dass man schon froh sein müsse, „wenn die Politiker und die Geistlichen und die großen Herren, die nichts zu tun haben, und alle anderen Menschen, die mit einer fixen Idee herumrennen, das tägliche Leben nicht stören".[25]

Der handelnde Mensch und sein Umfeld

Das hatte weitreichendere Implikationen, als der vorhergehende Satz zunächst vermuten ließ: Schließlich wurde dabei ein Gegengefühl zum „Tatmenschen" immer „lebendiger" – und damit der Befund, dass „sich die Zeit der heroisch-politischen Geschichte, die vom Zufall und seinen Rittern gemacht wird, zum Teil überlebt hat und durch eine planmäßige Lösung, an der alle beteiligt sind, die es angeht, ersetzt werden muß". An anderer Stelle dazu Ulrich: Der „exakte Mensch ist heute vorhanden! Als Mensch im Menschen lebt er nicht nur im Forscher, sondern auch im Kaufmann, im Organisator, im Sportsmann, im Techniker; wenn auch vorläufig nur während jener Haupttageszeiten, die sie nicht ihr Leben, sondern ihren Beruf nennen". Der andere, „leidenschaftliche", „urfeuerähnliche Teil" könne daher aber auch nicht übersehen werden: Es „herrsche eine paradoxe Verbindung von Genauigkeit und Unbestimmtheit", ein Ineinandergreifen der Widersprüche.[26]

Diese Verflechtung spiegelt sich zudem im wechselseitigen Verhältnis von „Kulturformationen" und damit verknüpften Zeitschichten wider, in denen der Mensch agiert. Vor allem die simple Dichotomie eines vermeintlichen Gegensatzpaares „Ereignis und Struktur" sowie die vielfach angedeutete Trennung in eine Geschichte der „kurzen", „mittleren" und „langen Dauer" erweisen sich als fragwürdige Konstruktionen. Nicht allein zwei oder drei, im Übrigen oft wenig dynamisch konzipierte Zeitebenen stehen sich gegenüber. Im Gegenteil. Zahleiche Phänomene mit verschiedener „temporaler Erstreckung", vielfach und immer öfter von Menschen hervorgebracht, sind ineinander verwoben und fordern als Angebote, Möglichkeiten und Alternativen nachgerade den Einzelnen zur Aktion auf. Denn auch das hatte Freiherr von Beck nachdrücklich verlangt: Dass nämlich „eigentlich der feste Ausgangspunkt für den Weg in die Zukunft in der eigenen Kraft und in dem auf diese gestützten Selbstvertrauen gesucht werden" müsse.[27]

So sehr der Akteur in seinem Handlungsspielraum eingeengt scheint, von Strukturen, langsamen und anonymen

Transformationen, von „Kultur- und Naturformationen" umstellt sein mag: Er bringt diese doch wenigstens mit hervor. Der kurze Moment sowie ein an seiner Rationalität und seinen Möglichkeiten (vielleicht) zweifelndes Individuum sind die „atomaren Bausteine" des Geschichtsstoffes. Sie sind unterscheidbar, wie – zugegeben ein wenig schmeichelhafter Vergleich – der „Hund, der heute gestorben ist, von jenem, der Morgen stirbt".[28] Und für den Prozess des Historischen noch wichtiger: Der Augenblick und die menschlichen Taten gliedern sich in Typen, die einmal eher Beharrung oder Kontinuität und ein anderes Mal Veränderungen, Beschleunigungen oder Brüche zur Folge haben. Sie repräsentieren den kürzesten Moment ebenso wie den „Baustoff" für langandauernde Haupt- und Weltereignisse, für (beinahe) Allgemeingültiges und (scheinbar) Unabänderliches. Dieser Spannungsbogen gleicht dem „kakanischen Aktionsraum" – vom beinahe verwirklichten Anspruch auf Weltordnung und Universalherrschaft bis zu den Paradoxien oder der Auflösung von Kategorien und Mikro-Kosmen in „Ulrichs Welt".

Die Beständigkeit der Fragilität

Wiener Oktoberaufstand 1848. Dachbrand der Hofbibliothek
© ÖNB/Wien, 302604-B

Habsburgs Welt der Vielfalt

Die Einengung der Aktionsräume: Für die Habsburger gehört sie zu einer zentralen Erfahrung. Damit geraten vor allem die Geschehnisse eines „langen 19. Jahrhunderts" ins Blickfeld, von der Zeit der Französischen Revolution bis zum Ersten Weltkrieg. Das „Weltunternehmen der Habsburger" tritt hingegen in den Hintergrund, jenes aus der Einheirat in die führenden spanischen Fürstenhäuser entstandene Reich, in dem für eine bestimmte Epoche die „Sonne nicht unterging". Dass sich die „Casa de Austria" schon damals, knapp nach 1500, in eine spanische und eine österreichische Linie spaltete, änderte zwar am Zusammenhalt einer bisweilen in globalen Maßstäben denkenden Dynastie zunächst nichts. Bis man auf der iberischen Halbinsel gegen französische Konkurrenten unterlag, wurde aber bereits an einer seit dem Spätmittelalter erkennbaren Hausmacht in Zentraleuropa gearbeitet. Die Donaumonarchie entstand, an deren Spitze wiederum ein Regent das „Erbe Karls des Großen" vertrat: Neben dem eigenen Besitz repräsentierten die Habsburger als Könige und Kaiser mit ganz kurzen Unterbrechungen seit dem 15. Jahrhundert das Heilige Römische Reich.

Dieses „Sacrum Imperium" stellte einen eher losen Verband aus städtischen Kommunen, vor allem aber geistlichen und weltlichen Fürstentümern dar, und auch das „engere Machtgebiet" des „Hauses Österreich" ähnelte speziell vor dem Hintergrund der Kämpfe gegen das Osmanische Reich einem um Böhmen und Ungarn erweiterten Länderkonglomerat, einer „monarchischen Union von Ständestaaten", wodurch Zeitzeugen wie späteren Kommentatoren der Eindruck vermittelt wurde, die „Macht Habsburgs" stünde in ganz besonderer Weise auf tönernen Füßen. Dass man nach der Verdrängung aus Spanien und seinem Kolonialreich hauptsächlich in der Reformära unter Maria Theresia und Joseph II. eine homogenere, wirtschaftlich, politisch und militärisch potentere „Monarchia Austriaca" zu schaffen versuchte, änderte an diesem Gesamtbild wenig. Die Brüchigkeit des „königlich-kaiserlichen Systems" wirkte „angeboren" und im Einklang mit den Wirrungen und Irrungen des historischen Wandels. Robert Musil drückte es in seinem Roman „Der Mann ohne Eigenschaften" folgendermaßen aus: „Das Gesetz der Weltgeschichte [...] ist nichts anderes als der Staatsgrundsatz des ‚Fortwurstelns' im alten Kakanien. Kakanien war ein ungeheuer kluger Staat."[1]

Pieter Judson als einer seiner besten Kenner hat diese „fragile Heterogenität" allerdings jüngst als keinerlei Spezifikum bewertet. Trotz „Vielfalt in der Religion" und der Tatsache, dass die k.(u.)k. Herrscher über Territorien obwalteten, „die sich in heutiger Zeit auf zwölf verschiedene europäische Staaten verteilen" und „deren Untertanen" sich im „späten achtzehnten Jahrhundert in Sprachen" verständigten, „die heute als Deutsch, Flämisch, Französisch, Italienisch, Jiddisch, Kroatisch, Ladinisch, Polnisch, Rumänisch, Serbisch, Slowakisch, Slowenisch, Ungarisch und Ukrainisch bekannt sind": Eine „solche sprachliche und konfessionelle Diversität", so Judson, „war für größere Staatsgebilde im Europa der frühen Neuzeit typisch, für die Reiche der Spanier und der Franzosen im Westen ebenso wie für die polnisch-litauische Adelsrepublik oder das sich entwickelnde russische Reich".[2]

Staaten und Reiche auf tönernen Füßen

Russland erlebte übrigens eine existenzielle Krise in der „Zeit der Wirren" Anfang des 17. Jahrhundert, Polen-

Litauen zerfiel in der Folge überhaupt und wurde unter seinen expansionistischen Nachbarn aufgeteilt. Die Möglichkeit des Untergangs war stets vielerorts gegeben. „Wellenartig aufeinander folgende Zusammenbrüche von Imperien und Reichen" traten als geschichtliche Erfahrung ebenso wie als drohende Gefahr in Erscheinung. Vor diesem Hintergrund galten vornehmlich das Osmanische Reich, das Romanovimperium und die Habsburgermonarchie als „kranke Männer am Bosporus, an der Newa und an der Donau".[3]

Joseph Chamberlain, britischer Staatsmann, der das „Empire" im Streit mit irischen Selbstverwaltungstendenzen, den Eigenständigkeitsbestrebungen der Kolonien und den rivalisierenden Großmächten gefährdet sah und dabei nicht ohne rassistische Denkmuster vom englischen „Herrenmenschentum" träumte, warnte indes gleichfalls vor den Gefahren für sein Land: Über das Vereinigte Königreich hinaus, so er und seine Anhänger, müsse London ein einheitliches und globales Machtgefüge erhalten und erweitern, um es mit den Konkurrenten Deutschland, Russland und Amerika aufnehmen zu können.[4]

Chamberlains Plädoyers und Ideale reflektierten realiter eher eine Schwäche. Großbritannien, wie auch andere Groß- und Seemächte, hatte schon in der Vergangenheit schwere Niederlagen hinnehmen müssen. Die „nordamerikanische Revolution" war den Engländern ein warnendes Beispiel, umso mehr als die USA speziell gegen Ende des 19. Jahrhunderts das britische Weltreich nicht bloß herausforderten, sondern als führenden Industriestaat bereits ablösten. Parallel dazu gingen die Dominien schrittweise auf Distanz zu London. Kanada, Australien und Südafrika entstanden dabei schon vor 1914 als territoriale Einheiten. Der Weg führte zur Umwandlung des „Empires" in einen „Commonwealth", ein Transformationsprozess, der letztlich nicht ohne Wirkung insbesondere auf andere Kolonialmächte mit „überseeischen Besitzungen" bleiben sollte.[5]

Die Vereinigten Staaten als kommende Supermacht, potentieller Herausforderer, aber auch als Verbündeter Englands, hatten indes wenig Grund, sich allzu sicher zu fühlen. Als Washington im Gefolge der Revolution von 1848 mit den gegen Wien aufbegehrenden Ungarn diplomatische Beziehungen aufnehmen wollte und es darüber schließlich sogar zu Kriegsdrohungen kam, warnte der Vertreter der österreichischen Regierung, Johann Georg Hülsemann: „Von Zeit zu Zeit müssen alle Länder gegen innere Schwierigkeiten ankämpfen; jede Regierungsform ist solchen unangenehmen Zwischenfällen ausgesetzt ... ein Bürgerkrieg kann überall ausbrechen; die Ermunterung, die Aufruhr und Empörung erfahren, kehrt sich dann sehr oft gegen eben jene, die ihre ursprüngliche Entwicklung gefördert haben."[6]

Hülsemann drohte damit nicht nur den US-Entscheidungsträgern, er traf auch einen wunden Punkt der „Union". Ihre Bundesstaaten tendierten politisch und ökonomisch oftmals und insbesondere hinsichtlich der Frage der Sklaverei in verschiedene Richtungen. Der Sezessions- oder Bürgerkrieg von 1861 bis 1865 stellte den Gesamtstaat und seine Prinzipien noch einmal in Frage, es bedurfte eines zweiten Gründungsaktes mit langfristigen, bisweilen traumatischen Konsequenzen.

Unabhängig davon gab es innerhalb der politischen Führung in den Vereinigten Staaten aber auch noch eine allgemeiner gehaltene Kritik an einem proungarischen, antiösterreichischen Kurs. Senator John Parker Hale aus New Hampshire warnte beispielsweise davor, die USA zu einem „Obersten Gerichtshof in Sachen Empörung" zu machen. Über alle „Nationen der Erde" müssten „wir das Urteil sprechen". Nach dem „Despotismus" Österreichs und Russlands wären Irland und dann „Indien an der Reihe". „Großbritannien muß sich für die jahrhundertelange Unterdrückung" verantworten. Schließlich „sollte Frankreich vor Gericht erscheinen" und dann „der Sultan der Türkei". „Ich bin keinesfalls sicher", schloss Hale, „ob nicht die ganze Welt sagen würde, daß, [...] so gerecht die Empörung war, die die Vereinigten Staaten empfanden, auch sie neben all den Nationen, die sie verurteilt haben, im Staube liegen müssen ..."[7]

Schritte in die „neue Zeit": Homogenisierungstrends und Gegentendenzen

Der Senator aus New Hampshire benannte damit zusätzliche Schwachpunkte, die zum Verfall der Staaten und Reiche beitragen konnten. Die alten Herrschaftssysteme – auf Diversität und mehr oder minder festen personellen Verbindungen beruhend – mochten regelmäßig unter anderem durch Konflikte innerhalb der Aristokratie, infolge dynastischer Verbindungen und Tauschabkommen, durch religiöse Gegensätze und Unzufriedenheit in einer im Wesentlichen auf knappe Ressourcen und „Subsistenzwirtschaft" angewiesenen Agrargesellschaft gefährdet sein. Eine wahrhaft gewandelte Denkweise und Systemtransformation kennzeichnete hingegen eine Ära der Menschheitsgeschichte, die mit Recht als „Neuzeit" verstanden wurde. Diese brachte zunächst Veränderungen für überschaubare Gruppen von Akteuren mit sich, um schließlich – nach einer engen Verflechtung der „Krise des Alten" mit „Andeutungen des Zukünftigen" – in politische, gesellschaftliche, mentale, wissenschaftliche, wirtschaftliche, technische und organisatorische „Modernitäten" zu münden. Sie wurden nun für weite Teile der Bevölkerung erfahr- und begreifbar. Hale hatte demgemäß neue Vorstellungen der Menschlichkeit, des Naturrechts und der Mitbestimmung angedeutet, die ohne Aufklärung und die Umwälzungen im 18. Jahrhundert nicht zu denken waren.[8]

Allerdings ging diesen Entwicklungen schon eine geistige Veränderung im Sog von Humanismus, Rationalismus und Empirismus voraus. Die etappenweise Formierung globaler Handels- und Herrschaftsnetze sowie koloniale Ansprüche, welche sich hinter dem Wort „Entdeckungsreise" verbargen, folgten. Der Machtzuwachs landesfürstlicher Höfe gegenüber den übrigen Adelsgeschlechtern, der Ansehensverlust des Papsttums und einsetzende Säkularisierungsprozesse, die entstehenden Zentraladministrationen vor dem Hintergrund europäischer Bürger- und Glaubenskriege, Kriegstechnik, Söldner beziehungsweise stehende Heere, die Rolle der „Herren" und Fürsten bei proto- und frühkapitalistischen Initiativen, die tendenzielle Monopolisierung des Steuerwesens durch die Krone, die Verbesserung der Kommunikations- und Verkehrswege, oder auch die Reformierungsbestrebungen von Rechts- und Verwaltungsgrundlagen bildeten eine wichtige Basis für die Ausbildung „moderner Staatlichkeit" und einer damit verbundenen Neigung zur „Homogenisierung".[9]

„Atlantische Revolutionen", die Prinzipien der neugegründeten Vereinigten Staaten und speziell die Losungen der Französischen Revolution stellten dann eine offene Kampfansage an die Sonderrechte und Privilegien des „Ancien Régime" dar. Vor allem die „Grande Nation" wurde im Fahrwasser der „Volkssouveränität", der Idee des „einheitlichen Nation", zum Protagonisten eines Feldzugs gegen die Bevorzugung und „Freiheiten", aber auch Zwänge und „Bindungen" von Konfessionen und Ethnien, von Zünften und Gesellschaftsschichten, Regionen, Orten und Städten.[10]

Tatsächlich brachte der Ruf nach deren Überwindung im Geiste der „Gleichheit" und „Brüderlichkeit" schon wenige Jahre nach dem Sturm auf die Bastille die Erfahrung neuer Uneinheitlichkeit mit sich. Von 1789 bis 1815 präsentierte das von inneren Wirren wie dauernden Kriegszügen erschütterte und seine eigene nationale Einheit erst suchende Frankreich eine bunte Palette von Herrschaftssystemen und Machtpraktiken, welche bei den Zeitzeugen gezwungenermaßen ambivalente Gefühle und widersprüchliche Werthaltungen hervorrufen mussten.[11]

Zudem offenbarte sich ein Dilemma bei der Anrufung der „einen und einigen Nation". Ihre Schaffung und Abgrenzung, ihre Benennung der „Anderen" und damit ihre Ausschließungsmechanismen wurden zum Konfliktstoff – speziell in multiethnischen Gebieten. Der Ruf nach Abspaltung verstärkte ein Gefühl der Zersplitterung, das durch die Ausdifferenzierung von Institutionen und Geisteswelten, durch die Entstehung neuer Wissenschaftsdisziplinen, aber auch durch sozioökonomische Gegensätze und den drohenden „Klassenkampf" und Bürgerkrieg verstärkt wurde.

Die „Moderne" kommt auf Touren

Eine „Sattelzeit" um 1800 vor dem Hintergrund spätfeudaler Krisen und dem Einsetzen „industrieller Revolutionen" deutete, wie später das (lange) „Fin de Siècle" um 1900, auf verschiedene Beschleunigungsstufen der neuzeitlichen, „modernistischen" Entwicklung hin. Sie war der Jahrtausende währenden, agrarisch geprägten und im Wesentlichen von einer anderen – fatalistischeren, gottgegebenen – Naturerfahrung dominierten „Vormoderne" gefolgt.[12]

Seit den Ereignissen von 1789 erwiesen sich demgemäß sogar gewohnte Zeitkonzepte als fragwürdig. Der Revolutionsbegriff etwa wurde tendenziell neu gedeutet. Verstand man darunter bislang meist die Rückkehr zum bewährten Alten innerhalb eines Kreislaufes, so wurde nun eine diametral entgegengesetzte Erklärung gewählt. Die „Revolution" stand jetzt für den Fortschritt, den Bruch mit der Tradition, der sich, von tatkräftigen Akteuren herbeigeführt, in Form von Volksaufständen und Rebellionen vollzog.[13]

Im beginnenden 19. Jahrhundert verbanden sich neue politische und weltanschauliche Konzepte außerdem mit Beschleunigungseffekten, die zu Alltagsphänomenen wurden. Maschinentechnik und industriell-kapitalistische Organisationsformen kurbelten die Produktion an, welche wiederum eine allgemeine Bedürfnissteigerung verursachte. Waren und Menschen gelangten in immer kürzeren Fristen von einem Ort zum anderen. Die Eisenbahnen, hieß es schon 1840, „heben die räumlichen Trennungen durch Annäherungen in der Zeit auf".[14]

Der Trend setzte sich fort. Die Einführung der Schnellpresse, dann vor allem die Verwendung von Fotografie und Kinematographie sowie die Erfindung des Telegrafen und des Telefons führten Handlungen und die entsprechenden Nachrichten darüber immer enger zusammen. Eine wahre Explosion von Ereignissen war die Folge.[15] Ulrich, die Hauptfigur in Musils „Mann ohne Eigenschaften", brachte es auf den Punkt: „War eigentlich Balkankrieg oder nicht? Irgendeine Intervention fand wohl statt [...]. Es bewegten so viele Dinge die Menschheit. Der Höhenflugrekord war wieder gehoben worden; eine stolze Sache. Wenn er sich nicht irrte, stand er jetzt auf 3.700 Meter, und der Mann hieß Jouhoux. Ein Negerboxer hatte den weißen Champion geschlagen und die Weltmeisterschaft erobert;

Johnston hieß er. Der Präsident von Frankreich fuhr nach Rußland; man sprach von Gefährdung des Weltfriedens. Ein neuentdeckter Tenor verdiente in Südafrika Summen, die selbst in Nordamerika noch nie dagewesen waren. Ein fürchterliches Erdbeben hatte Japan heimgesucht; die armen Japaner. Mit einem Wort, es geschah viel, es war eine bewegte Zeit, die um Ende 1913 und Anfang 1914. Aber auch die Zeit zwei oder fünf Jahre vorher war eine bewegte Zeit gewesen, jeder Tag hatte seine Erregungen gehabt."[16]

„Menschliche Sandkörnchen" im Reizstakkato des beschleunigten Wandels

Die rasch wachsenden Städte wurden zum eigentlichen Schauplatz des veränderten Lebensgefühls. Traditionelle soziale Bindungen drohten sich aufzulösen, Wellen der Massenkultur schwappten über ein „schwaches menschliches Sandkörnchen" hinweg, das die „urbanen Knotenpunkte" auch als Ort der Einsamkeit und Anonymisierung erlebte. Von der „Vergewaltigung des Individuums" im „Reizstakkato" der entstehenden Millionen-Metropolen war die Rede, nicht bloß von „Hysterie" – die gemeinhin der weiblichen Physis und Psyche zugeordnet wurde –, sondern von der „Neurasthenie", der „seelischen Zerrüttung" der Männer und ihren Wunden am „Kampfplatz der neuen Welt".[17]

Das Allerweltswort „Neurasthenie" schmeichelte in mancher Hinsicht dem Selbstbild einer maskulinen Elite, die sich wiederum von Frauenrechten und generellen Demokratisierungstrends herausgefordert sah. Gerade die bedeutendsten Städte der Donaumonarchie, allen voran Budapest, Prag und vornehmlich Wien, das „Mekka der internationalen Medizin", verkörperten ein europa- und partiell weltweites „Zeitalter der Nervosität", das zwischen hoffnungsfrohen Zukunftsentwürfen und einer tief empfundenen Verunsicherung schwankte. Eine kulturelle und wissenschaftliche Blüte hauptsächlich in den „Laboratorien der Moderne", die nicht zuletzt auf die Tätigkeit jüdischer Denker, Künstler und Forscher zurückzuführen war, sah sich permanent bedroht von Antisemitismus, Misogynie, Innovations-, Globalisierungs- und Institutionenkritik, von antiliberalen Phantasmen des „Kollektivismus", der Verdammung des Wandels und einem latenten Liebäugeln mit Untergangsszenarien, Todes- und Vergänglichkeitskulten.[18]

„Ulrichs Welt" basierte auf fundamentalen Antagonismen und Paradoxien, „Widersprüchen und höchst verschiedenen Schlachtrufen", die immerhin „einen gemeinsamen Atem" hatten; würde „man jene Zeit zerlegt haben, so würde ein Unsinn herausgekommen sein wie ein eckiger Kreis, der aus hölzernem Eisen bestehen will, aber in Wirklichkeit war alles zu einem schimmernden Sinn verschmolzen. Diese Illusion, die ihre Verkörperung in dem magischen Datum der Jahrhundertwende fand, war so stark, daß sich die einen begeistert auf das neue, noch unbenützte Jahrhundert stürzten, indes die anderen sich noch schnell im alten wie in einem Hause gehen ließen, aus dem man ohnehin auszieht, ohne daß sie diese beiden Verhaltensweisen als sehr unterschiedlich gefühlt hätten".[19]

K.(u.)k. Weltlaboratorium: Widersprüche, Paradoxien, Auflösung des Individuums

All das letztlich fast grenzenlose Infragestellen und Zersetzen des Bestehenden war kein „kakanisches Spezifikum", brachte aber gerade auch in Wien herausragende Wortführer hervor. Ihre weder von den Zeitgenossen noch von den späteren Generationen im Grunde bis heute konsequent erfassten „Denkräume" legten mit ihren Modernitätsdiskursen gleichzeitig Sprengfallen an die Paradigmen der „neuen Zeit". Bei Sigmund Freud etwa befand sich der willensstarke, rationale, der „selbstverschuldeten Unmündigkeit entfliehende" Mensch der Aufklärung im Zustand der Auflösung, in einem steten Kampf mit den Bedürfnissen seines Unbewussten und den Vorgaben des „Über-Ichs".[20] In der k. k. Residenzstadt vertrat der Wissenschaftstheoretiker, Philosoph und Physiker Ernst Mach vergleichbare Ansichten, als er gegen die „Tendenz zur Metaphysik" zu Felde zog. „Sobald wir erkannt haben, so Mach, daß die vermeintlichen Einheiten ,Körper', ,Ich' nur Notbehelfe zur vorläufigen Orientierung und für bestimmte praktische Zwecke sind, müssen wir sie bei vielen weitergehenden wissenschaftlichen Untersuchungen als unzureichend und unzutreffend aufgeben."[21]

Im Spannungsfeld zwischen Antisemitismus und Frauenfeindlichkeit sollte sich der weidlich ausgeschlachtete „Selbsthass" des „Juden" Otto Weininger darauf berufen, um zur Überzeugung zu gelangen: „Mit der allgemeinsten Klassifikation der meisten Lebewesen, ihrer Kennzeichnung schlechtweg als Männchen oder Weibchen, Mann oder Weib, kommen wir den Tatsachen gegenüber nicht länger näher."[22] Die maskulinen und femininen „Protoplasmen", die der bald durch Suizid aus dem Leben scheidende Weininger in „männlich-schöpferische" und „weiblich-unschöpferische Substanzen" trennen wollte, rekurrierten exemplarisch auf die Instrumentalisierung der Biologie im Zuge schwerer männlicher Identitätskrisen.[23]

Ungeachtet dessen standen alle diese Beispiele – wie Ulrichs „Mensch im Menschen" – für eine „Identitätsdissoziation", die für manche Beobachter zur maßgeblichen Erfahrung des beginnenden 20. Jahrhunderts wurde. Nicht von ungefähr, so die hinzugefügte Erläuterung, sei eine „Vorliebe für das Genre der Biographie" zu gewärtigen. Der lange ungeliebte „Bastard der Geschichtsschreibung" versuche über den Schwund der geschlossenen, handlungsfähigen Persönlichkeit hinwegzutäuschen.[24]

„Schwund", „Dissoziation", „Zersetzung", „Zersplitterung", „Ausdifferenzierung": Die Schlüsselworte beschrieben einen offensichtlichen Verlust von „Ganzheitlichkeit". Zur bereits vorhandenen Irritation kam hinzu, dass im Gefolge von Relativitätstheorien und Unschärferelationen alltägliche Wahrnehmungen (wenigstens wissenschaftlich) langfristig kaum mehr Orientierung boten. Und obwohl der Abschied von gewohnten Kausalitäten, Gewissheiten und „gesamtheitlichen" Denkweisen grenzübergreifende Phänomene waren, mangelte es nicht an allerdings meist oberflächlichen Analogieschlüssen: Ihnen zufolge hing der Anteil hauptsächlich „Wiener Genies" an der „geistigen Avantgarde" um 1900 auch mit den Erfahrungen von Fragilität, Vielfalt und Widersprüchlichkeit in der Habsburgermonarchie zusammen.[25]

Trotz allgemeiner Entwicklungen: Außerhalb Österreichs geht die Historie andere Wege

Sämtliche, mehr als berechtigte Bemühungen, die Entwicklungen im Donauraum in größere Zusammenhänge einzubetten und Ähnlichkeiten zwischen unterschiedlichsten Staaten und (Welt-)Regionen hervorzuheben, sollten jedenfalls nicht dazu führen, signifikante „Andersartigkeiten" außer Acht zu lassen. Denn schon und gerade in politischer, territorialer und kultureller Hinsicht unterschied sich das Habsburgerreich, speziell in den letzten Jahrhunderten seines Bestehens, sehr wohl auffällig von seinen Nachbarn und wichtigsten Rivalen. Seit dem Spätmittelalter deutete bei den Westmächten vieles auf eine Konsolidierung des jeweiligen Königtums hin. Gewiss muss festgehalten werden, dass die „Grande Nation" letztlich nicht vor den revolutionären und napoleonischen Kriegen geformt wurde, die Realunion zwischen Schottland und England erst 1707 durch die Vereinigung der beiden Parlamente Wirklichkeit wurde und die „andere Insel" – Irland – stets ein Problemfall blieb. Im 19. Jahrhundert jedoch bildeten diese europäischen Kerngebiete des „Vereinigten Königreiches" und des „Hexagon", wie die Franzosen ihr Land nennen, weitgehend einheitliche Aktionsgemeinschaften, deren Bestehen nur bedingt vom Auf und Ab der überseeischen Kolonialgeschichte berührt wurde.

Die Frage der staatlichen Existenz vor allem – und bisweilen auch des Zerfalls der betreffenden Imperien – ist also vom Streit um die Besitzungen außerhalb des „alten Kontinents" zu unterscheiden, was in noch höherem Maße für den „moskowitischen" Herrschaftsbereich zwischen Sankt Petersburg beziehungsweise Charkow und dem Ural galt und gilt. Die anschließenden östlichen und teilweise auch südlichen Expansionszonen stellten als Naturräume „Erschließungsgebiete" dar. Meist bevölkerungsarme Regionen bildeten hinsichtlich ihrer politischen, „nationalen" Identität lange kaum echte Barrieren, womit partiell auch der Fortbestand der russisch-sowjetischen Hemisphäre über den Bruch von 1917 hinaus erklärt werden kann. Hatten demgegenüber Italien und Deutschland – abgesehen von vergleichsweise kleineren Minderheiten in den Grenzregionen – ohnehin den Vorteil, den ethnischen Nationalismus für die Schaffung ihrer weitgehend „homogenen Vaterländer" zu nutzen, so verfügte selbst das Osmanische Reich über jenes „turkmenisch"-türkische Stammgebiet Kleinasiens, das in religiöser und nationalkultureller Hinsicht wenigstens gewisse Mehrheiten zuließ.

Mit den unterschiedlichen Demokratisierungsetappen und den genaueren statistischen Erfassungsmethoden wurde das auch zahlenmäßig greifbar. Der Anteil der Russen innerhalb des Zarenreiches betrug im Jahr 1897 44 Prozent: Bei schwach ausgeprägter eigener Identität zahlreicher Weiß- und „Kleinrussen" beziehungsweise Ukrainer hatten hier andere, und erst recht nichtslawische Ethnien klar das Nachsehen.[26]

Aussagekräftig sind überdies Auswertungen der Mandatsverteilung in der Zweiten oder Deputiertenkammer der „osmanischen „Volksvertretung" von 1908. Schon vor den Gebietsverlusten während der Balkankriege 1912/13 stellten türkische Mandatare mit 52,4 Prozent die unangefochtene Mehrheit, gefolgt von den Arabern mit 21,4, den Albanern mit 9,5, den Griechen mit 7,6, und den Armeniern mit 3,6. Nach 1913 stieg dann der Prozentsatz der Türken sogar auf knapp 60, die zweitstärkste Gruppe der Araber repräsentierten nun nicht einmal mehr ein Fünftel der Abgeordneten.[27]

In Kakanien ist jeder in der Minderheit

Ungeachtet der verzerrten Zahlenverhältnisse durch Wahlsysteme und -missbräuche treten in Summe die Unterschiede zur Habsburgermonarchie deutlich zu Tage. Hier hatte keine Fraktion beziehungsweise Nation auch nur annähernd die Mehrheit: Im Gesamtreich stellten die Deutschsprachigen rund ein Viertel der Bevölkerung, die Ungarn knapp 20, die Tschechen 12,5 und die Polen knapp 10 Prozent. In der westlichen Hälfte gehörten zu den „Deutschen" etwas mehr als 35 Prozent, gefolgt von Tschechen und Polen mit 23 beziehungsweise 16 Prozent. Bei Erweiterung des Männerwahlrechtes ging sich solcherart im Wiener Reichsrat für die stärkste Nationalität – trotz vor allem mittels Steueraufkommen begründeter wahlarithmetischer Vorteile zu ihren Gunsten – keine Majorität aus.[28] Unter Ausklammerung weiter Gesellschaftskreise von der politischen Mitbestimmung und mittels eifriger Magyarisierung gelang es zwar in den östlichen Gebieten, den sogenannten „Ländern der Stephanskrone", den Anteil der ungarischsprachigen Bevölkerung von 46,6 im Jahr 1880 auf 51,4 Prozent im Jahr 1900 zu erhöhen. Die demokratiepolitischen Defizite und die ungelösten Fragen in der Minderheitenpolitik schufen aber gerade hier eine tiefe Kluft zwischen dem Gros der „Untertanen" beziehungsweise Staatsbürger und der regierenden Oberschicht.[29]

Gewiss ist es richtig, dass im Zuge der demographischen Erhebungen Zuordnungen erfolgten, die „Mehrfach-Sympathien" und multikulturelle Identitäten von Orten, Regionen und Personen(-Gruppen) unzureichend erfassten. Dennoch wird man die Statistiken nicht ausblenden können, reflektierten und beeinflussten sie doch einen Ethnisierungseffekt,[30] der die Entwicklungen im Donauraum offensichtlich maßgeblich kennzeichnete, jedoch auch andere Wurzeln hatte. Vergessen wird in diesem Zusammenhang nämlich nicht selten, dass im zentraleuropäischen Raum mit begrenzten imperialen Erweiterungszonen nahezu überall (feudale) Staatstraditionen anzutreffen waren, die gelegentlich bis zum Anfang des Hochmittelalters zurückreichen. Königtum und adelige Ständevertretung waren in Polen, Böhmen und den „Nebenländern des heiligen Wenzel" ebenso wie in

Ungarn, Kroatien und Serbien prägende Elemente einer Herrschafts- und Landesidentität, auf die das „Haus Österreich" von Anfang an in besonderer Weise Rücksicht zu nehmen hatte. Seinen „absolutistischen", gegenreformatorischen und zentralistischen Ambitionen begegnete man in den einzelnen Teilen des Reiches keineswegs nur mit Warnungen und unterschwelligen Widerstandströmungen. Speziell in Ungarn kam es im Kampf „gegen Wien" immer wieder zu offenem Aufruhr und bisweilen sogar zu Bündnissen mit dem osmanischen Erzfeind im Südosten.[31]

Dass sich das Herrschaftsgebiet der Habsburger zweiteilte und darüber hinaus in den jeweiligen Reichshälften prekäre Mehrheitsverhältnisse entwickelten, war somit keineswegs allein auf die Demokratisierungs- und Nationalisierungseffekte des 19. Jahrhunderts zurückzuführen. Die Heterogenität Zentraleuropas in Form seiner regionalen Eigenheiten, kulturellen, ethnischen und konfessionellen Vielfalt spielte hinsichtlich des Schicksals „Kakaniens" eine entscheidende Rolle: Denn anders als sonst wo, ging es hier aus der Langzeitperspektive um den „brüchigen Zustand" des Kerngebietes imperialer Machtentfaltung und nicht – wie etwa im Fall Russlands, Englands und Frankreichs – um deren mehr oder minder weit entfernte und/oder noch erschließbaren Außen- und Erweiterungszonen.

Aus österreichischer Perspektive meinte daher 1908 Maximilian Wladimir Freiherr von Beck in seiner Funktion als k. k. Ministerpräsident: „Uns hat die Vorsehung ein Problem auf den Weg gegeben, wie keinem anderen Staate Europas. 8 Nationalitäten, 17 Länder, 20 parlamentarische Körperschaften, 27 parlamentarische Parteien, [...] verschiedene Weltanschauungen, ein kompliziertes Verhältnis zu Ungarn, die durch beiläufig achteinhalb Breiten- und etwa ebenso viele Längengrade gegebenen

Kulturdistanzen – alles das auf einen Punkt zu vereinigen, aus alldem eine Resultierende zu ziehen, das ist notwendig, um in Österreich zu regieren!"[32]

Latenter Überlebenskampf

Neu waren solche Einschätzungen nicht. Die Gefahr und schließlich die Gewissheit des Erlöschens der männlichen Linie des habsburgischen „Erzhauses" stellte den Charakter der „monarchischen Union" bereits Anfang des 18. Jahrhunderts deutlich heraus. Überschattet vom Verlust der spanischen Machtsphäre, der „Monarchia Hispanica", drohte nun auch der Zerfall der „Monarchia Austriaca", die mit der weiblichen Nachfolge und damit längerfristig mit der Regentschaft Maria Theresias gesichert werden konnte. Basis dieser Entwicklung war das 1713 festgelegte und später „Pragmatische Sanktion" genannte Staats- und Hausgesetz, das bezeichnenderweise gesondert von den österreichischen Ländern, Ungarn und Siebenbürgen zwischen 1720 und 1723 akzeptiert wurde. Die jüngere Forschung betont nachdrücklich, dass das aus verschiedenen Territorien zusammengesetzte Herrschaftsgefüge des „Hauses Österreich" nun als „unteilbar und untrennbar" galt, mehr als zuvor eine politische Einheit bildete und seit dieser Zeit etwa auch von den Kartografen als enger zusammenhängender Besitzkomplex wahrgenommen wurde.[33]

So wollte es in jedem Fall auch der Wiener Hof sehen, obwohl sich das „Erzhaus" im Gegenzug nach altem Brauch vor allem auf die Rechte der Länder der Stephanskrone vereidigen lassen musste.[34] Prinz Eugen, der wichtigste Berater und Feldherr von Maria Theresias Vater, Karl VI., sah es ohnehin nüchterner. Für ihn lag ein „Stück Pergament ohne Wert" vor. Kurz vor seinem Tod prophezeite der Prinz: „Hunderttausend Mann und ein gefüllter Schatz sind die besten Garantien der Pragmatischen Sanktion."[35]

Tatsächlich hielten wichtige Absprachen keineswegs, ließen sich die gewünschten Ziele lediglich mit Waffengewalt erreichen. Vor allem Preußen wurde im nachfolgenden „Österreichischen Erbfolgekrieg" zum Hauptfeind. Die k. k. Schutz- und Trutzgemeinschaft zentraleuropäischer Länder blieb äußerlich – wie im Wesentlichen schon im Kampf gegen die Osmanen – bestehen. Dahinter verschwanden vorläufig Bruchlinien. Auch das aus dem politischen und militärischen Überlebenskampf hervorgehende Reich Maria Theresias und ihres Mannes Franz Stephan von Lothringen konnte jedoch trotz Reformen zur Stärkung und Vereinheitlichung des Gesamtstaates die Sonderinteressen der vermeintlich unteil- und untrennbaren Reichsteile nicht überwinden. Jede stärkere Machtkonzentration in Wien stellte eine durchaus existenzielle Gefahr dar, obwohl man der Einheit des Donauraumes absolute Priorität einräumte und beispielsweise Englands Segen für die „Pragmatische Sanktion" mit dem Verzicht auf koloniale Einflusssphären erkaufte. Die durchaus richtungsweisende Entscheidung gegen weit entfernte Besitzungen und für die Konsolidierung sowie den Zusammenhalt der „Stammländer" relativierte Joseph II. mit seinem Erneuerungseifer: Bemühungen um den Erwerb von Kolonien stellten dabei noch das geringste Problem dar. Schwerer wogen die Homogenisierungsmaßnahmen in den verschiedenen, Erz-, Erb- und Kronländern.[36]

Neuerliche Krisen machten sich nahezu erwartungsgemäß zuvorderst in Ungarn bemerkbar. Dort betrachteten alle maßgeblichen Gruppierungen die Dekrete aus Wien als Verfassungsbruch und damit das Herrschaftsrecht der Habsburger als erloschen. Josephs Bruder und Nachfolger Leopold II. befand sich in einer schwierigen Situation. Selbst die Einberufung des ungarischen Reichstages war ihm de jure nicht mehr gestattet. Radikalere Kräfte hatten sich bereits vom bisherigen Herrschergeschlecht abgewandt. Aber selbst in moderateren Kreisen kursierten Konzepte mit weitreichenden Forderungen. Die Anerkennung der „Hoheit" und des Widerstandrechts der ungarischen Nation wurde verlangt. Als Amtssprache sollte von nun an Magyarisch statt Latein – wie früher – oder Deutsch – wie von Joseph vorgesehen – gelten. Die Wiedervereinigung mit wichtigen Regionen, allen voran Siebenbürgen, beanspruchte man im Sinne der territorialen Integrität des Königreiches. Das ging auch dem kompromissbereiten Leopold zu weit. Eine drohende soziale Revolution, die Nationalitätenopposition sowie die außenpolitische Entwicklung vor dem Hintergrund des Konfliktes mit dem revolutionären Frankreich erleichterten schließlich eine neue, für das „Erzhaus" günstige Übereinkunft mit den ungarischen Eliten. Sie ermöglichte dann auch die Befriedung der anderen Länder.[37]

Die Bedrohung durch Napoleon und das österreichische Kaisertum

Indessen ließ sich die Unabhängigkeitsbewegung Belgiens, der vormals spanischen Niederlande, angesichts der offenen Konfrontation mit der „Grande Nation" nicht mehr dauerhaft unter Kontrolle bringen. Das Vordringen der Franzosen verwandelte dann die Revolutions- und Koalitionskriege in eine Auseinandersetzung um imperiale Hegemonie. Dabei blieb kaum ein Stein auf dem anderen. In Europa ermöglichte die zu keinem geringen Ausmaß auf Bajonetten errichtete Dominanz Napoleons vorübergehend die Schaffung eines Systems aus mehr oder minder notgedrungenen Verbündeten des „korsischen Eroberers", aus den von Frankreich inkorporierten Gebieten sowie den nicht selten von den Verwandten der Familie Bonaparte regierten Vasallenstaaten.[38]

Noch bevor diese Ordnung voll etabliert war, brach das alte „Heilige Römische Reich" nach tausendjährigem Bestand unter der Wucht des Neu- und Umgestaltungsfurors zusammen. Französische Terraingewinne am linken Rheinufer leiteten den Kollaps unmittelbar ein, zumal die daraus folgende Entschädigungspolitik das Gefüge des „Sacrum Imperium" grundlegend veränderte. Mit dem Reichsdeputationshauptschluss des Jahres 1803 waren 112 kleinere „Reichsstände", darunter fast alle geistlichen Fürstentümer, von mächtigeren Ländern geschluckt worden. Nutznießer der sogenannten „Mediatisierung", also des Entzugs der „immediaten Stellung" beziehungsweise „Reichsunmittelbarkeit", waren vor allem die mit den Franzosen koalierenden und von Bonaparte in der Folge zu Königen oder Großherzögen aufgewerteten Herrscher Bayerns, Württembergs und Badens. Napoleon griff nach dem Erbe Karls des Großen. Demonstrativ bereiste er Aachen, Köln und Mainz und erhob sich zum „Kaiser der Franzosen".[39]

Der habsburgische Regent Franz II., der Leopold auf den Thron gefolgt war, sah sich zur Gegenaktion gezwungen. Wieder erwies sich der uneinheitliche Länderbesitz des „Erzhauses" als Problem. Wie sollte man mit jenen Teilen umgehen, die zum wankenden „Heiligen Römischen Reich" gehörten? Wiens Diplomaten trugen sich mit dem Gedanken, die übrigen Gebiete, Ungarn und das im Zuge der Polnischen Teilungen 1772 gewonnene Galizien unter einem eigenen Kaisertum zusammenzufassen. Der Zerfall der Donaumonarchie wäre damit besiegelt gewesen, ein

Schreckgespenst für die Berater von Franz seit Beginn seiner Regentschaft. Erneut entschied man sich für die Betonung der Sonderrechte seiner Herrschaftsgebiete, die nominell unter der Bezeichnung „Kaisertum Österreich" zusammengefasst wurden. Nach „reiflicher Überlegung", hieß es offiziell, habe sich „Seine Majestät" entschlossen, den neuen Titel „nicht auf eines" von seinen „Erbländern in Sonderheit, sondern auf den Complexum" aller seiner „unabhängigen Staaten und auf die Person des Regenten, der diese Staaten unter seinem Szepter vereinigt, dergestalt" anzuwenden, „daß die einzelnen Königreiche und Staaten Ihre bisherigen Titel, Verfassungen und Vorrechte ungeschmälert beibehalten; desgleichen auch jene Verhältnisse vollkommen aufrechterhalten werden", durch welche seine „deutschen Erblande mit dem deutschen Reich verknüpft sind".[40]

Untergang nach tausend Jahren

Das „Heilige Römische Reich" verwandelte sich unterdessen in eine leere Hülse. Die Habsburger gingen ihrer Funktion als geistliche Schirmherren weitgehend verlustig, in den Kollegien und Räten dominierten die Protestanten, während von Paris aus schon der Todesstoß für das alte Imperium vorbereitet wurde. Maßgebliche deutsche Fürstentümer schlossen sich im Rahmen des „Rheinbundes" noch enger an die augenblickliche französische Hegemonialmacht an. Sie erklärten dann am 1. August 1806 den Austritt aus dem „Heiligen Römischen Reich", für das Franz, der von Napoleon auch militärisch bedroht wurde, schließlich keine Zukunft mehr sah. Wer noch zu ihm hielt, wurde seiner Pflichten entbunden.[41] Die Kapitulation Wiens bedeutete die Reichsauflösung, ein juristisch durchaus anfechtbarer Entschluss. Schließlich konnte der Kaiser nur abdanken, nicht aber das ganze tausendjährige Herrschaftsgefüge „nullifizieren". Die Einwände dagegen standen jedoch nicht bloß in keinem Verhältnis zum bereits vollzogenen Abfall vieler wichtiger Territorien des traditionsreichen Imperiums. Franz und seine Ratgeber wollten vor allem auch verhindern, dass die Reichskrone in „fremde Hände" gelangte und als „okzidentales Kaisertum" Bonapartes weiterbestand.[42]

Das Verschwinden des „alten Reiches" stellte einen der massivsten Brüche der deutschen Geschichte dar. Immerhin konnten sich die Entscheidungsträger nach dem Ende der napoleonischen Ära gerade diesbezüglich für keine „Restauration" erwärmen. Schon ab 1806 zeigten sich überdies die schwerwiegenden mentalen Konsequenzen. Eine um sich greifende, oftmals an einem idealisierten Mittelalter orientierte Romantik kennzeichnete die Zeitstimmung.[43] Aus unzähligen Reaktionen sprach eine tiefe Erschütterung, ebenso wie die Hinwendung zur „altehrwürdigen Herrscherdynastie", um die sich antifranzösische und antirevolutionäre Kräfte scharten. Das „Haus Österreich" wurde zum Sammellager gegen die tonangebende „Grande Nation" und zugleich in hohem Maße zum Hort konservativ-aufklärungsfeindlicher Ressentiments.[44]

Hilfe im Moment der großen Schwäche

Das verbliebene „Kaisertum Österreich" fürchtete währenddessen, im Gefolge von zwei verlorenen Kriegen gegen den „Empereur", überhaupt um sein Weiterbestehen. Nach der Niederlage bei Austerlitz Ende 1805 hatte es bereits empfindliche Gebietsverluste an der Adria und im Westen hinnehmen müssen. Ein weiterer Versuch, Napoleon in die Schranken zu weisen, endete 1809 mit der Reduzierung der k.k. Herrschaft auf eine „mittlere Macht" ohne Zugang zum Meer. Obwohl in diesem Zusammenhang nicht ohne Erfolg auf den „Reichspatriotismus" der Bevölkerung gesetzt worden war, vermochte der nun auch wirtschaftlich vor dem Bankrott stehende „Binnenstaat", in dem obendrein wichtige staatliche Reformen scheiterten, nur noch auf der Grundlage einer auch durch die Ehe Bonapartes mit der Habsburgerin Marie Louise gefestigten Allianz zwischen Wien und Paris zu überleben.[45]

Wie groß die Gefahr des Untergangs der Donaumonarchie Anfang des 19. Jahrhunderts erneut war, zeigt ein Brief, den der erfahrene Diplomat und mehrmalige Außenminister Frankreichs, Charles Maurice de Talleyrand-Périgord, bereits drei Tage nach der Schlacht von Austerlitz an Napoleon schrieb. „Eure Majestät können nun die österreichische Monarchie zerbrechen oder erheben. Einmal zerbrochen, stünde es selbst nicht in der Macht eurer Majestät, die zerstreuten Reste zu sammeln und wieder zu einem einheitlichen Ganzen zusammenzufügen. Nun aber ist die Existenz dieses Ganzen notwendig; sie ist unerläßlich für das zukünftige Heil der zivilisierten Nationen." Zwar sei Österreich – im Gegensatz zur französischen „masse homogène" – ein „composé mal assorti" verschiedener Staaten, Sprachen, Sitten und Religionen. Aber, gab Talleyrand zu bedenken: „Wenn Österreich im Westen zu schwer geschwächt werde, könnte es die Ungarn nicht mehr unter seinem Szepter halten. Ungarn aber sei zu schwach, um einen eigenen Staat zu bilden, es würde sich Rußland ausliefern. Auch andere Trümmer des Reiches würden sich, wenn man das bereits so schwache Band noch mehr lockerte, das die heterogenen Teile seines Bestandes zusammenhielt, eher an Rußland anschließen".[46] Österreich, wie er sich ausdrückte, in „einer für Europa nützlichen Weise" zu erhalten, erwies sich als eine zukunftsweisende, fast visionäre Sicht, die maßgeblich nicht bloß den Geist des Wiener Kongresses 1814/15, sondern die internationalen Beziehungen der folgenden Dekaden prägte.[47]

Auf dieser diplomatischen Klaviatur spielte Klemens Wenzel Nepomuk Lothar von Metternich als Außenminister und nachmaliger Haus-, Hof- und Staatskanzler des Habsburgerreiches. Nur zu sehr war ihm bewusst, dass vielleicht London, Paris, Sankt Petersburg und in gewisser Weise auch schon Berlin über größere Aktionsradien verfügten. Wien aber vermochte den eigenen Status nur in Absprache mit anderen, größeren Mächten zu sichern. Angesichts dessen galt die vom „Erzhaus" mehr recht als schlecht kontrollierte Ländermasse vor allem als „anlehnungsbedürftig". Das spiegelte sich nicht zuletzt im besonderen Bemühen Metternichs um Bündnissysteme, vertragliche Vereinbarungen und feste Prinzipien wider.[48]

„Balance" als Rettungsanker

Das „Konzert" und das „Gleichgewicht" der Mächte wurden solcherart zu fixen Ideen, obwohl es in dieser Hinsicht seit Langem kontroverse Debatten gab. Immerhin zeigten die Erfahrungen der vergangenen Jahrhunderte, dass damit oft genug aggressive politische Programme bemäntelt wurden. 1712 hatte zudem – stellvertretend für viele andere Stellungnahmen – eine in London herausgegebene Schrift auf die Unmöglichkeit hingewiesen, die „Kenntnisse", Organisationen, Denkweisen, den „Fleiß", den „Mut" und die „Aufrichtigkeit" sowie die Güter bis hin zum „letzten Getreidekorn" in jener Balance zu halten, die zwischen „allen Nationen der Erde" Gleichheit schaffen könne. Eine solche Äquivalenz empfand auch ein französischer Kommentator vor allem hinsichtlich langfristiger Entwicklungen als „Schimäre".[49] Gerade das im Vergleich zu anderen Staaten an Einfluss verlierende Österreich musste darauf eine Antwort finden. Ein enger Mitarbeiter Metternichs, Friedrich von Gentz, meinte daher: „Die Absicht" des Gleich- oder besser Gegengewichtssystems „war nie, wie man ihm oft zu Unrecht vorgeworfen hat, dass alle Staaten ungefähr gleich mächtig seyn sollten; sie ging nur dahin, die schwächeren, durch ihre Verbindung mit den mächtigeren, gegen die Unternehmungen eines präponderirenden Staates, so viel als möglich, sicher zu stellen."[50]

Derartige Überzeugungen inkludierten allerdings einige Unwägbarkeiten. Das Verhalten jener, welche eine „Präponderanz" erlangten, blieb unkalkulierbar. Zudem waren die Gentzschen Vorstellungen schwer auf bestimmte Staaten einzugrenzen: Schon am Wiener Kongress hätte sich damit der Führungsanspruch der vier „triumphierenden Alliierten" gegenüber den „Mindermächtigen" in Frage stellen lassen können. Für den Augenblick aber trug nach mehreren Dekaden der Unruhe und der Kriegshandlungen die „Pragmatik der Balance" auf der Basis der „Pentarchie" unter Einschluss Frankreichs den Sieg davon. Als dienlich erwies sich diesbezüglich auch das Negativbeispiel Bonapartes, der aufgrund seiner Hegemonialpläne zur Karikatur verkam und überdies ältere „Europakonzeptionen" mit ihrer mehr oder minder deutlichen Bevorzugung eines einzigen Landes nachhaltig diskreditierte.[51]

Der Habsburgerstaat konnte sich solcherart unter den maßgeblichen Mächten der Epoche halten, auch wenn das Ende des „Heiligen Römischen Reiches" einen schweren Reputationsverlust für das „Haus Österreich" bedeutete. Der im Juni 1815 geschaffene „Deutsche Bund", eine Mischform aus Staatenbund und Bundesstaat, ein Völkerrechtssubjekt, das hinkünftig in Summe 39 souveräne, rechtlich gleichgestellte Fürsten und urbane Magistrate zusammenfasste, war kein gleichwertiger Ersatz. Zwar tagte die als ständige Gesandtenkonferenz in Frankfurt residierende „Bundesversammlung" unter österreichischem Vorsitz. Mehr als eine Geste war das aber nicht. Die Donaumonarchie, die wie der Hohenzollernstaat nur mit Teilen ihres Territorialbesitzes zum „Bund" gehörte, spielte in dieser Konstellation ihre Rolle in einem der Balance verpflichteten „europäischen System", das auch auf dem Boden des untergegangenen „Sacrum Imperium" maßgeblich insbesondere von London und Sankt Petersburg gelenkt wurde.[52]

1848: Der Zerfall droht

Politische, soziale und ökonomische Krisen brachten dieses fragile Ausgleichswerk immer wieder ins Wanken und destabilisierten zugleich die innere Ordnung vieler Staaten. Im Habsburgerreich mündeten die Konfliktstoffe dabei geradezu folgerichtig in einen neuen „Kampf ums Dasein". Noch im Frühjahr 1848 stellte man sich in Norditalien gegen das „Erzhaus". Zugeständnisse der Regierung ließen darüber hinaus die entscheidende Frage offen, wie etwa die „Länder der Stephanskrone" mit dem österreichischen Kaisertum verbunden blieben. Auch die Stellung Kroatiens und Siebenbürgens – „beides Regionen, die früher schon in einer autonomen Beziehung zum Rest Ungarns gestanden hatten" – war von dieser Problematik berührt.[53]

Schlagartig schienen sich indessen die Hoffnungen der bisherigen Oppositionellen zu erfüllen. Die verbliebenen Elemente der Feudalstrukturen – Grundherrschaft und Patrimonialgerichtsbarkeit, Relikte von Hörigkeit, bisherige

Abgaben- und Arbeitspflicht – verschwanden. Die Aufhebung des Untertanenverhältnisses und die „Grundentlastung" bildeten den Kern liberaler Wirtschaftsforderungen in einer immer noch weitgehend agrarisch geprägten Gesellschaft. Eine Neugestaltung erfuhr das soziale Gefüge darüber hinaus durch politische und rechtliche Zugeständnisse. Mit der Pressefreiheit brach eine wahre Sturzflut an Zeitungen, Zeitschriften und Flugblättern los. In den Druckschriften ging es um nichts anderes als um die Gesamtkonstruktion des zukünftigen Staatsgebäudes, um die von den Fürstenhäusern zugesagten „Konstitutionen".[54]

Auch Deutschland sollte nun ein starkes Fundament anstelle des lockeren „Bundes" bekommen. Schwarz, Rot und Gold wurden zu „Modefarben der Saison". Einst Erkennungsmerkmal antinapoleonischer Freikorps, waren sie von nationalen „Turnern" und Burschenschaften in Ehren gehalten worden. Letztere hatte Metternich in die Schranken gewiesen. Nun zogen sie mit der „deutschen" Trikolore durch die Städte. Am Turm des Wiener Stephansdomes wehte sie ebenso wie an den Fenstern der Hofburg. Das habsburgische Kaiserpaar legte selbst Hand an, um „den Dreifarb" zu befestigen. Die österreichische Regierung folgte dem Trend angesichts der nationalen Unabhängigkeitsbewegungen in Italien und Ungarn sowie der tschechischen Absage an das „teutonische Einigungswerk". Böhmen hatte zum alten „Heiligen Römischen Reich" gehört. Seine slawische Bevölkerung kehrte unter ihren Wortführern nun „Germania" den Rücken zu. Nicht erst ab 1918 war in Wien vom „Anschluss an Deutschland" die Rede. Auch 1848 wollte sich ein verbleibender „Rest" der vom Zerfall bedrohten Donaumonarchie mit dem „großen Bruder" vereinigen.[55]

In dieser Atmosphäre fanden allgemeine Wahlen statt, bei denen die Mehrheit der männlichen Bevölkerung aufgerufen war, durch Wahlmänner das zukünftige gesamtdeutsche Parlament zu bestimmen. In einer Phase weitgehender Desorientierung vertraute man dabei im Wesentlichen bekannten Autoritäten und lokalen Honoratioren. Die „Nationalversammlung der Deutschen", die schließlich ab dem 18. Mai 1848 in der Frankfurter Paulskirche tagte, erschien unter diesen Bedingungen manchem Beobachter als „eine Art gewähltes Oberhaus". Um dessen Zukunft stand es überdies schon von Anfang an schlecht. Die Abgeordneten vertraten unterschiedliche Programme. Weder über das Regierungssystem noch über das Territorium des Staates herrschte Einigkeit. Wohl wählte man einen Habsburger, Erzherzog Johann, zum Reichsverweser. Die Ehrenstellung und der Vorrang der „Casa de Austria" besaßen in Wirklichkeit jedoch nicht einmal mehr Symbolkraft.

Das „Haus Österreich" behält die Oberhand

Die Herrscherdynastie, an deren Spitze Ende 1848 Franz Joseph I. trat, triumphierte dann aber mit Hilfe des Militärs schrittweise über Demokraten, Reformer und Separatisten. Vom anschlusswilligen Überbleibsel einer untergehenden Donaumonarchie konnte nicht mehr die Rede sein. Die Bewahrung der österreichischen Eigen- und Gesamtstaatlichkeit hatte man in den Wiener Ministerien schon bald wieder zur „causa prima" gemacht.[56]

Aber gerade diesbezüglich sah es in Ungarn zunächst schlecht aus. Die dortige vor allem aristokratische Oberschicht, angeführt von dem aus dem Kleinadel stammenden Rechtsanwalt Ludwig Kossuth, setzte im April 1849 das Haus Habsburg ab, nachdem k. k. Truppen die letzten Aufstände unter anderem in Wien niedergeschlagen hatten. Die Magyaren, deren Führer weiterhin auf ihre Privilegien pochten, gerieten hauptsächlich in Konflikt mit den übrigen ethnischen Gruppen. Und es waren – neben einer immer noch weitverbreiteten Loyalität gegenüber der „angestammten" Herrscherdynastie – vor allem diese Uneinigkeiten zwischen den Nationalitäten ebenso wie die divergierenden Interessen der verschiedenen sozialen Gruppen – speziell des Bürgertums, der Arbeiter- und Bauerschaft –, die den Ausschlag zugunsten des „Erzhauses" gaben. Hinzu kam internationale Schützenhilfe auf der Basis der vormärzlichen Monarchen-Allianz. Das Zarenreich stellte sich den bedrängten Habsburgern zur Seite. Im August kapitulierten die Reste der magyarischen Truppen.[57]

Als der Wiener Hof und die k. k. Generalität, unterstützt von russischen Streitkräften, wieder fester im Sattel saßen und einigermaßen brutal an den magyarischen „Rebellen" Vergeltung übten, dominierte neuerlich die Tradition. Ganz inakzeptabel fand man daher auch den sogenannten „großdeutschen" Vorschlag der Paulskirche, wohl deutsche und tschechische Gebiete der Habsburger in das zu gründende „Reich" aufzunehmen, ihre anderen Länder aber zu einer davon unabhängigen konstitutionellen Einheit zu vereinen. Eine nur noch durch den Monarchen in Personalunion zusammengehaltene Ländermasse widersprach völlig den Vorstellungen des „Erzhauses". Die „Monarchia Austriaca" verstanden der junge Monarch Franz Joseph und sein neuer Ministerpräsident, Fürst Felix zu Schwarzenberg, als „festen Block" und Garant althergebrachter Fürstenherrschaft.[58]

Terrainverluste

Die internationale Entwicklung deutete hingegen bald in eine andere Richtung. Wien verschlechterte seine Lage auf dem diplomatischen Parkett. Auslöser war der Krimkrieg, in dessen Verlauf zwischen 1853 und 1856 das expandierende Zarenreich auf die Türkei, Frankreich und Großbritannien traf. Die k. k. Regierung hielt dabei die Westmächte auf Distanz, drohte aber Russland sogar mit Krieg. Ohne neue Allianzen zu schmieden, stieß sie bisherige Verbündete vor den Kopf. In Sankt Petersburg sprach man mit Blick auf die Waffenhilfe in den Jahren 1848/49 vom „Undank" Österreichs.[59]

Indes bestand nach wie vor keine existenzielle Feindschaft zwischen dem Habsburger- und dem Romanovimperium. Doch beklagte Russland die mangelnde Bereitschaft Franz Josephs, Konflikte durch internationale Vermittlung beizulegen. Der Vorwurf bezog sich insbesondere auf die Auseinandersetzungen in Italien, wo die österreichische Hegemonie 1859 zusammenbrach. Die k. k. Heeresverbände verloren bei Magenta und Solferino gegen vereinte französisch-piemontesische Streitkräfte die Lombardei.[60]

Bald darauf beschritt Preußen unter seinem Premier Otto von Bismarck den Weg zur Schaffung des „Deutschen Reiches" auf Kosten habsburgischer Ansprüche. Im Streit mit Dänemark um den Status und die Zukunft Schleswig-Holsteins legte Bismarck nach einem kurzen Feldzug von Habsburger- und Hohenzollerntruppen gegen unterlegene dänische Streitkräfte Österreich sozusagen „die preußische Schlinge" um den Hals. Berlin wandte sich von Wien ab, suchte eine Verständigung mit Sankt Petersburg, ließ sich von Paris zumindest Neutralität zusichern und knüpfte vor allem ein militärisches Bündnis mit dem jungen italienischen Nationalstaat. Kaiser Franz Joseph schlitterte in einen Zweifrontenkrieg, nachdem er überlegenswerte Kaufangebote abgelehnt hatte: Sowohl das Apenninenkönigreich als auch Preußen offerierten gutes Geld für den

Erwerb Venetiens, „Welschtirols" und des gerade besetzten Holstein. Bald musste Österreich die Gebiete zu einem wesentlich höheren „Preis" abtreten. Denn die Kontrahenten gingen nun auf Kriegskurs.[61]

Königgrätz oder: „Aus Deutschland treten wir jedenfalls ganz aus"

Den preußischen Einheiten, an deren Seite Kontingente aus kleineren Ländern Mittel- und Norddeutschlands in den kaum sieben Wochen dauernden Waffengang gegen die Donaumonarchie zogen, stellte sich eine zahlenmäßig überlegene Koalition entgegen. Zum Habsburgerreich hielten neben kleineren „Bundesmitgliedern" Bayern, Württemberg, Baden, Sachsen, Hannover, Kurhessen und Hessen-Darmstadt. Das klang imposant, erwies sich in der Praxis aber als ineffektiv. Die Koordination war vollkommen desolat: Truppen der Wittelsbacher wollten keinen gemeinsamen Operationsplan akzeptieren. Sie blieben eher defensiv, ebenso wie die Württemberger. Andere Verbündete des Habsburgerreiches schaltete der Gegner währenddessen rasch aus. Wilhelms Truppen, dirigiert von Generalstabschef Helmuth von Moltke, konnten sich hauptsächlich auf die k. k. Streitmacht und einige sächsische Einheiten konzentrieren.[62]

Am regnerischen Morgen des 3. Juli 1866 begann schließlich eine über 17 Stunden dauernde Entscheidungsschlacht, bei der sich annähernd gleich starke Armeen mit jeweils rund 250.000 Mann zwischen der Festung Königgrätz an der Elbe und dem böhmischen Dorf Sadowa erbittert bekämpften. Etwa 50.000 Tote, Verwundete und Gefangene, davon mehr als 40.000 aus den Reihen der k. k. Streitkräfte, waren schließlich zu beklagen. An der vollständigen Niederlage der Österreicher bestand kein Zweifel.[63] Im Gegensatz zu preußischen Hof- und Militärkreisen wollte Otto von Bismarck allerdings nun nicht durch weitreichende Forderungen der Sieger Österreich zusätzlich demütigen. Sein Ziel war die Vollannexion von Schleswig-Holstein, Hannover, Kurhessen, Nassau und Frankfurt. Vor allem aber zwang er die Donaumonarchie, der Auflösung des „Deutschen Bundes" und der Schaffung eines „Norddeutschen Bundes" zuzustimmen, dem alle deutschen Gebiete nördlich des Mains angehören sollten. Franz Joseph persönlich musste Bismarck dazu gar nicht mehr richtig drängen. Unter dem Eindruck der Niederlage von Königgrätz schrieb ein erboster habsburgischer Kaiser Ende Juli 1866 seiner Gattin „Sisi": „Aus Deutschland treten wir jedenfalls ganz aus, ob es verlangt wird oder nicht, und dieses halte ich nach den Erfahrungen, die wir mit unseren lieben deutschen Bundesgenossen gemacht haben, für ein Glück für Österreich."[64]

Kurswechsel im Inneren

Schon der Misserfolg in Italien 1859 machte als nicht nur diplomatische und militärische, sondern auch als finanzielle Katastrophe dem nach 1848/49 geschaffenen neoabsolutistischen System ein Ende. Im Inneren des Reiches bedeutete dieser Kurswechsel zunächst die Abkehr vom Zentralismus der vorangegangenen Jahre. Es schlug die Stunde der „Länderautonomie". Die Vertreter der „Feudalität, der Bourgeoisie und Bürokratie" bildeten 1860 mittels sogenanntem „Oktoberdiplom" und den dazugehörenden Landesstatuten einen höchst föderalen Zusammenschluss, der zwar die monarchische Gewalt beschnitt, aber ansonsten weit hinter den Verfassungskonzepten der letzten Dekaden zurückblieb. Selbst die um größtmögliche Unabhängigkeit bemühten Ungarn empfahlen eine andere Lösung, von den Vertretern liberaler Strömungen ganz zu schweigen. Mit Letzteren, aber auch mit konservativen Kreisen war in dieser Lage der Präsident des Obersten Gerichtshofes, Anton von Schmerling, verbunden. Er arbeitete nun als „Staatsminister", assistiert von seinen Mitarbeitern, in Form des „Februarpatentes" von 1861 einen Kompromiss zwischen „bürgerlichen Verfassungsvorstellungen" und aristokratischem „Autonomismus" aus. Das neue Konzept sollte eine gewisse Stärkung der Regierung und des Parlaments mit sich bringen.[65]

Prompt regte sich in den Ländern der Stephanskrone Widerstand. Denn obwohl der „engere Reichsrat" für die „deutsch-böhmische und galizische Ländergruppe" tagen sollte, bestand Schmerling trotz Anerkennung von Sonderrechten der Ungarn auf deren Teilnahme am gemeinsamen Reichsparlament. Dieses jedoch bevorzugte auf der Grundlage des nun geschaffenen Wahlrechtes wiederum jene sozialen Schichten und Institutionen, in denen das Deutschtum den Ton angab. Der magyarische Protest führte in der östlichen Hälfte der Donaumonarchie zur „provisorischen" Wiederherstellung neoabsolutistischer Verwaltungspraktiken. Während die übrigen, alles andere als einigen Repräsentanten verschiedener Nationalitäten ihre Unzufriedenheit mit der bestehenden Situation zum Ausdruck brachten, boykottierte Ungarn grundsätzlich und von Anfang an das Reformwerk Schmerlings. Dessen großdeutsch-nationale Politik veranlasste dann auch die Tschechen dazu, Wien den Rücken zuzuwenden. Den Reichsrat, in dem sie nur schlecht vertreten waren, beschickten sie ab 1863 nicht mehr. Franz Joseph beendete zwei Jahre später das schon weitgehend gescheiterte Experiment mit der „Sistierung" des Grundgesetzes über die Reichsvertretung.[66]

Zwischen der Betonung gemeinsamer „höchster Staatsaufgaben" und der halbherzigen Hinwendung zu föderalen Strukturen und historischen Länderrechten schlitterten Hof und Regierung in die Niederlage von Königgrätz. Hinter den Kulissen suchte man währenddessen bereits mit ungarischen Gesprächspartnern um Ferenc Deák eine Alternative hinsichtlich der zukünftigen Gestaltung des Gesamtstaates. Deák anerkannte Letzteren auf der Basis der „Pragmatischen Sanktion", bestand jedoch auf der größtmöglichen Selbstständigkeit Ungarns und Beachtung der Bestimmungen von 1848.[67]

Der Doppelstaat

Resultat war der „Ausgleich" von 1867, eine Realunion zweier weitgehend selbstständiger Reichshälften, den „Ländern der ungarischen Krone", seltener nach dem trennenden Flüsschen Leitha „Transleithanien" genannt, und den „im Reichsrat vertretenen Königreichen und Ländern", kurz „Cisleithanien". Beide Teile hatten ihre eigenen Regierungen und Parlamente, während sich Franz Joseph vor allem die „gemeinsamen Angelegenheiten" – Militär und Außenpolitik – vorbehielt, ergänzt um die Finanzfragen des Gesamtstaates. Die daraus entstehenden „kaiserlichen und königlichen" – „k. u. k." – Ressorts waren ihrerseits den „Delegationen" verantwortlich, Ausschüssen von je 60 Mitgliedern, die aus dem Wiener Reichsrat und dem Budapester Reichstag gewählt wurden und die die betreffenden Fragen getrennt behandelten.[68]

Der Monarch selbst, der vor allem bezüglich des Haushaltes in seinen Vorrechten beschränkt war, verinnerlichte die Struktur des „Dualismus" besser als die meisten seiner Berater. Er wurde somit die ideale Verkörperung eines mindestens janusköpfigen Gemeinwesens, das speziell die Streitkräfte zu repräsentieren hatten. Die bewaffnete Macht bildete die neuen Strukturen ab: Neben dem von beiden Reichsteilen beschickten k. u. k. Heer gab es die königlich-ungarische (k. u.) Honvéd und die kaiserlich-königliche (k. k.) Landwehr mit ihren jeweils eigenen Ministerien.[69]

Dass sich dieses komplizierte System bisweilen wie eine „Ehe auf Zeit" präsentierte, beruhte außerdem auf der Regelung der sogenannten „Quote", der Aufteilung der gemeinsamen Kosten, den Beratungen über das Staatsschuldengesetz, Zoll- und Handelsvereinbarungen: In diesen Fällen waren alle zehn Jahre Neuverhandlungen angedacht.

Bei alldem musste der „Ausgleich" – statt eine stabile Ordnung zu begründen – eher neue Begehrlichkeiten wecken. Andere Gruppierungen wünschten sich ihrerseits „föderalistische Konzessionen". Kroatien ging voran, pochte auf das „eigene historische Staatsrecht". Seine 1868 festgesetzte Autonomie umfasste die Bereiche Verwaltung, Justiz, Kultus und Unterricht, war aber auch hinkünftig an die Regierung und das Parlament in Budapest gebunden.[70]

Wien bot indes wiederum Galizien eine auf verschiedenen gesetzlichen Bestimmungen beruhende Autonomie an. Der Landtag in Lemberg und dessen Landesausschuss mit seinen teilweise einer Landesregierung ähnlichen Befugnissen vergrößerten ihren Aktionsradius zunächst etwa bei der Aufsicht über das Finanzwesen und in der zivilen Gerichtsbarkeit.[71]

Primär der dortige landbesitzende Adel wurde auf diese Weise zu einem wichtigen Teil der k. u. k. Elite und insbesondere zur staatstragenden Stütze der k. k. Regierung, während er in der galizischen Heimat mit einer raschen Polonisierung auf lange Sicht den Unmut der übrigen Nationalitäten provozierte.[72]

Böhmen: Keine Verständigung im „magyarischen Stil"

Hauptsächlich in multiethnischen Gebieten brachten Übereinkünfte mit den regionalen Oberschichten demgemäß weitere Konflikte unter den vielfach in Formierung begriffenen Nationalitäten mit sich. Dabei waren die betreffenden Unterredungen zwischen Mitgliedern der k. k. Regierung und den tschechischen Vertretern schon weit gediehen, um 1871 eine Übereinkunft wie mit den Ungarn zu erreichen. Die diesbezüglich ausgearbeiteten „Fundamentalartikel" waren maßvoll genug, um eine zufriedenstellende Lösung zu garantieren. Aber nicht einmal alle Minister waren von dieser Abmachung, als sie ihnen zur Kenntnis gebracht wurde, zu überzeugen. Einer weiteren „Zersplitterung des Imperiums" wollten die dominierenden Völker nicht zustimmen. Die Ungarn fürchteten Rückwirkungen auf die Slawen im „Königreich der Stephanskrone". Und abgesehen davon, dass Böhmen nicht ohne Weiteres mit den übrigen „Nebenländern der Wenzelskrone" zu vereinen war, sahen speziell die Wortführer der deutschsprachigen Bevölkerung keinen Weg für eine Verständigung mit den Tschechen „im magyarischen Stil".[73]

Die Fronten verhärteten sich. Die Tschechen boykottierten den Reichsrat. Ihre Kontrahenten gefielen sich wiederum in extremen Gegenpositionen. Die „Leitmeritzer Zeitung" erklärte auf der Titelseite vom 21. Oktober 1871 zornig: „Wir Deutsche in Österreich hätten volles Recht, den jetzigen Vorgängen ganz ruhig zuzusehen, und die Folgen der gegenwärtigen tschechofeudalen Regierungspolitik einfach abzuwarten. Vom deutschnationalen Standpunkte wäre dies die richtige Taktik gegenüber den zersetzenden, allen Fortschritt hohnsprechenden Bestrebungen [...]. Läge in dem Charakter der Deutschösterreicher der österreichische Patriotismus nicht so tief gewurzelt, es wäre jetzt wahrlich die Zeit gekommen, die Herren Tschechen und Genossen ruhig ihr Zerstörungswerk fortsetzen zu lassen. Wir können in einem Slavenreich, wie es konstruiert zu werden scheint, nicht aufgehen; – denn tschechisieren werden uns alle Märchen vom böhmischen Staatsrecht" und „noch so jesuitisch gedrechselte Fundamentalartikel nicht – wir werden Deutsche bleiben".[74]

Die tendenziell auch liberal-antiklerikalen Untertöne verwiesen speziell in den folgenden Passagen auf ein Selbstverständnis, das zugleich fortgesetzten Reibereien zwischen Cis- und Transleithanien Vorschub leistete. Das Verhältnis zwischen beiden Reichshälften basierte nämlich nach wie vor auf unterschiedlichen Interpretationen des Gesamtstaates und seiner Einzelteile. Vor allem die deutschsprachigen Österreicher waren, anders als die „übrigen Völker", gar nicht so sehr darauf aus, als nationale Gruppe mit Sonderwünschen wahrgenommen zu werden. Vielmehr betrachteten sie sich als die imperialen Repräsentanten des „großen Ganzen" mit einer vornehmlich aus Budapester Perspektive latenten Spitze gegen die „magyarische Eigenständigkeit".[75]

„Monarchie auf Kündigung"

Wilhelm König, der bei den Verhandlungen unter anderem über die „Quote", die Zölle, das Münzwesen und die für beide Reichsteile wichtigen Eisenbahnlinien dabei war, fällte rückblickend ein wenig schmeichelhaftes Urteil in Bezug auf den „Dualismus": „Mit minutiöser Akribie wahrten die Länder der ungarischen Krone ihre konstitutionelle staatsrechtliche Selbstständigkeit und die ihrer inneren Regierung. Die dadurch aufgeworfenen staatsrechtlichen Fragen waren an sich geeignet, bei jeder Verhandlung Gereiztheit und Empfindlichkeit hervorzurufen", erinnerte sich König 1953. Den Architekten der gerade beginnenden europäischen Einigung wollte er auf solche Weise seine Enttäuschung über das Erlebte ins Stammbuch schreiben. Vor der Integration früherer habsburgischer Länder wurde dabei ausdrücklich gewarnt.[76] Die besonders kritischen Stellungnahmen von Juristen aus der Zeit um 1900 durften hier nicht fehlen: Österreich-Ungarn sei eine „Monarchie auf Kündigung" gewesen, eine „bloße Reflexwirkung der pragmatischen Sanktion" oder eine „bloße durch die politische Moral gebotene Rechtsfiktion". Und noch radikaler: „Die Monarchie hat nie bestanden, besteht auch heute nicht, weil die auf ihre Konstituierung gerichteten Akte mit der unheilbaren Nichtigkeit behaftet sind."[77]

Anders gewichtet, wird man immerhin auf eine Art „existenzgefährdendes Prekariat" der habsburgischen Herrschaft im Donauraum seit Jahrhunderten hinweisen müssen. Die Entstehung der Doppelmonarchie machte diese Schwierigkeiten nur noch sichtbarer und erschwerte den Zusammenhalt in der Region während der kommenden Dekaden. Das nun wahrhaftig entstandene „Kakanien" firmierte auch in der Betrachtung Robert Musils wenigstens als Quadratur des Kreises. Das „österreichisch-ungarische Staatsgefühl", heißt es im „Mann ohne Eigenschaften", „war ein so sonderbar gebautes Wesen, daß es fast vergeblich erscheinen muß, es einem zu erklären, der es nicht selbst erlebt hat. Es bestand nicht etwa aus einem österreichischen und einem ungarischen Teil, die sich, wie man dann glauben könnte, ergänzten, sondern es bestand aus einem Ganzen und einem Teil, nämlich aus einem ungarischen und einem österreichisch-ungarischen Staatsgefühl, und dieses zweite war in Österreich zu Hause, wodurch das österreichische Staatsgefühl eigentlich vaterlandslos war. Der Österreicher kam nur in Ungarn vor, und dort als Abneigung; daheim nannte er sich einen Staatsangehörigen der im Reichsrate vertretenen Königreiche und Länder der österreichisch-ungarischen Monarchie [...], und er tat das nicht etwa mit Begeisterung, sondern einer Idee zuliebe, die ihm zuwider war, denn er konnte die Ungarn ebenso wenig leiden wie die Ungarn ihn, wodurch der Zusammenhang noch verwickelter wurde. Viele nannten sich deshalb einfach einen Tschechen, Polen, Slowenen oder Deutschen". Und damit begannen „jener weitere Zerfall" und jene „unliebsamen Erscheinungen innerpolitischer Natur", die, so eine weitere Figur in Musils Roman, „,das Werk unverantwortlicher, unreifer, sensationslüsterner Elemente' waren" und „in der politisch zu wenig geschulten Masse der Bewohner nicht die nötige Zurückweisung fanden".[78]

Jahrhundertwende

Aufnahme der Prachtbauten (Ringstraße). Das bis zum Erdgeschoß
gediehene Parlament. Rechts Universität im Bau, um 1876
© ÖNB/Wien, 111.796 C

Pessimismus

„Ich lasse leider auch selbst die Hoffnung auf eine dauerhafte Erhaltung des österreichischen Staates fahren", schrieb 1873 František Palacký, der speziell in der Reichskrise von 1848 für die tschechische Seite einer Einheit des habsburgischen Besitzkomplexes das Wort geredet hatte. „Nicht als ob dieselbe nicht wünschenswert oder an und für sich unmöglich wäre", erinnerte er noch einmal an seine bisherige Haltung. Aber nach den gescheiterten Ausgleichverhandlungen für Böhmen und die „Nebenländer" seien die „Deutschen und Magyaren" dabei, „sich der Herrschaft zu bemächtigen und in der Monarchie einen Racendespotismus zu begründen, welcher in einem vielsprachigen und konstitutionellen Staate als politischer Nonsens [...] keinen langen Bestand haben kann".[1]

In einem Punkt stimmten Palacký und die Deutschen überein. Untergangsstimmung machte sich breit. „Alle Seiten beschworen den bevorstehenden Zerfall Österreichs": die „Föderalisten, wenn die Verfassung nicht geändert und alle Nationalitäten gleichermaßen befriedigt" würden, die zentralistisch gesinnten Liberalen, wenn es zur „Beseitigung der Verfassung" käme.[2]

Im Kampf gegen die „Fundamentalartikel" hatte die „Leitmeritzer Zeitung" Ende Oktober 1871 im Feuilleton auch folgendes Gedicht von Anastasius Grün, recte Anton Alexander Graf von Auersperg, einem Politiker und gefeierten Lyriker der „österreichischen liberalen Poesie", abgedruckt. Darin hieß es: „Es war ein schönes, stolzes Schiff, jetzt wankt es durch die Klippen/Unheimlich ächzt und bänglich stöhnt's durch Takelwerk und Rippen/Der stolze Name ‚Austria' steht golden am Altane/Die Wimpel prasseln windgepeitscht, wirr flaggt die Kaiserfahne/[...] Die Brandung donnert; taumelnd stößt der Kiel auf Felsenrippen/Das Krachen des Zerfallens dröhnt weithin durch öde Klippen./Das Schiffsvolk bricht mit wilder Kraft der Todesangst die Ketten/Der springt ins Boot, dem helf' ein Brett das Jammerleben retten/So treiben sie dahin, doch nicht wohin die Herzen zielen/Nur wie des Windes Laune will und wie die Wellen spielen./Seefahrern gibt ein Ruderstück vom Wrack noch späte Kunde/Der stolze Name ‚Austria' ist eingebrannt dem Funde./Es war ein schönes, mächt'ges Schiff aus kerngesunden Eichen/Und könnte noch auf freiem Meer mit vollen Segeln streichen!"[3]

Die gereimte Parte erschien vorzeitig. Aber die Warnung vor dem baldigen Ende war allgegenwärtig. 1874 war es zum Beispiel „Die Presse", die gegen die Existenz der Honvéd-Truppen polemisierte. Nur eine einheitliche gemeinsame Armee, konstatierte sie, könne den „Untergang Österreich-Ungarns verhüten".[4]

Aufmerksam registrierten und erdachten die Medien Zeichen der kommenden Apokalypse.[5] Entsprechend trübsinnig klangen die Kommentare zur „Tragödie von Mayerling". „So viel nur ist klar, daß mit dem heutigen Tage die Monarchie in ein Land der Klage und Thränen verwandelt ist", hielt „Die Neue Freie Presse" die Stimmung zu Beginn des Jahres 1889 fest.[6]

Die k. k. Residenzstadt und mit ihr das gesamte Reich schienen stillzustehen. Der „freiwillige" Tod von Kronprinz Rudolf traf nicht bloß den k. u. k. Staat ins Mark. „Das Beispiel, das der gänzlich demoralisierte Mensch dem an allem Heiligen zerrenden Europa gibt, ist geradezu gefährlich", empörte sich ein Freund des deutschen Kaisers Wilhelm II.[7] Im Umfeld des Hohenzollernregenten spielte die persönlich und politisch gefärbte Abneigung gegen den „antipreußischen Selbstmörder" gewiss eine Rolle. Dennoch berührten solche Anmerkungen einen wunden Punkt, der tiefer lag, an Prinzipien rüttelte und von den offiziellen Stellen so gut es ging verschwiegen wurde. Die Bezirkshauptmannschaft im niederösterreichischen Korneuburg beschlagnahmte daher auch eine Ausgabe der „Land-Presse", die am 10. Februar 1889 mit folgenden „Betrachtungen" aufwartete: „Die Thatsache allein, daß ein Kronprinz eine solche That begehen konnte, ein Mann, der im Vollgenusse alles dessen stand, was des Menschen Herz auch nur immer begehren kann, wirkt so niederdrückend, daß man den Glauben an die moralische Freiheit des einzelnen Individuums verlieren könnte. Welche Rückwirkung in moralischer Beziehung die unseelige That auf alle Schichten der Bevölkerung haben muß, das wagen wir bloß anzudeuten – ein Jeder fühlt es in seinem eigenen Herzen, daß der öffentlichen Moral hiemit ein schwerer Schaden zugefügt worden ist. Wenn die Großen des Reiches, wenn ein Fürstensohn" nicht „mehr die moralische Kraft besitzt, sich der Familie und dem Reiche, das Anspruch auf seine Person hat, zu erhalten, wer will dann Jenen verurtheilen, der in der Kümmernis des Lebens, in Noth und Mühsal die Hand an sich legt?"[8]

Der Verfasser der „Betrachtungen" bediente sich keineswegs kirchlicher Verurteilungen des Suizids. Auch Vorwürfe der „klerikalen" Zeitungen gegen die „moderne Erziehung" wies er zurück. Seine Ausführungen tangierten vielmehr staatliche Fundamente und ethische Grundsätze. Sie mussten gerade im Habsburgerreich dann besonders beängstigend wirken, wenn es um die Aufgaben der Krone ging. „Der Beruf des Herrschers", meinte demgemäß die „Land-Presse", „ist überall schwer, aber nirgendwo schwerer, als in einer zweigetheilten, polyglotten, gerade jetzt von heftigsten Parteikämpfen durchwühlten österreichischen-ungarischen Monarchie".[9]

Der Wiener „Reichsrat" diente als Anschauungsobjekt. Nationale Krawalle erreichten im Zuge der „Sprachenverordnungen" ihren Höhepunkt. Obstruktion und Handgreiflichkeiten beschädigten das Bild einer Demokratie, die überdies seit der Wirtschaftskrise der 1870er Jahre zunehmend von antiliberalen Kräften geprägt wurde. Kollektive der „Volks-, Klassen- und Ständegemeinschaften" standen bald höher im Kurs als die individuellen Rechte, mit denen vor allem der Beginn des „Konstitutionalismus" verknüpft worden war.[10] Zerwürfnisse und Polemiken passten kaum zu zweifelhaften Harmoniebedürfnissen und idealisierten Vorstellungen der Redefreiheit. „Die Luft wird immer unerträglicher", charakterisierten Christlichsoziale die Atmosphäre in einer „Volksvertretung", die unterdessen Deutschnationale als „Diätenvertilgungsapparat" verhöhnten und führende Sozialdemokraten als „Tummelplatz von Intrigen" und „frivoler Streitlust" anprangerten. Das speziell von der „Linken" geforderte allgemeine Männerwahlrecht änderte an der Gesamtlage wenig. Im Gegenteil, die „internationalistische Arbeiterbewegung" blieb ihrerseits nicht von den ethnischen Konflikten verschont. Das Gefühl der Unregierbarkeit des Habsburgerstaates machte sich breit, die Bürokratie suchte ihr Heil wiederholt in Notstandsverordnungen und schickte ein als „arbeitsunfähig" empfundenes Parlament nach Hause.[11]

„Sein oder Nichtsein"

Die Jahrhundertwende war anscheinend ein guter Zeitpunkt, um die Stimmung weiter zu trüben. Die schrittweise Demokratisierung – neben dem schon zuvor gesenkten Zensus gab es nun, 1896/97, eine fünfte Kurie für beinahe alle Männer über 24 Jahre – veränderte die Mehrheitsverhältnisse, löste eine Regierungs- und schließlich eine veritable Staatskrise aus. Das Entstehen eines neuen Spektrums der Massenparteien ging etwa auch bei den Tschechen mit immer stärkeren nationalistischen Tendenzen einher. Als der bisherige galizische Statthalter Kasimir Graf Badeni als neuer k. k. Ministerpräsident gerade auch wegen der anstehenden Ausgleichsverhandlungen mit Ungarn eine stabile Regierungsmehrheit suchte und den Staatsdienern aller Bezirke Böhmens und Mährens eine verpflichtende Zweisprachigkeit sowohl im äußeren als auch im inneren Amtsverkehr abverlangte, erreichte er statt einer Konsolidierung Cisleithaniens das genaue Gegenteil. Einen wahren „Furor Teutonicus" beantworteten die radikaleren nationalliberalen und vor allem gegen die Anlehnung der Monarchie an das Deutsche Reich auftretenden „Jungtschechen" mit Exzessen.[12] Das Parlament, Schauplatz von Tumulten, Geschäftsordnungskrisen und Polizeieinsätzen, wurde geschlossen. Während die deutschen Abgeordneten den böhmischen Landtag verließen und der zunächst unnachgiebige Badeni schließlich dem Druck weichen musste, waren jene, die ihm in seinem Amt folgten, gezwungen, die Bestimmungen zu revidieren und schließlich selbst konziliantere Versionen zu „sistieren".[13]

Zu alldem verschlechterte sich – für Eingeweihte erwartungsgemäß – wieder einmal das Verhältnis zwischen den beiden Reichshälften. Nach der „Badeni-Krise" gelangen in Bezug auf den „Wirtschaftsausgleich" nur mehr befristete Provisorien.[14] Wenigstens aus ökonomischer Sicht drohte das Ende des Gesamtstaates. Manche Magyaren, denen die Regelungen von 1867 noch nicht weit genug gingen, hofften schon auf die völlige zoll- und handelspolitische Freiheit.[15] Rückblickend hielten jene, denen die Selbstständigkeit Transleithaniens ein besonderes Anliegen war, noch einmal den grundlegenden, keineswegs neuen Unterschied der Standpunkte fest: „Im ungarischen Bewußtsein war Österreich-Ungarn ein Staatenbund, im österreichischen ein Bundesstaat."[16] Das Missverhältnis veranlasste den Schriftsteller Hugo von Hofmannsthal dazu, das politische Gebilde im Donauraum als „seltsames, zur Improvisation einladendes nicht Land, nicht Reich, nicht Staat" zu bezeichnen.[17] Ein Experte der Wiener Handels- und Gewerbekammer in den Belangen der „Quote" und anderer, themenverwandter Ausgleichsangelegenheiten malte angesichts des „drohenden Abschlusses beider Wirtschaftsgebiete voneinander" das Gespenst der „Zollkriegs" und des ökonomischen „Selbstmords" an die Wand.[18] Die sozialdemokratische „Arbeiter-Zeitung" nannte das am 15. Juni 1899 bereits „Finis Austriae!" Nur noch bis 1903 und in „Bankfragen" bis 1907 könne die Einheit bewahrt werden.[19]

Für andere war Österreich-Ungarn, wie einst Anastasius Grün bereits erdichtet hatte, schon zerfallen. Im Dezember 1899 erschien das Buch „Das neue Weltreich", das einen Blick in die Zukunft riskierte. Binnen Jahresfrist versprach der Verlag die „beiden weiteren Teile", von der „Eroberung Konstantinopels bis zum Ende Oesterreich-Ungarns" und „vom Ende Osterreich-Ungarns bis zur Unterwerfung Englands unter das nordamerikanische Protectorat".[20]

Der 1. Jänner 1901 veranlasste vor diesem Hintergrund die viel gelesene nordböhmische „Reichenberger Zeitung" zur Augurentätigkeit. In ihrer Vorschau auf das kommende Zentennium entwarf sie ein düsteres Zukunftsbild für die Habsburgermonarchie. Das Reich, hieß es mit Blick auf die Entwicklungen der letzten Jahre, sei dabei, „zurückzufallen, unfähig, sich aus seiner Lethargie aufzuraffen und mit den umliegenden Staaten zu wetteifern. Dazu komme die politische und nationale Verwirrung, die kürzlich über ihm zusammengeschlagen sei und es zum europäischen Gespött gemacht habe. Der Nationalitätenstreit habe der

Monarchie mehr Schaden zugefügt" als die „höchst unglücklich verlaufenen" Kriege des vergangenen Jahrhunderts. Überall mehrten sich die „Zeichen" von „Stagnation und Rückgang", gäbe es für die „Bewohner des alten Kaiserstaates" genug Grund, mit „berechtigtem Pessimismus des Vaterlandes weitere Entwicklung" zu „erwarten".[21]

Als sich dann die Union zwischen Schweden und Norwegen in der zweiten Jahreshälfte 1905 auflöste, zog man Analogieschlüsse unter anderem in der christlichsozialen „Reichspost". Auf Shakespeares „Hamlet" anspielend, stellte sie fest: Sein oder Nichtsein [...]. Ein großer Teil der österreichischen Politiker und Parteien [...] glaubte in der Umwandlung Oesterreich-Ungarns in eine Personalunion das Mittel gefunden zu haben", um dem „ganzen Jammer" ein „Ende zu machen. [...] Aber was heißt Personalunion", die Verbindung der völlig selbständigen Teile nur noch durch den Herrscher, „für uns? Sie wäre der Anfang von einem sehr raschen Ende des Habsburgerreiches. Die Personalunion hat sich in Skandinavien als unmöglich erwiesen".[22]

Das war auf die augenblicklichen Vorgänge in Budapest gemünzt und – wenn auch ohne beabsichtigte Untergriffe – auf Franz Joseph selbst. Denn sein Verhalten führte der Öffentlichkeit gerade vor Augen, dass neben den „gemeinsamen" Wirtschaftsfragen selbst das vermeintlich verbindende Militär und der „Souverän" – Kaiser dies-, König jenseits der Leitha – nur sehr bedingt als „reichsweite Klammer" verstanden werden konnten. Nachdem der Regent schon bei bewaffneten Konfrontationen in der Vergangenheit keine glückliche Hand bewiesen hatte, bestand er ab dem Herbst 1903 gegenüber den Magyaren auf einer Rekrutenerhöhung. Der ungarische Reichstag reagierte vorerst mit einer Hinhaltetaktik und das königliche Kabinett wiederum mit einer neuen Geschäftsordnung.

Die Maßnahmen mündeten in eine Verfassungskrise. Die Parlamentsauflösung und die nachfolgenden Wahlen verhalfen jedoch der Unabhängigkeitspartei und ihren Verbündeten zum Erfolg. Franz Joseph weigerte sich, diese mit der Regierungsbildung zu beauftragen, fürchtete er doch eine weitere Verschärfung der nationalen Gegensätze und nicht zuletzt die Einführung der magyarischen Kommandosprache abseits der Honvéds, bei k. u. k. Regimentern, die sich aus Ungarn ergänzten.[23]

Das von der Krone eingesetzte Kabinett legte daraufhin der Opposition die Daumenschrauben an. Der Reichstag wurde mittels „Königlichem Kommissär" und Honvédeinheiten erneut auseinandergejagt, die Auszahlung der Gehälter für Beamte der lokalen Verwaltungen ausgesetzt, die politische Freizügigkeit, etwa im Bereich der Presse, eingeschränkt, das Informanten-Netz verdichtet, die Gendarmerie landesweit verteilt – und, vor dem Hintergrund der russischen Revolution von 1905 und angesichts der Sprengkraft für das ungarische System besonders wichtig – das allgemeine Männerwahlrecht in Aussicht gestellt. Dieses hätte die elitäre Oberschicht und damit auch die Gegner der Krone in beträchtliche Schwierigkeiten gebracht. Schrittweise bewegten sich die Kontrahenten wieder aufeinander zu. Forderungen in Bezug auf das gemeinsame Heer blieben letztlich gegenstandslos. Der Verzicht auf eine tiefgreifende Parlamentsreform fiel nach einigem Hin und Her dann auch Franz Joseph nicht allzu schwer. Schließlich bewirkte das Jahr 1907 mit der Einführung des allgemeinen, gleichen, geheimen und direkten Wahlrechtes für Männer in Cisleithanien keineswegs die Überwindung schwerer nationaler Zwistigkeiten. Für die Länder der Stephanskrone musste Ähnliches befürchtet werden, die innere Stabilität des Gesamtstaates war damit kaum gesichert. Die Aufrechterhaltung des Status quo bedeutete im Großen und Ganzen die fortgesetzte Benachteiligung von nichtmagyarischen Nationalitäten und breiten Bevölkerungsschichten in Transleithanien. Bloß 6,5 Prozent der dortigen Einwohner durften zu den Urnen schreiten, ungleichmäßig aufgeteilte Wahlkreise, Bestechungen und Einschüchterungen komplettierten die fragwürdigen Machtverhältnisse.[24]

Franz Josephs Regierungsjubiläum im Jahr 1908 fügte sich dann gleichfalls in ein alles andere als zuversichtlich stimmendes Bild. Hatten sich die internen Reibereien bei den Feierlichkeiten für den „Souverän" 1898 noch kaum bemerkbar gemacht, so kam es nun schon im Vorfeld zu heftigen Kontroversen. Ein Gastspiel des Tschechischen Nationaltheaters im Theater an der Wien aus Anlass der Feierlichkeiten löste heftige Proteste und Streitigkeiten über den „deutschen Charakter" der k. k. Haupt- und Residenzstadt aus, von dem ihr Bürgermeister Karl Lueger so gerne sprach. Ministerpräsident Maximilian Wladimir Freiherr von Beck wollte kalmieren und den Aufführungen nichts in den Weg stellen, als der 1903 gegründete „Bund der Deutschen in Niederösterreich" gegen die vermeintliche „Slawisierung" die Straße mobilisierte und die geplante Inszenierung schließlich abgesagt wurde. Speziell in Prag kam es zu heftigen Gegenreaktionen. Hier sollte nun gleichfalls „nationale Reinigung" betrieben werden und die deutsche Sprache aus dem öffentlichen Raum, von Hinweisschildern, Hotels, Restaurants und Geschäften verschwinden.[25]

Der große Wiener Festumzug für den Kaiser vom 12. Juni präsentierte dann zwar in opulenter Kostümierung und unter Beteiligung von rund 12.000 Personen die Geschichte der Monarchie sowie eine „Hommage" der Hauptstadt als auch der Nationalitäten an den Jubilar.

Dessen Völker aber waren keineswegs vollständig angetreten.[26] Nach den vorangegangenen Zwistigkeiten fehlten die Tschechen, aber auch die Italiener. Deren antiösterreichische „Irredentisten" hätten, ging das Gerücht, die loyalen Triestiner an der Teilnahme gehindert. Und bezeichnend für die Gesamtlage: Die Magyaren boykottierten die ganze Veranstaltung ebenfalls, bezogen sie sich doch in ihren Huldigungen auf den 1867 gekrönten König, nicht aber auf den seit 1848 regierenden Kaiser Franz Joseph.[27] Ernüchtert hatten Hof- und Regierungskreise hinzunehmen, dass der Herrscher sein Jubiläumsjahr als weiteres trauriges Beispiel der Disharmonie in seinem Reich erleben musste. Der deutschösterreichisch-tschechische Gegensatz eskalierte im Herbst 1908. Ende November und Anfang Dezember führten Unruhen zur Verhängung des Kriegsrechtes in Prag.[28]

Gefahren jenseits der Grenzen

Die vorwiegend auf dem Feld der Sprach- und Kultur-, der Schul- und Verwaltungskompetenzen ausgetragenen inneren Konflikte gingen Hand in Hand mit dem Versuch, verlorenes außenpolitisches Terrain mittels expansionistischer Tendenzen auf dem Balkan zu kompensieren. Dieser vor allem von den gemeinsamen Ressorts des Äußeren und des Heerwesens getragene Kurs, der nicht zuletzt bei liberalen Kräften und namentlich ungarischen Entscheidungsträgern gelinde gesagt auf wenig Sympathie stieß, mündete 1908 in die Annexion von Bosnien-Herzegowina, das die k. u. k. Armee als Folge des Berliner Kongresses 1878 besetzt hatte. Es war formal Teil des osmanischen Reiches geblieben, nun aber wurde es der Donaumonarchie einverleibt.[29]

Die daraus resultierende „Annexionskrise" führte zwar zu keinen Kampfhandlungen, vertiefte allerdings die Kluft zwischen Wien einerseits und St. Petersburg beziehungsweise Belgrad andererseits, zumal Serbien die begehrte Region wenigstens teilweise für sich reklamierte und diesbezüglich die prinzipielle Rückendeckung Russlands erwarten durfte.[30] Vor diesem Hintergrund mehrten sich während der Balkankriege 1912/13, in denen der serbisch-österreichische Gegensatz zu eskalieren drohte, Hinweise auf eine Konfrontation der Großmächte im Gefolge des europäischen Bündnissystems. Die Partner, Deutschland und Österreich-Ungarn auf der einen, Russland, Frankreich, und Großbritannien auf der anderen Seite, rückten enger zusammen.[31]

Unter solchen Umständen häuften sich auch kritische Stimmen im Ausland. Die Diplomaten Wilhelms II. waren schon 1901 mit der Frage konfrontiert, wie sich die Großmächte „zu dem Falle eines Zusammenbruchs Österreichs, welcher nach menschlicher Berechnung nach Ableben des Kaisers Franz Joseph nicht mehr lange ausbleiben dürfte, zu stellen haben".[32] Offiziell ließ Berlin nicht den geringsten Zweifel an der Bündnistreue gegenüber Wien aufkommen, auch wenn die besonders „völkischen Alldeutschen" des Hohenzollernreichs angesichts der „ungarischen Krise" ab 1903 den „beginnenden Auflösungsprozess" der Gesamtmonarchie antizipierten und die Lage als „verworrener und schwieriger denn je" empfanden. Martialische Töne wurden etwa 1909 angeschlagen: „Wenn der Volkskampf in Österreich-Ungarn ausbricht", sei man „fest entschlossen, ungeachtet aller beliebigen Folgen das deutsche Volk öffentlich aufzufordern, bewaffnet über die Grenze zu gehen".[33]

Dass sowohl auf dem eigenen Staatsterritorium als auch jenseits davon nicht bloß „Deutsche", sondern vor allem auch Italiener, Polen, Rumänien, Serben, Ruthenen beziehungsweise Ukrainer lebten, machte das „konnationale" Problem zu einem generellen und besonders verworrenen mit gleichermaßen innen- wie außenpolitischen Implikationen. Die blutige Okkupation von Bosnien-Herzegowina Ende der 1870er Jahre hatte gezeigt, wie leicht durch einen Schritt über die Staatsgrenzen hinaus das innere Gefüge der Donaumonarchie ins Wanken zu bringen war. Die Magyaren verdross die Aussicht auf den Zuwachs an Südslawen im Reich. Bei den Deutschliberalen gärte es aus ähnlichen Gründen. In der Sorge um die Schwächung des Deutschtums kam es unter ihnen zur Spaltung. Viele ließen die Regierung fallen. Im Gegensatz dazu hingen etliche Altkonservative Großmachtphantasien nach. Sie waren damit unzufrieden, dass die nun unter der Kontrolle von k. u. k. Truppen stehende Balkanprovinz in unmittelbarer Nachbarschaft zu Serbien nicht gleich vollständig in das Habsburgerreich integriert worden war.[34]

Vor allem Belgrad, Sankt Petersburg und Rom gingen unter anderem vor diesem Hintergrund auf Konfrontationskurs zu Wien. Wenigstens Teile des habsburgischen Länderkonglomerats beanspruchten sie für sich, wobei die völlige Zerstörung Österreich-Ungarns von radikaleren Kräften immer wieder ins Auge gefasst wurde.[35] Dass speziell das riesige Zarenimperium generell seinen Einfluss in Südosteuropa geltend machen wollte und nicht selten in Absprache mit seinen Bündnispartnern existenzgefährdenden Entwicklungen für die Donaumonarchie Vorschub leistete, vergrößerte die Spannungen insbesondere an der Peripherie des k. u. k. Staates. Hier existiere nun einmal die „nationale Attraktion" und „wir müssen mit der Tatsache rechnen, daß die Serben, Italiener, Rumänen, Ruthenen usw. von den Nationalstaaten an unseren Grenzen angezogen werden", erklärte demgemäß der Sozialdemokrat

Wilhelm Ellenbogen im Verlauf der Delegationssitzungen des Wiener Reichrates Ende 1913.[36]

Ellenbogen gab sich skeptisch in Bezug auf die Möglichkeiten, „diese Attraktion vollständig zu überwinden". Immerhin erblickte er im Modell der Schweiz und in einer zunehmenden Demokratisierung Lösungswege. Sein slowenischer Delegationskollege Anton Korošec legte in denselben Verhandlungen wiederum unverhohlen den Finger auf den „wundesten Punkt" und sprach damit vielen cisleithanischen Abgeordneten aus der Seele. „Solange wir den Dualismus in seiner jetzigen Form aufrechterhalten, ist eine einheitliche und starke äußere Politik unmöglich und solange sich unsere gemeinsamen Minister als Gefangene der ungarischen Reichshälfte fühlen und betrachten, werden wir immer eine ungarische oder richtiger gesagt eine magyarische Politik machen". Die „Magyaren" aber sähen hauptsächlich am Balkan „in jedem Volke, ob es nun innerhalb oder außerhalb unserer Monarchie ansässig ist, die natürlichen Feinde ihres magyar imperium, ihrer magyarischen Reichsidee, und wenden alle Mittel an, um die Südslawen innerhalb der Monarchie unzufrieden und außerhalb der Monarchie als Feinde des Reiches zu erhalten".[37]

Korošecs Äußerungen stimmten mit einer auch international immer öfter wahrnehmbaren Auffassung überein, der zufolge sich der Machtschwerpunkt in Österreich-Ungarn augenfällig von Wien nach Budapest verlagerte. Deutsche Diplomaten beklagten seit Längerem den „rücksichtslosen Machtgebrauch" der Ungarn. Österreichische Gesprächspartner der verbündeten „Preußen", wie etwa der böhmische Magnat Franz Graf Thun-Hohenstein, beschrieben „die politischen Zustände" im Habsburgerreich als „trostlos". Kurze Zeit später meinte der k. u. k. Außenminister Agenor Graf Gołuchowski speziell unter dem Eindruck der Auseinandersetzung in Budapest zwischen Krone, Regierung und Parlament: „Hier sei alles zerfahren". Das Reich gehe „seinem Verfall entgegen".[38]

Es konnte niemanden überraschen, dass in Anbetracht solcher Einschätzungen von höchster österreichisch-ungarischer Stelle auch im Ausland vielerorts ein generelles Umdenken einsetzte. Dass die Panslawisten Russlands die Donaumonarchie als „morschen Baum" abqualifizierten, „den ein Windstoß umfegen könnte", mochte noch als Propaganda und teilweise auch als Wunschdenken besonders antihabsburgischer Strömungen ausgelegt werden.[39] Nachdenklicher mussten die Stellungnahmen in Frankreich und Großbritannien stimmen. Nach der „Badeni-Krise" erschien in der katholischen „Le Pélerin" einer von vielen Presseberichten über das Attentat auf Kaiserin Elisabeth, der zwar die Tat des Mörders verurteilte, zugleich aber den Gewaltakt als „eine Art göttlicher Strafe für alte Fehler der Dynastie" darstellte. Dem trauernden Witwer Franz Joseph begegnete zeitgleich „Le Temps" zwar – wie viele Blätter – mit Respekt, dennoch überwog die Skepsis, ob es der „Souverän fertigbringen würde, eine Katastrophe zu vermeiden".[40]

Bedeutsamer als die Kommentare der Journalisten war allerdings die Haltungsänderung der Entscheidungsträger seit 1897. Von nun an hielten führende Repräsentanten der „Grande Nation" den Zerfall der Donaumonarchie nicht mehr für ausgeschlossen. Seit 1903/4 interessierte sich Paris auffallend für den italienischen Irredentismus, „slawische Anliegen" und bestimmte Kronländer wie etwa Böhmen. Die französischen Entscheidungsträger hinterfragten in der Krisenstimmung von 1912/13 die Notwendigkeit der Existenz Österreich-Ungarns, vor allem auch angesichts des Schulterschlusses zwischen Wilhelm und Franz Joseph.[41]

Manche Diplomaten in Großbritannien sahen es nicht anders. Und einige Vertreter der dortigen Presse gingen noch weiter, entwickelten eine Abneigung gegen „Kakanien", sagten den Zerfall des Doppelstaates voraus und übten damit keinen unbedeutenden Einfluss auf die Politik des „Empires" aus. Die „ausgeprägte Verschlechterung" des englisch-österreichischen Verhältnisses wurde seit Jahresbeginn 1908 offensichtlich. Der Konflikt in Ungarn und die Reibereien zwischen den beiden Reichshälften der Donaumonarchie begünstigten britische Spekulationen über ein Ableben des „kranken Mannes an der Donau".[42]

Die politisch-diplomatischen Spannungszustände intensivierten in der Folge auch nachrichtendienstliche Aktivitäten und die Suche nach „fremden Agenten" oder „Verrätern" in den eigenen Reihen. Das Habsburgerreich war davon in hohem Maße betroffen. „Diese ganze Serie von Verratshandlungen", schrieb der französische Militärattaché in der k. k. Haupt- und Residenzstadt, Oberstleutnant Hallier, am 12. Juni 1913, „ist die fatale Folge vom Bedürfnis nach Lust und Zerstreuung, welches die ganze Wiener Gesellschaft durchdrungen hat. Wirtschaftliches Denken und Sparsamkeit sind hier unbekannt".[43]

Die europaweit grassierende „Spy Mania" manifestierte sich in der Donaumonarchie solcherart nicht bloß in den Gerüchten um den „Skandal" des Hochverräters und „Meisterspions" Alfred Redl. Wie auch Halliers Wortmeldung belegte, wurden die einzelnen Vorfälle zum Anlass genommen, ein Sittenbild der Monarchie im Allgemeinen zu skizzieren. Sensibel reagierten die Staatsspitzen daher auf Journalisten, die zu einem Rundumschlag ausholten. Im k.u.k Kriegsministerium ärgerte man sich zum Beispiel über ungarische Blätter: Was sie sich im Augenblick „leisteten", übersteige „jedes Maß". Selbst „ausgesprochene Regierungsorgane" hätten sich im Ton vergriffen.[44] Nicht bloß die vielen Spionage-Affären und das Image der Armee rückten in das Zentrum der Betrachtungen. Meldungen unter anderem über „zivile" Korruptionsaffären und Wahlbestechungen machten die Runde. Sie verstärkten den Eindruck, dass ein verrottetes Staatsgebilde seiner Selbstzersetzung entgegentaumle.[45]

Trotz tatsächlicher Missstände, persönlicher Verfehlungen im Einzelnen und krisenhafter Erscheinungen im Allgemeinen stellten die Enthüllungen und die damit verbundenen Debatten aber auch Korrektive dar. Sie – bemerkten einige Kommentatoren – waren auf die Arbeit durchaus „vertrauenswürdiger Justizorgane" zurückzuführen. In vielerlei Hinsicht bildeten Rechtssysteme, aber auch parlamentarische Anfragen und „neugierige Reporter" Voraussetzungen, um die Schattenseiten des Staatswesens zu beleuchten. Als Signum der Epoche musste folglich weniger die scheinbar unbegrenzte „Sittenlosigkeit" oder der erregt konstatierte „Werteverfall" gelten. Vielmehr zeichnete sich das Entstehen einer „Öffentlichkeit" ab, die über den „Sumpf des Verbrechens" und ein „moralisches Königgrätz", wie der „Fall Redl" von militärischer Seite apostrophiert wurde, überhaupt erst ungehinderter befinden konnte.[46]

Zu einer solchen Sichtweise rangen sich allerdings nur wenige Beobachter durch. Zeitgenössische Stimmen lieferten vielmehr Stoff für den prognostizierten Kollaps „Kakaniens". Schicksalhaft kursierten erste Entwürfe einer regelrechten „Logik des Untergangs". Franz Joseph, der „greise Herr in Schönbrunn", verkörperte solcherart weniger die Dauerhaftigkeit seiner Regentschaft als vielmehr die „Altersschwäche" seines Reiches.[47]

Derartige Sichtweisen fanden keineswegs bloß Bestätigung in den nationalen Zentrifugalkräften, welche die bestehende Ordnung Mitteleuropas gefährdeten. Darüber hinaus verbreitete sich als Folge sozialer und ökonomischer Gegensätze Unzufriedenheit. Die Wachstumsraten blieben hinter der Entwicklung im Ausland zurück.[48] Steuer- und Zollpolitik bewirkten einen Preisanstieg, der Teuerungsproteste mit Militäreinsätzen, Toten und Verletzten zur Folge hatte.[49]

Vermögensverteilung

Das Elend der Unterschichten trat zu Tage. Triste Arbeits- beziehungsweise Lebensverhältnisse fanden speziell in den Städten ihren Ausdruck in Alkoholismus, Tuberkulose und Wohnungsnot. Die Erhöhung der Mietzinse verschlimmerte die Lage: Gerichtliche Delogierungen waren speziell in Wien an der Tagesordnung.[50] Ihre Zahl betrug in den Jahren 1890 bis 1914 zwischen 100.000 und 150.000 pro Jahr. Sogenannte Bettgeher verfügten unter solchen Umständen lediglich über Schlafstellen für einige Stunden, Arbeitnehmer fanden nur bei ihren Dienstgebern unter nicht selten unwürdigen Bedingungen ein Dach über dem Kopf. Asyle, Massenquartiere und Obdachlosenheime waren derart überfüllt, dass manche an der Donau, am Donaukanal oder im unterirdischen Kanalnetz nächtigen mussten.[51]

Die Missstände ließen sich indes kaum beseitigen, solange die Alpenländer sowie die Ballungszentren und allen voran die Haupt- und Residenzstadt Magneten der Binnenwanderung blieben. Etwa ein Viertel der Wiener stammte in den letzten Jahren vor dem Ersten Weltkrieg aus Böhmen und Mähren, und zwar zum überwiegenden Teil aus Bezirken mit mehrheitlich tschechischsprachiger Bevölkerung. Allerdings gaben viele bereits Deutsch als Umgangssprache an. Der Assimilationsdruck war groß und hatte zudem eine von enormen Einkommensunterschieden gekennzeichnete jüdische Zuwanderung geprägt. Die großteils bitterarmen Migranten vornehmlich aus den östlichen Gebieten der Donaumonarchie sahen sich mit Misstrauen, Ablehnung und offener Feindschaft konfrontiert. Während sich ihnen gegenüber nicht selten selbst die seit Längerem ansässigen „Glaubensgenossen" distanziert verhielten, machten sich antisemitische Strömungen in weiten Teilen der Gesellschaft breit.[52]

Dennoch blieben die urbanen Zentren Anziehungspunkte. Die Situation auf dem Land war oft noch schlechter als in den Städten. Um 1890 zeigte sich, wie sehr in diesem Punkt die soziale Fürsorge scheiterte. Meist junge Leute suchten in den Ballungs- und Industriegebieten ihr Glück. Die „strukturschwachen" Regionen verloren weiter an Potenzial, sollten aber jene, die weggegangen, dann aber etwa von Arbeitslosigkeit und Erkrankung bedroht waren, wieder unterstützen. Der Abschub in die armen Herkunftsgemeinden bewirkte schließlich 1896 ein erstes Umdenken. Das Heimatrecht konnte nun schon nach zehn Jahren in den meist städtischen Kommunen erworben werden.[53]

Hier ließen sich am ehesten finanzstarke Gesellschaftskreise finden. 1903 lebten zum Beispiel in allen cisleithanischen Orten mit mehr als 10.000 Einwohnern lediglich etwas mehr als 18 Prozent der Bevölkerung, aber knapp 60 Prozent der Steuerpflichtigen. Allgemeine Daten zeigen, dass auch unter diesen die Unterschiede außerordentlich groß waren. Zwischen 1898 und 1907 ging die Hälfte des Steueraufkommens auf die Gruppe mit über 12.000 Kronen Jahresverdienst zurück. Der andere Teil, der unter dieser Einkommensgrenze lag und die zweite Hälfte einbrachte, bildete fast 98 Prozent aller Steuerpflichtigen. Die „Oberschicht" machte also gerade einmal etwas mehr als zwei Prozent aus – eine überschaubare Zahl von „Fabrikherren" beziehungsweise Unternehmern, Haus- und Grundbesitzern.[54]

Neben dem beträchtlichen Eigentum einiger „Fürstenhäuser" führte der „organisierte Kapitalismus" außerdem zu industrieller Konzentration und Trustbildung. Die mächtigsten Kartelle kontrollierten vor 1914 wiederum acht Wiener Banken. Sie verfügten über zwei Drittel des gesamten Kapitals aller Finanzinstitutionen der westlichen Reichshälfte Österreich-Ungarns. In den Ländern der Stephanskrone gab es demgegenüber bloß ein vergleichbares, allerdings wiederum mit dem Finanzplatz Wien eng verbundenes Geldinstitut. Die Ungarische Allgemeine Credit-Anstalt hatte jedoch nur auf rund 16 Prozent des transleithanischen Aktienvermögens Zugriff.[55]

Im Gegensatz dazu verdienten bespielsweise ungefähr 90 Prozent der Einwohner Cisleithaniens weniger als 1.200 Kronen im Jahr. Sie konnten zum öffentlichen Haushalt gar nichts beitragen und lebten vielfach am Rande des Existenzminimums.[56] Da die gesellschaftliche Lage ebenso wie die ökonomische Entwicklung in den einzelnen Kronländern teilweise extrem divergierten, durfte es nicht überraschen, dass es regionsweise zu einer außerordentlich hohen Zahl an Abwanderungen kam. Neben der Tatsache, dass unter anderem beachtliche Illegitimitätsraten soziale Beziehungen zertrümmerten, fiel auf, dass nirgendwo sonst in Europa so viele Menschen ihre Kindheit bei Fremden verbringen mussten.[57]

Triste Verhältnisse

Die mitunter traumatischen Erfahrungen wirkten lange nach. Alois Schönthaler, 1909 im steirischen Mürzzuschlag als lediges Kind einer Köchin und eines Sattlergehilfen geboren, erinnerte sich noch mehr als acht Dekaden nach seinen ersten Lebensjahren: „Meine Mutter [...] dachte, dass sie mich so nebenbei großziehen" und „ihre Arbeit verrichten könnte. Die ersten Schwierigkeiten waren da, eine gute Stelle konnte man auch zu dieser Zeit nicht so leicht aufgeben. Das Kind, der kleine Loisl, musste also weg. Aber wohin?" Die Frau des Dienstgebers „wusste Rat: eine ihr bekannte Eisenbahnerfrau, die immer Pflegekinder hatte, um ein paar Kronen zum kargen Wirtschaftsgeld dazuzuverdienen. Zu dieser Frau" wurde „ich also auf Kost und Quartier gegeben. [...] Die nächsten Jahre [...] waren für mich nicht erforschbar. Ich konnte später nur feststellen, dass ich – kaum ein Jahr alt – ein Schwesterchen bekam. Sie hieß Hermine. Meine Eltern standen nun wieder vor demselben Problem wie ein Jahr davor mit mir. Die Lösung dieses Problems war so, dass ich meiner Schwester Hermine meinen Kostplatz überlassen musste und ich zu Tante Bachmann, das war die Chefin meines Vaters, kam."[58]

Der „Brandner Leopold" aus Wien, der sich selbst als einen „waschechten ‚Bastard'" bezeichnete, erlebte das „Abgeschoben werden" schließlich ganz bewusst als Jugenddrama, zumal seine Pflegemutter, eine „Kleinhäuslerin" aus dem niederösterreichischen Rastenfeld, ihn gegen ein geringes Entgelt lediglich bis zum „zehnten Geburtstag" behalten wollte. Da „hab ich meinen ersten großen Schock erlitten", schrieb er 1987. Denn als es so weit war, Abschied zu nehmen, da nahm „ich meine liebe Ziehmutter, zu der ich natürlich Mutter sagte, um den Hals, klammerte mich an sie und schrie nur immer: ‚Nein, nein, meine liebe Mutter, ich will nicht weg von dir [...]'. Noch heute kommen mir fast die Tränen beim Schreiben dieser Zeilen. Ich wollte mich lieber von der Kampbrücke in das Wasser stürzen, als meine liebe Pflegemutter zu verlassen."⁵⁹ Leopold Brandner durfte noch weitere vier Jahre bleiben, dann machte sich erneut das Gefühl breit, nur „Gast auf Zeit zu sein". Das Ende der Schulzeit und der „Abschluss" des 14. Lebensjahres bedeuteten für ihn vor allem den Beginn einer „unsteten Existenz". Aus Rastenfeld holte ihn ein Onkel, der selbst das kümmerliche Dasein eines „bäuerlichen Dienstboten" geführt hatte. Die leibliche Mutter empfing ihn ebenso „distanziert" wie sein Stiefvater. Schon „nach ein paar Tagen" musste er wieder fort, „in eine Tischlerlehre", die ihn wenig begeisterte. Der junge Mann blieb auch hier nicht lange und suchte eine bessere Stelle.⁶⁰

Die Schicksale glichen sich, auch ohne den damals oft empfundenen „Makel" der unehelichen Geburt. „Meine Eltern hatten ein Häuschen", entsann sich Jahrzehnte danach die 1903 geborene Katharina Schürer aus dem oberösterreichischen Grieskirchen. Mit den Worten des Vaters „Die Mutter schläft sehr gut", ging für die damals Sechsjährige ein Lebensabschnitt zu Ende. Der Tod der Frau machte es dem Vater unmöglich, das Haus und die sechs Kinder weiter zu erhalten. Katharina Schürer und ihre Geschwister wurden auf verschiedene Pflegeplätze aufgeteilt. Gemeinsam „mit der Ältesten" kam sie nach Niederthalheim. Bei der Familie des Gemeindesekretärs, der gleichzeitig Mesner war, fragte der Vater an: ‚Welche wollt ihr von den Zweien nehmen?' Da sagte die Frau des Hauses: ‚Die Jüngere'. Das war ich. So blieb ich gleich dort."⁶¹

Besonders schwer ertrug Notburga Kranebitter nach den Aufzeichnungen ihres Sohnes das Leben als Bauernmagd. Bei St. Johann in Tirol in die Familie eines bald verstorbenen Maurers und Tagelöhners geboren, blieb der Mutter, die ihre vier Kinder nicht mehr selbst erhalten konnte, nichts anderes übrig, als bei den bayerischen

Bauern einen Platz für ihre Tochter zu suchen. Ein Vierteljahrhundert war sie dann in Stall und Haus beschäftigt, am Feld und als Sennerin auf der Alm. Die Bedrückungen konzentrieren sich auf einen einzigen Satz: „Sie hatte dort starkes Heimweh und musste viele Erniedrigungen hinnehmen."[62]

Ein Leben lang blieb indes Frau Barbara Scherleitner Magd. In Niederösterreich 1884 auf die Welt gekommen, war ihre Mutter – nach schwerer körperlicher Arbeit – schon im Kindbett verschieden. Als „Ziehkind" musste sie im Stall schlafen, später ging sie nur selten zur Schule. Ihre Habseligkeiten waren in einer für jedermann zugänglichen Truhe verwahrt, drei uneheliche Kinder gebar sie, von denen ein Sohn wiederum als Pflegekind bei Kleinhäuslern landete. „Vom zweiten Kind wusste sie nichts", und das dritte, „die Hannerl", verstarb bald, nachdem sie weggegeben worden war.[63]

Zur Welt gebracht hatte sie die Bedauernswerten im Wiener Findelhaus, dem seit der Gründung 1784 innerhalb seines 126-jährigen Bestehens eine Dreiviertelmillion Kinder überantwortet worden waren und das lange mit besonders hohen Mortalitätsraten zu kämpfen hatte. Triste Aussichten erwarteten aber auch jene, die überlebten. Die Armut brachte zunächst und vorerst einmal wieder Armut hervor. Findlinge wurden „nur von der ärmeren Volksclasse in Erziehung genommen und die Fälle, wo schon heranwachsende Kinder von reicheren kinderlosen Eheleuten übernommen werden, sind derart selten, dass sie nicht in Betracht kommen." – So lautete eine Bilanz zur Pflege unehelicher Kinder in den 1890er Jahren.[64]

Die psychische und physische Belastung, der Pflegekinder ausgesetzt waren, trat im Rückblick des Öfteren ins Bewusstsein. Elisabeth Glaser, 1903 im kärntnerischen Zlan auf die Welt gekommen, musste als Siebenjährige zu ihrer kinderlosen Taufpatin. Das Pflegekind hatte „überall mit anzupacken" und „wurde nicht geschont". Frau Glaser, die später auch noch Dienstmädchen in Wien war, hielt in ihren biographischen Notizen fest: „Mein Leben hatte sich sehr verändert. Ich hatte Heimweh, es gab kein zärtliches Streicheln."[65]

Franz Obergottsberger aus dem Hausruckviertel hielt ähnliche Eindrücke seiner Großmutter und seiner Mutter Nani fest. Letztere blieb bis zum 30. Lebensjahr Bauernmagd. Auch sie bekam uneheliche Kinder, für die keine väterliche Unterstützung vorhanden war. In dem rauen Klima, in dem das Gesinde „nach oben kuschte" und „nach unten trat", waren die unwissenden und wenigstens anfangs meist ebenso verängstigten wie verschämten Mädchen nur zu oft Opfer sexueller Zudringlichkeiten und Übergriffe.[66] Die Folgen wurden sowohl am Land als auch in der Stadt zunehmend registriert. Nachweislich lag die Selbstmordrate bei Knechten und Dienern, Mägden und Hausmädchen auf Dekaden hin wesentlich höher als bei den übrigen Berufsgruppen.[67]

Auswanderung

Immer mehr Menschen fanden ihre Lebensbedingungen im Habsburgerreich unerträglich. Um 1880 hielten sich deshalb zirka 150.000 Menschen aus Cisleithanien im Deutschen Reich auf. Sie machten dort gut ein Drittel aller Ausländer aus – mit steigender Tendenz: 1900 waren es 370.000 und 1910 622.000 Menschen, die vorwiegend aus Österreichisch-Schlesien, Böhmen und Mähren stammten. „Die zweitgrößte Gruppe stellten die Abwanderer aus Ungarn."[68]

Während auch die über Transleithanien hinausgehende „Ostwanderung" – 85.000 hielten sich beispielsweise während der 1890er Jahre im Zarenreich auf – beträchtlich anstieg und überdies die kleine Schweiz etwa 1910 37.000 „Österreicher" aufnahm, überwog von 1870 bis zum Ende der ersten Dekade des 20. Jahrhunderts klar die Überseemigration. 3,5 Millionen, davon 1,8 aus Cisleithanien, wählten hauptsächlich die Vereinigten Staaten als Zielland. Erst nach und nach wurden Kanada und Südamerika, hier insbesondere Brasilien und Argentinien, attraktiver.[69]

Vorherrschend waren innerhalb dieser großen Gruppe die Tschechen und Slowaken mit fast 20 Prozent sowie die Polen mit rund 19 Prozent. Der Anteil der im Dualismus tonangebenden Völker war hingegen deutlich niedriger. Die Magyaren machten knapp 15 Prozent aus. 12 Prozent waren Deutschsprachige, die im Übrigen – ebenso wie die jüdischen Migranten – oft im Familienverband abreisten. Im Gegensatz zu diesen dominierten vor allem bei den Slawen männliche „Einzelwanderer" im erwerbsfähigen Alter von 14 bis 40 Jahren.[70]

Das Thema beschäftigte schließlich auch die Parlamentarier. Wilhelm Ellenbogen äußerte sich dazu für die Sozialdemokratie im Rahmen der Delegation des Reichsrates. Unter Bezugnahme auf wirtschaftliche Probleme des Reiches nannte er einen diesbezüglichen „Gradmesser", die Meldungen über „Auswanderungen", welche der „Jungtscheche" Karel Kramář in einem Zwischenruf und unter Zustimmung vieler Anwesender als „Konkursnachrichten" bezeichnete. „Ich glaube", setzte daraufhin Ellenbogen fort, dass „in diesem Kreise, wo doch erfahrene Leute sitzen [...], niemand sein" wird, „der glaubt, daß die Auswanderung [...] im Wesentlichen auf andere Dinge als auf die Verelendung breiter, insbesondere bäuerlicher Volksmassen zurückzuführen wäre."[71] Gegen anderslautende Erklärungen, nämlich den Versuch männlicher Migranten, sich dem Wehrdienst zu entziehen, nahmen dann auch polnische Mandatare, wie Stanisław Biały, Stellung. Er stimmte mit Ellenbogen überein und meinte wörtlich: „Nur diejenigen, die im nächsten Jahre stellungs- oder präsenzdienstpflichtig sind, sollen von der Auswanderung ausgeschlossen werden." Ansonsten handle es sich bei der Problematik um „eine soziale Erscheinung, die nicht durch Verbote und Strafen verhindert werden kann. Pflicht des Staates ist es, der Bevölkerung Arbeitsmöglichkeit durch größere Investitionen zu geben".[72]

Gerade in dieser Hinsicht war k. k. Ministerpräsident Ernest von Koerber zwischen 1900 und 1904 aktiv geworden. Mit einer Milliarde Kronen hatte man beispielsweise ein Bauprogramm vor allem für Wasserstraßen und Eisenbahnen konzipiert, das aber umgehend Kontroversen zwischen Kronländern, Nationalitäten und Wirtschaftsvertretern auslöste. Der Plan wurde „hintertrieben und nur halbherzig ausgeführt". Die „Aufwendungen" blieben „relativ bescheiden".[73]

Morbidität

Die gesellschaftlichen und ökonomischen Schattenseiten trübten das Bild der Monarchie solcherart ebenso wie die außen- und innenpolitischen Entwicklungen. In Summe nagte die Unzufriedenheit mit den Verhältnissen vor allem auch am Selbstwertgefühl der großbürgerlichen und aristokratischen Führungsschicht. Das wichtigste „Bindemittel des Reiches", das Herrschergeschlecht, blieb davon selbst abseits der „Tragödie von Mayerling" nicht verschont. An die Traditionen vermochte der aufgeschlossenere Teil des Adels nicht mehr so recht zu glauben. Kronprinz Rudolf wollte als Achtzehnjähriger lieber Präsident einer Republik als gekröntes Haupt einer Monarchie sein, und seine Mutter trug sich mit dem Gedanken, „dereinst" ins Exil zu gehen.[74] Das Habsburgerreich hielt Kaiserin Elisabeth für eine Ruine. Ihrer Tochter Marie Valerie riet sie, Österreich nach dem Tod Franz Josephs zu verlassen. „Vom faulen Wiener Boden", von einer „schwülen, ungesunden moralischen Atmosphäre" war in den Korrespondenzen des „allerhöchsten Hauses" die Rede.[75]

Anzeichen einer Identitätskrise unter den Eliten häuften sich. Mitglieder des „Erzhauses" fühlten sich eingeengt oder widerwillig und perspektivenlos zur reinen Repräsentation verdammt.[76] Erzherzog Johann Salvator brachte das Unbehagen auf den Punkt: „Bin zu stolz, um einen fürstlichen Müßiggänger abzugeben. Ich will nicht das Geld des Volkes verfressen wie andere", sagte der Habsburgerspross, der auf seine Apanage verzichtete und es vorzog, forthin als „Bürgerlicher" zu leben.[77] Speziell bei „Sisi" vermischten sich Endzeitstimmungen innerhalb des alten „Establishments" mit ausgesprochener Trauer und Melancholie.[78] Die zweifellos depressive Monarchin figurierte als stets schwarz gekleidete „Mater dolorosa" und stilisierte den verblichenen Sohn zum Ideal hoch.[79]

Franz Joseph, der wenigstens „anständig zugrunde gehen" wollte und dabei vor allem auch in militärischen Kategorien dachte, stand einer Dynastie vor, der das Stigma einer „Selbstmörderfamilie" anhaftete.[80] Umso stärker stützte er sich auf die bewaffnete Macht, die sich als festes Fundament und als Beschützerin des Reiches, als Bindeglied und einigende Klammer für dessen Nationalitäten präsentieren sollte. Demgemäß hatte der Hof auch den Thronfolger an seine „militärischen Aufgaben" erinnert. Rudolf wurde in ein Heer gepresst, das de facto den ethnischen Spannungen nur bedingt entgegenwirken konnte und zudem keinen Schutz vor „grüblerischer Lebensmüdigkeit" bot. Die zwanghafte Sozialisierung des Kronprinzen erfolgte vielmehr in Streitkräften, deren publizierte Suizidraten in den 1880er und 1890er Jahren nicht bloß die der Zivilisten in der Donaumonarchie, sondern – wie des Öfteren kolportiert – gleichfalls die der Angehörigen von Armeen anderer Staaten bei Weitem übertraf.[81]

Hinter einer mühselig und immer schwerer aufrecht zu erhaltenden Fassade bröckelten auch und gerade aus der Sicht der Führung die tragenden Säulen des Regimes. Die Krisenstimmung zeigte sich darüber hinaus besonders in den Ballungszentren. Um 1900 lebten in Wien 1,7 Millionen Menschen. Sie wurden ebenso wie die Einwohner von Budapest, deren Bevölkerungszahl sich zwischen 1869 und 1910 verdreifachte und unter Einbeziehung der Vorstädte zu Beginn des 20. Jahrhunderts die Millionengrenze überschritt, zu Zeugen eines tiefgreifenden Epochenwechsels.[82] Unter solchen Umständen artikulierte das „Fin de Siècle" existentielle Fragen. Tod und Eros wurden zu Schlagwörtern, die der Prüderie den Kampf ansagten, die süßliche Idylle entlarvten, Aufklärung und Befreiung von Zwängen versprachen.[83] Künstler des Expressionismus machten sich mit voller Absicht zum Ärgernis, Seelenforscher wie die Psychoanalytiker widmeten sich gezielt den sexuellen Tabus.[84] Das Bestreben vornehmlich von Angehörigen des Bildungsbürgertums, Starres und Verkrustetes zu überwinden, förderte einen oppositionellen Habitus, der zwischen „Vitalismus" und Morbidität oszillierte. Eine eigentümliche Todesnähe orientierte sich daraufhin an einem weitverbreiteten Ästhetizismus komplexer, partiell barocker Trauerrituale. Die „schöne Leich'" befriedigte die Lust an Pomp und Inszenierung, entsprach jedoch gleichermaßen dem tieferen Bedürfnis nach Erklärung und Sinngebung. Zu Geltung kam Letzteres etwa, wenn der

Schriftsteller und Essayist Hermann Bahr davon sprach, dass das Sterben „alles bringe, was noch fehle", und der wohl berühmteste österreichische Literat des beginnenden 20. Jahrhunderts, Arthur Schnitzler, untersuchte, „wie der Tod die Wunden der Lebenden heilt", wie er die „Hinterbliebenen" zu befreienden Einsichten führt: Zur Weisheit des Alters vor allem, die es „nicht ertragen kann, grausam zu sein gegenüber dem, was man bald für immer verlassen wird müssen".[85]

Die Todesfaszination drohte jedoch gleichfalls einer Art Schicksalsergebenheit Vorschub zu leisten. Sie konnte eine allgemeine Ermattung bewirken und tendierte obendrein dazu, Respekt und Anerkennung auch den Kreativsten erst nach ihrem Ableben zuzugestehen. Übertriebene Nekrophilie mündete in Realitäts- und Gegenwartsflucht. In Operettenidyllen und historisierender Architektur manifestierte sich eine Vorliebe für die Vergangenheit, die der Erneuerung Nostalgie und Melancholie entgegenhielt. Das gedämpfte Licht frühherbstlicher Stimmungen, die Gestaltung zarter Konturen und die Zurückhaltung gegenüber „leidenschaftlichen Aufwallungen" dominierten beispielsweise in den Werken des Dichters Ferdinand von Saar. Zu dessen Arbeiten zählen unter anderem die „Wiener Elegien", in der Öffentlichkeit firmierte er als „unbefriedigter Sucher" der „Enttäuschung" und der verfeinerten Gefühle.[86]

Viele Intellektuelle leisteten ihren Beitrag, die k. k. Haupt- und Residenzstadt als Nervenzentrum einer „wetterleuchtenden Empfindsamkeit" darzustellen. Auf junge Talente wirkte eine elitäre Attitüde anziehend, die genaue Beobachtung und Sensibilität als Abstand zum „Innerweltlichen" begriff.[87] Schien in diesem Sinn auch die berühmte Ärzteschaft Wiens einem „therapeutischen Nihilismus" zuzuneigen und daher bisweilen die Resultate von Autopsien höher zu schätzen als die Rettung noch lebender Patienten, so wahrten die Künstler des Impressionismus generell Distanz gegenüber dem nervösen Rhythmus des Urbanen, der Wandelbarkeit und der „Flüchtigkeit des Augenblicks". Gesellschaftsrezeption äußerte sich in einem „Sichabfinden mit der Rolle des Zuschauers", im „Standpunkt des Zuwartens und des Nichtengagiertseins".[88] Der Blick auf das Vergängliche steigerte sich vornehmlich bei gebildeten und beschäftigungslosen Söhnen der Mittel- und Oberschicht erneut zu einer nie gekannten kontemplativen Versenkung in den Tod. Ihm galt die besondere Aufmerksamkeit der Kunst, nachdem die Wissenschaft und speziell der Positivismus fast „das ganze Leben für sich beansprucht" hatten.[89]

Nicht allein die Kultureliten der Donaumetropole liebäugelten indes mit der Sterblichkeit. Auch unter den Mittelschülern in den Landeshauptstädten grassierte das „Fieber der Nekrophilie". Der Lyriker Georg Trakl, der mit der „Wiener Szene" wenig anzufangen wusste, hatte schon als Salzburger Gymnasiast im Delirium des Rauschgiftkonsums Todessehnsüchte geäußert. Obwohl ihn die Angst vor der Katastrophe, dem „endgültigen Aus", nie verließ, ornamentierte er seine Sprache häufig mit „Selbstmordmotiven", die dann auch den frühen, 1906 aufgeführten Einaktern „Der Totentanz" und „Fata Morgana" zugrunde lagen.[90]

Von der künstlerischen Fiktion führte der Weg gerade um 1900 immer wieder zur verbreiteten Diskussion über „Suizidepidemien". Drohungen des jungen Trakl, sich zu erschießen, weil ihm die Zuckerbäcker der „Mozartstadt" keinen Kredit geben wollten, mochten als lächerlich abgetan werden.[91] Vor dem Hintergrund der Debatte über „Schülerselbstmorde" und zahlreicher mehr oder minder modernisierungskritischer Kommentare über dieAnsprüche und die Verweichlichung des „Nachwuchses" gewannen jedoch selbst unbedachte Äußerungen an Bedeutung. Hauptsächlich im Rückblick präsentierte sich die Sammlung „prominenter Lebensmüder" als eindrucksvolles Stimmungsbild des „Fin de Siècle".[92]

„Aufopferung" und „Ausmerzung"

Letztlich kann aber die Aufzählung von jenen, die „freiwillig" ihrer Existenz ein Ende bereiteten und dazu dienten, hauptsächlich die suizidale Dekadenz der „Wiener Jahrhundertwende" hervorzuheben, kaum überzeugen. Der Großteil aller Fälle hat mit österreichischen Geistesströmungen oder spezifischen Todes- und Vergänglichkeitskulten nichts zu tun. Die pure Unerträglichkeit schmerzhafter und unheilbarer Krankheiten war vielfach Ursache von Suiziden. Die „tief eingeborene Sympathie mit dem Tode", wie Thomas Mann diagnostizierte,[93] war wiederum ein grenzüberschreitendes intellektuelles Phänomen, das keineswegs nur in der „bourgeois-aristokratischen" Auflehnung gegen Tradition und Vorherbestimmtheit oder der künstlerischen Sublimierung der Großbürgerlichkeit seinen Ausdruck fand.[94] Unter der russischen Studentenschaft beispielsweise grassierte, so die Kommentatoren, ein „anormaler" Heroismus, der die Opferbereitschaft der „Revolutionäre" ideologisch verklärte, selbst kriminelle Handlungen mit der Gloriole des „heiligen Kampfes" gegen die Despotie versah und sich in Sergej Nečaev ein viel gerühmtes Vorbild schuf. Nečaev, die Verkörperung des Asketismus, des Willens zur Tat und der Gewalt im selbst definierten „Dienste des Volkes", forderte als Katechet und Idol der radikalen Systemkritik die „kalte Leidenschaft" für den „Umsturz" bis zur Verneinung der eigenen Existenz. Lenin zeigte sich davon gleichermaßen beeindruckt wie auch viele nichtmarxistische Sozialisten und Anarchisten.[95]

Ein terroristischer „Untergrund" griff dabei über die Grenzen des Romanovimperiums aus und rekrutierte den potenziellen „Selbstmordattentäter" nicht selten in sozialen Schichten, die sich an den Rand gedrängt oder ausgegrenzt fühlten. Der Italiener Luigi Lucheni gehörte zu jenen, die glaubten, nichts mehr verlieren zu können. Das uneheliche Kind, das seine ersten Lebensjahre in Waisen- oder Findelhäusern zugebracht hatte und später hauptsächlich als „Bursche" und „Gehilfe" arbeitete, suchte wahllos nach einer „hochgestellten Persönlichkeit", die für die Ungerechtigkeit der „irdischen Hierarchien" büßen sollte. Eine tragische Ironie wollte es, dass der arme, vereinsamte und missachtete Lucheni im letzten Augenblick entschied, eine „selbstmordgefährdete" österreichische Kaiserin zu töten, die kaum noch an jene Weltordnung glaubte, als deren „Symbol" sie nun, im September 1898, sterben musste.[96]

Elisabeths Mörder berichtete von der Zufälligkeit seines Entschlusses im Rahmen des Gerichtsprozesses. Offenherzig bekannte er sich außerdem zum Anarchismus und zu seinen Vorbildern, unter anderen auch zu Nečaev. Seinem „großen Auftritt" folgte eine lange Zuchthausstrafe. Als beinahe vergessener Häftling erhängte er sich im Oktober 1910 in seiner Zelle.[97]

1898 hatte Luchenis Tat freilich europaweit für Aufsehen gesorgt. Zu antiitalienischen Manifestationen kam es sowohl in der Schweiz als auch im Deutschen Reich und in der Donaumonarchie. Ausschreitungen in Wien, Laibach und Triest verwiesen auf die Sprengkraft ethnischer Ressentiments.[98] Verschwörungstheorien, sozialer Konflikt, revolutionäre „Selbstaufopferung" und Gewaltbereitschaft vermischten sich mit nationalistischen Tendenzen. Im Vorfeld des Attentates von Sarajewo wurde der suizidale Gehalt des gefährlichen Konfliktpotenzials deutlich. Auch Gavrilo Princip und seine „Mitstreiter" rezipierten den russischen Anarchismus. Sozialistische und avantgardistische Trends sogen die jungen Leute begierig auf: „Asketen der Tat" wollten die „Jungen Bosnier" sein – und „unerbittliche Flammen" für die „Freiheit der südslawischen Brüder". Ihr Aktionismus gegen eine „schnarchende Gesellschaft" orientierte sich dabei auch an Friedrich Nietzsche, der ein erfülltes Leben des „neuen dionysischen und apollinarischen", also „doppelt göttlichen Menschen" propagierte. Die „orgiastische Kraft" der Adoleszenz vereinigte sich mit einer beinahe ritualisierten Morbidität. Bereit, alle Opfer auf sich zu nehmen, „zu leiden" und „zu sterben", beschworen sie das eigene Ende, bevor sie, ausgestattet mit Zyankalikapseln für sich selbst, dem habsburgischen Thronfolger Franz Ferdinand und seiner Gattin auflauerten.[99]

In Princip, Lucheni und anderen „Todgeweihten" offenbarte sich zugleich eine weltanschaulich überhöhte „Lebensverneinung", die keineswegs dem „Verschwinden der Tradition" nachtrauerte, sondern im Gegenteil die Erneuerung und den Umbruch „mit allen Mitteln" zu erzwingen versuchte. Der Suiziddiskurs um 1900 war vor diesem Hintergrund nicht bloß ein Aspekt der allerdings für gewöhnlich öfter geäußerten Vorbehalte gegen die technisch-organisatorischen, politisch-weltanschaulichen, sozialen, mentalen und kulturellen Veränderungen im ausgehenden 19. Jahrhundert. Die Resultate der Erforschung spezifischer „Gesellschaftskrankheiten" fielen differenzierter aus – und sie offerierten Einblicke in eine bedrohliche Welt dunkler Motive. Sozialdarwinismus und Eugenik rechtfertigten die Selbsttötung als natürliche Auslese.

Die „Eliminierung der Schwachen" markiere „eine höhere Stufe im Kampf ums Dasein, bei der sich die Aggressivität der Zukurzgekommenen nach innen wende, während auf niederer Stufe die Tötung und Beraubung anderer Menschen verbreiteter sei".[100] Dass Mord und „Selbstmord" näher beieinanderlagen, hatte indes die Psychoanalyse betont. Der Zusammenhang zwischen Suizid und politischer Gewalt schien ihren Ansichten zu entsprechen. Zugleich tauchten in diesem Zusammenhang erneut konträre Suizidinterpretationen auf: Ging es in der darwinistisch-biologistischen Lesart um das „Verschwinden der Lebensuntüchtigen", so idealisierten politische Oppositionelle bisweilen den „Freitod" des „rational handelnden Terroristen" als Akt der „Reife" und „Stärke".[101]

„Rede und Realität"

Zwischen „Tat und Diskurs" bestand freilich eine tiefe Kluft. Das Aufspüren einer „Realität des Selbstmords" führte mitunter ebenso in die Sackgasse wie der Versuch, die „Rede über Trübsinn und Suizidalität" abschließend zu bewerten. Denn obwohl viele Wiener Autoren im „Fin de Siècle" Überlegungen zur Sterblichkeit anstellten und Ursachen ergründeten, warum sich Menschen das Leben nehmen,[102] drängt sich die Frage auf: Neigten sie deshalb stärker zum „Freitod"? Nur die Namen Trakl und Otto Weininger, erklärt ein Biograph des Letztgenannten, „können als Beweis [...] angeführt werden. – Aus einer Statistik aus dem Jahr 1906 geht hervor, daß die Selbstmordrate im Verhältnis zur Gesamtbevölkerung in Wien niedriger war als in Paris oder London".[103]

Auch die zunehmend ins Visier der Parlamentarier geratenen k. u. k. Streitkräfte ließen sich nur bedingt als

„Hort des Lebensüberdrusses" darstellen. Gewiss gab es genug Missstände. Denn trotz neuer Bestimmungen und Appelle, die Mannschaften „human" zu behandeln, existierte eine vom Militärrecht klar getrennte „Sub"- und „Mikrojustiz", die das Leben der „gemeinen Soldaten" in einem hohen Maße beherrschte. Abgesehen davon, dass nach der Reformperiode der späten 1860er und der 1870er Jahre zwei „Leibesstrafen", nämlich das „Schließen in Spangen" bis zu sechs Stunden sowie das dreistündige „Anbinden", weiterbestanden, gab es ein ganzes Bündel von „Disziplinierungen", die Drill, Befehl und Gehorsam zum obersten Prinzip machten und Übergriffen Vorschub leisten konnten. Drastische Demütigungen, Herabwürdigung der Untergebenen, Abschreckung und Zufügung von körperlichem Schmerz dienten in einem System der steten Sanktionen oder wenigstens ihrer Androhung einer bloßen Abrichtung der Uniformierten.[104] Die Erinnerungen jener, die „des Kaisers Rock trugen", künden davon.[105] Aber gingen deshalb wirklich mehr von ihnen „freiwillig in den Tod", wie bisweilen behauptet?

Das Verhalten von Tomáš Garrigue Masaryk, dem späteren Präsidenten der Tschechoslowakei, im Reichsrat stand jedenfalls in auffälligem Widerspruch zu seinem früheren Interesse an der Thematik. Masaryk tat sich in der Frage der „Soldatenselbstmorde" nicht besonders hervor.[106] Seine 1881 veröffentlichte Habilitationsschrift zur „Selbstmordproblematik" beinhaltete auch ein kurzes Kapitel über das Militär. Das Resümee dazu könnte ein Mitgrund für seine spätere Distanz zur parlamentarischen Suiziddebatte sein. Denn Masaryk hielt die Wirkung des Heeresdienstes und der politischen Verhältnisse auf die „Selbstmordneigung" für „nicht stark genug" und hob demgegenüber problematische Transformationsprozesse in der „Massendemokratie" hervor, darunter vor allem die seiner Meinung nach suizidfördernden Tendenzen zur „Subjektivität", zu „Individualismus", „Verstädterung" und „Verweltlichung" beziehungsweise „Irreligiosität" sowie zu einer irritierenden, „unharmonischen und gefährlichen Halbbildung".[107]

Militärs und Ärzte betonten indes individuelle psychische und physische Deformationen der „Lebensmüden". Daneben galten immer wieder auch spezifische „Jugendkrisen" – „Konflikte mit den Eltern, Liebesunglück und Geldknappheit" – als plausible Erklärungen, obwohl „Furcht vor Strafen", „Schikanen, Misshandlungen und Beschimpfungen" als Suizidmotive sogar in Untersuchungsakten der Heeresadministration nicht ausgeschlossen wurden.[108] Insgesamt erlaubten die durchgeführten Nachforschungen jedoch keine eindeutigen Aussagen. Behauptungen, die Suizidrate der Habsburgerarmee sei im internationalen Vergleich außerordentlich hoch, wurden mit Verweis auf kaum nachvollziehbare oder unterschiedliche Erfassungsmethoden der verschiedenen Staaten in Zweifel gezogen. Bei Rekruten überdies jugendspezifische Schwierigkeiten wie etwa die Partner- und Identitätssuche anzuführen, mochte berechtigt sein, glich gelegentlich aber einer Ablenkungs- und Entschuldigungsstrategie der Militärs. In jedem Fall erschwerte die Armee weitere „Erhebungen". Bei heiklen Fragen gab sie sich in der Regel zugeknöpft. Eher schon wurde zum Gegenangriff übergegangen und gegen „antimilitaristische Tendenzen" polemisiert.[109]

Abseits der Streitkräfte, die – ähnlich wie etwa die Schule – vermehrt Ziel der öffentlichen Institutionenkritik wurden, fehlten indes gleichfalls überzeugendere Belege für eine gesteigerte „Lebensverneinung". Gerade in der oft als „morbide" charakterisierten k. k. Haupt- und Residenzstadt waren die „Suizidziffern" beispielsweise kurz nach

1900 im Sinken begriffen. Die traurigen Jahresbilanzen enthielten aus der Sicht der Medien auch „Erfreuliches". In der Donaumetropole starben „durch eigene Hand" laut „Arbeiter-Zeitung" 1900 500, 1902 453, 1904 452 und 1906 „nur mehr" 425 Menschen.[110]

Ungeachtet dessen fungierten die „rastlosen Ballungsräume" als Anschauungsobjekte einer Suizidforschung, die vielerorts Kulturverfallstheorien zuarbeitete und solcherart alles andere als ein spezifisches Phänomen des späten Habsburgerreiches war.[111] Signifikanterweise beherrschte der Donauraum auch keineswegs die internationalen Diskussionen über den „Lebensüberdruss". Zudem ließ sich Ende des 19. Jahrhunderts kein allgemeines Ansteigen der Suizidhandlungen erkennen. Österreichische Statistiken entsprachen etwa vergleichbaren Erhebungen im Deutschen Reich.[112] Experten sprachen von kleinen Schwankungen, denen keine klaren Tendenzen zu entnehmen seien. Und weder Tabellen noch wissenschaftliche Debatten zur „Lebensmüdigkeit" wiesen die „weinselige", angeblich dekadent-melancholische Haupt- und Residenzstadt Österreichs als besonders „lebensverneinend" aus.[113]

Kommunale Investitionen, Technisierung, wissenschaftliche und künstlerische Innovationen ließen sich im Widerspruch dazu ebenso als Aufbrüche und Visionen interpretieren wie die Emanzipation des „Proletariats" im Zuge der Erweiterung des Wahlrechts. Demokratisierung, Organisation der „Deklassierten" und die Versprechungen der aufstrebenden Sozialdemokratie, Missstände zu beseitigen, weckten Hoffnungen, die ohne Appell an die „selbstaufopfernde Tat" auskamen. Der Linksradikalismus sollte auf dem Gebiet der späteren Alpenrepublik eine Randerscheinung bleiben, eine Tatsache, die sich – verglichen mit Russland – unter anderem bereits früh im Mangel an suizidalem Gewaltpotenzial innerhalb der österreichischen

Arbeiterbewegung ankündigte. Ähnliches galt im Großen und Ganzen für jene, die um 1900 auf das „ethnische Prinzip" setzten. Auch in ihren Reihen überwog eine erwartungsfrohe Zuversicht. Von der Neugestaltung und sogar von der Desintegration des Habsburgerreiches träumten dabei die „völkischen Bewegungen", denen lediglich vor der Schmälerung des „nationalen Besitzstandes" als „kollektivem Selbstmord" graute.[114]

Das „Morgenrot einer besseren Zukunft" mochte Rhetorik sein und bleiben. Philosophisch-weltanschauliche Orientierungen der „Wiener Moderne", die eine „optimistische Stimmung und das Vertrauen in den Fortschritt" unter anderem im Bereich der „Volksaufklärung" und der (natur-)wissenschaftlichen Forschung verbreiteten[115], relativierten jedoch den Kulturpessimismus von Teilen der Bildungseliten, der Traditions- und Würdenträger.

Die partiell anzutreffende Untergangsstimmung hatte darüber hinaus einen gewissen Unterhaltungswert. Die „Mayerling-Affäre" trug von Anfang an den Charakter eines verkaufsträchtigen Spektakels. Zeitungsartikel und belletristische Werke schlachteten „den Skandal" schon 1889 aus. Gedenkmünzen und Porträts von Kronprinz Rudolf fanden reißenden Absatz.[116] Die Kommerzialisierung der „Thronfolger-Tragödie" kam in Schwung, während der „gute alte Kaiser" Franz Joseph zeitgleich verkündete, „in gewissenhafter Erfüllung der Regentenpflichten nicht zu erlahmen".[117] Die Rückkehr zum Alltag würzte man mit der Erinnerung an den „Selbstmord im allerhöchsten Haus", mit der profitträchtigen Sensation und dem stimulierenden Nervenkitzel des Makabren und Schauderhaften.

Eine bisweilen pietätlose Vermarktung des „Mayerling-Thrillers" und die zeitweilig obsessive Behandlung der Suizidfrage in vielen Ländern ließen sich mit dem tatsächlichen Ausmaß an Selbsttötungen nicht erklären.[118] Vielmehr etablierten sich gerade spezifische Klischees von Österreich und seiner Hauptstadt im „Fin de Siècle", Stereotypen über das „Sterben der Donaumonarchie" und die vermeintliche Nekrophilie Wiens oft erst nach 1918. Der melancholische Rückblick auf das „verlorene Reich" schuf nun die nostalgische Fiktion von „Kakanien" und dessen „sicherem Tod".

Zeichen des Zusammenhaltes

Vor 1914 gab es wohl reichlich Stoff für solche Einschätzungen. Unangefochten blieben derartige Darlegungen aber nicht. Beispielsweise befanden sich die Habsburgermonarchie und das Zarenimperium zwar in einem latenten, von Misstrauen geprägten Konkurrenzverhältnis. Die gewaltsame Konfrontation schien möglich, aber keineswegs unumgänglich. Fragile Bündnisse zwischen Wien und Sankt Petersburg in Form der „Schönbrunner Konvention" 1873 und des „Drei-Kaiservertrags" unter Einbeziehung Deutschlands 1881 standen im Zeichen der Idee traditioneller monarchischer Solidarität und der Vermeidung einer Eskalation insbesondere am Balkan. Noch 1895 konnte k. u. k. Außenminister Gustav Graf Kálnoky in seinem Abschiedsgesuch an den Kaiser mit einiger Berechtigung davon sprechen, dass er die „äußere Politik der Monarchie geordnet", die „Orientwirren" infolge der Osmanischen Reichskrise und der Balkanstreitigkeiten „besänftigt" und den „Dreibund" mit Berlin und Rom „gefestigt habe". Die „freundschaftlichen Beziehungen funktionierten" zu diesem Zeitpunkt „durchaus befriedigend".[119] Wohl herrschte zwischen Russland und Österreich-Ungarn weiterhin eine gespannte Stimmung und der

Antrittsbesuch des letzten Zaren Nikolaus II. bei Franz Joseph in der Donaumetropole Ende August 1896 änderte daran wenig. Sachpolitisch überwog jedoch die Einsicht zur Kooperation. In dem von Kleinkriegen heimgesuchten Makedonien wollten die beiden Monarchen nach ihrer Zusammenkunft in Mürzsteg 1903 zusammenarbeiten.[120] Als sich danach kein vergleichbares Entgegenkommen auf beiden Seiten feststellen ließ, mochte sich das k. u. k. Außenamt am Ballhausplatz immerhin damit trösten, dass sich der Expansionsdrang Sankt Petersburgs nach Ostasien verlagerte und die Niederlage des Zarenimperiums gegen Japan innere Schwächen des Riesenreiches offenbarte. Der revolutionsgeschüttelte östliche Nachbar sah sich während und nach der „Annexionskrise" in einem Prozess der Regeneration.[121] Hitzköpfe unter den panslawistischen Österreich-Hassern warnte im Herbst 1908 die Petersburger Regierungszeitung „Rossija": Die k. u. k. Armee nehme „einen bedeutenden Platz" unter den „europäischen Heeren" ein, das für Bosnien bestimmte Armeekorps sei „zur Gänze deutsch" und die „Schlagkraft" der Habsburgertruppen trotz „Multiethnizität" gegeben. Im Gegensatz dazu befinde sich das eigene Land gegenwärtig in einer schlechten Verfassung, „in Bezug auf das Material" müsse eine gewisse „Rückständigkeit" zugegeben werden.[122]

Dass Russland dann aber „wieder erstarkte" und „nach Europa zurückkehrte", stellte für die Habsburgermonarchie eine neuerliche Verschärfung der Lage dar. Die Haltung der Verbündeten von Sankt Petersburg reduzierte allerdings wenigstens zu einem gewissen Grad die Gefahr. Denn trotz aller Zweifel am Fortbestand des Habsburgerstaates überwog in der Öffentlichkeit, aber auch in Regierungskreisen Frankreichs etwa eine gewisse Sympathie für das Reich Franz Josephs und insbesondere für ihn selbst. Seine „familiären Schicksalsschläge" und namentlich das

„Drama von Mayerling" lösten innerhalb der „Grande Nation" echtes Mitgefühl aus, verbunden mit einer Art Respekt vor dem „Doyen der europäischen Souveräne".[123]

Unter dem Titel „Wir leben noch" brachte zudem das „Neue Wiener Tagblatt" Nachrichten aus dem Umfeld des Außenministeriums in Paris, in denen die „alte Wahrheit" wiederholt wurde: „Wenn Oesterreich-Ungarn nicht bestünde, müsste es erfunden werden." Europa ohne die Donaumonarchie schaffe für Frankreich eine existenzbedrohende Lage. Der „Grande Nation" versicherte das „Tagblatt" daraufhin: „Wir fühlen uns zwar manchmal unwohl, aber durchaus nicht krank, geschweige denn sterbenskrank".[124] Und zur kolportierten Lebenskraft trugen dann außerdem Wortmeldungen aus der Pariser Deputiertenkammer bei, die seitens der Regierungsmehrheit am 21. Dezember 1912 abgegeben worden waren. Die „Reichspost" zitierte sie wörtlich am 1. Jänner 1913. Darin stand zu lesen: „Obgleich das Habsburgerreich nicht eigentlich zu unserem System von Ententen gehört, hat es nie aufgehört, uns gegenüber eine loyale und offene Politik zu treiben." Nach dieser Freundschaftsgeste folgte eine noch wichtigere Passage: „Das europäische Gleichgewicht lasse ebenso wenig die Gründung eines südslavischen Reiches auf dem Balkan zu, welches einen Teil Oesterreich-Ungarns binden und die Kraft haben würde, eines Tages seinen Ruin herbeizuführen, wie es auch die Hegemonie Karl V., Ludwig XVI. und Napoleons nicht zugelassen habe und wie es auch die Hegemonie Deutschlands und Russlands nicht zulassen würde. Ein mächtiges Österreich-Ungarn ist für das europäische Gleichgewicht unumgänglich notwendig, und England würde es nie zulassen, daß die jetzige Integrität Oesterreich-Ungarns ernstlich beeinträchtigt werde."[125]

Die Einschätzung war keineswegs unberechtigt. Schon Franz Josephs Streit mit den Magyaren ab 1903 hatte die

Londoner „Times" zu einer eindeutigen Stellungnahme veranlasst. Die Doppelmonarchie, hieß es hier, „nimmt einen derart unentbehrlichen Platz innerhalb Europas ein, es werden so viele Gegensätze durch ihr bloßes Bestehen aufgelöst, daß jede Tendenz, die ihre Einheit gefährdet oder auch nur scheinbar ihren Einfluss schmälert, nur mit größter Besorgnis betrachtet werden kann. Die Spaltung Österreich-Ungarns wäre ein internationales Unglück, und, sollte es durch innere Zwietracht für längere Zeit handlungsunfähig sein, so wäre dies kaum günstiger".[126] Die „Times" stimmte darin mit höchsten Regierungsrepräsentanten des „Empires" überein. Das „Foreign Office" war trotz sich verschlechternder Beziehungen zum Ballhausplatz an einem kompletten Verschwinden der Habsburgermonarchie kaum interessiert. Der britische Außenminister Sir Edward Grey argumentierte Ende 1913 dementsprechend. „Welchen Nutzen", fragte Grey, sollten wir von „Österreich" haben, „wenn es in Stücke fällt?"[127]

Unter anderem im Lichte der „Annexionskrise" und des Kronjubiläums von Franz Joseph wollten sich dann auch oppositionelle Kräfte in Wien nicht so recht mit dem Zerfallsszenario anfreunden. Die dem „allerhöchsten Hause" und den großbürgerlich-aristokratischen Eliten keineswegs (nur) wohlgesonnenen Sozialdemokraten meinten in ihrem Parteiblatt, der „Arbeiter-Zeitung", am 2. Dezember 1908: „Franz Josephs geschichtliche Bedeutung ist unschwer zu bestimmen: mit ihm endet das Habsburgische Imperium und in seinen Geschicken ist es abgeschlossen; und seine Aufgabe war es, dem neuen Staate, dessen räumliche Grenzen wohl beschränkt, dessen innere Entwicklungsmöglichkeiten aber unbegrenzt sind, die Bahn zu eröffnen."[128]

Hier war also vom Ende des imperialen Charakters eines Reiches die Rede, nicht aber vom Mangel an Gestaltungschancen im Donauraum. Und dafür fehlte es keineswegs an „Anschauungsmaterial". Der Nationalitätenstreit präsentierte sich etwa mitnichten als Einbahnstraße in den Zerfall. Selbst der Paragraph 14 der österreichischen, cisleithanischen Dezemberverfassung vom Jahr 1867 stand nicht bloß – wie oft behauptet – für die Diktatur der Regierung. Schließlich war er stets als Übergangslösung gedacht, mehr als einen begrenzten „Ex-Lex-Zustand" steuerte auch die Krone nicht an. Notverordnungen mussten langfristig dem Parlament vorgelegt werden, Provisorien – vor allem im Budgetbereich – garantierten eine im Wesentlichen reibungslose Fortführung der Verwaltungstätigkeit.[129]

Kompromisse wurden ausverhandelt. Abkommen verwiesen auf eine gewisse Beruhigung der Lage – auch in Transleithanien. Im Oktober 1907 kam es zu einem neuen Wirtschaftsausgleich. Ein Handelsvertrag zwischen den beiden Reichsteilen ersetzte die Zollunion. Die magyarische Aristokratie, der im Gegenzug die Verfassung und damit auch weiterhin das eingeschränkte Wahlrecht garantiert wurde, stimmte bei der „Quote" einer höheren Beitragsleistung zu. Die zweiprozentige Anhebung des ungarischen Anteils war vor allem auch eine Geste, die Hoffnungen auf Stabilität nährte.[130] Selbst oppositionelle Abgeordnete des Budapester Reichstages jubelten: „Daß die Regierung die Ausgleichsverhandlungen glücklich beendigt hat […], bildet vielleicht einen Wendepunkt in der Geschichte Ungarns und auch in der Geschichte der Monarchie." Jedenfalls sei klar: Kaum „eine noch so nachteilige Vereinbarung" lasse sich vorstellen, „welche nicht für beide Parteien […] vorteilhafter wäre, als keinerlei Vereinbarung".[131] Vergleichbar konsensual meinte unter anderem die „Bukowinaer Volks-Zeitung" über die Stimmung im Vorfeld der Einigung: Die „Verhandlungen werden" in „einer sehr erschöpfenden, beiderseits durchaus loyalen

Weise geführt". Nach „Anschauung" der Regierungen soll die Abmachung „den Charakter einer größeren Stabilität" als bisher besitzen, sie „soll einerseits den beiden Staaten vielleicht etwas mehr an wirtschaftlicher Selbständigkeit einräumen, andererseits aber alle wesentlichen Punkte der Gemeinsamkeit auf eine feste Basis stellen".[132]

Dem Bekenntnis zum Zusammenhalt folgten später überdies Sondierungsgespräche Budapests mit den Rumänen und den Kroaten. Freilich standen die bislang betriebene Magyarisierung und die Erregung der (nationalen) Gemüter unter anderem infolge der Balkankriege ebenso wie die aus der Sicht der Minoritäten zu vorsichtigen Reformansätze des damaligen ungarischen Ministerpräsidenten István Tisza einer Verständigung im Wege.[133] Andererseits konnte man in Bezug auf die Frage der Minderheiten eine Einschwörung auf die ungarische Sprache und Kultur auch als Homogenisierungsprozess beschreiben, der nur bedingt auf repressiven Maßregeln beruhte. Verstädterung, Industrialisierung, aber auch Auswanderung trugen aus diesem Blickwinkel zum Anstieg des magyarischen Bevölkerungsanteils bei. Der Prozentsatz der Nichtmagyaren hingegen stagnierte oder nahm sogar ab, immerhin zwei Millionen von ihnen waren außerdem in der Lage, sich auf Ungarisch zu verständigen.[134]

Das ließ sich in den Augen nicht weniger Beobachter als gutes Vorzeichen für eine spezifische Entwicklung in den Ländern der Stephanskrone deuten, die sich im Übrigen sehr deutlich von den Verhältnissen in Cisleithanien unterschied. Hier führte das geheime Männerwahlrecht von 1907 zu einer noch stärkeren Ausdifferenzierung nach nationalen Gesichtspunkten.[135] Anders als speziell bei den heftigen Kontroversen in der zweiten Hälfte der 1890er Jahre standen dabei jedoch nun die Zeichen öfter auf Verständigung.[136]

Reformideen und Kompromissbereitschaft

Nicht bloß die neuerliche Verwendung des Notverordnungssystems werteten überdies manche Entscheidungsträger und Nationalitätenvertreter als Erleichterung und Atempause.[137] Auch andere Beschlüsse belegten, dass die allerdings komplexe Polit- und Verfassungsstruktur des Reiches speziell im österreichischen Teil keineswegs erstarrt war. Die „Bewegungsfähigkeit" des Systems zeigte sich unter anderem beim sogenannten „Mährischen Ausgleich", der hier 1905 zumindest den direkten Nationalitätenwettstreit beendete: Von nun an gab es im dortigen Landtag drei getrennte Kammern für den Adel, die Deutschen und die Tschechen.[138] Trotz der Kritik an der „ethnischen Segregation" der Bevölkerung und dem Problem einer möglicherweise zu statischen Lösung, schien sich Mähren durchaus als „vielversprechendes Modell" für Böhmen anzubieten, obwohl diesbezügliche Verhandlungen 1910 abgebrochen wurden.[139]

In der selben Dekade nahmen andere Lösungsvorschläge hingegen Abschied von den bisherigen Grenzen der Kronländer. Eine „trialistische" Konzeption mit einem eigenen südslawischen Teil der Monarchie empörte allerdings die magyarische Führung. Dass sie Thronfolger Franz Ferdinand mit dem allgemeinen Wahlrecht verband, machte ihn für sie untragbar. Die Weiterentwicklung der Entwürfe etwa durch Johann Andreas Freiherr von Eichhoff oder Aurel Popovici mündete in föderalistische Pläne der „Vereinigten Staaten von Großösterreich", die von der bisherigen räumlichen Gliederung wenig übrigließen. Cis- und Transleithanien, und damit auch Böhmen und Mähren, Galizien und vor allem auch die Länder der Stephanskrone hätten zu bestehen aufgehört.[140] Das angedachte „Großösterreich" sollte – noch ohne

Bosnien-Herzegowina – folgende Gliederung aufweisen: Deutschösterreich, Deutschböhmen, Deutschmähren und Schlesien, Tschechisch-Böhmen und Mähren, Ungarn, Siebenbürgen, Kroatien, Polnisch-Westgalizien, Ruthenisch-Ostgalizien, Slowakei, Krain, Ungarisch-Südslawien beziehungsweise die Wojwodina, Szeklerland, Trentino und Triest.[141]

Aufstrebende Massenparteien wie die Christlichsozialen unter ihrer Galionsfigur Karl Lueger folgten Popovici. Franz Ferdinand wiederum sah unter solchen Bedingungen Lueger bereits als Kanzler des Zukunftsstaates. Thronfolger und Lueger zählten auch dadurch zu den Schlüsselfiguren in den Auseinandersetzungen mit Ungarn.[142]

Vor diesem Hintergrund schien die Trennung von Landesterritorium und persönlicher, nationaler beziehungsweise kultureller Identität, wie sie in Mähren versucht wurde, zielführender. Der Christlichsoziale Ignaz Seipel und der Sozialdemokrat Karl Renner plädierten für derartige Lösungen. Was „für die Verrechtlichung der Beziehungen zwischen den Konfessionen zutreffe, gelte auch für die Nationenzugehörigkeit des Individuums", erklärte Renner, und fügte hinzu, dass es darauf ankomme, „die Nationen nicht als Gebietskörperschaften, sondern als Personalverbände zu konstituieren".[143] Für Sprache, Schule, Theater, Universitäten etc. seien die ethnischen Gruppen zuständig. Der Staat hingegen repräsentiere alle Völker nach innen und außen in Form des Militärs, der Justiz, der Polizei, der Finanzen und der Herstellung rechtlicher Rahmenbedingungen für ein geschlossenes Wirtschaftsgebiet.[144]

Dieser „übernationale Staat", den Renner als „Eidgenossenschaft der Nationen", als „demokratische Schweiz im Großen mit monarchischer Spitze" erträumte,[145] bedeutete dann vor allem aber auch Folgendes: Obwohl sich selbst die cisleithanische Arbeiterbewegung um 1910 nach nationalen Gesichtspunkten zu splitten begann, durfte diese Entwicklung angesichts vorherrschender Autonomie- und Föderalismuspläne, aber auch aufgrund der weiteren nationalen Ausgleichsbemühungen in den Kronländern keinesfalls als Votum für die Auflösung des Gesamtstaates angesehen werden.[146] Im Gegenteil, gerade Renner und mit ihm viele Mitglieder der aufstrebenden Sozialdemokratie, wurden Träger der „Reichsidee".

Zu deren Festigung erwies sich im Übrigen ein weiterer Aspekt als günstig, der den Repräsentanten der „Arbeiterbewegung" besonders wichtig war. Die gerade von ihnen nachdrücklich geforderte Ausdehnung des Wahlrechtes hatte keine unmittelbar negative Auswirkung auf die Kräfteverhältnisse im Wiener Parlament: Der jeweilige „nationale Besitzstand" blieb im Wesentlichen gleich und rief keine schärferen Kontroversen hervor. Das weltanschaulich-politische Spektrum mit der entsprechenden Ausdifferenzierung des Parteienwesens entwickelte sich seit der Jahrhundertwende innerhalb der ethnischen Gruppen unter den Abgeordneten.[147]

Darüber hinaus kam es zu weiteren lokalen Absprachen. Seit dem Mai 1910 beruhte auch der Landtag der Bukowina auf einem neuen System mit sechs Kurien, von denen vier national ausgerichtet waren und die Ukrainer, Rumänen, „Armeno-Polen" sowie die Deutschsprachigen repräsentierten.[148] Sogar die zuletzt immer gewaltsamere Konfrontation zwischen Polen und Ukrainern beziehungsweise Ruthenen wurde entschärft. Im Vorfeld hatte die „Czernowitzer Zeitung" dafür plädiert, sich ganz auf die Belange von Galizien zu konzentrieren. Diesem, betonte das Blatt, „gereiche es nicht zum Vorteil", wenn man zunächst auf den „nationalen Frieden" in Böhmen warte, also dem „deutsch-czechischen Gesamtausgleich" als allgemeineres Modell „den Vorrang" lasse.[149] Tatsächlich ging man ohne Zögern ans Werk. Nach „nationalen Proportionen" wurden schließlich im Lemberger Landtag die Mandate festgelegt, die zentrale Forderung nach einer ruthenischen Universität fand gleichfalls Berücksichtigung in den Übereinkünften vom Jänner 1914.[150]

In den führenden Wiener Blättern wusste man das Geschehene zu würdigen. „Denn nichts Kleines ist es", schrieb die „Neue Freie Presse", wenn in dem größten Kronlande, das von acht Millionen bewohnt wird, aus den nationalen Reibungen wenigstens die bedenklichsten Schärfen entfernt werden. Nichts Kleines schon deshalb, weil Galizien nahezu in seiner vollen Ausdehnung von Russland umschlossen wird [...], wo die Todfeinde der Monarchie durch unsere heimischen Zwistigkeiten zu den verwegensten Plänen ermuntert werden. [...] Für die Monarchie bedeutet der galizische Ausgleich einen Beweis vor Europa, daß sich aus dem Staatsbewußtsein heraus starke Antriebe zur Kräftigung gewinnen lassen. Warum haben die Polen den Ruthenen politische Zugeständnisse gemacht, welche das innere Wesen von Galizien ändern müssen? Weil sie in Oesterreich leben wollen und weil die Verdrossenheit, die uns zeitweilig anfliegt und die so häufig mißdeutet wird, doch nicht gegen den großen Zug der erhaltenden Interessen zu bestehen vermag."[151]

Die Druckerschwärze war noch kaum trocken, als in einem medial weitverbreiteten Hochgefühl die nächste Verständigung bekannt gegeben wurde. „Der Ausgleich beider Nationen in Budweis vollzogen", lautete die entsprechende Meldung des „Prager Abendblattes" vom 27. Februar 1914. Die Übereinkunft, so der Artikel, „kann kein lokalisiertes" Ereignis, „kann seiner Natur nach nicht auf Budweis beschränkt" bleiben. „Ihre Aufgabe ist es, der ganzen Monarchie dauerhafte feste Garantien für ein gesundes Staatsleben zu geben."[152]

Wenigstens für Böhmen und Mähren insgesamt visierten manche Kommentatoren ein ähnliches Verständigungswerk an. Und tatsächlich gab es zur Jahreswende 1913/14 – trotz der verfahrenen Situation in Prag und Wien – immerhin auf unterer Ebene Grund zur Hoffnung. „Die böhmische Minorität in Olmütz", verkündete das „Deutsche Nordmährerblatt", setze sich für vergleichbare Regelungen ein wie in Budweis.[153]

Die Mehrheit der Südslawen wollte indes – bei aller Abneigung gegen die Zentralbehörden und trotz der Sympathien für Serbien – immer noch in der Monarchie verbleiben und ihre Staatlichkeit darin verwirklichen. Ungeachtet ihrer Hinwendung zu Russland und Frankreich, galt für die Tschechen Ähnliches.[154] Aus deren Kreisen meldete sich im Reichsrat etwa der führende Sozialdemokrat Antonín Němec zu Wort, um auf eine Rede des k. k. Landesverteidigungsministers anlässlich der „Auswanderungsdebatte" hinzuweisen. Demzufolge ergebe sich, „daß unter den Tschechen die wenigsten Militärflüchtlinge sich befinden, was, wie Němec folgerte, „gewiß nicht als ein Beweis von Illoyalität oder Mangel an Patriotismus angesehen werden könne".[155] Ein „Landsmann" aus einem anderen politischen Lager, dem „nationalsozialen Klub", stieß in das gleiche Horn, wandte sich aber in diesem Zusammenhang dem „Panslawismus" zu. „Die Deutschen", erläuterte Václav Jaroslav Klofáč, „machen kein Hehl aus ihren Sympathien für die übrigen Deutschen, wir brauchen auch kein Hehl aus unseren natürlichen Sympathien, die aus dem Blute und der Stammeszugehörigkeit zu den übrigen Slawen entspringen, zu machen. [...] Wir drohen diesem Staate nicht mit dem Einschreiten von außen, wir würdigen den Sinn des Staates respektive Staaten- und Nationalitätenbundes, in dem wir leben [...]. Ein Panslawismus im Sinne der Deutschen existiert bei uns überhaupt nicht und das, was als die natürliche Sympathie unter den einzelnen slawischen Stämmen zum Ausdrucke kommt, bedeutet keine Gefahr für den Staat."[156]

Trotz einer dann doch erfolgten Warnung, nicht gegen die große Zahl der Slawen zu regieren und damit eine „Gefahr" für die Monarchie heraufzubeschwören,[157] traf Klofáčs Befund im Wesentlichen damals durchaus zu. Bei einer Petersburger Vorbereitungskonferenz für den Prager Slawenkongress im Juli 1908 wurde die österreichische Delegation von einer begeisterten Menschmenge empfangen. Die panslawische beziehungsweise neoslawische Bewegung mit einer jeweils mehr oder minder starken Einwirkung Russlands erhielt dann durch die Balkankrise zwar Auftrieb. Tatsächlich aber war von Einigkeit keine Spur. Flügelkämpfe lähmten die Kräfte. Der Annexion von Bosnien-Herzegowina durch das Habsburgerreich stimmten die österreichischen Slawen zu. Als im Oktober 1908 die Haltung der Tschechen und Polen im Wiener Reichsrat bekannt wurde, schäumten die nationalen Parteien des Zarenimperiums. Konservative, Rechte und Liberale vermochten zunächst kaum zu glauben, dass ihre „österreichischen Stammesbrüder" immer noch zur habsburgischen „Flickenmonarchie" hielten. Von „Verrat" war in Sankt Petersburg die Rede und von der Einsicht, „daß eine germanophobe Ausrichtung der Bewegung nicht greifen könnte, wenn konkrete politische Vorteile zur Debatte stünden".[158]

Die Situation war – wie so oft in diesen Tagen – von Widersprüchen gekennzeichnet. Rivalitäten zwischen Deutschen und Tschechen in Böhmen erreichten exakt zu jenem Zeitpunkt ihren Höhepunkt, als sich deren politische Führer in der Annexionsfrage wiederum um die schwarz-gelbe Fahne versammelten und gemeinsame Interessen vertraten. Der Nationalitätenstreit im Donauraum durfte offensichtlich nicht ohne Weiteres – wie von Teilen der russischen Slawophilen etwa erhofft – als Zeichen einer Desintegration Österreich-Ungarns verstanden werden.

Wirtschaftstrends im internationalen Vergleich

Keineswegs allein in Wien machte sich indes eine künstlerische und wissenschaftliche Blüte bemerkbar. Anhaltende Debatten über die Verbesserung der Lebensbedingungen weiter Bevölkerungskreise deuteten darüber hinaus nicht bloß auf Missstände hin, sondern auch auf den Aufstieg emanzipatorischer Kräfte und die, wenngleich nur langsame, Verbesserung sozialstaatlicher Regelungen und Initiativen.

Mochte im Gegenzug zu den positiven Tendenzen speziell das Verhältnis zwischen den beiden Reichhälften Österreich und Ungarn getrübt bleiben und daher auch eine besondere Hypothek auf die Zukunft darstellen, so hatten die maßgeblichen Kräfte in den Ländern der Stephanskrone andererseits die Vorteile eines größeren Wirtschaftsraumes vor Augen. Schließlich profitierte vor allem Transleithanien angesichts der wahrnehmbaren Konjunkturen. Von hier waren nach Österreich zunächst hauptsächlich agrarische Erzeugnisse exportiert worden. Der entsprechende Anteil am Handel mit dem westlichen Reichsteil belief sich beispielsweise in den 1840er Jahren auf rund 90 Prozent. In den Jahren 1909 bis 1913 machten hingegen in dieser Bilanz die Industriegüter bereits 44 Prozent aus. Die ungarische Industrieproduktion stieg von 1890 bis 1913 um 120 Prozent, und mit ihr wuchsen die Steuereinnahmen. Viele Beobachter sahen die Habsburgermonarchie während dieser Dekaden vor dem Ersten Weltkrieg in einem nachhaltigen Wachstumsprozess und einem entscheidenden industriellen Durchbruch begriffen. Die Roheisenverarbeitung vervierfachte sich in dieser Zeitspanne ebenso wie das Schienennetz. Der „demographische Übergang" mit einer sinkenden Mortalitätsrate wurde offensichtlich. Zu den gesellschaftlichen und infrastrukturellen Transformationen passten wirtschaftliche Gesamtdaten. Das Habsburgerreich gehörte zu den sich am schnellsten entwickelnden Nationalökonomien Europas.[159]

Die Wachstumsraten des realen Brutto-Inlands-Produkts waren in Summe durchaus befriedigend, zumindest seit 1870. Zuvor waren sie beträchtlich hinter dem europäischen Durchschnitt geblieben, danach lagen sie in Cisleithanien mit 1,32 Prozent lediglich knapp hinter Deutschland. Ungarn hatte sogar noch bessere Werte aufzubieten. Zwischen 1867 und 1913 stieg das Nationaleinkommen um mehr als das Vierfache, der jährliche Zuwachs betrug durchschnittlich 3,2 Prozent, die industrielle Produktion legte durchschnittlich pro Jahr um 6 Prozent zu, eine Dynamik, die am ganzen Kontinent kaum vorzufinden war.[160]

Beim Außenhandel waren indes Divergenzen unübersehbar. Den Ungarn mit ihrer – trotz diverser Modernisierungsschübe – immer noch dominierenden Landwirtschaft ging es in Verträgen mit Deutschland allein um den Agrarexport. Eine Reduzierung der Agrarzölle des mächtigen Verbündeten wurde anvisiert. Berlin wollte dafür seinen Industriegütern einen leichteren Zugang zum Markt in der Donaumonarchie verschaffen. Cisleithanien und das k. u. k. Außenministerium traten aber zum Schutz der eigenen Unternehmen an. Wien und Budapest tendierten erneut in unterschiedliche Richtung. Die Angelegenheit war alles andere als nebensächlich: Das Hohenzollernreich war für die Donaumonarchie bei Weitem der wichtigste

Handelspartner: „56 Prozent der Importe nahm es von dort auf und 62 Prozent seiner Exporte gingen dorthin."[161]

Gemeinsam mit den deutschen Direktinvestitionen und den schließlich zwischen Wien und Berlin vereinbarten Zollsenkungen manifestierte sich die Anhänglichkeit des Habsburgerstaates an den starken Nachbarn im Norden auch wirtschaftlich. Internationale Beobachter, die sich eine größere Unabhängigkeit der Donaumonarchie erhofften, sorgten sich zu dieser Zeit, Anfang der 1890er Jahre, solcherart noch mehr als bislang um Österreich-Ungarns eigenständige Position in Europa. Zudem litt das Image der Monarchie daran, alles andere als ein „global player" zu sein. Das Reich der Habsburger hatte 1895 einen Anteil am Welthandel von 3,7 Prozent. Die Daten stagnierten seit zehn Jahren, während im selben Zeitraum Deutschland von 10,3 auf 11,1 Prozent vorrückte und sich die Hauptrivalen, allen voran Russland, leicht verbessern konnten. Dass Großbritannien und Frankreich knapp zwei Prozent verloren, konnte Wien kaum ernstlich erfreuen. Mit 17,8 und 8,6 Prozent lagen sie weit außerhalb der Reichweite Österreich-Ungarns. Und auch dessen Modernisierung blieb im Vergleich bescheiden. An der europäischen Industrieproduktion war die Doppelmonarchie um 1900 mit 9,2 Prozent beteiligt, Frankreich und Großbritannien verloren auch hier an Boden, hatten aber mit 16,7 und 24,6 Prozent die Nase vorne, etwa gegenüber Russland mit 10,6. Als aufstrebend präsentierte sich wiederum das Reich Wilhelms II., das mit 19,6 Prozent vor der rivalisierenden „Grande Nation" lag. In der Schifffahrtsentwicklung hinkte der k. u. k. Staat indes besonders deutlich hinten nach, glich diese Defizite aber bei der Dichte des Schienennetzes wieder aus. Selbst das hochindustrialisierte Belgien hatte hier im Vergleich zu Österreich-Ungarn das Nachsehen.[162]

Generelle quantitative Angaben und makroökonomische Ziffern blieben allerdings nicht unwidersprochen. Ganz offensichtlich entwickelten sich einige Kronländer und Regionen der Monarchie besser oder aber schlechter als die anderen. Gesamtdaten verzerrten den Eindruck. Sektorale Verschiebungen weisen darauf hin. In Deutschland sank der Anteil der Agrarbevölkerung von 1850 bis zur Jahrhundertwende um 30 Prozent, während der Prozentsatz der industriell Beschäftigten um 37 Prozent stieg. Für Cisleithanien beliefen sich die Vergleichswerte auf 20 beziehungsweise 22 Prozent. In den österreichischen Alpengebieten aber lag 1910 der Anteil der in Industrie und Gewerbe Tätigen bei 27 und in den Sudetenländern bei 35 Prozent; die Verhältniszahl für das Hohenzollernreich war damals 37,5 Prozent. Allein innerhalb der westlichen Reichshälfte kamen also manche Regionen an die deutschen Verhältnisse heran, während andere weit(er) zurücklagen.[163]

Alles in allem ließ sich aus ökonomischer Perspektive außerdem kein großer „Sprung nach vorne" erkennen. Der „industrialisierte Agrarstaat" der Habsburger erlebte einen langsamen, aber relativ stetigen Aufwärtstrend, vermochte sich aber mit den Wirtschaftsgroßmächten kaum zu messen.[164]

Grenzen der Sozialpolitik

Zwiespältig fielen auch die Ergebnisse in der Sozialpolitik aus. Nicht zuletzt den deutschen Maßnahmen entsprechend, kam es in Cisleithanien 1887 und 1888 zur gesetzlichen Verankerung der Unfall- und Krankenversicherung. Andere Neuerungen traten hinzu: Gewerbeinspektion, Gesundheitsschutz, Arbeitszeitbeschränkung. In den 1890er

Jahren wurden Gewerbegerichte auf eine breitere Basis gestellt. Ein „Arbeitsstatistisches Amt" im Handelsministerium samt Arbeitsbeirat sollte unter Kontrolle der Behörden Kompromisse zwischen Unternehmern und Beschäftigten ermöglichen.[165] Parallel dazu entstanden bürgerlich-liberale, sozialpolitisch interessierte Aktionsgruppen. Sie boten die Chance zur parteiübergreifenden Kooperation, während die Sozialdemokratie zu einem nicht länger vernachlässigbaren Faktor avancierte und päpstliche Enzykliken ebenso wie andere katholische Initiativen die Programme der gleichfalls entstehenden Christlichsozialen formten. Die neuen Massenbewegungen thematisierten die vorhandenen Defizite: Die Unfallversicherung etwa war – als Zugeständnis an föderalistische Kräfte und anders als im Hohenzollernreich – nicht nach berufsgenossenschaftlichen, sondern nach territorialen Gesichtspunkten organisiert. Viele Regelungen brachten neue Ungerechtigkeiten mit sich, etwa im Fall der benachteiligten unehelichen Kinder und unverheirateten Paare. Das war in Anbetracht der vielen Ledigen und „Bastarde" ein ebenso großes Defizit wie das „Misslingen des Abschlusses der Arbeiterversicherung durch eine Alters- und Invaliditätsversicherung" oder die „Schonung" der „bäuerlichen und kleingewerblichen Wirtschaft".[166]

Für einzelne Gruppen, wie die Bergleute oder die Eisenbahner, gab es Ausnahmen und „Ausdehnungsgesetze". Generell aber blieb das soziale Netz höchst unvollkommen: „Von den vier Standardrisiken Unfall, Krankheit, Alter und Arbeitslosigkeit waren nur zwei einigermaßen abgedeckt, und dies bei weitem nicht für alle Erwerbstätigen." Immerhin gab es umfassende Programme für eine beträchtliche Erweiterung der Leistungen speziell für Unselbständige und Selbständige aus Landwirtschaft und Gewerbe. Das entsprechende Gesetz war beschlussreif, als der Weltkrieg eine Abänderung der vorgesehenen Bestimmungen mit sich brachte.[167] Schon zwei Jahre vorher, also 1912, hatte das Parlament das „Kriegsleistungsgesetz" verabschiedet. Damit kam auf die Belegschaften vieler Betriebe im Falle einer bewaffneten Auseinandersetzung der Arbeitszwang für Männer beziehungsweise die „Disziplinierung" durch das Militär zu.[168]

Die wenig rosigen Aussichten beschäftigen unterdessen die Menschen jedoch weniger als die augenblicklichen Alltagssorgen. Während der evidente Anstieg des Lohnniveaus durch die Inflation weitgehend neutralisiert wurde, rief die Presse ein anderes Problem ins Bewusstsein. Ende 1913 hatte sich das Heer der Arbeitslosen wieder auffällig vergrößert. Allein in Wien stieg ihre Zahl zwischen 1911 und 1913 von rund 50.000 auf 68.000. Die Sozialdemokratie protestierte unter solchen Umständen gegen die Tatsache, dass sich wohl die „Gewerkschaften" um die finanzielle Unterstützung der Betroffenen kümmerten, nicht aber „der Staat und die Gemeinden".[169]

Seit längerer Zeit engagierten sich in dieser Causa auch Frauen, die obendrein eine Beteiligung an den Wahlen verlangten und sich entsprechend der entstehenden Parteienlandschaft unterschiedlich zu organisieren begannen. Für die „Arbeiterbewegung" war es insbesondere Adelheid Popp, die in vielen Versammlungen außerdem die missliche Lage selbst jener beschrieb, die sich eigentlich glücklich schätzen konnten, eine Anstellung gefunden zu haben. Die immer noch langen Arbeitszeiten prangerte sie dabei ebenso an wie die „mangelhaften Schutzvorrichtungen bei Maschinen", an denen die Beschäftigten „zu Krüppel gemacht und die Unternehmer dann nur zu 25 Gulden Geldstrafe verurteilt wurden". Wie viele andere Parteiaktivisten, musste Popp bei solchen Aussagen wenigstens mit einem Redeverbot seitens anwesender polizeilicher „Kommissäre" rechnen. In den Betrieben waren die Kritiker oft von Kündigung bedroht.[170]

Nichtsdestoweniger fanden Letztere genug Zuhörer und Leser. Mit ihrem Schicksal konnten sich viele identifizieren. Adelheid Popp, geborene Dworak, hatte als Tochter einer aus Böhmen zugewanderten Weberfamilie die untersten Einkommensschichten kennengelernt. Die Mutter, die nie Lesen und Schreiben gelernt hatte, weil sie schon als Sechsjährige „in den Dienst gegeben wurde", vermochte mit Gelegenheitsarbeiten kaum zur Besserung der Lage beizutragen. Die kleine Adelheid erlebte als letztes von 15 Kindern des Ehepaares Dworak einen permanenten „Existenzkampf" in einem unbehaglichen Heim und in einer durch das Elend gereizten Stimmung. „Ich erinnere mich an kein zärtliches Wort, an keine Liebkosung, sondern nur an die Angst, die ich, in einer Ecke oder unter dem Bett verkrochen, ausstand, wenn es eine häusliche Szene gab, wenn mein Vater zu wenig Geld nach Hause brachte und die Mutter ihm Vorwürfe machte."[171]

Die Flucht aus dem Haus aber endete in einer Katastrophe: In einer Bronzewarenfabrik brach Adelheid nach Monaten, in denen ihr dort die verwendeten Chemikalien schwer zu schaffen gemacht hatten, ohnmächtig zusammen. Nicht viel besser erging es ihr in einer Metalldruckerei, einer Patronen-Kartonagen- und einer Schuhfabrik sowie bei einer „Fransenknüpferin". Die inzwischen Vierzehnjährige brachte man schließlich in einem miserablen Gesundheitszustand mittels Spitalswagen in ein Armenhaus, bedroht von der Abschiebung in die böhmische Heimatgemeinde. Von ihrer Mutter davor bewahrt, erlebte sie in den Unternehmen, wo sie von nun an arbeitete, neuerlich haarsträubende Missstände: Hungerlöhne und „Lohndrückerei", überlange Arbeitszeiten und Gesetzesübertretungen, die für die Fabrikanten ohne Folge blieben.

Die Sozialdemokratie wurde ihre Rettung, in deren Presseorganen fing sie an, ihre Erfahrungen publik zu machen.[172]

Marie Toth, geborene Uldrich, erlebte Vergleichbares. Auch ihre Angehörigen waren aus Böhmen gekommen, um an mehreren Orten eine Beschäftigung und eine Unterkunft zu suchen. Als sie eineinhalb Jahre alt war, im August 1905, war im Leobersdorfer „Ziegelwerk Polsterer Endstation". Ihr Vater fing nach zwei Jahren an zu kränkeln. Die mittlerweile fünfjährige Marie bemerkte zunächst gar nicht, wie schlecht es um ihn stand. Aber an Heilung war nicht zu denken: Es „gab nur ein halbes Jahr Krankengeld – und vier kleine Kinder." Manchmal war die Mutter auch dem „Zusammenbruch" nahe. „Vater war lungenkrank. Er hätte kräftige, gute Kost gebraucht." Im Februar 1909 starb er. Marie erschrak, als sie ihn im Sarg liegen sah: „Bis aufs Skelett abgemagert, gelb im Gesicht." Im Rückblick hielt sie fest: „Warum mein Vater und viele andere Männer so früh sterben mußten, lag an der Arbeit, die sie machen mußten. Vater starb mit siebenunddreißig Jahren. Fünf Geschwister von Vater kannte ich, einige sind schon früher gestorben. Und wie es so war: viele Kinder, wenig zu essen; die schwächeren überlebten selten."[173]

Die Unzulänglichkeit der einfachen Erklärungen

Die Schilderung von Elend und Missständen brachte allerdings einige Probleme mit sich. Tatsächlich gravierenden sozioökonomischen, aber auch weit verbreiteten mentalen oder politisch-weltanschaulichen Einflussfaktoren standen vielschichtige alltägliche Lebensstrategien, kollektive und „allgemeinmenschliche" Reaktionen sowie eine jeweils spezifische „Krisenbewältigung" des Einzelnen gegenüber.

Berta Dörrer aus dem oberösterreichischen Sankt Georgen an der Gusen war hierfür ein gutes Beispiel. Sie verlor schon früh ihre Eltern, litt in der Fremde unter Heimweh, hatte oft mit Schikanen zu kämpfen, fühlte sich gelegentlich unerwünscht und musste harte landwirtschaftliche Arbeit verrichten. Dennoch blickte sie später gelassen auf die Vergangenheit. „Es gab auch sehr schöne Stunden früher", schrieb sie: „Wenn wir abends nicht zu müde waren, setzten wir uns nach getaner Arbeit vor dem Haus auf die Bank."[174] Josef Hons aus der ostböhmischen Stadt Kutná Hora erinnerte sich ebenfalls an gute Zeiten bei der Großmutter, auch wenn er stets auswärts helfen musste. Für ihn und die anderen Kinder bedeutete im Gegensatz dazu vor allem die Mitarbeit zu Hause eher Unterhaltung als Qual. Kritischer sah es rückblickend zumindest Josef Ješátko, ein Eisenbahnerkind aus der Gegend von Königgrätz. Aber trotz der „damaligen Mühsal" und der „Entbehrungen" kamen auch ihm Augenblicke in den Sinn, „in denen wir", wie er schrieb, „Schönheit empfanden, zumindest für eine Weile". František Kohout aus dem westböhmischen Dorf Pocinovice verlor früh zwei seiner Brüder durch Tuberkulose, von klein auf war ihre Arbeitskraft auf den Feldern gefragt. Aber der Lebenswille, die Wahrnehmungen und Interessen in der Kindheit relativierten das negative Urteil: Seine ersten Jahre „waren voller Gesang", konstatierte Kohout später.[175]

Die „Eigentümlichkeiten" der Jugend mochten sich tendenziell mit einer nostalgischen Erinnerung an die frühesten Jahre – vor allem in der Natur, auf dem Land – verknüpfen. Dennoch hatten die prägenden Erfahrungen schon damals, vor 1914, sehr bald eingeübte Erwartungshaltungen und Verhaltensweisen zu Folge. Viele waren mit wenig zufrieden, duldsam und „kannten es nicht anders", Bemerkungen, die sich in den zahlreichen Lebensbeschreibungen sogenannter „einfacher Leute" oft mindestens implizit finden. Die niederösterreichische Magd Barbara Scherleitner etwa beklagte sich nicht über ihr Schicksal. „Im Gegenteil. Eine Schwester, die auch aus dem Haus mußte wie sie, war nach Wien gegangen und überredete sie, von ihrem verwandten Bauern wegzugehen, damit es ihr besserginge. Sie ließ sich überreden, konnte es aber in der Stadt nicht lange aushalten. Sie sagte: ‚Ich habe meine Kühe schreien hören, deshalb kehre ich heim.'"[176] Die Großmutter von Franz Obergottsberger im Hausruckviertel erklärte ihre „Welthaltung" folgendermaßen: Man „muß sein Kreuz geduldig tragen, wie es unser Herr getragen hat, und zufrieden sein. Dann erspart man sich viele schwere Stunden, und ein jedes Unglück geht schneller vorbei". In ihrer Gottergebenheit war die 1844 Geborene, die zwölf Jahre als Bauermagd arbeitete, stets auch in der Lage, „wundervolle Tage" zu erleben, die ihr Kraft gaben und die „sie nie vergaß".[177]

Die Religion spielte bei sehr vielen Zeitzeugen, die Erlebtes zu Papier brachten, eine große Rolle. Seltener ging es dabei um einen Ausdruck tiefer Frömmigkeit. Vielmehr gliederte sich das Leben nach den christlichen Festtagen. Jakob Stefan beschreibt das Kirchweihfest, auf das die Jüngsten besonders gewartet haben: „Denn da hat es Gutes gegeben in unbeschränktem Ausmaß". Außerdem sehnte man den „Nikolo" herbei, ergänzte er, während sich Anna Patocková aus Westböhmen besonders auf Weihnachten freute. „Schon einige Tage vor den Feiertagen gab es viel geheimnisvolles Verstecken und Vorbereitungen, die ganze Wohnung wurde geputzt, hinter die Fenster kam grünes Moos mit Strohsternen, überall duftete es nach Äpfeln, Striezeln, Lebkuchen, Vanille und Schokolade". Josef Svoboda aus einer kleinbäuerlichen Familie in Radnovice im südwestlichen Mähren repräsentierte dagegen die

Mehrheit der Unterschichten, wenn er angab, dass es auch am Heiligabend und am Christtag meist eher bescheiden zuging und vor allem die Kleinen beim vielen Beten schon einschliefen.[178]

Selbst weniger Begüterte und gänzlich Verarmte orientierten sich dennoch hauptsächlich an der Adventzeit, an Weihnachten, der Fastenzeit und Ostern. Anna Starzer aus dem oberösterreichischen Naarn ist allerdings nicht die Einzige, die auf wesentlich mehr Fixpunkte im Jahreszyklus hinweist. „Früher", schrieb sie, „gab es viele Bauernfeiertage, an denen nur die Stall- und Küchenarbeit zu tun waren. Nur die Tage um den Dienstbotenwechsel waren völlig arbeitsfrei. Die Bauernfeiertage wurden streng eingehalten. Das Bauernjahr hatte zwölf Festtage, zweiundfünfzig Sonntage, dreiundvierzig Bauernfeiertage und 259 Arbeitstage."[179]

Dieses dichte Milieu aus Traditionen und Regulativen blieb lange resistent gegen Neuerungen und Einflüsse von außen. Auch stellte sich die Frage, was an ihre Stelle treten sollte. Tomáš Masaryk und andere Forscher oder Kommentatoren der Jahrhundertwende machten sich solcherart nicht ohne Grund Gedanken über die Konsequenzen der Säkularisierung und den Verlust bisheriger Überzeugungen und Bindungen. Gerade in Bezug auf die Nationalitätenproblematik erwiesen sich die Verhältnisse zudem als erheblich komplizierter. Trotz erkennbarer „ethnischer Segregation" durchdrangen die „völkischen Programme" verschiedene Regionen und Milieus nur bedingt. Regionaler und lokaler Stolz, Berufsidentitäten, Gesellschaftsschichten, Interessenverbände, aber auch ein auf das gesamte Reich bezogener Patriotismus existierten nebeneinander oder in Konkurrenz miteinander. Eine große Zahl von Veteranenverbänden hielt zum Habsburgerstaat, obwohl auch bei diesen Vereinigungen nationale Ideen vertreten wurden. In bestimmten Gebieten forderten die ehemaligen „Knechte des Kaisers" als Vertretungen der unteren Mittelklasse, der Bauern und Arbeiter bestehende liberale Honoratiorenverbände ebenso heraus wie nationalistische Kräfte. In Teilen Tirols und im adriatischen Küstengebiet taten sich die „Abgerüsteten" wiederum mit sozialkatholischen Parteien zusammen und unterliefen auf diese Weise die dortige liberal-italienische Hegemonie.[180] Vladimír Lach aus einer Bäckerfamilie in einem nordostmährischen Dörfchen erlebte Ähnliches. „Vor dem Winter feierte man das ‚Kaiserfest', da schlachtete man Hammeln [...]. Wenn der Kaiser Geburtstag oder Namenstag hatte, hatte der Veteranenverein einen Hornisten und einen Trompeter. Die Veteranen hatten auch ihre eigenen Uniformen und harte schwarze Hüte mit einer Hahnenfeder. Wenn sie die Vereinsfahne aus dem Gasthaus trugen, spielte die Musik die Kaiserhymne, da stand ein jeder Veteran stramm. Dasselbe spielte sich beim Hineintragen der Fahne ins Gasthaus ab."[181]

Der fortgesetzte Streit

Auf Wiener Regierungsebene diskutierte man schließlich über eine cisleithanische Gesamtorganisation für die Veteranen.[182] Letztlich ging es aber immer um ganz spezifische Strukturen und Machtverhältnisse in den einzelnen Orten und Regionen. Davon berichtet etwa auch der k. u. k. Diplomat und Außenminister Ungarns nach dem Ende der Donaumonarchie, Graf Imre Csáky von Körösszeg und Adorján. Er stammte aus einem der ältesten Magnaten-Geschlechter und erlebte seinen Vater in den höchsten transleithanischen Positionen – als Kultus- und Unterrichtsminister, als Präsident des Oberhauses des

Reichstages in Budapest. Mit den „auswärtigen Geschäften" befasst, schärfte sich jedoch Imre Csákys Blick für die Belange des Gesamtstaates. Seine Vorgesetzten beorderten ihn im Herbst 1904 zunächst nach Fiume, den einzigen Seehafen der „Länder der Stephanskrone". An ihm hielten „die Magyaren" teilweise „aus wirtschaftlichen, mehr aber noch aus Prestigegründen fest", vermerkte Csáky während der 1950er Jahre kritisch und im Wissen um die kommenden Katastrophen. Dabei, schrieb er weiter, „spielte die den Ungarn stets eigene nationale Eitelkeit die Hauptrolle, denn, wirtschaftlich betrachtet, wäre die Benützung des Hafens von Triest, obwohl ferner gelegen" und zu Cisleithanien gehörend, für den „ungarischen Export zweckmäßiger gewesen, da der teure Betrieb des über die schwierig zu überwindenden Karsthöhen führenden, Fiume mit Ungarn verbindenden einzigen Schienenstranges die Transportkosten dermaßen erhöhte, daß die Waren viel billiger nach Triest hätten befördert werden können". Budapest und die örtlichen Behörden hielten aber am Kurs fest und stützten sich dabei auf die Italiener der Region. Die ortsansässigen Kroaten opponierten dagegen, sekundiert von der „Landeshauptstadt Agram". Man sah sich zu Kompromissen genötigt und „reizte" damit „wiederum die an die Alleinherrschaft gewöhnten italienischen Stadtgewaltigen". Csáky rückblickend in seinem Resümee: „Die ungarische Staatsverwaltung hatte daher einen steten Eiertanz zwischen den beiden sich befehdenden Parteien zu führen."[183]

Vermittelnd und besänftigend trat sie allerdings generell kaum auf. Baron Gyula von Szilassy, ein Kollege Imre Czákys und gleichfalls vor und nach dem Zusammenbruch des Habsburgerreiches in diplomatischen Diensten, fand dafür zu Beginn der 1920er Jahre harte Worte. Trotz seiner Zugehörigkeit zu den ungarischen Eliten, prangerte er zumindest jetzt den Dualismus als „Verderben" seines Landes und als „Anomalie" an. Schließlich habe es sich dabei um die „Beherrschung verschiedener Rassen durch zwei Rassen" gehandelt, wobei „nun Ungarn, oder die vielmehr in Ungarn herrschende Adelsklasse, leider das Experiment der ‚Magyarisation'" unternahm. Szilassy weiter: „Statt zu trachten, die fremden Nationalitäten zu gewinnen, statt, wie ich es bereits im Jahr 1895 in einem Bericht [...] vorschlug, die ‚Herzen zu magyarisieren', behandelten sie unsere fremdsprachigen Mitbürger als politisch nicht ebenbürtig oder versuchten sie" zu „Magyaren zu machen".[184]

Freilich waren die angebotenen Rezepte für eine Lösung der ethnischen Spannungen nur bedingt zielführend. Dass die Krone nach etlichen Krisen die Übereinkunft mit der dünnen ungarischen Oberschicht suchte, mochte nationalitäten- und demokratiepolitisch bedenklich wirken. Die Entwicklung in der westlichen Reichshälfte der Monarchie und speziell die Erweiterung des cisleithanischen Wahlrechtes auf immer größere Bevölkerungsgruppen mussten Franz Joseph und sein engstes Umfeld – trotz teilweise positiv bewerteter Effekte – aber gleichfalls nachdenklich stimmen. Hier machte sich die Verschlechterung des innenpolitischen Klimas gelegentlich schlagartig bemerkbar, wobei sich überdies nationalistische Leidenschaften oft mit antisemitischen Ressentiments verflochten.

Außerdem konnte man bei genauerer Beobachtung erkennen, dass sich etwa tschechische Beamte eine Art doppelte Loyalität zulegten. Ansonsten verwandelte sich das fallweise Miteinander der Nationalitäten in ein vermehrtes Neben- und Gegeneinander. Abseits der Metropolen und Provinzstädte machte sich dieser Trend dann auch verstärkt auf dem Land bemerkbar. Das Scheitern des multiethnischen Zusammenlebens, das sich immer deutlicher im Sprachenkonflikt manifestierte, brach letztlich selbst jenes Milieu auf, das durch seine religiösen Überzeugungen eigentlich der Dynastie und dem Gesamtstaat enger verbunden hätte sein sollen. Die vor allem in Wien und dann in den Alpenländern erstarkende Bewegung der Christlich-Sozialen tendierte zwar dazu, als Reichspartei wahrgenommen zu werden, hob allerdings neben einem starken Antisemitismus vor allem auch Ressentiments gegenüber den Slawen und Magyaren hervor.[185]

Im Gegenzug erlebte der auf dem erzbischöflichen Gut im nordböhmischen Světec geborene Josef Ješátko den „Anstieg des Nationalbewusstseins" durch einen „tschechischen Priester". Nun hörte er mehr von den „böhmischen Königen, von Hus, Žižka". Eine „große geistige Wandlung" passierte „mit der ganzen Gemeinde Světec". Als sich die Nachricht verbreitete, dass der „Herr Erzbischof" zu Besuch kommen würde, machte sich Hektik und Betriebsamkeit breit. „Wenn sich der Herrgott selbst angemeldet hätte, könnten die Vorbereitungen nicht größer und vollkommener gewesen sein." Der kleine Josef wurde von der Stimmung erfasst, wollte zur „Begrüßung Ihrer Eminenz" auch etwas beitragen und bastelte „rot-weiße Fähnchen". Als er sie am Dachfenster fixierte, schimpften Passanten mit ihm. „Ich musste" die Fahnen „runternehmen und verstand nichts. Ich wollte doch den Herrn Erzbischof willkommen heißen! Die Eltern erklärten mir auch nichts und schickten mich schlafen. Erst am nächsten Tag lächelte mich der Pfarrer in der Schule ständig an und sagte mir: ‚Weißt du, Pepíček, die Farben rot und weiß sind die Farben der Tschechen, deswegen schimpften die Deutschen so viel mit dir. Und der Herr Erzbischof hält zu den Deutschen, der würde die Farben auf eurem Dach auch nicht gerne sehen. Bleib aber Tscheche!'"[186]

In dieser Atmosphäre war hinsichtlich der Verständigungen auf Kronländer-Ebene und in einigen böhmisch-mährischen Kommunen Vorsicht geboten. Das „Pilsner Tagblatt" vom 20. Februar 1914 meldete zwar den „Ausgleich auf allen Linien", die Absprachen zwischen „Polen und Ruthenen", das Ende der „slowenischen Obstruktion im steirischen Landtage" durch „Konzessionen", in Kroatien zumindest „die Aufhebung des Ausnahmezustandes" durch die Budapester Regierung sowie deren Gespräche mit den ethnischen Minderheiten. Dabei, hieß es jedoch einschränkend, seien die „Interessen" der deutschsprachigen Bevölkerung oft missachtet worden. Man werde es ihr daher „nicht verübeln dürfen, wenn sie mit größter Sorge den Ausgleichsverhandlungen in Böhmen entgegensehe".[187]

Tatsächlich hatte sich die Lage schon wieder zugespitzt. Selbst gemäßigte, kosmopolitische Gruppen wie die Prager Juden oder adelige Grundbesitzer reagierten zurückhaltend. Demokratisierung und Übereinkünfte zwischen den Nationalitäten ließen wenig Platz für sie, während die Hauptstreitparteien den „Staatsmechanismus" nicht nur lähmten, sondern auch blockierten. Als ohne arbeitsfähigen Landtag keine neuen Steuern und Anleihen ausgeschrieben werden konnten, löste k. k. Ministerpräsident Karl Graf Stürgkh am 26. Juli 1913 den Landesausschuss auf. Es war der Tag der Heiligen Anna, und die Einsetzung einer Verwaltungskommission, die im Verordnungswege Umstrittenes regelte, machte das sogenannte „Annenpatent" nicht bloß in den Augen der politischen Aktivisten zu einem „Staatsstreich" oder „kalten Putsch". Tschechen wähnten die Rechte des Königreichs Böhmen mit Füßen getreten. Deutsche sahen sich um die Bühne einer wichtigen Repräsentativkörperschaft und um ihre Obstruktionsmöglichkeiten gebracht.[188]

Die Unzufriedenheit Letzterer wollte sich Karel Kramář als Führer der Jungtschechen zu Nutze machen. In Wien glaubte er, die Position seiner Gefolgschaft gegenüber der Regierung verbessern und sich ihr annähern zu können. Ins Handwerk pfuschten ihm allerdings ausgerechnet „Landsleute", nämlich die Agrarier, die im Reichsrat Anfang 1914 auf oppositionellen Kurs gingen. Selbst Kramář war schließlich gezwungen, den „nationalen Schulterschluss" zu vollziehen und sich vom Kabinett Stürgkh abzuwenden. Dieser regierte, wie viele geschwächte Staatsführungen Cisleithaniens davor, mit dem Notverordnungsparagraphen 14. Am 16. März 1914 vertagte er das Abgeordnetenhaus.[189]

Wieder einmal suchte man Zuflucht bei „quasi-absolutistischen" Provisorien, nachdem sich kaum Mehrheiten finden hatten lassen und die Beseitigung zentraler Probleme in weite Ferne rückte. „Eine wohlgeordnete Föderation hätte Ruhe geschaffen", meinte Baron Szilassy in der Retrospektive und verwies bei dieser Gelegenheit auf die „Jugoslawen. Manche ihrer bedeutenden Staatmänner", so sein Befund, „haben diese Lösung präkonisiert". Anton Korošec etwa war dafür noch Ende 1913 in der Delegation des Reichsrates eingetreten: Die „Schaffung des Trialismus, eines die Südslawen des Reiches umfassenden Staatskörpers, würde den Unabhängigkeitsbestrebungen der Magyaren und der Zerreißung des Gesamtreiches" einen „Riegel vorschieben". Der Dualismus diene hingegen den Magyaren zur „Zerschlagung des Donaureiches". Nur ein „alle Südslawen des Reiches umschließendes Staatsgebilde zwischen der Adria, dem ungarischen Staatsgebilde und dem Königreich Serbien" würde dem Imperium Ruhe verschaffen. Die angedeutete Einbeziehung der Kroaten in die „trialistische Lösung" bedeutete einen offenen Angriff auf die „Gelüste" der „magyarischen Liebkinder".[190]

Imperiale Ziele

In Budapest konterten die Verantwortlichen meist mit Missachtung oder brüsker Zurückweisung derartiger Ideen. In Wien wiederum mussten sich Entscheidungsträger andererseits die Frage stellen, wie die Grenzen eines etwaigen „südslawischen Staatskörpers" zu ziehen seien, wie Minderheitenrechte angesichts der vertrackten Situation in Böhmen oder – generell – in multiethnischen Regionen geschützt werden könnten und ob – allerdings nur unter der Voraussetzung einer Stabilisierung des eigenen Reiches – Russland und Serbien keine weiteren Begehrlichkeiten gegenüber Gebieten der Donaumonarchie hegen würden.

Vor diesem Hintergrund traten einmal mehr außenpolitische Fragestellungen in den Vordergrund. K.u.k. Außenminister Aloys Lexa Freiherr von Aehrenthal hatte sich diesbezüglich trotz der Folgen der „Annexionskrise" um eine Verständigung mit dem Romanovimperium bemüht. Die mögliche Annäherung zwischen Wien und Sankt Petersburg war zentraler Gesprächsstoff in den Regierungskanzleien und diplomatischen Vertretungen. Selbst nach dem Tod des schwerkranken, an Leukämie leidenden Aehrenthal setzten sich die Westmächte mit dieser Frage noch 1913 auseinander. Die französische Botschaft in Wien, die einer österreichisch-russischen Allianz schon 1910 kaum Chancen gegeben hatte, zitierte im September 1913 Stimmen aus dem Romanovimperium, die „für eine Entente" mit dem Habsburgerreich „keine Basis" sahen.[191] Pessimistisch zeigten sich einige Monate später auch die britischen Repräsentanten in der Donaumonarchie. Aus der k. k. Haupt- und Residenzstadt an der Donau erhielt Englands Außenminister Edward Grey Berichte über permanente Vorfälle an der galizischen Grenze und weitverbreitete antirussische Ressentiments in Österreich. Diese, ließ man Grey wissen, stellten auch eine Gegenreaktion auf die vom Zarenreich aus betriebene „russophile Propaganda" des „Grafen Bobrinski" unter den „ukrainischen Bürgern" der Donaumonarchie sowie auf die „von Frankreich gewollten Kriegsvorbereitungen St. Petersburgs" dar, dienten jedoch gleichfalls zur Rechtfertigung der Rüstungsbestrebungen, die k. u. k. Militärs dem Wiener Parlament dringend empfahlen.[192]

Die Nachrichten spiegelten eine Krisenatmosphäre wider, die sich 1912/13 im Verlauf der bewaffneten Konflikte auf dem Balkan verbreitet hatte. Die serbisch-montenegrinischen Gebietsansprüche riefen in diesem Zusammenhang die Habsburgermonarchie auf den Plan. In Bosnien-Herzegowina und Dalmatien wurden k. u. k. Truppen gegen eine etwaige Expansion der Nachbarländer vor allem Richtung Adria auf Kriegsstärke gebracht. Offizielle Repräsentanten Russlands wiegten die Belgrader Regierung im Glauben, sie werde bei ihrem Vorgehen Rückendeckung durch das Romanovimperium erhalten. Zwar wollte Sankt Petersburg von einem Waffengang der Großmächte in der Folge ebenso wenig wissen wie die Entscheidungsträger in Paris und London. Von einer Beruhigung der Lage konnte aber trotzdem nicht die Rede sein. Während in Wien vor allem Stabschef Franz Conrad von Hötzendorf für einen Militärschlag plädierte, verursachten die den österreichischen Interessen entsprechenden Bemühungen zur Gründung eines unabhängigen Albanien weitere Spannungen. Der neu zu bildende Staat umfasste Territorien, die serbisch-montenegrinische Verbände besetzt hielten. Die Monarchie forderte deren Abzug und drohte ultimativ mit Gewalt.[193]

Einmal mehr belastete das Säbelrasseln die lädierten russisch-österreichischen Beziehungen. Die Häufung von

Zwischenfällen in Galizien korrespondierte unter solchen Umständen mit der Eskalation der südosteuropäischen Konflikte. Dass der Druck der Wiener Regierung schließlich Belgrad zum Einlenken veranlasste, führte zu keiner dauerhaften friedlichen Lösung. Das Zarenreich spielte mit seiner Glaubwürdigkeit gegenüber Serbien, sollte es seinen „Schützling" ein weiteres Mal im Stich lassen.[194]

Lose Allianzen verwandelten sich in Schicksalsgemeinschaften. Berlin und Wien sahen nach den Geschehnissen der Jahre 1912 und 1913 kaum noch Alternativen zum Zweibund. Die Westmächte ihrerseits achteten gleichfalls darauf, keinen Bündnispartner zu vergraulen. Fast überall ging die Flexibilität der Staaten, „jederzeit mit jedem gegen jeden zusammenzugehen", verloren, während in den Generalstäben die Überzeugung reifte, ehebaldigst „den Degen ziehen" zu müssen, bevor die zukünftigen Kontrahenten überlegene Kräfte aufzubieten hätten.[195]

Angesichts der mentalen Aufrüstung nicht zuletzt innerhalb der europäischen Eliten überrascht es nicht, dass ein „großes Kräftemessen" von vielen Regierungsmitgliedern und Generälen vorausgesagt oder regelrecht erwartet wurde. Je mehr dabei vor allem der Präventivschlag und der schnelle Sieg das strategische Denken beherrschten, desto größer wurde der Bedarf an Informationen über alle militärischen und außenpolitischen Entwicklungen auf der Seite vermeintlicher Gegner. Ins Netz der „Abwehrfachleute" gingen unter solchen Umständen nicht zufällig vor dem Ersten Weltkrieg immer mehr „Verräter" und „feindliche Agenten".[196] Der Redl-Skandal stellte den Höhepunkt einer Welle von Untersuchungen und Enthüllungen dar, die zugleich auf bestimmte Krisenregionen hindeuteten. Wie wenig vertrauenswürdig etwa das Verhältnis zwischen den „Bündnispartnern" Wien und Rom war, beleuchten Schreiben des k. k. Ackerbauministeriums und der k. u. k. Korpskommanden aus den Jahren 1911 bis 1913, in denen von einem verschärften „Melderecht im Kronland Krain" und von der „rigorosen Wahrung der Sicherheitsinteressen" in Kärnten die Rede ist, sowie von der Anweisung an „Forst- und Domänendirektionen" des Grenzgebietes zu Italien, nur „politisch zuverlässige Personen" anzustellen.[197] Noch alarmierender klang, was die britische Botschaft in Wien während des Frühjahrs 1914 nach London meldete: Galizien sei von „Spionen" des Zarenreiches „verseucht"; der „von der ungarischen Regierung durchgeführte Hochverratsprozess von Marmaros Sziget" müsse als kontraproduktiv eingestuft werden, vertiefe die Kluft zwischen Österreich und Russland und diene den wirklich „russophilen" Kräften lediglich als Propagandabühne. Dennoch trete in absehbarer Zeit ein ähnliches Tribunal in Lemberg zusammen, ergänzten die Repräsentanten des „Empires".[198]

Englischerseits war man mit gutem Grund skeptisch. Schon vor einigen Jahren hatte sich die Donaumonarchie mit derartigen Vorgehenswesen eher geschadet. Die Urteile eines in Agram abgehaltenen Hochverratsprozesses gegen „serbisch-kroatische Koalitionäre" waren damals wegen Mangels an Beweisen aufgehoben worden. Die Causa hatte eine schwere Rufschädigung für das Habsburgerreich zur Folge.[199]

Vom „Prestigeverlust" der k. u. k. Monarchie war nun immer öfter die Rede. Das Gefühl, Stärke zeigen zu müssen, verbreitete sich in den Wiener Regierungskanzleien. Auf Delegationsebene verhandelte man unter anderem über den Ausbau der Flotte, die Admiralität gab bekannt, dass seitens der Ungarn in dieser Sache bereits Unterstützungserklärungen eingegangen seien.[200] Der tschechische Sozialdemokrat Antonín Němec wendete dagegen allerdings ein: „Wir haben keine Kolonien, wir haben keinen nennenswerten Außenhandel; unser Außenhandel nach der Levante macht nicht einmal so viel aus, wie ein Kriegsschiff kostet. Was sollen unsere Kriegsschiffe nützen, wenn wir von allen Märkten, die wir früher beherrscht haben, verdrängt werden?"[201] Němec richtete sein Augenmerk auf eine „ökonomische Gesundung", während Gesinnungsgenosse Wilhelm Ellenbogen noch einmal die langjährige Parteilinie betonte, eine innere Umgestaltung der Monarchie ohne imperiale Attitüden. Daher gelte es auch, anders wie in letzter Zeit, einen selbstschädigenden Handelskrieg mit Serbien als Folge der bilateralen Konfrontation zu beenden und freundschaftliche Wirtschaftsbeziehungen gerade in dieser Region zu forcieren. Ansonsten müsse man einsehen, „daß die Rolle Österreichs auf dem Balkan ausgespielt ist und daß wir mit verschränkten Armen, ohne uns einzumischen, zuzusehen haben, was sich da unten vollzieht".[202]

Ellenbogens Einschätzung fand jedoch keinen ungeteilten Zuspruch. Selbst unzufriedene slawische Vertreter sahen es anders. Anton Korošec erblickte im „Trialismus" nicht bloß die Chance, das Reich der Habsburger zu festigen, sondern sich auch einen „Einfluß am Balkan zu verschaffen".[203] Ganz allgemein fiel auf, dass die streitenden Nationalitätenvertreter mit etwaigen innenpolitischen Lösungen Großmachtpläne verknüpften. Das „Prager Abendblatt" vom 27. Februar 1914 fragte im Gefolge des „Budweiser Ausgleiches" demgemäß seine Leser: „Aber eine Kraft, welche Budweis aufgebracht hat [...], sollte sie nicht auch im Stande sein, den Friedensgedanken zur Herrschaft zu bringen, einem siechen Körper zur gesunden Konstitution zu verhelfen und hiemit unseren Staat zu einer führenden wirtschaftlichen Großmacht, technisch und finanziell gerüstet und gewappnet, mit einen über die ganze Erde sich erstreckenden Betrieb emporzuheben"?[204]

Rein ökonomische Anliegen arbeiteten aus dieser Sicht dem Bedürfnis nach internationalem Ansehen zu, und trotz bescheidenerer Ansätze mangelte es dabei nicht an kolonialistischen Perspektiven. Schulungsfahrten, Entdeckungs- und Abenteuerreisen fanden unter diesem Blickwinkel statt, wobei sich die österreichisch-ungarische Kriegsmarine im Laufe des 19. Jahrhunderts mehrmals besonders hervortat. Ägypten und der Sudan gerieten ins Visier von Expeditionen, eine durch Soldaten verstärkte Karawane bahnte sich ihren Weg in bislang unbekannte Regionen des heutigen Ruanda und Burundi. Ganz offiziell gingen staatliche Stellen daran, in den 1850er Jahren unter anderem – wie schon im späten 18. Jahrhundert – auf den Nikobaren Fuß zu fassen. Es folgten vergleichbare Unternehmen auf den Salomonen, in der Region Rio de Oro in Nordwestafrika während der 1890er Jahre und schließlich kurz vor dem Ersten Weltkrieg in Südostanatolien beziehungsweise – mit einem Landgewinn von sechs Quadratkilometer – im chinesischen Tientsin. Der später gerne kolportierte „Mythos vom freiwilligen Verzicht" auf einen österreichischen Kolonialismus und von „Kakaniens" ausschließlich kulturellen Großmachtträumen entsprach nicht der Realität. Es fehlte keineswegs an Plänen und Aktivitäten sogar zur „Ausdehnung" über Europa hinaus. Deren Erfolglosigkeit resultierte eher aus dem Mangel an Ressourcen und Entfaltungsbereichen. Die übrigen Großmächte setzen der anvisierte Expansion Grenzen, die „heimatlichen Industriebürger" zeigten wenig Interesse am „überseeischen Engagement".[205]

Nach der Verdrängung aus Italien und Deutschland folgte damit der nächste Dämpfer. Umso zielstrebiger ging man an die Festigung des Einflusses im Hauptinteressengebiet. Arthur Rosthorn, der schon das Tientsin-Unternehmen beobachtet hatte, zitierte in diesem Sinn 1902 einen seiner

Freunde, der meinte: „Was wollen wir in China? Wir haben unser China zuhause." Gemeint waren vor allem „die südslawischen Provinzen und der ganze Balkan". Auch Universitätsprofessoren rieten: Der „erste Weg" muss „uns nach Südosten führen", während k. u. k. Finanzminister Benjamin von Kállay zwar den Mangel an „Colonialbesitz" und einer „international konkurrenzfähigen Handelsflotte" bedauerte, den Ministerpräsidenten der beiden Reichshälften aber im März 1900 einschärfte: Von „umso größerem Werte würde mir daher erscheinen, jenes Gebiet, welches schon infolge der geographischen Lage von altersher in erster Linie auf die Industrieerzeugnisse der österreichischen und ungarischen Monarchie angewiesen ist, möglichst fest an die Monarchie zu binden".[206]

Unter solchen Gesichtspunkten entsprachen die Einverleibung Bosniens und der Herzegowina ebenso wie das Interesse an Albanien als adriatische Bastion gegen Italien und als Keil zwischen Serbien und Montenegro Wünschen und lang gehegten Zielen insbesondere der österreichisch-ungarischen Eliten, die nach wie vor imperialistischen und teilweise auch kolonialistischen Prinzipien entsprachen. Zwar erhielt Bosnien-Herzegowina im Landesstatut von 1910 allgemeine Bürgerrechte und einen Landtag, „dessen Abgeordnete zum größten Teil durch Wahl bestimmt wurden".[207] Justizsystem und öffentlicher Dienst orientierten sich aber nur partiell an den „Strukturen" des übrigen Reiches.[208] Schwerer noch wog hingegen die Despektierlichkeit des alten Zentrums gegenüber der „neuen Peripherie". Die Außenposten am Balkan galten mindestens als rückständige Entwicklungsgebiete, wenn nicht als Sphären der „Missionstätigkeit". In Albanien beispielsweise bekamen „die in abhängigen Ländern übliche österreichische Arroganz" selbst offiziell verbündete Italiener zu spüren.[209]

Zugleich mussten manche Nationalitätenvertreter und Parlamentsabgeordnete, die sich von innenpolitischen Übereinkünften eine neue Machtentfaltung der Donaumonarchie erhofften, resignierend erkennen, dass sich vornehmlich unter den „dominierenden Völkern", den Oberschichten, den „Etablierten" der Hauptstädte, den Hof- und Regierungskreisen nicht wenige fanden, die loyale Staatsbürger verschiedenster Sprachgruppen, Gesellschaftsmilieus und Religionsgemeinschaften unverändert als „unmündige Kinder" und „Untertanen" von oben herab behandelten. Nicht bloß der ethnische Streit sowie die permanenten Differenzen zwischen Cisleithanien und den „Ländern der Stephanskrone" trübten unter diesen Bedingungen Franz Josephs Kronjubiläum im Jahr 1908. Die damaligen Festzüge entfalteten einen „unechten Glanz", meinte etwa eine Bildungselite, die von der „Anhöhe der Zivilisation" auf „Völkerschaften" herabblickte, welche, wie der Architekt Adolf Loos es formulierte, „selbst während der Völkerwanderung als rückständig empfunden worden wären". Die Heterogenität der Donaumonarchie artikulierte sich auch im Hochmut der „Edelmenschen" gegenüber den „Primitiven". Elegante Hauptstädter und arrogante „Deutschtümler" schauten in der Manier von Kolonialherren auf „Provinzler" aus entlegenen Kronländern herab, auf fremde „Rastelbinder, Schlawiner, Mausefallenhändler und Scherenschleifer" mit ihren „wilden Tänzen".[210]

Gewaltlösungen

Standrechtlich gehenkte russische Spione, vermutlich 1916
© ÖNB/Wien, 154.908-B

Sturmzeichen

Manche Zeitzeugen mochten Ende 1913 und Anfang 1914 das Gefühl haben, dass sich nach turbulenten Jahren die Lage etwas entspannte. In der bisweilen wahrgenommenen Ruhe kündigte sich jedoch der Sturm an. Schwere Gewitterwolken zogen über Europa auf – im Zentrum des drohenden Orkans Österreich-Ungarn, das nur bedingt für sich reklamieren konnte, ein Opfer ungünstiger Umstände zu sein. Das Reich der Habsburger hatte als mit auslösender Faktor maßgeblichen Anteil am aufkommenden Unwetter. Die Gefahren waren für Hellsichtige durchaus erkennbar. Hof- und Regierungskreise vornehmlich in Wien fürchteten nach zu vielen Schlappen und Gebietsverlusten auch noch im letzten Aufmarschgebiet für eigene Machtdemonstrationen an Handlungsspielraum zu verlieren. Am Balkan, gegenüber lokalen Widersachern – insbesondere Serbien – und den dortigen geostrategischen Plänen Russlands, erschien ein Zurückweichen undenkbar. Oppositionspolitiker warnten davor, ein Muskelspiel zu wagen, dem man womöglich kaum gewachsen war.[1] Und obwohl am hohen Risiko kein Zweifel bestand, entschieden sich vor allem auch die k. u. k. Militärs für mehr als nur fortgesetzte Drohungen. „Den Degen zu ziehen", am „Feld der Ehre" seinen Ansprüchen Geltung zu verschaffen, aus der „Agonie zu erwachen", noch „fähig sein zu wollen" – das waren in Formeln gefasste Denkkategorien, hinter denen sich Ehrbegriffe und Reputationsbedürfnisse eines stets etwas inkonsistent wirkenden und – so die weitverbreitete Empfindung – sinkenden Sternes unter den europäischen Großmächten verbargen. Mit der „Klugheit im Nachhinein" kritisierte etwa Baron Gyula von Szilassy, dass die „österreichisch-ungarische Monarchie" ihre „Existenz" durch ein „Friedensprojekt" hätte sichern können, es aber vorzog, dasselbe „imperialistische Spiel zu spielen" wie andere, einflussreichere Staaten.²

An diesem „Spiel" beteiligten sich realiter nur ganz wenige Männer, in Österreich-Ungarn im Wesentlichen der Regent, der Kaiser und König, und mit ihm im „Gemeinsamen Ministerrat" die k. u. k. Ressortchefs für Finanzen, Äußeres und Krieg, schließlich noch die Ministerpräsidenten beider Reichshälften und der Generalstabschef. Das dualistische System schuf Freiräume für den Herrscher und die überschaubare Zahl seiner engeren Berater. In Ungarn ließ eine substanzielle Demokratisierung auf sich warten. Speziell k. k. Regierungen nahmen immer wieder Zuflucht bei Notverordnungen und Problemlösungen „im Verwaltungswege". Der Wiener Reichsrat war solcherart seit März 1914 „sistiert". Exakt vor dieser Entwicklung hatte der tschechische „National-Soziale" Václav Klofáč schon Ende 1912 gewarnt. „Gewisse unverantwortliche, hinter den Kulissen arbeitende Strömungen" klagte er an, gegen die „wirklichen Interessen Österreichs" mit dem „Säbel zu rasseln und das Reich, das dringend Frieden braucht, vor die Möglichkeit eines blutigen und in seinen Konsequenzen katastrophalen Krieges zu stellen [...]. Sehr geehrter Herr Präsident!", setzte Klofáč fort: „In diesen kritischen Tagen ersuchen wir Sie im Interesse der Bevölkerung, die wir hier vertreten, auf der Hut zu sein, dass das Volksparlament nicht totgeschwiegen werde" und „auch gleichzeitig mit der Delegation weitertage, da wir es nicht zulassen wollen und dürfen, dass in diesen für das ganze Reich und für uns alle so kritischen Zeiten ohne uns, die wirklichen Vertreter, etwas unternommen werde."³

Die Rede, von verschiedenster Seite mit „Lebhaftem Beifall und Händeklatschen" goutiert, wurde unter dem Eindruck der Balkankriege gehalten. Keine eineinhalb Jahre später geschah, was Václav Klofáč und viele andere

Parlamentarier befürchtet hatten: Um die „halb-absolutistische" Staatsspitze herum fehlten oder verschwanden Bremsklötze, welche die „imperialistische Zugfahrt" in das „blutige Ringen" zur Durchsetzung angeblicher Reichsinteressen hätten verlangsamen und stoppen können. Zuspruch fanden die „Lokführer" allerdings nicht nur unter ihresgleichen. Soldatische Tugenden und Männlichkeitskulte dominierten weite Teile des zivilen Lebens. Inner- und außerhalb der Streitkräfte sowie insbesondere auch unter den Gebildeten standen die „Politik der Stärke", der Ausbruch aus der vielbeschworenen „Lethargie" und eine gewaltsame Zerschlagung des verworrenen Konfliktgemenges bisweilen hoch im Kurs. Pazifistische Strömungen büßten an Terrain ein. Vor dem Hintergrund verstärkter Rüstungsanstrengungen kamen ihnen in der Donaumonarchie außerdem Galionsfiguren abhanden. In Ungarn hatte sich einer der wichtigsten Protagonisten der Friedensbewegung, der liberale Reichstagsabgeordnete Mór Jókai, ins Privatleben zurückgezogen. Er starb im Jahr 1904 und hinterließ eine Gefolgschaft, die immer mehr Anhänger verlor. In Österreich dachte Bertha von Suttner schließlich 1913 überhaupt daran, den entsprechenden Vereinigungen nicht mehr länger als Vorsitzende zur Verfügung zu stehen.[4]

Obwohl sie sich schließlich anders entschied, musste sie selbst innerhalb eines auch hier kleiner werdenden Kreises von Gesinnungsfreunden und potenziellen Verbündeten einigermaßen widersprüchliche Standpunkte wahrnehmen. Prinzipielle Gegner jeglicher Waffengänge sahen sich durch Befürworter des „vaterländischen Verteidigungskrieges" herausgefordert. „Völkische Rivalitäten" machten sich außerdem in der Donaumonarchie selbst im Umfeld Suttners bemerkbar. Ihr Mitstreiter Jókai, der zunächst nicht vor „kriegsverherrlichenden

Ansichten" gefeit war und später wenigstens durch die Erfindung einer „zerstörerischen Massenvernichtungswaffe" dauerhaft Frieden schaffen wollte, misstraute den Minoritäten Transleithaniens. Speziell die Rumänen wollte er bei einschlägigen internationalen Konferenzen nicht dabeihaben. Der Verdacht stand im Raum, sie könnten derartige Zusammenkünfte für „staatsfeindliche Aktivitäten" nutzen.[5]

Innen- wie außenpolitisch wurde indes der „Befreiungsschlag" zur „fixen Idee", insbesondere im Kreise wichtiger Entscheidungsträger. Die Staatsspitze verengte ihren Wahrnehmungshorizont angesichts der unveränderten „Frontstellung" Wiens gegenüber Belgrad und Sankt Petersburg. Die Miene des betagten Monarchen in Schönbrunn verfinsterte sich. Franz Joseph sah die Aktionsfähigkeit seines Reiches sowohl im Hinblick auf die Nationalitätenfrage als auch auf die Entwicklungen in Südosteuropa sowie auf Italien und die Entente-Mächte immer weiter eingeschränkt. Trotz recht negativer Erfahrungen in der Vergangenheit schloss er nicht mehr aus, die „Waffen sprechen zu lassen". Es sei wohl erfreulich, den Frieden aufrechterhalten zu sehen, erklärte er im Jänner 1914 Deutschlands Botschafter Heinrich von Tschirschky. Pessimistisch merkte er diesem gegenüber jedoch an: „Ob das aber noch lange gehen wird, das weiß ich nicht."[6]

Tschirschky hatte gute Gründe, hellhörig zu sein, war seitens Berlin doch schon mehrmals die „Nibelungentreue" zu Wien beschworen worden. Außerdem achtete man seit geraumer Zeit vermehrt auf die Bündnislogik, abgesehen von der Tatsache, dass die Verantwortlichen generell keinen energischen Willen zeigten, die militärische Konfrontation zu verhindern.[7] In den Hauptstädten Europas setzte sich die Überzeugung durch, dass, „wenn nicht anders möglich", keineswegs nur ein lokaler Konflikt, sondern die „schreckliche Katastrophe" des „großen Krieges" durchaus zu akzeptieren sei.⁸

Entscheidung für den Krieg

In diesem Klima konnte die Ermordung des habsburgischen Thronfolgers Franz Ferdinand und seiner Gemahlin in Sarajewo am 28. Juni 1914 wie ein Zündfunke wirken. Franz Joseph dürfte sich dann auch bald, wahrscheinlich bei einer der Audienzen des k. u. k. Außenministers Leopold Graf Berchtold, etwa am 30. Juni, entschlossen haben, Serbien militärisch in die Schranken zu weisen.⁹ „Wir haben den Krieg schon ganz früh beschlossen, das war schon ganz am Anfang", erinnerte sich später k. u. k. Finanzminister Leon Ritter von Biliński.¹⁰ Der Herrscher, ohnehin kein Freund von Konferenzen und Unterredungen mit mehreren Anwesenden, bestimmte in routinemäßigen Zweiergesprächen die Richtung und war danach wohl überzeugt, alles Wichtige gesagt zu haben. Die betreffenden Maßnahmen überließ er, wie schon bei früheren Gelegenheiten, seinen Beratern.¹¹

Die Gefahr eines Waffenganges und schließlich Nachrichten über die „Weichenstellungen" in Wien bewirkten allerorts die weitere Festigung der Allianzen. Während des Staatsbesuchs des französischen Präsidenten Raymond Poincaré im Zarenreich in der zweiten Julihälfte wurden die guten französisch-russischen Beziehungen noch einmal explizit hervorgehoben.¹² Gleichzeitig signalisierte St. Petersburg, den „serbischen Schützlingen" zur Seite stehen zu wollen.¹³ Selbst Großbritannien, das die Begebenheiten am Kontinent und speziell in den entfernten Balkangebieten distanzierter beobachtete, sah sich schließlich enger an die Freunde in der Entente gebunden als in Berlin, Wien und sogar innerhalb der Westmächte angenommen worden war.[14]

Die gegenteiligen Spekulationen unter anderem Deutschlands, einen österreichisch-serbischen Konflikt gänzlich lokalisieren zu können, beruhten indes unter anderem auf der Hoffnung, speziell der Zar werde sich nicht auf die Seite der „Mörder von Franz Ferdinand", eines zukünftigen Kaisers und Repräsentanten der monarchischen Ordnung, stellen. Gerade an diesem Beispiel wurde deutlich, wie sehr sich hauptsächlich die Mittelmächte, das Hohenzollern- und das Habsburgerreich, von Fehlkalkulationen leiten ließen. Der Schulterschluss zwischen Wilhelm II. und Franz Joseph basierte zudem auf der Vorstellung, noch rechtzeitig den Kampf suchen zu müssen, bevor das gegnerische Lager sich weiter verstärken könne und schließlich eine unbesiegbare Übermacht darstelle. Die Tendenz, sobald als möglich loszuschlagen, begünstigte in Wien und Berlin eine ausgesprochene Paranoia, von einem überlegenen Gegenbündnis eingekreist zu werden. Diese Grundhaltung, die durch das Misstrauen gegenüber Italien nur noch vergrößert wurde, führte zu einer gefährlich alternativlosen Gewaltbereitschaft und einem noch engeren Zusammenrücken zwischen Deutschland und Österreich-Ungarn. Im Gefühl weitgehender außenpolitischer Isolation, sagte man sich gegenseitige Hilfe nach besten Kräften zu. Ein enger Mitarbeiter von Berchtold, Alexander Graf Hoyos, war mit einem deshalb mehr erwarteten als erhofften Resultat schon in den ersten Julitagen aus Berlin zurückgekommen. Man würde sich, gab er die Haltung des deutschen Bündnispartners wieder, zwar gerade jetzt, nach den Todesschüssen von Sarajewo, nicht in die Politik Wiens gegenüber Serbien einmischen, stünde aber bedingungslos hinter der Donaumonarchie.[15]

Die „Mission Hoyos" und die Rückversicherung beim deutschen Bündnispartner passten ebenso zur Kriegsvorbereitung wie der Wunsch, mit Hilfe einer Demarche beziehungsweise eines Ultimatums[16] möglichst harte Forderungen an Serbien zu stellen.[17] Das Bemühen, nicht einfach über den Gegner herzufallen und ihm zumindest offiziell die Verantwortung für alle weiteren Entwicklungen aufzubürden, war in Wien, ebenso wie in den übrigen europäischen Hauptstädten, unverkennbar.[18] Allerdings oblag es der Donaumonarchie, die Lawine loszutreten – im festen Entschluss, eine „radikale Lösung" anzubahnen. Neben den Offizieren um Generalstabschef Franz Conrad von Hötzendorf war es nun das k. u. k. Außenministerium am Ballhausplatz, das unmissverständliche Worte fand. Dem Gesandten des Habsburgerreiches in Belgrad, Wladimir Freiherr von Giesl, gab Berchtold bündige Weisungen mit auf den Weg: „Wie immer die Serben reagieren – Sie müssen die Beziehungen abbrechen und abreisen; es muss zum Krieg kommen."[19]

Die maßgeblichen Amtsträger waren sich einig. Nicht bloß Berchtolds Diplomaten und die Militärs um Conrad machten Druck. K.k. Ministerpräsident Karl Graf Stürgkh glaubte gleichfalls, das Band zwischen den Slawen inner- und außerhalb der Monarchie nur mehr durch Waffengewalt zerschneiden zu können. Selbst sein vorsichtigerer ungarische Kollege István Graf Tisza brachte gewisse Vorbehalte keinesfalls aus prinzipiell pazifistischen Überlegungen vor. Vielmehr ging es für ihn um Kriegsziele, Bündnisfragen und das weitere Prozedere bei der Behandlung der „serbischen Frage".[20]

Tisza war hinsichtlich dessen übrigens bei Weitem nicht der Einzige, der an einer Lokalisierung des Konfliktes mit Belgrad zweifelte.[21] Unmittelbar nach dem Attentat in Sarajewo wies Außenminister Berchtold auf die Möglichkeit eines allgemeinen oder sogar globalen Konfliktes hin. Bei der Sitzung des gemeinsamen Ministerrates am 7. Juli 1914 war zumindest Russlands Kriegseintritt bereits ein Thema, wenngleich ausgerechnet der „Falke" Conrad von Hötzendorf in diesem Augenblick einen gleichzeitigen Kampf gegen Serbien und das Zarenreich für „ungünstig" hielt. Nichtsdestoweniger zeigen die Beratungen vom 7. Juli, ebenso wie die Gespräche unter Einbindung von Kaiser Franz Joseph, dass die Staatsspitze – Deutschlands Hilfe dabei beschwörend – „einen allgemeinen Krieg riskieren" wollte, „um einen lokalen Krieg gegen Serbien zu führen".[22]

Der feste Entschluss, die Waffen sprechen zu lassen, ging bei der österreichisch-ungarischen Führung mit dem Ansinnen einher, das Ausland über ihre wahren Absichten zu täuschen. Wichtige Repräsentanten insbesondere der Armee traten ihren Urlaub an und vermittelten den Eindruck, dass die Krise keine schlimmeren Konsequenzen nach sich ziehen werde.[23] Parallel zu derartigen Ablenkungsmanövern setzten Hofkreise und Diplomaten sehr zur Zufriedenheit der Hardliner in der Generalität alles daran, den Aktionsradius für friedenserhaltende Verhandlungen nach Kräften einzuengen. Das Begräbnis des Thronfolgerpaares etwa hätte zur Begegnung vieler bedeutender Staatsoberhäupter und Regierungschefs führen können. Eine Annäherung der Eliten Europas wäre bei diesem Anlass möglich gewesen, wenigstens vor dem Hintergrund des Mordanschlags und der Überzeugung, dass das Schicksal Franz Ferdinands und seiner Gemahlin jeden treffen konnte, der die Macht verkörperte. Aber selbst der deutsche Kaiser Wilhelm erhielt keine entsprechenden Signale aus der Donaumonarchie. Hier wollte man von einer Fürstenversammlung, von einem „Gipfel" der Entscheidungsträger, von internationalen Tagungen oder diplomatischen Unterredungen, wie etwa während der Balkankriege in den vorangegangenen Jahren, nichts wissen. Noch während die Leichname der Opfer von Sarajewo nach Wien überführt wurden, formierten sich die Kräfte innerhalb Österreich-Ungarns, die sich einer gewaltfreien Lösung der Krise widersetzten.[24]

Demgemäß war man an einem Einlenken Belgrads gar nicht erst interessiert, obwohl Serbiens Regierung unter Nikola Pašić – im Gegensatz etwa zu kompromisslosen Militärs oder Geheimorganisationen – während der Sommermonate 1914 keine Konfrontation mit dem Habsburgerreich suchte. Aus der Sicht von Pašić brauchte sein Land nach den Balkankriegen eine Konsolidierungsphase, ungeachtet der weiterhin bestehenden, nicht selten in der Öffentlichkeit zur Schau gestellten Feindschaft mit Österreich-Ungarn. Wenn auch nicht prinzipiell, so doch mindestens für den Augenblick, setzte das Pašić-Kabinett auf Gesten des Entgegenkommens und – bezüglich der Ereignisse in Sarajewo – des Bedauerns. In diesem Sinne verwundert es nicht, dass man in Serbien dann Ende Juli 1914 gewillt war, sich den österreichischen Forderungen weitgehend zu beugen.[25]

Mit russischer Rückendeckung formulierte Belgrad zwar nach Vorlage der „Démarche" beziehungsweise des „Ultimatums" Vorbehalte, versuchte aber dennoch, so entgegenkommend als möglich zu sein. Gewiss kann eingewendet werden, dass die Antwort Serbiens auf die Forderungen der Donaumonarchie an einige Eventualitäten gebunden und „trickreich" genug formuliert war, um in der Weltöffentlichkeit und bei möglichen Verbündeten Sympathie zu erwecken. Schließlich verlangte man für erhobene Beschuldigungen immer wieder Beweise und brachte damit Wien unter Zugzwang. Vor allem verwehrten sich Nikola Pašić und seine Regierungskollegen dagegen, den Österreichern – im Sinne einer Preisgabe der serbischen Souveränität – die polizeiliche und gerichtliche Verfolgung der Hintermänner des Sarajewoer Attentates zu gestatten. Das war tatsächlich ein problematischer Standpunkt, zumal unterstellt wurde, dass Belgrader Behörden und ihre nachgeordneten Stellen bei Erhebungen auf ihrem eigenen Gebiet ausgeschaltet werden sollten. In Wirklichkeit hätte es bei den Nachforschungen unter Beteiligung von k. u. k. Organen – um die Rechtsprechung ging es dabei nicht – sogar einen Präzedenzfall gegeben, zumal 1868 die Donaumonarchie nach dem Mord an Fürst Mihailo von Serbien dessen Funktionären gestattet hatte, Untersuchungen auf österreichisch-ungarischem Gebiet durchzuführen.[26]

Aber auch ohne diese Einwände steht fest, dass Belgrad Entgegenkommen zeigte: Es versprach Maßnahmen, die Propaganda gegen das Habsburgerreich offiziell zu brandmarken und die dafür Verantwortlichen zur Rechenschaft zu ziehen. Dabei lag es durchaus auch im Interesse von Pašić, gegen die klandestinen Vereinigungen der extremen Nationalisten vorzugehen, Behörden und Offiziere, die nachweislich die Integrität der Donaumonarchie unterminierten, zu entlassen, bei der Erreichung gemeinsamer Ziele die Zusammenarbeit mit k. u. k. Behörden zuzulassen, Grenzkontrollen zur Verhinderung österreichfeindlicher Aktivitäten zu verstärken und Wien über alle Schritte zur Beilegung der Konflikte zu informieren.[27] In das Bild passt auch, dass Serbien schließlich in den umstrittensten Punkten Gesprächsbereitschaft signalisierte. Belgrads „Geschäftsträger" in Rom ließ demgemäß noch am 28. Juli 1914 gegenüber der italienischen Regierung durchblicken, dass Pašić und seine Kollegen irrigerweise von der Ausschaltung der Justiz und der Verletzung der staatlichen Souveränität Serbiens ausgegangen seien,

„wohingegen Österreich-Ungarn wohl tatsächlich nicht mehr als vielleicht die Mitwirkung von Kriminalorganen gewollt habe".[28] Wie wichtig Pašić diese Initiative zur Beilegung der Krise sozusagen in letzter Minute war, beweist die Tatsache, dass scheinbar alle oder zumindest mehrere Auslandsvertretungen der Belgrader Regierung den Auftrag erhielten, mit entsprechend klaren Formulierungen die Mittelmächte zu besänftigen. Jedenfalls berichtete der österreichisch-ungarische Botschafter in Berlin, László Graf Szögyény, in den Morgenstunden des 30. Juli, die serbische Regierung erkläre nicht nur in Rom, sondern auch in London, „dass sie nun sogar in den ‚beiden Punkten, die es nicht akzeptiert habe', nachgeben würde".[29]

Imageverlust und Weltbrand

In den Hauptstädten Russlands, Frankreichs und Englands reagierte man nun mit Befremden darauf, dass die Donaumonarchie Serbiens Verhalten „als ungenügend" abtat. Der britische Außenminister Edward Grey fand klare Worte. Albert Graf Mensdorff, den österreichischen Botschafter in London, erinnerte er nachdrücklich daran: „Werde sich Österreich nicht mit dieser Antwort begnügen, beziehungsweise werde diese Antwort vom Wiener Kabinette nicht als Grundlage für friedliche Unterhandlungen betrachtet", so „sei es vollkommen klar, dass Österreich nur nach einem Vorwande suche, um Serbien zu erdrücken".[30]

Angesichts der Tatsache, dass auch seitens der k. u. k. Diplomaten die aufrichtigen Friedensbemühungen Greys anerkannt wurden, beweist gerade die Reaktion Großbritanniens, welchen Imageschaden die Donaumonarchie durch ihre Entscheidungsträger zu erleiden drohte. Auf politisch-diplomatischer Ebene bahnte sich eine schwere Niederlage an, war doch der „Ministerrat für gemeinsame Angelegenheiten" in Wien an die Absendung einer Démarche an Serbien mit dem Vorsatz herangegangen, sich vor der Weltöffentlichkeit in ein besseres Licht zu rücken.[31]

Das aber missglückte gründlich. Berichte von Sir Maurice de Bunsen, dem britischen Botschafter im Habsburgerreich, betonten ebenfalls, dass nahezu jedes Angebot zur Deeskalation von den Verantwortlichen in der Donaumonarchie zurückgewiesen wurde.[32] In Anwesenheit Bunsens sagte sich Berchtold von einer Fortsetzung der früheren Balkanpolitik und neuerlichen diplomatischen Gesprächen los.[33] Währenddessen riet der deutsche Reichskanzler Theobald von Bethmann Hollweg, der Wien bislang „unablässig zum Losschlagen gegen Serbien" ermuntert und „entscheidend zur Heraufbeschwörung" eines gewaltsamen Konfliktes beigetragen hatte,[34] in letzter Minute zur Verständigung, um sich nicht „von Wien leichtfertig und ohne Beachtung der Ratschläge in einen Weltbrand hineinziehen zu lassen".[35]

Kaiser Wilhelm II., der nach Kenntnisnahme der serbischen Antwort eigentlich schon keinen „Kriegsgrund" mehr erkennen konnte, bezog in dieser Situation jedoch gegen seinen Kanzler Stellung. Damit entfalteten einmal mehr deutsche Entscheidungen – überdies unter beträchtlicher Einflussnahme der Generalität[36] – eine verhängnisvolle Wirkung. Und dennoch kann eines nicht übersehen werden: Eine Geste des Entgegenkommens war vom Habsburgerreich zu setzen, dessen Aktivitäten am Beginn der Ereigniskette standen und von dessen Kompromissbereitschaft noch in der schwierigen Lage der letzten Juliwoche einiges abhängen konnte. Der britische Außenminister Grey äußerte sich in diesem Sinn gegenüber Graf Mensdorff: „Wenn die Mächte nur in Russland raten sollen, dass es passiv bleibe, so ist es gleichbedeutend, Ihnen freie Hand zu geben, was Russland nicht annehmen wird." Und geradezu flehentlich fügte Grey hinzu: „Irgendetwas müssten Sie uns zum mindesten geben, das wir in Petersburg verwerten können."[37]

Mensdorff kam nicht umhin, der englischen Regierung das „eifrigste Bemühen" zu attestieren, den „Frieden zu erhalten und jedem Versuch dahin vollste Unterstützung angedeihen zu lassen".[38] Trotzdem blieb er gegenüber den Äußerungen Greys vorsichtig, da dessen Anregungen, so Mensdorff, „vielleicht jetzt nicht erwünscht wären".[39] Die Wiener Führung wich von ihrer Linie nicht ab: „Ungeachtet seiner Freundlichkeit während der Unterredung", hielt Maurice de Bunsen demgemäß fest, ließ Graf Berchtold „keine Zweifel darüber aufkommen, dass die österreichisch-ungarische Regierung mit Entschlossenheit die Invasion Serbiens fortsetzen wird".[40]

Vorgeschlagenen Direktgesprächen zwischen Russland und Österreich konnte Berchtold daher nichts abgewinnen. „Gewünschte Erläuterungen", schärfte er dem k. u. k. Gesandten in Sankt Petersburg, Frigyes Graf Szápáry, ein, könnten sich „nur im Rahmen nachträglicher Aufklärungen bewegen, da es niemals in unserer Absicht gelegen war, von den Punkten der Note [gegenüber Serbien] etwas abhandeln zu lassen".[41]

London warnte angesichts dessen noch einmal explizit, dass sich der Kampf der habsburgischen Streitkräfte gegen Serbien nicht lokalisieren lasse.[42] Aus englischer Sicht beruhte die österreichische Vorgangsweise auf einer gefährlichen Einengung des Wahrnehmungshorizontes. Und selbst in deutschen Generalstabskreisen mokierte man sich über die „blinde Serbenwut, die den Blick in Wien trübt".[43] Die Verantwortlichen in der Donaumonarchie glichen „Igeln, die über eine Landstraße huschen, ohne auf den Verkehr zu achten".⁴⁴ Und sie trafen dabei auch noch einigermaßen erklärungsbedürftige oder sogar regelrecht vernunftwidrige Entschlüsse. Bloß auf eine Abrechnung mit einem südosteuropäischen Kleinstaat zu drängen, wies Österreich-Ungarn eher die Funktion einer regionalen Macht zu. Damit schädigte man das ohnehin ramponierte Ansehen nur zusätzlich. Das europäische Bündnissystem zu aktivieren, lief andererseits darauf hinaus, die k. u. k. Monarchie als „Juniorpartner" eines stärkeren Hohenzollernreiches vorzuführen.⁴⁵ Auf diese Weise ließ sich dem Statusverlust ebenfalls nicht entgegenwirken. Zu alldem war für einen opfervollen und längeren Kampf an mehreren Fronten in einem „großen Völkerringen" nicht vorgesorgt.⁴⁶ Der Entschluss zu einem kurzen, siegreichen Feldzug erwies sich angesichts dessen nicht nur als „va banque-Spiel" der „Hochrisiko-Strategen", sondern auch und noch mehr als existenzgefährdendes Unternehmen ohne Prestigegewinn und echte Erfolgsaussichten.⁴⁷

Um Franz Joseph herum verbreitete sich angesichts eines solchen Szenarios eine melancholische Stimmung. Nun waren anscheinend die zu allem Entschlossenen wenigstens darauf erpicht, „ehrenvoll unterzugehen". Aus Angst vor dem Tod habe sich das Habsburgerreich das Leben genommen, konstatierten Kommentatoren des Geschehenen die Entwicklungen um 1914. Die „suizidale Stimmungslage", verbunden mit der Bereitschaft, die Welt in Brand zu stecken, lasse den „Weg in die Katastrophe" und den „Tod des Doppeladlers" solcherart geradezu als „erweiterten Selbstmord" von gigantischem Ausmaß und mit millionenfachem Leid erscheinen.⁴⁸

Das Hohenzollernreich assistierte und forderte die „harte Gangart" immer wieder ein. Verhängnisvoller als das bedingungslose Mitgehen und die martialischen Zuflüsterungen waren aber die operativen Planungen der

Deutschen, die sie bis zu einem gewissen Grad regelrecht zwangen, wenigstens ein kontinentales Kräftemessen auszulösen.[49] Allerdings war aus Berliner Sicht gerade der angenommene Zweifrontenkrieg und das Konzept, zunächst Frankreich schnell zu besiegen und dann erst mit voller Wucht gegen Russland vorzugehen, ein Mitgrund für eine gewisse Zurückhaltung bei der Vorbereitung militärischer Aktionen. „Preußischerseits" war man sich der Schwierigkeit, in diesem Fall den gesamteuropäischen Waffengang noch zu verhindern, durchaus bewusst. Gegen Ende Juli 1914 waren es demgegenüber gerade die französischen Unterstützungserklärungen für Russland und dessen Mobilmachungsaktivitäten, die eine Vermeidung des gewaltsamen Konfliktes erschwerten.[50]

Der Mechanismus, der das große europäische und globale „Völkerringen" in Gang setzte, lag größtenteils außerhalb des österreichisch-ungarischen Einflussbereiches. Ausgelöst wurde er aber in Wien. Von hier, so der Journalist Heinrich Kanner 1922, „ging der Kriegswille nur auf die Vernichtung Serbiens. Dies aber um jeden Preis, ohne Rücksicht auf den europäischen Frieden".[51] Selbst Kaiser Franz Joseph äußerte im Nachhinein Zweifel an der Richtigkeit der Entscheidungen im Juli 1914.[52] Und Mitarbeiter des österreichisch-ungarischen Außenministeriums wie Leopold von Andrian-Werburg meinten: „Wir haben den Krieg angefangen, nicht die Deutschen und noch weniger die Entente."[53] Noch zerknirschter und selbstkritischer gab sich Alexander Graf Hoyos. Seine Berliner Gespräche im Juli 1914 über eine Rückendeckung der Habsburgermonarchie durch das Hohenzollernreich bezeichnete er in seinen Erinnerungen als „unermessliches Unglück". Obwohl er nach 1918 Rechtfertigungen für die Wiener Politik suchte, befielen ihn Schuldgefühle.[54] Sogar mit dem Gedanken des Freitodes soll er gerungen haben, nachdem er während des Ersten Weltkrieges, im Winter 1916, gegenüber Freunden von der „niederdrückenden" Einsicht gesprochen hatte, „doch der eigentliche Urheber des Krieges gewesen zu sein".[55]

Eskalation

Mit der Entscheidung zum „Waffengang" radikalisierten sich schlagartig Entwicklungen, die auf die Zeit vor dem Juli 1914 zurückwiesen. Die Hysterie der „Spionitis" steigerte sich, die Bekämpfung möglicher Verräter erhielt oberste Priorität. Bereits vorhandene Verhaftungslisten prominenter Sympathisanten des Zarenreiches boten Handlungsanleitungen. Ein immer größerer Personenkreis verfing sich im Fahndungsnetz der Exekutive. Streng vertraulich empfahl das k. k. Ministerium des Innern am 1. August 1914 die „rücksichtslose", „weitestgehende Heranziehung aller Machtmittel" gegen „russo- wie serbophile Aspirationen und Manifestationen".[56]

Der Nationalitätenstreit nahm unter solchen Bedingungen noch gewaltsamere Formen an und kritische Beobachter wurden den Eindruck nicht los, dass die chauvinistische Stimmung geschaffen oder zumindest gefördert wurde.[57] Teile der Verwaltungsspitzen, der Armeeführung, der Kirche und der k. u. k. Diplomatie stellten sich hinter die Stimmungsmache, während das k. k. Korrespondenzbureau und zahlreiche Zeitungen den Hass weiter schürten.[58] Dass die Polizei für derartige „vaterländische Gemütswallungen" Verständnis zeigte und auffallend zurückhaltend agierte, erleichterte Ausschreitungen. Die Demonstrationen in Zagreb etwa endeten mit der Zerstörung von Geschäften, Institutionen und Wohnungen der ortsansässigen Serben.[59] Mindestens ebenso schlimme Übergriffe ereigneten sich in Sarajewo.[60] Sogar dem dortigen Generalkonsul des Deutschen Reiches drängte sich die „Frage auf, warum die k. u. k. Landesregierung dem ‚vandalistischen Treiben' des ‚gedungenen Mobs', der ‚Rotten von kroatischen und muselmanischen Burschen, völlig freie Hand gelassen', ja die Exzesse ‚gewissermaßen unter militärischen und polizeilichen Schutz'" gestellt habe.[61]

Verdacht erregte indes auch die Tatsache, dass die Versammelten scheinbar über Listen mit Wohnadressen verfügten, ihre Übergriffe daher gewissermaßen einem Plan folgten.[62] An pogromartige Unruhen reihten sich ausufernde Verhaftungswellen.[63] Hinzu kamen die im militärischen Operationsgebiet ausgehobenen Geiseln, um, wie es hieß, „Anschläge" gegen die eigenen Truppen möglichst „hintanzuhalten". Allein im Bereich der 6. k. u. k. Armee waren davon innerhalb der ersten drei Kriegsmonate 1.223 Personen betroffen, wobei immer wieder auf ihre „Misshandlung" hingewiesen wurde.[64]

Offensichtlich war mit dem Vordringen der österreichisch-ungarischen Kampfverbände in „gegnerisches Gelände" die Gefahr einer nahezu unbeschränkten Gewalteskalation verknüpft. Die Befehle der k. u. k. Generalität verbaten „jede Humanität".[65] Auf die kommenden Kampfhandlungen stimmten viele Kommandeure der Habsburgerarmee ihre Soldaten mit Hasstiraden und Hetzreden ein. Es war also nicht oder nicht allein ein spontaner „Blutrausch" der einfachen Mannschaftsangehörigen im „Furor der Schlacht", sondern die vorzeitige Anweisung von Vorgesetzten, „keine Milde" walten zu lassen, bei geringstem Zweifel Verdächtige „niederzumachen", „jeden Gefangenen niederzumetzeln", das „eroberte Land ‚zugrunde zu richten'", zu „plündern und alles" Auffindbare zu „rauben".[66]

Derartige Anordnungen gingen mit speziellen Wahrnehmungen der Frontgebiete und der Bevölkerung in den östlichen und südöstlichen Grenzregionen des Habsburgerreiches einher: K.u.k. Einheiten ebenso wie ihre deutschen Verbündeten empfanden „Land und Leute" nämlich gleichermaßen als „unzivilisiert", „roh", „barbarisch" und verschmutzt". Diese Einschätzung basierte nicht zuletzt auf dem Umstand, dass die Soldaten die fremden Länder „im Griff von Feuer und Schwert erlebten". Oft genug aber wurden die „anormalen Verhältnisse" für typisch und für einen wesentlichen Bestandteil des Charakters der Operationsgebiete gehalten. Hygienediskurse und bisweilen koloniale Attitüden verbreiteten sich hauptsächlich bei „Deutschen und Österreichern", die im Kampf- und Etappenraum ein armseliges „Öd- und Unland" und in dessen Menschen rückständige Völker erblickten, die es angeblich erst zu „zivilisieren" galt.[67]

Nicht selten vermischten sich derlei Werthaltungen mit der Herausforderung, in multiethnischen Regionen mit unterschiedlichen Loyalitäten, religiösen und nationalen Gefühlen fertig werden zu müssen. Die „Mehrfachidentität" vieler „Einheimischer" wurde solcherart als Mangel an Abgrenzung ausgerechnet zu jenem Zeitpunkt empfunden, als es infolge des Kriegsausbruchs darum ging, „klare Fronten" zu schaffen. Angehörige der Habsburger- und der Hohenzollernarmeen, deren eigene Identität noch recht jung war oder überhaupt noch zur Disposition stand,[68] beunruhigten solche „Zweideutigkeiten", hatte doch der Patriotismus vom Sommer 1914 den Wunsch geschaffen oder wenigstens gestärkt, sich in das „eigene Kollektiv" zu integrieren. Über- und Unterlegenheitsgefühle wechselten einander ab. Die Grenzen des eigenen Landes lösten sich parallel dazu in Aufmarsch-, Gefechts- und Besatzungszonen auf, wobei sich obendrein vor allem die Magyaren und die Deutschsprachigen in der Donaumonarchie schwer damit taten, die Gegenden um

Sarajewo oder um Lemberg und Czernowitz als „Heimat"
zu betrachten und entsprechend zu verteidigen.[69]

Zusätzlich wirkte der Bewegungskrieg brutalisierend.
Die Angst vor dem Fremden grassierte speziell in „asymmetrischen" Konflikten, bei Konfrontationen ungleicher
Kontrahenten, die vorwiegend unterlegene Streitparteien
bisweilen dazu zwangen, sich unkonventioneller Kampfformen zu bedienen. Das schon existente Schreckbild irregulärer Guerillakrieger, Partisanen oder „Franktireurs"
verleitete dazu, meist ohne ausreichende Beweise für
„nonkonforme" Verhaltensweisen des Gegners besonders
grausam vorzugehen und auch Zivilpersonen zu töten.[70]
Dort, wo „der Feind" als extrem fremdartig, nicht kommunikationsfähig oder sogar als „minderwertig" angesehen
wurde, steigerte sich die Gewaltbereitschaft insbesondere
durch eine zunehmende Ethnisierung „asymmetrischer"
Auseinandersetzungen. Die „Strafexpedition" Österreich-Ungarns gegen Serbien kann hinsichtlich dessen geradezu
als ein Synonym für den „mehr oder weniger regellosen,
‚schmutzigen' Kampf zwischen regulären Truppen und
Gegnern" gelten, „in dem die Unterscheidung von Kombattanten und Nichtkombattanten praktisch aufgehoben" war
und fast „zwangsläufig Kriegsgräuel" begangen wurden.[71]

Gerieten die Kampfverbände zudem militärisch in
Bedrängnis, drohten gar Rückzugsmanöver oder Niederlagen, steigerte sich der „Furor" gleichermaßen wie bei
Nachrichten über eine bisweilen grausame Kriegsführung
des Gegners unter Einbeziehung der „Landesbewohner".[72]

Exzess

Auf beiden Seiten befeuerte die Wut das Rachebedürfnis,
kam es kaum mehr zur Unterscheidung zwischen Zivilis-

ten und Uniformierten. Ganze Ortschaften „äscherten" die Truppen ein. Nachdem oftmals ohne genaue Prüfung Dorfbewohner und Irreguläre, sogenannte Komitadschis, für Hinterhalte verantwortlich gemacht worden waren, mehrten sich die Nachrichten von regelrechten Massakern.[73] Obwohl den k. u. k. Kommandostäben durchaus bekannt war, dass solche „Strafaktionen" wiederholt auf Denunziationen verfeindeter Ethnien und Konfessionen basierten,[74] änderte sich gerade im Rahmen der „Eröffnungsfeldzüge" österreichisch-ungarischer Streitkräfte zunächst nichts.[75] Die Übergriffe und Massenexekutionen prägten schließlich die Entwicklungen in den südöstlichen Kampfgebieten derart, dass zumindest im August 1914 fast kein Ort in den Operationsgebieten der Habsburgerarmee davon verschont blieb. Oft unter Alkoholeinfluss und keineswegs bloß in der „Hitze des Gefechtes" hinterließen k. u. k. Soldaten Zonen der Verwüstung und des Todes. Viele Opfer wurden nicht mehr im herkömmlichen Sinne „hingerichtet", sondern „zu Tode geprügelt, erschlagen, erstochen, verstümmelt oder lebend verbrannt".[76]

In Summe ging man bereits im Ersten Weltkrieg von 3.500 bis 4.000 Zivilisten aus, die allein in den ersten Augustwochen, während der Eröffnungsoffensive gegen Serbien, von österreichisch-ungarischen Verbänden umgebracht worden sein sollen, eine Zahl, welche, so auch die zeitgenössische Einschätzung, nur bedingt auf die „Exzesse Einzelner" beziehungsweise die unverantwortlichen Handlungen einiger Rohlinge zurückzuführen war. Vielmehr wurde schon vor 1918 konstatiert, dass Befehle der vorgesetzten Kommanden, die ununterbrochene Hervorhebung nationalistischer Feindklischees und eine damit verbundene fortgesetzte Propagandaschlacht sowie die Anordnung zur Dörfer- und Häuserzerstörung oder das ständige Schüren kollektiver Angstzustände mindestens tendenziell auf eine Systematisierung der Gewaltdynamik verwiesen.[77]

Am nordöstlichen „Außenposten" der Donaumonarchie, in Galizien und der Bukowina, kam es in der Zwischenzeit zu ähnlichen Vorfällen. Auch wenn sich hier zwei reguläre imperiale Armeen gegenüberstanden und trotz unterschiedlicher Kräfteverteilung kein „asymmetrischer Konflikt" mit einer gewissen Zahl von „Partisanen" oder „Guerillakämpfern" verzeichnen ließ, boten die multikulturellen Gebiete an der russisch-österreichischen Grenze genug Zündstoff zur Brutalisierung und Ethnisierung der Kriegführung auf beiden Seiten. Nicht zuletzt Offizierskreise im Zaren- und im Habsburgerreich hielten Teile der lokalen Bevölkerung für unverlässlich und illoyal. Das Romanovimperium reagierte vor diesem Hintergrund mit Massenvertreibungen und -deportationen von „Verdächtigen".[78] Besonders machte sich ein paranoider großrussischer Chauvinismus gegenüber den Juden bemerkbar, die seit Langem schwersten Verfolgungen ausgesetzt waren. Nun, mit dem Beginn der Kampfhandlungen im Sommer 1914, wurden sie erneut als „Feinde und Verräter" abgestempelt, als „Sündenböcke" vorgeführt und unter oft unmenschlichen Bedingungen vertrieben. Gleichzeitig kam es zu Pogromen, in deren Verlauf man Synagogen und ganze Wohnviertel zerstörte, Plünderungen zuließ, Vergewaltigungen beging, Todesurteile aussprach und Exekutionen ohne Verfahren durchführte.[79]

Es gehört angesichts derartiger Geschehnisse schon unmittelbar nach Kriegsausbruch zur traurigen Gewissheit, dass die k. u. k. „Wehrmacht" in Bezug auf die Gewaltbereitschaft gegenüber Zivilisten den russischen Streitkräften anscheinend in nichts nachstand. Ziel der Repressalien habsburgischer Behörden und Truppenverbände waren vor allem ruthenische beziehungsweise ukrainische Untertanen von Kaiser Franz Joseph, wobei auch hier – wie in Serbien – die Ausweitung der militärischen Befugnisse, gerade im Justizbereich, zur Aushöhlung der Rechtssicherheit beitrug.[80]

Der Willkür waren Tür und Tor geöffnet. Die Offensive der Zarenarmee begünstigte zusätzliche Übergriffe, weil die bedrängten Kommanden – ähnlich wie die Truppen am Balkan bei schweren Gefechten, Niederlagen und Rückmärschen – gereizt und panisch reagierten. Der Vorwurf, „Ortsansässige" kollaborierten mit dem Feind, stand ständig im Raum. Verfolgungsmaßnahmen gegenüber potenziellen „Verrätern" im Front- und Etappengebiet verschärften sich.[81] Wie am Balkankriegsschauplatz füllten sich auch in den nordöstlichen Grenzregionen des Habsburgerreiches die „Haftlokale" so schnell, dass bei „Stillstand der ordentlichen Gerichtsbarkeit" ein „ausgiebiger Gebrauch vom Kriegsnotwehrrechte" angeraten wurde. Konkret bedeutete das, „jeden Verdächtigen niederzuschießen, aber nicht zu verhaften!!".[82]

In der Folge kam es in bestimmten Regionen und Siedlungszonen zu regelrechten „Säuberungswellen".[83] Massenexekutionen und die Vernichtung ganzer Ortschaften wiederholten sich auch hier.[84] Auffallend ist, dass sich die betreffenden Beschwerden seitens der Ruthenen oft auf „magyarische Abteilungen" bezogen, denen es schwerfiel, sich mit den Einheimischen zu verständigen.[85] Gefährliche Missverständnisse anderer Art provozierten indes auch die mit dem „Kriegsnotwehrrecht" genannten Formen des „Verrats". Ähnlich wie beispielsweise die Zarenarmee werteten k. u. k. Truppenkommanden „Glockenläuten, Licht- und Rauchsignale, sonstige Zeichen" sowie das „Treiben von Vieh" zu den eigenen Stellungen als „Einverständnis mit dem Feind".[86] Anastasie Gogol dürfte diese Bestimmung zum Verhängnis geworden sein. „Die Landmannswitwe aus Dubno, politischer Bezirk Łańcut", so das entsprechende Parlamentsprotokoll, wurde „plötzlich verhaftet und mit den beiden Söhnen in das benachbarte zum Gutsbezirke Wierzawice bei Leżajsk gehörige Wäldchen abgeführt. Hier ließ man die Ärmsten ein Grab" ausheben. Dann „erscholl eine Salve [...]. Die Mörder sprachen nachher von dem Verrate, dass nämlich die Laterne, derer sich die Unglückliche im Stalle bediente, ein mit den Russen verabredetes Zeichen gewesen sein soll. Es sei bemerkt, dass die Russen etliche 4–5 Meilen entfernt waren".[87]

Wie viele unter solchen und ähnlichen Umständen meist unschuldig[88] das Leben verloren, ist schwer zu eruieren. Ukrainische und polnische Reichsratsmandatare dürften übertrieben haben, als sie von „30.000 oder doppelt so vielen Gehenkten" sprachen. Darauf weisen einige Aussagen der Abgeordneten selbst hin. Ein ruthenischer Dringlichkeitsantrag vom 5. Juni 1917 wollte sich nicht festlegen. „Es wurden", hieß es hier, „Tausende von Männern, Weibern und Kindern standrechtlich oder kurzerhand gehängt, erschossen, im glücklichsten Falle verhaftet und abgeschoben".[89]

Der Verlust an Unparteilichkeit

Die gesamte ukrainische Bevölkerung geriet schließlich ins Visier der Habsburgerarmee.[90] „Beim Militär", informierte demgemäß der Statthalter von Galizien, Witold Ritter von Korytowski, den k. k. Ministerpräsidenten Karl Graf Stürgkh, herrsche „grösste Entrüstung über den unaufhörlich vorkommenden Verrat der Ruthenen auf Schritt und Tritt. Man erklärt bei allen östlichen Kommandos, dass alle Ruthenen eines Wertes sind". Entsprechende Gegenmaßnahmen zu treffen, war auch für Korytowski mehr als wünschenswert: Wiederholt assistierten die zivilen Behörden den Streitkräften.[91]

Nicht anders als bei den Auseinandersetzungen zwischen Serben, Kroaten und Muslimen am Balkan wurde solcherart auch Galizien zum Schauplatz eines verschärften ethnischen Konfliktes unter Kriegsbedingungen. Angesichts dessen sei eine „gewisse Vorsicht bei der Inanspruchnahme des politischen Informationsdienstes" geboten, notierte folglich k. k. Ministerpräsident Karl Graf Stürgkh am 5. Oktober 1914. „Vertrauenswürdige Führer der ukrainischen Partei", so Stürgkh, seien an ihn herangetreten. Einer von ihnen, der Reichsratsabgeordnete Kost' Levyc'kyj, habe bei dieser und anderen Gelegenheiten auf den Versuch der Polen hingewiesen, die Ruthenen durch einen „günstigen Ausgange des Krieges zu schädigen". Levyc'kyj weiter: „Es ist nicht zu zweifeln, dass die polnischen Beamten mit Absicht die Militärbehörden bezüglich der Ukrainer falsch informieren und es so dazu bringen, dass eine Menge von Ukrainern, die die treuesten Österreicher sind, ebenso behandelt werden, wie die Russophilen."[92]

Umgekehrt beklagten sich auch polnische Würdenträger über die Behandlung ihrer „Volksgenossen" in Galizien durch die österreichisch-ungarischen Einheiten. Insbesondere Erzherzog Joseph Ferdinand, Befehlshaber der k. u. k. 4. Armee, war Zielscheibe der diesbezüglichen Kritik. Im Armeeoberkommando (AOK) aber mangelte es an der Bereitschaft, sich mit den eingelangten Beschwerden genauer zu befassen. Die Militärs waren von einem „vorsichtigeren Vorgehen" kaum zu überzeugen.[93]

Dabei bestand gerade dazu in höchstem Maße Anlass. Schließlich schuf, wie der polnische Sozialdemokrat Ignacy Daszyński es formulierte, ein „nicht durch das Parlament, durch das Volk, sondern durch die Entschließung" des Kaisers begonnener Krieg eine zweite, eine innere Front zwischen den Nationalitäten.[94] Die Kritik war mehr als berechtigt und fand entsprechende Unterstützung bei anderen Kommentatoren.[95] Sie rief dann auch das k. k. Innenministerium auf den Plan, das den Verlust des „letzten Anscheins" an behördlicher Überparteilichkeit befürchtete.[96] Die Führungsgremien in Wien und Budapest sowie das Armeeoberkommando galten gerade aus der Sicht der Bevölkerung in den Front-, Etappen- und Besatzungsgebieten immer öfter nicht mehr als neutrale „Schiedsrichter über und zwischen den Völkern", sondern als „Vollstrecker parteilicher Interessen". Die Diskreditierung der Staatsführung fand denn auch in späteren politischen Debatten ihren Ausdruck. Es war, erklärte beispielsweise der ruthenische Reichsratsmandatar Eugen Petruszewycz 1917, der „Deutsche, der die Rolle des Henkers innehatte, mit derselben Vorliebe hängte aber auch der Magyare – und zwar die beiden auf die Anzeige seitens des Polen hin". Man denke, „in welcher idealen Harmonie sich unter dem Galgen alle drei in Österreich gerade bevorzugten Völker zusammengefunden haben".[97]

Wie zur Bestätigung Petruszewyczs erwiderte darauf der den Deutschradikalen zugerechnete Abgeordnete Rudolf Heine reichlich taktlos, dass in Galizien „noch zu wenig gehängt" worden sei. Heine vertrat diesen Standpunkt wiederum keineswegs allein. Rückendeckung erhielt er vor allem durch die „Falken" im Generalstab, die unverändert ein „scharfes Eingreifen" verlangten.[98] An ihrer Seite stand nicht zuletzt auch Erzherzog Eugen. Im März 1915 vertrat er die Ansicht, dass in Anbetracht der „Folgen der kleinlichen innenpolitischen Zwecken dienenden langjährigen schwächlichen Duldung staatsfeindlicher Umtriebe" die „Mahnungen ziviler Behörden im Umgang mit verdächtigen Personen erst recht mitten im Krieg kontraproduktiv" seien. Der Habsburger, der insbesondere die „tschechische" und „serbische Wühlarbeit" erwähnte, empfahl vielmehr, „allen staatsfeindlichen Strömungen und Tendenzen mit grösster Schärfe entgegenzutreten, um noch während des Kriegszustandes schwere Übelstände zu beseitigen, deren man im Frieden nicht leicht Herr werden dürfte".[99]

Offen widersprachen solchen Äußerungen wenige. Vereinzelt und meist erst im Rückblick, stellten manche Offiziere fest, dass „harmlose Bewohner, denen dauernd der Strick oder das Erschießen drohte", ins „feindliche Lager" getrieben worden seien. Aber auch darin drückte sich immer noch ein Verdacht aus, der durchaus unbewiesen war. Hatte man wirklich erreicht, was im Staatsinteresse eigentlich verhindert werden sollte? Tatsächlich schien es oft nur bedingt Anhaltspunkte dafür zu geben, dass die von Repressalien bedrängten und von Gräueltaten traumatisierten Menschen zur „Illoyalität" neigten.[100]

Die Krone und vor allem zivile Behörden rügten wiederum von Anfang an das ausufernde Misstrauen, die Gräueltaten und Massaker. Als die „Militärkanzlei Seiner Majestät" durch die Ministerpräsidenten Ungarns und Österreichs von den Fehlentwicklungen, Übergriffen und Brutalitäten erfuhr, erging ein kaiserliches Befehlsschreiben, in dem Franz Joseph am 17. September 1914 festhielt: „Ich will nicht, dass durch unberechtigte Verhaftungen auch loyale Elemente in eine staatsschädliche Richtung getrieben werden."[101]

Kein Umdenken

Der „energisch zupackenden" Armee fiel die Differenzierung zwischen grundlosen und berechtigten Vorwürfen allerdings nicht eben leicht. Tendenziell pflegten die Stäbe und Kommandostellen unverändert ihre Ressentiments, während sie ihren Zuständigkeitsbereich erweiterten und nicht bloß in den Front- und Etappenräumen, sondern auch im Hinterland zunehmend das Sagen hatten. Immer größere Regionen standen unter militärischem Kommando. K.k. Ministerpräsident Karl Graf Stürgkh sah sich etwa mit dem Ansinnen des AOK konfrontiert, ihm die Befugnisse ziviler Landesbehörden zu übertragen. Der Streit um Kompetenzen betraf neben Galizien und der Bukowina hauptsächlich Böhmen beziehungsweise die „Sudetenländer", wo die Militärs das „hochverräterische Treiben der Tschechen" ins Visier nahmen.[102]

Konkret zeigten die Begehrlichkeiten der Generalität vor allem im Justizwesen ihre Wirkung. War Österreich in Bezug auf Todesstrafen und Begnadigungen vor 1914 durch ein international vergleichsweise mildes „Regime" aufgefallen, so stellte sich die Lage seit Kriegsbeginn ganz anders dar. Die Voraussetzungen für ein „strenges Vorgehen" schuf nun eine Reihe von Gesetzesbestimmungen speziell auf der Basis des Notverordnungsrechtes, des Paragraphen 14, und der daraus hervorgehenden Regelungen. Dementsprechend suspendierte man Ende Juli 1914 die Geschworenengerichte zunächst in Dalmatien und dann auch in Galizien, der Bukowina, in Krakau, im Kreisgerichtssprengel Teschen und Neutitschein in Schlesien beziehungsweise Nordböhmen.[103] Am 29. August erfolgte dann eine Ausweitung dieser Verfügung auf das gesamte cisleithanische Territorium, eine Maßnahme, die 1915 und 1916 jeweils um ein Jahr verlängert wurde und in zeitlicher wie geographischer Hinsicht nichts anderes als einen eklatanten Gesetzesbruch darstellte. Da es sich hierbei „um die Rechtsprechung für Zivilisten handelte", stellten demgemäß ukrainische Reichsratsabgeordnete 1917 fest,

„seien prinzipiell Geschworenengerichte zuständig, deren Aufhebung längstens auf die Dauer eines Jahres und für ein bestimmtes Gebiet", also nicht „für ganz Österreich", gestattet sei.[104]

Bei der Errichtung von Ausnahmegerichten handelte es sich um eine Begleitmaßnahme zur Übertragung aller politischen Delikte auf die Gerichtsbarkeit der Armee. Die Kaiserliche Verordnung vom 25. Juli 1914 über die „Unterstellung von Zivilpersonen unter die Militärgerichtsbarkeit" zielte schließlich darauf ab, den Streitkräften unmittelbar möglichst weitreichende justizielle Befugnisse zu übertragen.[105] Die Höchstkommandierenden der Streitkräfte, zunächst in Bosnien-Herzegowina und Dalmatien, dann in Galizien, der Bukowina, Krakau, Schlesien und Nordmähren, und schließlich, nach dem Kriegseintritt Italiens auf der Seite der Gegner Österreich-Ungarns im Mai 1915, auch in Tirol, Vorarlberg, Salzburg, Kärnten, der Steiermark, Krain, Istrien, Triest, Görz und Gradisca profitierten davon. Ihnen blieb es vorbehalten, „zur Wahrung der militärischen Interessen" im Wirkungskreis des „politischen Landeschefs" Verordnungen zu erlassen und Befehle zu erteilen.[106]

Obwohl die Generalität ihren Einfluss in sämtlichen kriegführenden Ländern und speziell auch im verbündeten Deutschland vergrößerte, herrschten in der westlichen, nun während des Weltkriegs auch offiziell „Österreich" genannten Reichshälfte der Habsburgermonarchie besonders rigorose Bedingungen. Die „Länder der ungarischen Krone" kannten laut damaliger Expertenmeinungen „keine analoge Ausdehnung" der Armeejustiz. Trotzdem wurden hier mit Hilfe des „Gesetzesartikels LXIII vom Jahre 1912" so „genannte ‚beschleunigte' Strafverfahren" eingeführt", „Geschworenengerichte suspendiert" und Grundlagen für „standrechtlichen Verfahren geschaffen".[107] Eine Reihe von Strafdelikten und von diesbezüglichen Befugnissen der Armee in zivilen Bereichen bezog sich auf das Territorium der „ganzen Monarchie". Hauptsächlich für Österreich, wenngleich mit gewissen Analogien zu Ungarn, hielt man des Weiteren fest, dass Landwehrdivisionsgerichte, Ausnahme- und Standgerichte im Hinterland sowie Feldgerichte und „als Standgerichte tagende Feldgerichte" bei der „Armee im Felde" Todesurteile verhängen konnten.[108]

Wesentlich mehr Opfer dürfte allerdings das „Kriegsnotwehrrecht" zu verantworten haben – einmal abgesehen davon, dass die Rechtspraxis nur sehr eingeschränkt dem Prinzip folgte, „ordentliche Verfahren" zu gewährleisten.[109] Maßgeblich blieben Verdachtsmomente gegenüber „feindlich gesinnten Völkern". Das „Serbentum" galt es demgemäß primär zur „Ordnung" zu rufen und zu „entpolitisieren".[110] Die „inneren Fronten" behielt man wachsam im Auge. Ein Aufruf zum Eisenbahnerstreik und die Erklärung des russischen Zaren, allen Völkern der Habsburgermonarchie zu „Freiheit und Gerechtigkeit" zu verhelfen, veranlasste die Behörden zu exemplarischen „Disziplinierungsmaßnahmen" in Böhmen und Mähren. Eine Reihe von teilweise vollstreckten Todesurteilen, etwa in Mährisch-Ostrau, sollte Ende 1914 den innenpolitischen Widersachern des militärbürokratischen Regimes als Warnung dienen.[111]

Die Opfer waren nicht immer grundlos „hochverräterischer und aufwieglerischer Reden" bezichtigt worden. Allerdings traten hier bald gleichfalls bedenkliche Radikalisierungsprozesse zu Tage. Eine Reihe junger Mädchen wurde etwa nur deshalb verhaftet, weil sie vorbeifahrenden Transporten russischer Kriegsgefangener zugewunken hatten.[112] Innerhalb weniger Monate seit Beginn der Kampfhandlungen fanden sich Hunderte arretiert und vor Gericht gestellt.[113]

Die Zurückdrängung der Zarenarmee im Jahr 1915 ging dann mit einer neuen Repressionswelle des k.u.k. Militärs einher, partiell auch gegenüber der jüdischen Bevölkerung, die gerade besonders unter der „feindlichen Okkupation" gelitten hatte.[114] Die Paranoia klang nicht ab. Ganze Landstriche und Gemeindevertretungen hätten sich in den vergangenen Monaten mit den Invasoren zusammengetan, ergänzten Berichte des Innenministeriums und des k.k. Landesverteidigungsministeriums, wobei Denunziationen nunmehr jede Volksgruppe und Glaubensgemeinschaft treffen konnten.[115] Bezeichnenderweise galt dies zum Beispiel in der Bukowina bereits vor der Entscheidung der Bukarester Regierung, sich auf die Seite der Entente zu stellen, explizit für die Rumänen. Die Feldzüge gegen Italien und Rumänien lösten schließlich neue Verfolgungs- beziehungsweise Internierungswellen aus, die im Übrigen auch in Serbien und Galizien weitere Repressalien zur Folge hatten.[116]

Strafaktionen, Arretierungen und Exekutionen setzten sich fort,[117] obwohl ab 1916 die Kenntnisnahme der Justifizierungen durch eine breitere Öffentlichkeit als „weniger erstrebenswert" angesehen wurde.[118] Die Intention, gezielt abzuschrecken, hatte nun geringeres Gewicht als die Sorge um das Ansehen der Donaumonarchie im Ausland.[119]

Gleichzeitig verzeichnete die Heeresführung einen Rückgang an vormals beanstandeten Übergriffen. Die Ursache lag ihrer Meinung nach in den stabileren Verhältnissen, eine Einschätzung, die im Großen und Ganzen lediglich für eine kurze Zeit im östlichen Front- und Etappenraum gelten mochte. Hier schien man sich im Zuge erfolgreicher Offensiven tatsächlich seltener vor allem auf die Kriegsnotwehr zu berufen. In mehr oder weniger „geordneten Bahnen" wollten vorrangig die Militärs jetzt –

Mitte August 1915 – den „Verrat" und speziell den „Russophilismus der Ruthenen und Tschechen" bekämpfen.[120]

Demgemäß hatten schon knapp zwei Monate zuvor beim Landwehrdivisionsgericht in Wien Hochverratsprozesse gegen die „Führer der russophilen Partei in Galizien" begonnen. Vom k. k. Ministerium für Landesverteidigung waren diesbezüglich „besonders energische Richter" angefordert worden. Die „Verhandlungen" endeten mit Schuldsprüchen. Auf die Angeklagten wartete der „Tod durch den Strang". Kaiser Franz Joseph sah jedoch von einer Vollstreckung des Urteils ab und sprach „schwere Kerkerstrafen" aus, bis schließlich sein Nachfolger Karl eine nicht bloß in Militärkreisen wenig geschätzte Amnestie verkündete. Der allerhöchste Gnadenakt änderte indes nichts an der Tatsache, dass die Urteilssprüche, „im Namen Seiner Majestät" ergangen, den Standpunkt der Armeeführung bestätigten.[121]

Ein vornehmlich gegen den tschechischen Abgeordneten Karel Kramář gerichteter Prozess endete deshalb mit folgendem Zusatz: „Soll die Behandlung der gegen den Staat gerichteten Bestrebungen nicht nur an der Oberfläche haften, dann ist vor allem darauf hinzuweisen, dass die Gerichtsverfahren gegen russophile Ruthenen [...], aber auch eine beträchtliche Anzahl anderer Prozesse gegen Angehörige der tschechischen Nation [...] Tatsachen zur allgemeinen Kenntnis brachten, welche die Überzeugung begründen, dass die staatsfeindlichen Bestrebungen nicht akuter, sondern chronischer Natur sind."[122]

Dem AOK, der treibenden Kraft hinter den Hochverratsprozessen,[123] wurde damit ein Freibrief ausgestellt. Einige Nationalitäten der Monarchie und die Bevölkerung insbesondere der nord- und südöstlichen Kampfschauplätze Österreich-Ungarns standen weiterhin unter „Generalverdacht".[124] Wenig überraschend gab es demnach selten Ermittlungen zu Massenexekutionen, Geiselaushebungen und Dörfer-Zerstörungen vor allem in den Jahren 1914/15. Kam es dennoch in einzelnen Fällen zu Untersuchungen, so stellte sich die Heeresadministration hinter die verantwortlichen Truppenkommandeure, suchte Ausflüchte, sprach von Verleumdungen,[125] berief sich auf einen generellen Informationsmangel[126] und verzögerte oder verhinderte etwaige Entschädigungsverfahren.[127]

Das Elend der Internierten

Die von Misstrauen durchdrungene Haltung der Verwaltung und insbesondere des Heeres verwandelte sich in einen Kampf gegen Teile der eigenen Bevölkerung, der sich nicht mehr nur in den Front-, Etappen- und Okkupationsgebieten des Habsburgerheeres abspielte. Die Verdächtigen mussten im Landesinneren untergebracht werden. Regelrechte Internierungswellen betrafen allein in den ersten Kriegsmonaten Zehntausende, darunter Frauen, Kinder und ältere Männer.[128]

Obwohl schon die zahlenmäßige Größenordnung der Festnahmen auf oft kaum begründete Verdachtsmomente schließen ließ, änderte sich an der Repressionsdynamik nichts. Bereits im Mai und Juni 1915, zu Beginn des Kampfes mit Italien, waren beispielsweise knapp 6.000 „politische Unzuverlässige" aus dem Küstenland und dem Trentino in das Hinterland deportiert worden. Viele von ihnen kamen nach Katzenau bei Linz.[129] Weitere Transporte folgten, so dass in Summe etwa fünf Prozent der aus den Grenzgebieten zu Italien kommenden Evakuierten in Internierungslagern landeten.[130]

Währenddessen setzten sich die Verfolgungsmaßnahmen am Balkan fort. Die Okkupation Serbiens durch die

Mittelmächte, Österreich-Ungarn und seine Verbündeten, führte zu neuen Massendeportationen. Schätzungen gehen davon aus, dass „bis zu 50.000 Reichsserben", also „Staatsangehörigen des Königreichs Serbien", von entsprechenden „Zwangsverschickungen" betroffen waren, wobei sich die Unterbringung der Betroffenen bald als besonderes Problem erwies. Miserable Verhältnisse in den Gemäuern einer mittelalterlichen Burg in Arad begünstigten den Ausbruch von Epidemien, allen voran von Flecktyphus. Hinzu kamen die Tuberkulose und die Unterernährung bei gleichzeitiger Anhaltung zu schwerer Arbeit. Zahlreichen Häftlingen – und speziell etlichen jungen Leuten – mussten Arme oder Beine amputiert werden.[131] Viele gingen elend zugrunde, folgt man etwa den Tagebuchnotizen des Internierten Damjan Djurić. Ihm zufolge gab es in Arad hauptsächlich aufgrund von „Erschöpfung und Infektionen" allein am 21. Jänner 1915 58 Tote, am nächsten Tag 32, am übernächsten 28, am 24. Jänner 46, am 27. Jänner 21, am 28. 27, am 29. 38, am 2. Februar 46, am 3. Februar 25 und 6. Februar 30 Sterbefälle.[132]

Anfang 1915 kursierten unzählige Berichte über katastrophale Mortalitätszahlen. Das traf auch auf die Resultate von Nachforschungen im Lager Nezsider (Neusiedl am See) zu, welches dem Militärkommando Pozsony (Bratislava) unterstand.[133] Hier kamen nach statistischen Angaben in der ersten Jahreshälfte 1915 mehr als 1.300 vorwiegend serbische, montenegrinische und albanische Internierte ums Leben. Bis Ende 1914 waren zudem bereits 534 Personen gestorben. Eine wirkliche Besserung trat dann auch nach 1915 nicht ein. Immer noch hatte man vergleichsweise viele Tote zu beklagen. In der ersten Jahreshälfte 1916 beziehungsweise 1917 waren es 993 beziehungsweise 748 Personen.[134]

Die Lebensbedingungen, denen im Lager Neusiedl von Oktober 1914 bis März 1918 nachweislich 4.593 Serben, Montenegriner und Albaner zum Opfer fielen, spotteten jeder Beschreibung. Viele „Insassen" kamen in „sanitär außerordentlich bedenklichen Stall-Ubikationen" unter. Die Bevölkerung wurde noch dazu seitens der Lagerleitung trotz der miserablen Versorgungslage dazu angehalten, den Festgehaltenen – darunter viele Frauen und Kinder – „keine Lebensmittel zuzutragen".[135]

Das Misstrauen der Behörden, weit verbreitete Feindbilder und Verratsängste, Denunziationen und Repressalien mündeten in fragwürdige Anordnungen der Militärs, katastrophale Internierungsbedingungen und eine erschreckend hohe Sterblichkeit. Hinzu kam das organisatorische Versagen der staatlichen Stellen. Auch wenn die amtlichen Korrespondenzen keine bewusste Absicht einer Massenliquidierung „potenzieller Verräter" oder gar eines Genozids an angeblich illoyalen ethnischen Gruppen erkennen lassen: Die bisweilen grob fahrlässige Handlungsweise der Verwaltungsorgane und die in vielen Akten nachweisbare Skepsis, Despektierlichkeit oder offene Aversion gegenüber oftmals völlig zu Unrecht verdächtigten „Elementen" und ganzen „Völkerschaften" auf vermeintlich niedrigerem Kultur- beziehungsweise Zivilisationsniveau trugen zweifelsohne ihren Teil zum Elend und zu den hohen Opferzahlen unter den Arretierten und Internierten bei.[136]

Dadurch wird teilweise auch verständlich, warum Warnungen vor entsprechenden Fehlentwicklungen, wie etwa eine Note des k. k. Justizministers vom November 1914, die auf das „Zusammenpferchen von Gefangenen", auf die damit verknüpften Probleme in „gesundheitlicher Beziehung" und die erhöhte „Ansteckungsgefahr" aufmerksam machte,[137] zu keiner grundlegenden Kursänderung beitrugen. Ausufernde Verfolgungsmaßnahmen und daran anknüpfend die Selbstrechtfertigung, doch „nachvollziehbarer Weise" gegen „Unverlässliche" auch ohne den Nachweis von Straftaten vorgehen zu müssen, verloren zu keinem Zeitpunkt an Bedeutung. Dabei fehlte es nicht an Protestschreiben oder Bekundungen der Unschuld und Loyalität seitens der Betroffenen.[138] Von „böswilligen Verdächtigungen" sprachen manche ganz unverblümt. „Ohne Vorbehalt irgendwelcher konkreten strafbaren Handlungen, vielmehr" nur deshalb, weil ihnen „angeblich eine staatsfeindliche Gesinnung zugemutet wird", seien sie in Haft gekommen.[139]

Das k. u. k. Militärkommando in Graz gestand diese Vorkommnisse schon im Oktober 1914 gegenüber dem k. k. Ministerium für Landesverteidigung offen ein. Der „weitaus größte Teil der am Thalerhofe" befindlichen „Leute" sei über den „Grund der Einlieferung" im Unklaren. „60 Personen" betonten in einer „Eingabe, dass sie als Ruthenen der ukrainischen Partei angehören, deren russenfeindliche und staatstreue Gesinnung bekannt sei. Allem Anschein nach", so das Militärkommando, „ist diese Behauptung auch zutreffend, wie sich der k. k. Militäranwalt durch Vernehmung einiger dieser Internierten überzeugt hat".[140]

In anderen Fällen kamen nachforschende Institutionen zu ähnlichen Ergebnissen. Dennoch erhielten Internierte selten eine Antwort auf ihre Bitten und Sachverhaltsdarstellungen, die sie oft an „höhere und allerhöchste Stellen" der Donaumonarchie richteten. Der Monarch galt den Arretierten vielfach immer noch als moralische Instanz: „Ich dachte da an das gütige, edle und menschenfreundliche Herz unseres Kaisers, dem von diesen furchtbaren Dingen sicher nichts bekannt ist", schrieb zum Beispiel der „siebzigjährige Pfarrer von Czorna, Hochwürden Ill. Tuna", der noch einmal explizit den Schutz Franz Josephs angesichts seiner eigenen Erlebnisse erflehte. Tuna war mit einer Reihe anderer am 8. September 1914 verhaftet und nach Przemyśl eskortiert, auf dem Weg mit Kolben geschlagen, beschimpft und bespuckt worden. Nach beschwerlicher Überstellung ins Innere der Monarchie kam er schließlich im Lager Thalerhof an, das er nur mit „Gestank und Schmutz" assoziierte und wo er, so seine Worte, „zitternd und fröstelnd, ausgehungert und völlig erschöpft, an Körper und Seele gebrochen dalag".[141]

Tatsächlich mussten die Verschleppten nach ihrer Ankunft im Lager anfangs die Nächte überhaupt unter freiem Himmel verbringen.[142] Aber auch später mangelte es an Kleidung oder „geeigneter Wasch- und Desinfektionsgelegenheit".[143] Indessen warnte das inspizierende Sanitätsdepartement des k. k. Innenministeriums vor den Gefahren auf lange Sicht – zu Recht. Bei einer Gesamtzahl von rund 16.400 Internierten in Thalerhof während insgesamt vier Jahren erkrankte mehr als ein Drittel. Cholera und insbesondere Bauch- und Flecktyphus, die auch fast das gesamte medizinische Personal in Mitleidenschaft zogen, forderten zahlreiche Opfer. Gemeinsam vor allem mit „Ödemkrankheiten" und der Tuberkulose waren sie für 82 Prozent aller Todesfälle verantwortlich, wobei der Großteil der 1.448 Betroffenen innerhalb weniger Monate, vom November 1914 bis zum März 1915, starb.[144] Bis zum 23. Jänner zählte man insgesamt 658 „Patienten", von denen 104 ums Leben kamen. Bis zum 2. Februar waren 1.223 Erkrankungen und 237 Tote, bis zum 15. Februar weitere 395 Flecktyphus- und 174 Sterbefälle zu beklagen. Ab dem Frühjahr 1915 entspannten sich dann die Verhältnisse merklich. Trotzdem wurden auch in den nachfolgenden Jahren immer wieder erhöhte Mortalitätszahlen beziehungsweise -raten registriert.[145]

Flüchtlingsdrama

Besonders betroffen von den Verschlechterungen der Lebensbedingungen sowie von den behördlichen Kontrollen und Schikanen waren neben den „aus politischen Gründen" Internierten überdies jene Staatsbürger der Donaumonarchie, die aus den Operationsräumen der Armee evakuiert wurden oder „auf eigene Faust" geflohen waren.[146]

Da sie vielfach den Argwohn der offiziellen Stellen ebenso wie der Bevölkerung im Hinterland zu spüren bekamen, empfanden sie ihr Schicksal nicht selten als Verfolgung und Gefangenschaft im eigenen Land. Ihr Eindruck entsprach relativ genau der Sichtweise sowohl der Generalität als auch der zivilen Führung, deren Vorgehensweise in diesem Bereich bis zur Verabschiedung eines Flüchtlingsgesetzes durch den wieder einberufenen Reichsrat im Jahr 1917 wenig mit sozialstaatlichen Fürsorgepflichten zu tun hatte. Auf einer eher allgemeinen ethischen Ebene wurden Hilfsmaßnahmen als freiwillig übernommene „subsidiäre Leistungen" verstanden, die Festlegung rechtlicher Anspruchsleistungen vermied man jedoch.[147]

Angesichts justizieller wie administrativer Mängel, aber auch der vielfach elenden Lebensumstände, denen beispielsweise 1915 schätzungsweise insgesamt eine Million „Heimatlose" im Habsburgerreich ausgesetzt waren, wurden die Flüchtlinge mit unterschiedlichem Erfolg in den Arbeitsprozess der österreichisch-ungarischen Kriegswirtschaft integriert.[148] Während auch auf sie – darunter Kinder ab 10 Jahren – oft Hunger, Kälte, schlechte Unterbringung, Schikanen und inhumane Zwangsarbeit warteten,[149] hatten „heimatlose gewordene Juden" zusätzlich mit antisemitischen Vorurteilen zu kämpfen. Ihre materielle Absicherung scheiterte daher wiederum gerade an der Verweigerung der Arbeitserlaubnis und dem damit verknüpften Bestreben, einer befürchteten „Seßhaftwerdung" entgegenzuwirken.[150]

Generell machte sich überdies bei den Einheimischen eine Abwehrhaltung gegen die zusätzlichen „Esser" breit.[151] Dabei kamen die „Entwurzelten" meist schon in einem beklagenswerten Zustand im Hinterland an. Der brutalen Verschleppung aus ihren Ansiedlungsgebieten[152] – oft ohne ihren Besitz, ja sogar „bloßfüßig" und ohne „Überkleider"[153] – folgten unmenschliche Transportbedingungen. Auf dem Weg zu den neuen Bestimmungsorten wurden „Männer von Frauen, Mütter von kleinen Kindern" auf rücksichtslose Weise getrennt. Tausende pferchten die Militärs in Transportzüge, die speziell im Winter nicht selten wochenlang unterwegs waren, bis sie die westlicheren Kronländer der Habsburgermonarchie erreichten. In offenen und ungeheizten Viehwaggons starben mangelhaft bekleidete Menschen an Unterkühlung. Ein Telegramm aus Lemberg informierte demgemäß über die „Perlustrierungsstation" Sambor, die „zur Begräbnisstation der Evakuierten ausgeartet" sei. „Totgefrorene Leute" waren hier „weggeschafft" worden, wobei die hohe Sterblichkeit auch mit der Verpflegungssituation und der Verbreitung von Infektionskrankheiten in Verbindung gebracht wurde.[154]

Ein Beschwerdebrief an das k. k. Innenministerium berichtete von „Waggons ohne Sitze und Bänke", deren „Wände mit noch frischem Blute der vorhin beförderten Verwundeten bespritzt" oder „welche unmittelbar zuvor zum Transport von Leichen" und „seuchenkranken Soldaten verwendet worden waren". Ungeachtet dieser Missstände würden, so ein weiteres Schreiben, die Bemitleidenswerten schlecht behandelt. In gewisser Weise nehme man ihnen ihr Schicksal sogar übel, obwohl doch in Wirklichkeit die eigenen Truppenverbände und Ordnungskräfte dafür verantwortlich seien. „Gendarmen oder Landsturmsoldaten", vermerkte man im Innenministerium, umstellten die Wagengarnituren, niemandem werde „gestattet auszusteigen", um „einen Bissen warmer Nahrung einzunehmen oder Wasser zu schöpfen oder sich zu waschen" – trotz der langen Reise.[155] Vor diesem Hintergrund kam es wiederholt zu Handgreiflichkeiten. Flüchtlinge hinderte man mit Gewalt daran, die Züge zu verlassen. Aufsehen erregte vor allem das brutale Vorgehen gegen Mütter, die für ihre Kinder Nahrung beschaffen wollten. Eine Frau wurde dabei von einem Soldaten in Pardubice „spitalsreif geschlagen". Eine Schwangere gehorchte den Anweisungen, musste dann ihr Kind im Waggon auf die Welt bringen und starb kurze Zeit später, noch während des Transportes.[156]

In weiterer Folge konzentrierte sich die Exekutive insbesondere auf Hygiene- und Sicherheitsdebatten, die gerade durch die massenhafte Flucht infolge des Bewegungskrieges im Osten mit seinen Umfassungsmanövern und Geländegewinnen eine Hinwendung zur „bürokratischen Totalität" förderten. Die Aufgabe, große Menschengruppen zu administrieren, vollständig zu definieren und zu kategorisieren, sie nach Nützlichkeitsregeln zu integrieren oder „auszusondern", leistete den Kontrollphantasien eines Verwaltungsapparates Vorschub, der die „Ohnmacht der Betroffenen gegenüber der Allmacht der staatlichen Organe" sicherstellte.[157]

Eifersüchtig schützten die offiziellen Stellen dabei ihren Kompetenzbereich gegenüber privaten Hilfsorganisationen,[158] obwohl sich die Überforderung der Behörden auf drastische Art und Weise zeigte. Das Resultat waren neuerliche Hiobsbotschaften vor allem aus den Barackenstädten, wo sich die „Administratoren" nicht selten als Erzieher ökonomisch „unterentwickelter", kulturell „niederstehender", nicht „alphabetisierter" und „unsauberer Völker" gerierten,[159] gleichzeitig aber die Versorgung hunderttausender Heimatloser nicht gewährleistet werden konnte. Seuchen und zum Teil horrende Mortalitätsraten waren die Folge.[160] Epidemien registrierte man etwa in den Barackenlagern Chotzen und Gmünd gleich mehrmals. Während der Monate August, September und November 1916 forderten die Masern, die anderswo leicht bekämpft werden konnten, in Gmünd viele Opfer. Die dortigen Spitäler behandelten tausende masernkranke Kinder, von denen bisweilen 30 bis 50 pro Tag starben.[161]

Obwohl sie ansonsten meist konträre Meinungen vertraten, fanden in dieser Causa sowohl Sprecher der Ruthenen als auch der Polen im Wiener Parlament ähnliche Worte. Das ganze Elend, erklärten sie einhellig, führe vor Augen, dass man die Evakuierten beziehungsweise Flüchtlinge mit „politisch Verdächtigen" verwechselt habe. Die Bevölkerung empfinde diese „polizeiliche Abschließung" zudem als „Beweis" der „Unverlässlichkeit" vieler „Entwurzelter". Es könne unter solchen Umständen daher nicht überraschen, dass die Lager inzwischen regelrecht gefürchtet würden. Nach dem „Leid der galizischen Flüchtlinge" träfen die miserablen Zustände in den „Barackenstädten" nun viele Italiener.[162] Tatsächlich verwies auch das Los Letzterer auf Missstände mit fatalen Folgen: Allein in Mitterndorf starben bis Kriegsende fast 2.000 Trientiner. Der Anteil der Kinder unter 10 Jahren an den Opfern betrug 46 Prozent: Fast 900 Kinder überlebten die Internierung nicht.[163]

Die Soldaten des Feindes

Vor diesem Hintergrund nimmt es nicht Wunder, dass es der Masse der Kriegsgefangenen, die speziell im Rahmen größerer Offensiven an der Ostfront eingebracht wurde, an ihren Unterbringungsorten kaum besser erging. Das galt sowohl für jene, die sich der Zarenarmee ergaben,[164] als auch für jene rund zwei Millionen, die sich in Gewahrsam der Donaumonarchie befanden. Der größte Teil davon, rund die Hälfte, stammte aus Russland, gefolgt von Italienern, Serben, Rumänen und einer verhältnismäßig geringen Anzahl anderer Staatsangehöriger.[165]

Die ungenauen statistischen Informationen erschweren es zwar, einigermaßen verlässliche Opferzahlen zu ermitteln.[166] Vorhandene Daten verweisen indessen darauf, dass das Romanovimperium hinsichtlich der Sterblichkeit von Kriegsgefangenen im internationalen Vergleich traurige Spitzenwerte erreichte. Darüber hinaus liegen selbst die niedrigsten Schätzungen für die Gefangenen in der Habsburgermonarchie über den ermittelten Daten Deutschlands oder etwa Englands.[167] Die Mortalitätsrate unter den russischen Gefangenen im Habsburgerreich dürfte bei 8 Prozent oder mehr gelegen sein, wobei vorbehaltlich der schwierigen Faktenlage insgesamt von einer Sterblichkeit in der Höhe von 10 Prozent unter allen im Gewahrsam der Donaumonarchie befindlichen gegnerischen Soldaten auszugehen ist.[168]

Eine über dem genannten Durchschnitt liegende Todesrate nimmt man zudem bei den Italienern in k. u. k. Gewahrsam an,[169] wobei diesbezügliche Angaben ebenso wie Schilderungen vom Elend der Russen durch Berichte über die katastrophale Lage der Rumänen noch übertroffen werden. Wegen ihres schlechten Gesundheitszustandes seien bereits „viele Standesabgänge" wahrzunehmen, meldete etwa 1917 das 5. Armeekommando, das die Betroffenen „nicht einmal zum Feldanbau" einsetzen konnte und sie deshalb durch vermeintlich kräftigere Männer aus den Reihen der Zarenarmee ersetzt wissen wollte.[170]

Horrende Missstände hatten in den vorangegangenen Jahren überdies die Zahl der serbischen Kriegsgefangenen dezimiert. Von ihnen ging angeblich bis zu einem Drittel während des Zwangsaufenthaltes in der Donaumonarchie zu Grunde. Gleichzeitig liegen Hinweise vor, dass etwa 27 Prozent der k. u. k. Soldaten in serbischer Gefangenschaft umkamen.[171] Die hohen Opferzahlen können als Folge der besonders aggressiven Konfrontation zwischen Belgrad und Wien sowie der Radikalität der Balkanfeldzüge betrachtet werden. In diesem Zusammenhang trugen Gerüchte und Schilderungen von Misshandlungen der Kriegsgefangenen wiederholt zur Brutalisierung der Konflikte bei. Die k. u. k. Militärs sammelten Nachrichten über eigene Soldaten, die nach der Gefangennahme vom Gegner angeblich grausam gefoltert, verstümmelt und getötet worden waren. Hervorgehoben wurde überdies die mangelhafte Verpflegung der Gefangenen.[172]

Abseits eines dem „Reziprozitätsprinzip" verpflichteten k. u. k. Kriegsgefangenenwesens, das – wie in anderen Staaten auch – die Gefangenenbehandlung zum „Schlachtfeld" wechselseitiger Beschuldigungen über Verfehlungen machte, warteten die Betroffenen vielfach vergeblich auf Hilfe.[173]

Speziell die Lager wurden Schauplätze humanitärer Katastrophen. Aus dem ungarischen Esztergom, wo man schon seit Ende August 1914 „minimal gerechnet für 40.000 Kriegsgefangene" Lagerplätze schaffen sollte,[174] meldeten Verantwortliche bald „schauderliche Szenen". Auf „der freien Weide, der kotigen Erde, ohne jedes Dach" seien – „Tieren gleich" – sich „herumwälzende, darbende Gefangene" zu sehen. Unter ihnen trete „der Scharlach und die Ruhr bereits" auf, ebenso erhärte sich der Verdacht auf Cholera. Der örtliche Magistrat setzte fort: „Wenn nun bei guter Witterung sich solche Erscheinungen zeigen, ist es sicher, dass mit Eintritt des regnerischen und kalten Herbstes unter den Kriegsgefangenen die Epidemie noch verbreiteter sein wird und weil sie z.B. nicht geimpft sind, können massenhafte Erkrankungen in solchen Verhältnissen auftreten."[175]

Was das konkret bedeutete, schilderte Friedrich Koch, Assistenzarzt im oberösterreichischen Kriegsgefangenenlager Mauthausen, in einem Brief vom 29. Dezember 1914 an seine Mutter wie folgt: „Täglich vorläufig 600 Ordinationen, alles voll Läuse und Ungeziefer, die Leute zerfetzt und zerrissen, Typhus, Ruhr, Blattern, das sind meine täglichen Genossen, mit denen ich zu verkehren habe, dabei im Lager keine Ordnung, keine Reinlichkeit, überall Schmutz und Koth [...]! Wo man hinschaut, überall die gleiche Schlamperei! [...] Es sind jetzt 14.000 Gefangene hier und dabei 2 Ärzte, zum Lachen die ganze Geschichte."[176] Eine Hoffnung auf Besserung gab es vorläufig nicht. Im Jänner 1915 starben mehr als 180 Gefangene pro Tag an Flecktyphus. Man kam „buchstäblich mit dem Beerdigen der Leichen nicht nach", befand das medizinische Personal, das selbst unter den Infektionskrankheiten zu leiden hatte: Dr. Koch infizierte sich und starb im Februar 1915.[177]

Mauthausen, wo laut Schätzungen des k. u. k. Kriegsministeriums aus dem Jahr 1917 über 12.000 Tote zu beklagen waren,[178] blieb ebenso wenig eine Ausnahme wie Esztergom. Allein auf dem Territorium des heutigen Österreich waren gemäß einer Mitteilung des Militärkommandos Wien vom Jahresbeginn 1915 die Lager Knittelfeld, Kleinmünchen und Boldogasszony (Frauenkirchen) von Seuchen bedroht. Als ebenso „rückständig" und „überbelegt" galten weiters die Unterkünfte in Marchtrenk, wobei sich in allen Fällen die Verhältnisse nur kurz entspannten. „Restaurierungsarbeiten", Umbauten, Desinfektionen und andere hygienische Maßnahmen sowie die zunehmende Verteilung der „Feinde" auf diverse Arbeitsstätten konnten aus zweierlei Gründen keine dauerhafte Verbesserung bringen: Erstens waren mit dem Beginn weiterer Offensiven und der Entstehung neuer Fronten gegen Italien und Rumänien wiederum unzählige Kriegsgefangene zu versorgen. Und zweitens wurde der dramatische Versorgungsengpass bald für Einheimische und Fremde gleichermaßen zur Existenzbedrohung.[179]

Ernüchterung

Die Generalstäbe hatten überall auf Offensiven und rasche Entscheidungen gesetzt, von Feldzügen bis zum „Herbstlaubfall" wurde gesprochen, die Bevölkerung auf entsprechend kurze Kampfhandlungen eingestimmt und unter anderem damit auf Kriegskurs gebracht. „Wir erfuhren damals durch die ‚Salzburger Chronik', daß das Thronfolgerpaar ermordet wurde, und gleich darauf erfolgte die Einberufung der wehrpflichtigen Männer", hielt Maria Schlemmer aus dem salzburgischen Großarl viele Jahre später fest, um zu ergänzen: „Mein Vater musste für drei Wochen einrücken und wurde dann enthoben, da er als Schmied dringend gebraucht wurde. [...] Ich kann mich noch gut daran erinnern, wie die Männer sagten: ‚In einem Monat sind wir zurück.' Der Pfarrer segnete sie und dann gingen sie 16 Kilometer weit nach St. Johann zum Zug."[180] Die Gefechte, erinnert sich auch die Ziegelarbeiterin Marie Toth aus Leobersdorf in Niederösterreich, „werden nur ein paar Wochen dauern, haben viele geglaubt. ‚Mit nassen Fetzen werden wir die Serben in die Flucht schlagen!', haben sie bei der Einberufung gesagt. Sie haben sich getäuscht."[181]

Tatsächlich verliefen die Vorstöße der k. u. k. Armee auf dem Balkan anfangs alles andere als geplant und erhofft. An den Fronten ebenso wie im Hinterland machte sich bald Ernüchterung breit. Verstörende Bilder drangen ins Bewusstsein. Im Herbst 1914 schrieb der spätere Richter Friedrich Pernitza in sein Tagebuch: „Der Krieg beginnt jetzt schauerlich zu werden. Täglich treffen Transporte von Verwundeten ein, die alles eher als begeistert von ihren Erlebnissen an der Front erzählen. Eine Unzahl von Toten bedeckt schon die Schlachtfelder. Das bis vor kurzem unvorstellbare Straßenbild wird einem allmählich geläufig. Hinkende Gestalten mit eingebundenen Köpfen und Armen." Rekonvaleszente, Invalide, „Assentierungen" und „immer wieder Leichenzüge! Aber alles ‚macht' in verlogenem Patriotismus".[182] Zweckoptimismus schien vorzuherrschen und das weitverbreitete Gefühl, seine Pflicht erfüllen zu müssen. Auch Pernitza meldete sich – ungeachtet seiner kritischen Worte – als Kriegsfreiwilliger, avancierte zum Leutnant und schied schließlich nach einer schweren Schussverletzung aus dem Heeresdienst aus.[183]

Die Einzelschicksale verschwanden hinter amtlichen Statistiken. Allein in den ersten Wochen verloren die k. u. k. Truppenverbände von den 800.000 gegen die Streitkräfte des Zaren eingesetzten Soldaten rund die Hälfte. Zirka hunderttausend gerieten dabei in Gewahrsam des Gegners.[184] Die Kriegsgefangenschaft entwickelte sich zur zentralen Erfahrung österreichisch-ungarischer Heeresangehöriger: Gemessen an der Gesamtstärke der jeweiligen Armeen befand sich infolge des vierjährigen „Völkerringens" jeder dreizehnte Reichsdeutsche und jeder zehnte Franzose oder Italiener unter der „Kontrolle des Feindes". Bei den Russen aber war es jeder fünfte, und bei den habsburgischen Kampfverbänden sogar jeder dritte Kombattant.[185]

Unter solchen Umständen wiederholte sich zehn- und hunderttausendfach, was die Familie von František Pánek im mittelböhmischen Kmetinìves bei Kladno erleben musste: „Der Erste Weltkrieg brach 1914" aus, „und unser Vater mußte sofort einrücken. Wir weinten viel um ihn. Am Anfang schrieb er uns Feldpostkarten, und dann auf einmal verstummte er. Wieder trauerten wir, dachten aber nicht gleich an das Schlimmste. Die Mutter bemühte sich sehr, irgendeine Nachricht über ihn herauszubekommen, sie fragte Soldaten, die sie kannte, schrieb an verschiedene Militärkommandos, bis es ihr gelang, in Erfahrung zu bringen, daß der Vater nach einem kurzen Schußwechsel gesund in russische Gefangenschaft geraten war. Damit", bemerkte Herr Pánek in seiner „Chronik", war „er für uns gerettet". Tatsächlich hatte sein Vater das Glück, bei Simbirsk von „freundlichen Menschen" gut aufgenommen worden zu sein und als „fleißiger Arbeiter" mit rasch verbesserten Russischkenntnissen in „Handel und Landwirtschaft" zum Einsatz zu kommen.[186]

Bei weitem nicht allen erging es so. An vielen anderen Arbeitsstätten herrschten lebensbedrohliche Zustände, und Hunderttausende überlebten – wie geschildert – die Kriegsgefangenschaft nicht.

Immer mehr Familien in Österreich-Ungarn erhielten indes Nachricht vom „Heldentod" der Ehemänner, Brüder und Väter, Verwandten und Freunde an den Kampfschauplätzen. 1917 waren es laut amtlichen Mitteilungen schon fast 800.000 Gefallene. Hinzu kam damals eine geschätzte halbe Million Invalide – abgesehen von den oft gar nicht erfassten seelischen Beeinträchtigungen infolge der „Kriegs-Neurosen" oder -„Hysterien" sowie mindestens 1,6 Millionen Männern, die sich zu diesem Zeitpunkt in Gefangenschaft befanden und von denen ja viele ebenfalls nicht mehr zurückkehrten.[187] Trauer und Traumata blieben jedoch keineswegs auf Hinterbliebene und „Beschädigte" beschränkt. Das Ausmaß der Sorge und des Schreckens wird erst offensichtlich, wenn man die Gesamtzahl der Mobilisierten, die Erlebnisse der Betroffenen, aber auch ihres engeren und engsten Umfeldes in Betracht zieht. Immerhin rief das Habsburgerreich von den zirka 12 Millionen Tauglichen allein bis zum vorletzten Kriegsjahr rund 8,5 zu den Waffen.[188]

Ressourcenschlacht

Ein ebenso „großes" wie verlustreiches und langes Massenschlachten brachte den Staat, seine Administration und Wirtschaft früh an die Grenzen der Leistungsfähigkeit. Wie in anderen Ländern auch, waren eine engere Kooperation zwischen unternehmerischer Initiative und öffentlichem Sektor, die Einbindung von immer mehr Zivilisten und die Umwandlung des Hinterlandes in eine „Heimatfront" dringend nötig. Dass hierbei auch Zwang ausgeübt werden konnte, basierte im Übrigen schon auf Regelungen aus der Zeit vor dem Beginn der Kampfhandlungen. Besonders wichtig war diesbezüglich das bereits aus den Tagen der Balkankriege stammende „Kriegsleistungsgesetz" vom Dezember 1912 sowie die Verordnungen vom Juli 1914, mit deren Hilfe unter anderem jede Form der Arbeitsverweigerung unterbunden werden sollte.[189]

Die Tendenz zur „Totalisierung der Anstrengungen", die allerdings nirgendwo „flächendeckend" durchgeführt wurde, zeigte sich in der zunehmenden Verwendung von Kriegsgefangenen oder der Mobilisierung eigener Männer für besonders wichtige Betriebe. Österreich-Ungarn verlagerte unter solchen Bedingungen mit ungefähr 400.000 Mann fast ebenso viele bisherige Soldaten an die „Arbeitsfront" wie Frankreich.¹⁹⁰ Hinzu kam die Erhöhung des weiblichen Gesamtanteils am Erwerbsleben. Die „Grande Nation" verzeichnete in diesem Zusammenhang einen Anstieg auf 33, Russland sogar auf 43 Prozent. Großbritannien registrierte vor dem Sommer 1914 3,3 Millionen Frauen in den Sektoren Handel und Industrie, 1918 waren es 4,8. Parallel dazu wiesen deutsche Statistiken im Maschinenbau 35-mal und in der Metall- und Elektrobranche immerhin achtmal so viele Arbeiterinnen aus wie am Anfang des Krieges.¹⁹¹

Abgesehen davon, dass überdies vermehrt Ältere und Jugendliche zum Einsatz kamen, belegen die Zahlenreihen vor allem auch eine Verschiebung der Tätigkeitsschwerpunkte insbesondere bei den weiblichen Beschäftigten. Dienstmädchen, Land- und Textilarbeiterinnen zogen in großer Zahl in die Werkshallen.¹⁹² Entsprechende Gesamtzahlen lassen sich allerdings gerade für die Donaumonarchie schwer eruieren. Wo immer Männer verfügbar waren, sollten „weibliche Hilfskräfte" wieder „hinter dem Herd verschwinden". Dennoch: Der Anstieg von rund 14.000 auf fast 18.000 Frauen bei einer Gesamtzahl von rund 30.000 Angestellten in Wien zwischen 1915 und 1917 deutet die Trends zumindest an.¹⁹³ Ähnliches gilt für die niederösterreichische Arbeiter-Unfallversicherung, die auch die k. k. Haupt- und Residenzstadt miteinbezog. Gemäß ihren Angaben stieg von Ende 1914 bis Ende 1917 der weibliche Prozentsatz an Versicherten von 27,6 auf 37. Demgegenüber gibt es Schätzungen, die das wahre Ausmaß der Transformationsprozesse zumindest erkennbar machen. Ihnen zufolge dürfte die „Zahl der erwerbstätigen Frauen außerhalb der Landwirtschaft um etwa 40 Prozent" gestiegen sein. Im Agrarsektor, der ohnehin schon bislang durch die mithelfenden Familienmitglieder höhere Ziffern erzielte, sind zudem besondere Spitzenwerte zu vermuten.¹⁹⁴

Hatte die Abkehr von der „Friedensproduktion" vorerst sektoral sogar für beträchtliche Arbeitslosigkeit gesorgt,[195] so mangelte es rasch an „Humanressourcen" gleichermaßen wie an materiellen Werten. Obwohl die Militärausgaben der Monarchie real um 20 Prozent in den folgenden Rechnungsjahren sanken und die Mittelmächte in Summe weit weniger ausgaben als die gegnerischen Alliierten, machten sich Engpässe überall bemerkbar. Da die Steuerpolitik nicht zur Finanzierung des Waffenganges genutzt wurde, konzentrierten sich die Regierungsinstanzen auf Kriegsanleihen und die „Verschuldung bei der Notenbank". Da aber auch die Anleihen wenig zur Geldabschöpfung beitrugen und insbesondere die Konsumgüter-, Nahrungsmittel- und Textilindustrie teilweise drastische Produktionseinbußen zu verzeichnen hatte, gingen im Spannungsfeld zwischen schrumpfendem Güterangebot und gleichzeitiger monetärer Expansion die Preise nach oben. Das Geldvolumen verzehnfachte sich in Österreich bis 1918, die Inflation war hier stärker als in den anderen großen kriegführenden Staaten.[196]

Die k.u.k. Führung beließ es jedoch bei laxen Preisregelungen und verschuldete sich weiter, ohne dem angekurbelten Wirtschaftsmotor der Entente auch nur annähernd gewachsen sein. Selbst mit deutscher Hilfe und teilweise beträchtlicher Ausweitung der Produktionskapazitäten war der ökonomische Wettlauf nicht zu gewinnen. Bei den Mittelmächten fiel die Kohle-, Stahl- und Eisengewinnung zwischen 1915 und 1917 von 355 auf 344, von 24 auf 16 und von 25 auf 15 Millionen Tonnen, bei den Alliierten stieg sie in derselben Zeit von 346 auf 841, von 13 auf 58 und von 16 auf 50 Millionen Tonnen.[197] Im Bereich der Schusswaffenerzeugung oder der Herstellung von Roheisen und mehr noch von Rohstahl übertraf die „westliche Reichshälfte" der Donaumonarchie zwar die Werte von

1913/14 klar. Ungeachtet der partiell sinkenden oder stark schwankenden Ziffern einer allerdings vergleichsweise geringeren ungarischen Produktion, meldete ansonsten aber auch Cisleithanien Stagnation oder sogar Rückgänge.[198]

Entscheidende Bedeutung bei der Aufrechterhaltung einer 1914 überall ausgerufenen „Burgfriedenspolitik", also des gesellschaftlichen Zusammenhaltes angesichts der bevorstehenden Waffengänge, kam natürlich den unmittelbaren Lebensverhältnissen der Menschen zu. Und obwohl etwa die Westmächte in dieser Hinsicht gleichfalls zunehmend sorgenvoll in die Zukunft blickten, waren hier die Unterschiede zu Zentraleuropa besonders augenfällig. Speziell ab 1916 sank in Österreich das Volkseinkommen rasch. Eine wachsende Brennstoffkrise, auch als Konsequenz unzureichender Logistik, ging mit der Streckung der vorhandenen Brotgetreidevorräte einher. Die „Brotkarte" wurde eingeführt. Staatliche Eingriffe betrafen außerdem Futtermittel, Zucker, Spiritus, Melasse, Malz, Gemüse, Obst und Fleisch.[199]

Nachdem man zunächst vor allem strategische Güter unter Kontrolle zu bringen beabsichtigte, gab es schließlich 91 privatwirtschaftlich organisierte „Zentralen" sowie Kriegs- und Wirtschaftsverbände als „sich selbst verwaltende Zwangseinrichtungen", die wiederum in den „Super-Etatismus" eines staatlichen Planwirtschaftssystems mit zunehmender Einbeziehung sozialpolitischer Kompetenzen integriert wurden.[200]

Misere und Uneinigkeit

Realiter präsentierte sich diese Aufblähung der Apparate allerdings als Verwaltung des Mangels. Die Teuerung betrug 121 Prozent im Jahr 1915, in den folgenden zwölf Monaten schon 200 Prozent. Lohnerhöhungen um das Doppelte brachten keine Entlastung. Die amtlichen Höchstpreise für Fleisch, Fett, Milch und Eier beispielsweise stiegen im selben Zeitraum von 300 auf 1.000 Prozent. Öffentliche unentgeltliche Ausspeisungen für Notleidende wurden immer wichtiger. Im Oktober 1914 hatte man in Wien mit 10.500 warmen Mahlzeiten begonnen. 1916 erhielten täglich schon mehr als 50.000 Bedürftige „Zuteilungen". Bis Kriegsende sollten rund 100.000 bis 130.000 Menschen an 127 Speisestellen mit dem Notwendigsten versorgt werden, abgesehen von zusätzlichen Portionen für Kinder aus „mindestbemittelten Bevölkerungsschichten". Etwas später, aber dafür noch effektiver, ging man in Prag ans Werk. Im November 1914 wurden hier schon mehr als 24.000 Essen täglich ausgegeben. Ein im Vergleich besonders komplexes Versorgungssystem mit weiteren „Küchen" bildete für die städtische Arbeiterschaft eine Überlebenssicherheit. Die Gemeindeverwaltung registrierte schließlich 1917 über 2,7 Millionen Mahlzeiten.[201]

Freilich hatte auch diese effektive Hilfsaktion mit einer immer schwierigeren Suche nach adäquaten Zutaten und einer Flucht in „Ersatzmittel" zu kämpfen. Der Wert der vorhandenen Surrogate ließ zu wünschen übrig. Zwar waren sich die Experten über die benötigte Kalorienzahl pro Kopf und Tag nicht einig – die Angaben schwankten zwischen 2.400 und 2.700: In jedem Fall stand aber außer Zweifel, dass die „Wiener Norm" von 800 Kalorien nach rund zwei Kriegsjahren auf eine veritable Ernährungskrise hinwies.[202]

Die steigende „Unzufriedenheit", welche die Exekutive schon 1915 mit wachsender Aufmerksamkeit beobachtete, verwandelte sich in eine Art „Hungerkrieg". Die immer länger werdenden Warteschlangen – in Wien standen etwa 12 Prozent der Gesamtbevölkerung regelmäßig vor dürftig ausgestatteten Geschäften und Marktständen – ließen nach polizeilichen Schätzungen mindestens immer jeweils knapp 40.000–50.000 „Unbeteiligte", potenzielle „Aufwiegler", zurück. 1916 entlud sich die „gereizte Stimmung" vermehrt in „Aufständen" vor allem „armselig gekleideter Frauen" mit ihren Kindern.[203]

Unruhen und Streiks beunruhigten die Behörden zusehends, obwohl die Belegschaften in den Betrieben der Donaumonarchie – verglichen mit Frankreich etwa und partiell wohl aufgrund ausgeweiteter Befugnisse insbesondere der Militärs – noch verhältnismäßig ruhig blieben. Dabei hatte sich die Lage schon drastisch verschlechtert. Marie Toth hielt in ihren Erinnerungen diese Entwicklung geradezu exemplarisch fest: „Lebensmittelkarten hatten wir schon längere Zeit, aber die Rationen wurden immer mehr gekürzt. [...] Viele lösten sich beim Warten ab. Nach sechs Uhr kamen die Männer von der Nachtschicht, die die Frauen ablösten. Die habe ich am meisten gefürchtet. Da hab ich oft geglaubt: Da komm ich nicht lebend heraus. [...] Die Not ist immer größer geworden. Es ist nur mehr fallweise ein Viertelkilo Mehl verteilt worden; Fett und Fleisch gab es nur mehr dekaweise. [...] Großküchen sorgten für das Essen der jungen Leute. [...] Wir mussten für unser Essen selbst sorgen, aber die Rationen wurden immer kleiner, die Not immer ärger. Für die Kinder der Arbeiter wurde in der Turnhalle der Volksschule eine Ausspeisung gemacht. Viele waren sehr unterernährt; das Viertelkilo Brot pro Tag haben sie auf einmal gegessen, sonst nichts, und kein Fett – es war eine furchtbare Not."[204] Als auch sie sich um Gratisrationen bemühte, machte sie folgende Erfahrungen: Das „Dörrgemüse" war „immer hart; auch durch langes Kochen wurde es nicht weich. Oft blieb es im Hals stecken wie eine Fischgräte. Wir nannten es ‚Stacheldraht'. [...] Fleisch gab es nie. Selbst auf Karten gab es dann nur mehr Ersatz, Kaffeeersatz; was drinnen war, konnten wir nicht herausfinden. Beim Trinken glaubte man, es kommt alles wieder heraus; es schmeckte und roch wie tote Maikäfer. [...] Das Brot schmeckte immer nach Schimmel; oft war es grün vor Schimmel und nicht mehr genießbar. Der Hunger war aber groß. Da habe ich wirklich Brot mit Tränen gegessen. [...] Arm waren die Alten und Kranken. Die konnten da nicht mit; es sind auch viele gestorben. Das hat niemand viel berührt, weil so viele Junge und Verheiratete im Krieg gefallen sind. Dieser Jammer und diese Not haben die Menschen abgestumpft."[205]

Die Situation in den Städten und Industriegebieten war zwar besonders bedrückend.[206] Bestimmte Gebiete – wie etwa Galizien – waren jedoch von den Kämpfen in Mitleidenschaft gezogen worden. Die Peripherie – auch abseits der Fronträume – bot kaum bessere Überlebenschancen. Jan Baše, Kartograph und seit 1902 für das k. u. k. Finanzministerium in Bosnien-Herzegowina, berichtete darüber rund drei Dekaden später: „Die Landesregierung, die der ausgehungerten Beamtenschaft auf irgendeine billige Art etwas Fett verschaffen wollte, besorgte irgendwo eine ganze Schweineherde", die aber aus religiösen Gründen von den „Moslems nicht angerührt" wurde. Die Mitarbeiter der diversen offiziellen Stellen hatten sich selbst um das Schlachtvieh zu kümmern. Entgegen ihres sonstigen „distinguierten Auftretens" trieben sie die zugelosten Tiere nach Hause, fielen über diese aber oft schon auf dem Heimweg her. In Sarajewo lachten die Einwohner über die Repräsentanten der Macht, deren „Dekorum", so Baše weiter, „als Folge der ständig wachsenden Not aller Schichten mit fixen Gehältern wirklich ‚auf den Hund' gekommen war".[207]

Selbst über vorwiegend ländliche Regionen des Hinterlandes gab es indes wenig Erbauliches zu erzählen.[208] Gerade Hilfsbedürftige fanden auch hier oft wenig Verständnis. František Pánek dazu: „Im Krieg plagten unser Dorf die Flüchtlinge, zuerst aus Istrien, dann aus Galizien. Es waren meistens orthodoxe Juden, mit langen Haaren und Bärten, vor allem Backenbärten. Bei der Versorgung hatten sie Vorrang vor uns, ich glaube, daß sie auch bei einigen Lebensmitteln höhere Rationen hatten. [...] In die einheimische Bevölkerung haben sie sich kaum eingefügt. Ich erinnere mich nicht daran, daß sie polnisch, das heißt in einer Sprache, die uns nah war, gesprochen hätten, sondern sie konnten nur deutsch radebrechen, und unter einander sprachen sie ‚jiddich'. Von Hygiene haben die polnischen Juden nie viel gehalten. Ihre Kinder gingen zu uns in die Schule, sie waren ungewaschen", „faul" und „unfolgsam".[209]

Bereits vorhandene Stereotypen und Ressentiments verstärkten sich und leisteten unter anderem einem gesteigerten Antisemitismus Vorschub. Die Ab- und Zuneigungen konfessioneller und ethnischer Art äußerten sich oftmals unterschwellig – etwa im Zusammenhang mit der Kriegsfinanzierung. Die Möglichkeit von Schuldzuweisungen eröffnete sich auch und gerade hier: Die Deutschsprachigen der westlichen Reichshälfte des Habsburgerreiches waren beispielsweise nicht selten wohlhabender und daher von Haus aus „finanziell potenter" als die anderen Nationalitäten. Aber in ihrem beträchtlichen Beitrag an der Zeichnung von Kriegsanleihen drückte sich gleichzeitig eine stärkere Identifikation mit den Zielen der Hof- und Regierungskreise aus: Von den 35 Milliarden Kronen Cisleithaniens stammten 24 aus den Gebieten des heutigen Österreich. Der Trend zeigte sich von Anfang an, bei der ersten „Subskription" Mitte November 1914. Das führende tschechische Finanzinstitut, die Živnostenská Banka war mit nur 26 Millionen Kronen vertreten, die Zentralbank der Deutschen Sparkassen mit 170, die Zentralbank der tschechischen Sparkassen mit gerade einmal 9 Millionen Kronen.[210]

Bei der Güterversorgung und speziell bei Lebensmitteltransporten traten ähnliche Divergenzen in Erscheinung. Abgesehen vom Ausfall Galiziens infolge der dortigen Kampfhandlungen, hielt sich die Bereitschaft Böhmens und Mährens, Kerngebiete, Erz- und Erbländer im Alpen- und Donauraum wie bisher zu beliefern, in Grenzen. Der „Sonderfall Ungarn" erregte zudem die Gemüter. Die Magyaren zeigten wenig Sympathie, sich zugunsten Cisleithaniens einzuschränken. In den Ländern der Stephanskrone betrug die Getreideproduktion pro Kopf 203 Kilogramm, in der westlichen Reichshälfte 72. Aber ungeachtet dieses Missverhältnisses blieben die Lieferungen aus den „östlichen Agrargebieten" weit hinter den Erwartungen in Wien oder Prag. 100.000 Tonnen waren es 1916, vor 1914 hingegen 2,1 Millionen.[211]

Dass Transleithanien die Armee am Leben erhielt, trug nicht zur Entspannung zwischen den beiden Teilstaaten der Doppelmonarchie bei. Hans Loewenfeld-Russ, Ende 1916 in das neu errichtete „Amt für Volksernährung" berufen, gehörte zu jenen, die sich kein Blatt vor den Mund nahmen. Dass es nicht allein um Getreide ging, verdeutlichte er wie folgt: „Nur beispielsweise sei angeführt, daß von dem durch die eigene Produktion Österreichs nicht gedeckten österreichischen Bedarfe, also vom Defizit, an Mehl 92 %, an Rindern 97 %, an Schweinen 99 %, an Milch 85 %, an Butter 72 % usw., im Frieden durch Ungarn gedeckt worden waren." Loewenfeld-Russ gelangte zu einem vernichtenden Urteil: „Ungarn hatte sich zwar alle Rechte der Ausfuhr nach Österreich gesichert, aber keine formellen Verpflichtungen für eine solche übernommen. Österreich vermochte somit nicht über die Vorräte Ungarns zu verfügen. – Schon anfangs 1915 hatte die ungarische Regierung, nachdem schon vorher die Getreideexporte nach Österreich durch lokale ungarische Behörden behindert worden waren, durch eine Vorratsaufnahme mit folgender Beschlagnahme den weiteren Bezug landwirtschaftlicher Produkte aus Ungarn praktisch unterbunden. Seit dem mußte durch die ganze Kriegszeit immer wieder durch mühselige, oft erfolglose Verhandlungen Ungarn zu Lieferungen nach Österreich veranlaßt werden, wobei die getroffenen Vereinbarungen oft und oft nicht im vereinbarten Ausmaße oder nur verspätet eingehalten wurden." In Summe, so seine Bilanz, habe der „Dualismus infolge der verhängnisvollen Haltung Ungarns auf wirtschaftlichem Gebiete vollständig versagt und ohne Zweifel den Zusammenbruch in erster Linie mitverschuldet."[212]

Anatomie des Zusammenbruchs

Trauerfeierlichkeiten für Kaiser Franz Joseph I. Der Zug biegt aus dem Äußeren Burgtor zum Burgring ein, 30.11.1916.
© ÖNB/Wien, Pz 1916 XI 30/1/33-D

Der Tod des alten Kaisers

„Wecken Sie mich morgen um vier Uhr, ich habe viel zu tun".[1] – Das sollen die letzten Worte des an einer schweren Lungenentzündung erkrankten Kaisers gewesen sein. Franz Josephs gesundheitliche Verfassung war seit Längerem besorgniserregend.[2] Als er am Abend des 21. November 1916 nach einem letzten ganzen Tag am Schreibtisch für immer die Augen schloss, wusste das Armeeoberkommando binnen weniger Minuten Bescheid. Der mit Presseangelegenheiten befasste Generalstabsoffizier Edmund Glaise von Horstenau reiste unverzüglich als Kurier nach Wien, sah in Schönbrunn Würdenträger und Angehörige der Herrscherdynastie, allen voran den Thronfolger in der Adjustierung als Großadmiral, und ging am 22. November selbst „in das Sterbezimmer", um den Leichnam zu sehen: „Das berühmte Kommißbett war leer. Der Körper des Kaisers lag, von einem Leintuch bedeckt, auf einem Tische. Er war für die Einbalsamierung und die Abnahme der Totenmaske bereitgelegt." Das Haupt des Toten wurde „entblößt". Es war „zwar schneeweiß", sah aber „wie der Kopf eines Schlafenden" aus. „Ergriffen", so Glaise, „stand ich vor diesem Bilde irdischer Vergänglichkeit. Schon mein Vater hatte kaum einen anderen Kaiser als den seinigen nennen hören, und für mich war er ein selbstverständlicher Teil meines Lebens." Er „war der Allerhöchste Herr, der kaiserlichste der Kaiser! Nun lag er da, ein Häufchen Elend, dem schlichtesten seiner Untertanen im Schicksal gleich."[3]

Die nachfolgenden Trauerfeierlichkeiten hingegen erhoben den Verblichenen weit über die anderen Sterblichen und prägten sich selbst den Jüngsten ein. „Der Leichenzug führte durch Mariahilf, und die Kinder in den Bezirken, durch die er von Schönbrunn zur Stadt hineinzog, mußten Spalier stehen. Es war ein eiskalter, grausiger Tag, und wir froren entsetzlich", behielt der später österreichische Bundeskanzler Bruno Kreisky die Geschehnisse im Bewusstsein. Und er setzte fort: „Als der Trauerkondukt endlich herankam, schien es mir, als fülle sich die ganze Welt mit Schwarz. Es war eine einzige Demonstration der Schwärze."[4]

Eindruck hinterließen diese Momente auch bei dem Diplomaten Imre Csáky. Für ihn war der Verstorbene bisweilen „bis zur Selbstverleugnung", ja zur „Selbstaufopferung" und „bis zur Vollkommenheit" der „unpersönliche" Regent „in jeder Lebenslage", dabei „hinter dem unnahbaren, in der Höhe der Wolken thronenden Monarchen" ein „schlichter, anspruchsloser, warmfühlender Mensch".[5] Umso mehr erschütterte es ihn, als er vom Ableben des „Souveräns" hörte, obwohl „dieses Ereignis angesichts seines patriarchalischen Alters" eigentlich nicht überraschen konnte", wie Csáky ergänzte und dabei meinte: „Das ganze staatliche Leben des Reiches, an dessen Spitze" Franz Joseph „nahezu siebzig Jahre gestanden hatte, war so eng mit seiner erhabenen Person verbunden, daß es kaum faßbar schien, wie es sich ohne ihn gestalten würde".[6]

Hans Loewenfeld-Russ schilderte die Novembertage 1916 demgemäß so: „Wie auf alle Altösterreicher macht auch auf mich der Tod des Kaisers tiefen Eindruck, war doch in der Gestalt des Kaisers für jeden Österreicher, insbesondere den beamteten Staatsbürger, die Staatseinheit, die österreichische Staatsidee überhaupt verkörpert. In allen Büros wurde sorgenvoll die Frage erörtert: ‚Welche Folgen werden sich durch den Tod des Kaisers für die Fortführung des Krieges und für den Bestand Österreichs ergeben? Bedeutet der Tod des Kaisers das Ende Österreichs?'"[7]

In der Retrospektive erhielten die trüben Novembertage des Jahres 1916 den Charakter einer historischen Wegmarke, eines Abschieds nicht bloß von einer Regierungszeit, die schon als Epoche begriffen wurde, sondern von der „alten Welt" schlechthin. Hans Loewenfeld-Russ: „Die habsburgische Monarchie ist mit Kaiser Franz Josef am 30. November 1916 zu Grabe getragen worden. Die Zeit bis zum Zusammenbruche" war „nur ein letzter Todeskampf gewesen und die pompösen Leichenfeierlichkeiten, denen ich wie alle hohen Beamten der Ministerien in der Stefanskirche beiwohnte [...] waren der Schlußakt der Tragödie".[8]

Dennoch setzte er fort: Als am 30. November der junge Kaiser Karl mit der Kaiserin Zita „und dem kleinen blondlockigen, ganz in Weiß gekleideten Kronprinz Otto an der Hand hinter dem Sarge des toten Kaisers im Leichenzuge schritt, erhob sich in allen Herzen die Hoffnung, daß die Verjüngung an der obersten Spitze des Vaterlandes diesem selbst neue Jugendkraft verleihen werde."[9]

Im AOK-Hauptquartier, damals in Teschen, fand sich Edmund Glaise-Horstenau inzwischen unter zahlreichen „aufgeregten" Generalstäblern wieder, die um die nicht eben entspannten Beziehungen zwischen der Armeeführung und dem neuen Monarchen wussten.[10] Tatsächlich musste Stabschef Conrad von Hötzendorf seinen Posten räumen. In den anderen „gemeinsamen" Ressorts kam es darüber hinaus zu „Rochaden": Ottokar Graf Czernin beerbte den Berchtold-Nachfolger Stephan Graf Burián als Außenminister, Burián hingegen bekam „sein altes Portefeuille" des k. u. k. Finanzministers zurück, erinnert sich Imre Csáky, der außerdem „peinlich" berührt war von der „Teilnahmslosigkeit der wenigen deutschen und noch spärlicheren polnischen Persönlichkeiten", die sich zu einer Trauerfeier für Franz Joseph in der alten Warschauer Krönungskathedrale eingefunden hatten.[11]

Nicht ganz so frostig ging es unterdessen in Prag zu. „Mami, was heißt das denn, irgendwelche Leute auf den Stiegen haben gesagt, daß der alte Procházka ins Gras gebissen hat!" – Der achtjährige František Svoboda konnte sich aus der Nachricht keinen Reim machen und musste erst aufgeklärt werden, dass das tschechische Wort für „Spaziergang" und zugleich ein weit verbreiteter Name in Böhmen seit 1901 auf Franz Joseph und dessen Besuch anlässlich der Eröffnung einer Moldaubrücke Bezug nahm. In der Bezeichnung schwang Ironisches mit, von allzu viel Achtung konnte nicht die Rede sein. Der kleine František ging über die Todesmeldung rasch hinweg, vollauf mit den Alltagssorgen, der großen Not und dem zunehmenden Hunger beschäftigt, der ihn und nicht nur seine Nächsten plagte. Dass der Vater Greißler war, half angesichts der kärglichen „Zuteilungen" kaum. Ein Liedchen über die nahegelegene „Pankrácer Bäckerei" blieb haften: „In Pankrác, ihr Vettern, backt Brot man aus Brettern!"[12]

Viele Menschen hatten – wie die Svobodas – schlicht andere Probleme, als sich lange um das Ableben des Monarchen zu kümmern. Die Trauer war in zahlreichen sozialen Milieus ein Zeremoniell, das bestenfalls eingehalten wurde, aber nicht ohne Weiteres tiefere Empfindungen zum Ausdruck brachte. Die bereits vor 1914 etablierte und einflussreiche Filmindustrie erhellt schlaglichtartig die damals oft vorherrschende Stimmung. Die Besitzer der Lichtspieltheater beschweren sich beispielsweise bitter über die „Schließung der Kinobetriebe" als Folge des Todes von Franz Joseph. Man stehe immerhin vor einem „schweren Existenzkampf". Auch Pietät verknüpfte sich unweigerlich mit der Frage der ökonomischen Leistbarkeit.[13]

Stimmungslage im Vergleich: Ein Rückblick auf den Sommer 1914

Die Stimmung vom Herbst 1916 schien jener vom Sommer 1914 zu gleichen. Der verordneten Trauer um Franz Ferdinand und seiner Frau und den Bekenntnissen zu den patriotischen Pflichten war seitens der Filmindustrie fast augenblicklich das Lamento über mögliche Geschäftseinbußen aufgrund der beginnenden Kampfhandlungen gefolgt.[14]

Der vor allem von Vertretern der zivilen und militärischen Führung, von Teilen der Mittel- und Oberschicht sowie zahlreichen Intellektuellen europaweit zur Schau gestellte martialische Enthusiasmus repräsentierte keineswegs die Haltung des Großteils der Bevölkerung. Die Reaktionen in der Kinobranche waren dafür durchaus signifikant. Lärmende Kundgebungen speziell in den Hauptstädten und der zur Schau gestellte Kriegswille blendeten Vorbehalte und Bedrückungen abseits der medial hervorgehobenen Geschehnisse weitgehend aus. Arnošt Kolman erlebte als k. u. k. Soldat den Auszug auf das „Feld der Ehre" selbst inmitten der Armee anders als es die oft kolportierte Zuversicht der Uniformierten vermuten lässt. In Budweis hatte seine Einheit nach dem Verlassen noch ein Lied angestimmt, begleitet von den jubelnden „Städtern". Aber schon am Bahnhof war die Stimmung umgeschlagen. Der Gesang, so seine Aufzeichnungen, „verstummte. Er wich bedrücktem Schweigen".[15]

Kolman, der sich kritisch zur Befehlssprache und zur Vorherrschaft der „Deutschen" äußerte, war freilich nur bedingt repräsentativ. Gleiches galt für vereinzelte „Ausbrüche des Nationalitätenhasses". Dass in Oberösterreich etliche Tschechen verprügelt und es in Linz sogar einen Toten und mehrere Verletzte gab, war auf Nachrichten und oftmals lediglich Gerüchte über die „Serbenfreundlichkeit" der Slawen in der Donaumonarchie zurückzuführen. Ausschreitungen und Gewaltausbrüche dieser Art mussten die Behörden zwar eigentlich als Warnsignale verstehen. Zunächst aber blieben offene Konfrontationen zwischen den „Völkern des Reiches" gleichermaßen Einzelfälle wie die Weigerung, dem „Ruf zu den Waffen" Folge zu leisten. Unter den Bewohnern des weiten Agrarlandes und den ärmeren Schichten der Ballungs- und Industriezentren paarten sich wohl vielfach Ängste angesichts einer unsicheren Zukunft mit den gewohnten, alltäglichen Existenzsorgen. Aber in Österreich-Ungarn, ebenso wie in den anderen kriegsführenden Staaten, vollzog sich die Mobilmachung weitgehend reibungslos.[16]

Ihren Beitrag dazu leisteten in keinem geringen Ausmaß gerade jene Parteien und Weltanschauungsgruppen, die sich bislang als Oppositionskräfte betätigt und bei zahlreichen Gelegenheiten ihre Abneigung gegen bewaffnete Auseinandersetzungen betont hatten. Das galt nicht zuletzt für die allmählich an die Schalthebel der Macht heranreichenden Führer der Sozialdemokratie. Das „Proletariat" drängte Letztere gewiss nicht zum Schulterschluss mit den Regierungen. Die SP-Spitze löste mit ihrer Unterstützung des Kriegskurses vielmehr eine tiefe Vertrauenskrise an der Basis aus, die sich im Auftreten erster weiter linksstehender Vereinigungen manifestierte. Offiziell war solcherart Vorsicht geboten: Zuerst einmal distanzierte sich das Sprachrohr der Bewegung, die „Arbeiter-Zeitung", von allem chauvinistischen Gehabe sowie von „jeglicher Mitverantwortung für die kommenden Geschehnisse". Parallel dazu schuf der Parteivorstand mit „erstaunlichem Pragmatismus" die Basis für jene „Burgfriedenspolitik", die in den kommenden Jahren „wirkmächtig" blieb. Galionsfiguren und zukünftige Protagonisten benannten die Motive: „Oberstes Gebot der Stunde" sei die „Sicherung ‚unserer Organisation'" gegen mögliche „behördliche Unterdrückung", meinte Otto Bauer. „Es gibt nur eines, was noch schlimmer ist als der Krieg, das ist die Niederlage", eröffnete Victor Adler den „Vertrauensleuten". Und außerdem, so Wilhelm Ellenbogen und Karl Renner, müsse die „religiös verbrämte", „absolutistischdespotische Barbarei" des zarischen „Cäsaropapismus" bekämpft werden.[17]

Die „erstaunliche Vehemenz", mit der ein „in dieser Form überwunden geglaubter antirussischer Reflex" aktualisiert wurde, orientierte sich außerdem an den „Genossen" im Deutschen Reich, waren doch auch sie bereit, gegen die „Moskowiter" ins Feld zu ziehen. Der Blick zum „großen Bruder", zum „mächtigen Verbündeten", bestimmte nicht bloß in Hofkreisen, in den kaiserlichen und königlichen Ministerien die Zielrichtung. Auch in der „AZ" war Anfang August 1914 von der „heiligen Sache des deutschen Volkes" und von der „stolzesten und gewaltigsten Erhebung des deutschen Geistes" die Rede.[18]

Die Konsequenz: Diskussionen, Widerspruch, aber keine Kursänderung. Die Sozialdemokraten im Hohenzollernreich hatten den Kriegskrediten zugestimmt. Berlin gab den Ton an, Wien stand nicht abseits. Antikriegskundgebungen unterblieben. Die „Sozialistische Internationale", großspurig als Garant des Friedens und Erzfeind des „Militarismus" oftmals propagiert, zerfiel. Ihr für Ende August 1914 anberaumter Kongress wurde „auf unbestimmte Zeit" vertagt.[19]

Auch Entscheidungsträger und Meinungsmacher außerhalb der Regierung boten demgemäß keine Alternativen zu den Beschlüssen der Staatsspitzen an. Den Menschen mangelte es an merkbaren Zeichen des Widerspruchs, entsprechenden Orientierungshilfen oder Handlungsanleitungen. Die eingeübte, von „Untertanengeist" und tristen

Lebensbedingungen geprägte Duldsamkeit tat ein Übriges. „Man kannte es nicht anders", hatten viele Zeitzeugen diese Haltung beschrieben, zu der partiell auch die nach wie vor bestehende Loyalität gegenüber dem Land und – speziell in der Habsburgermonarchie – gegenüber dem betagten Regenten gehörte.

Jenseits des Erträglichen

Aber nicht so sehr Franz Josephs Tod markierte dann zur Jahreswende 1916/17 eine Zäsur,[20] sondern andere Einflussfaktoren, die deutlich außerhalb des Ertragbaren und Gewohnten lagen. Die Versorgungskrise verwandelte sich nämlich zu diesem Zeitpunkt endgültig in eine „Ernährungskatastrophe".[21]

Anton Pantz, langjähriger hochrangiger Mitarbeiter des k. k. Ackerbauministeriums, notierte Ende September 1916 in seinem Tagebuch: „Die Situation mit dem Hunger und Anstellen – die Leute warten zu Hunderten von 4 Uhr früh bis nachmittags in 4rer Reihen angestellt um Erdäpfel – wird ungemütlich. Jeden Morgen sehe ich die Reihen von der Karlskirche bis zum Naschmarkt mit Sesseln, Pölstern ausgerüstet, worauf die armen Leute sitzen und schlafen."[22] Die Lage spitzte sich auch deshalb zu, weil die Ernte in den vorangegangenen Monaten besorgniserregend schlecht ausgefallen war. „Gewaltige Fehlmengen" hatte man zu verzeichnen, als dann der „furchtbare Steckrübenwinter" mit seiner „abnormen Kälte" die „Verpflegsschwierigkeiten" ins Grenzenlose steigerte. Es begann ein „Rechnen, Umschichten, Vorziehen", „Strecken" und ein noch intensiveres Suchen nach „Ersatzstoffen". Neben weiteren Rationierungen von Lebensmitteln bei gleichzeitiger Qualitätsverringerung griff man auf Saatgut zurück und beging damit bereits „glatten Raubbau". Die Kronländer wurden auf Vorräte hin abgesucht. Nachdem ein Drittel der Ackerfläche Cisleithaniens durch den weitgehenden Ausfall Galiziens so gut wie gar nicht zur Verfügung stand, galten Böhmen und Mähren vor allem als Kornkammern für die südlich der Donau gelegenen Gebiete bis hin zur Adria. Doch die Länder der Wenzelskrone hatten selbst keine Überschüsse.[23]

Das große Pferdeschlachten setzte ein, während sich allenthalben auch abseits der enormen Ernährungsengpässe die Ressourcenknappheit zeigte. Brennstoffkrise und vor allem Kohlennot bedrohten das öffentliche wie private Leben. Bald war nichts mehr da, „was nicht dringend gebraucht oder nur mit unheimlichem Grimm hergegeben worden wäre". Der Rohstoffmangel äußerte sich unter anderem in der „Aufbringung" von Metallen. Nichts mehr war vor dem Zugriff des Staates sicher: Neben „kupfernen Badeöfen", „allen Arten von Kupferdrähten und Kupferdächern", Messingtürklinken oder „Haus- und Küchengeräten" ging es nun im katholischen Habsburgerreich auch um Kirchenglocken, „Leuchter und Lampen, Ziborienkronen und Kreuze von Prozessionsfahnen".[24]

Behördliches Einschreiten erschien in gesteigertem Maße als Repressalie. Während verschärfte Strafen für Schwarzmarktaktivitäten beziehungsweise „Lebensmittelwucher" in Vorschlag gebracht und eingeführt wurden, beschränkte sich das Militär, das ohnehin in einem Versorgungskonkurrenzkampf mit den Zivilisten stand, nicht mehr auf Requirierungen im Etappenraum. Überall sollten sich die Truppen nun schadlos halten können.[25] „Die häufigen und strengen Requirierungskommissionen tauchten in Dörfern auf und nahmen mitleidlos alles mit, was ihnen ‚entbehrlich' erschien", erinnert sich etwa František Pánek.[26] Václav Koza wiederum hielt später die traurigen Vorgänge in seinem von „hügeligen Wäldern und einer zauberhaften Landschaft" umgebenen Dörfchen wie folgt fest: „Plötzlich öffnete sich die Türe. Die Requisition! Mutter war ruhig, weil im Haus nicht ein einziges Körnchen war. Heute noch sehe ich sie, die Arme, wie sie sich auf den Soldaten stürzte, die Hände voller Teig, als er auch den Teig beschlagnahmen wollte. Der Soldat zog daraufhin das Bajonett heraus und richtete es auf sie, aber Mutter verteidigte das bißchen Essen, als ob es um ihr Leben ginge."[27]

Die Worte „als ob" waren wohl eine Untertreibung. Für viele stand tatsächlich die nackte Existenz auf dem Spiel. In der Verzweiflung bahnten Frauen und Kinder Tauschgeschäfte mit den Kriegsgefangenen an. An deren Unterbringungsorten tauchten sie bisweilen aber nur noch als Bettler auf.[28] Dabei war die Situation der Gefangenen vielfach noch schlechter. Das k. u. k. Kriegsministerium registrierte mit Blick auf die Arbeitskraft der Männer immer öfter „minderwertiges Material" in den Lagern. Allein in Kleinmünchen starben im Jänner 1917 34, im Februar 90, im März 163 und im April 185 „Insassen". Nicht viel besser sah es in den Lagern Hart und Wieselburg, Sopronnyék und Ostfyasszonyfa aus. Dort beobachtete ein Stabsarzt erbärmliche Gestalten „mit völligem Mangel des Fettpolsters, mit blassen Schleimhäuten, mit äußerst schwacher abgezehrter Muskulatur".[29] Neben dem Hunger machte man dafür die Schwerarbeit verantwortlich, wie ein inspizierender Feldmarschallleutnant auch aus der „Artillerie-Zeugsfabrik" des Wiener Arsenals meldete. Seinem Bericht mangelte es nicht an drastischen Schilderungen. Die Kriegsgefangenen, hieß es hier, suchten „aus Kehricht und Unrat Eßbares heraus" und hätten begonnen, „verscharrte Eingeweide von einer benachbarten Pferdeschlachtstelle" auszugraben. Der Anblick dieser

Erbarmungswürdigen sei „jammervollst" – und wörtlich: „Es sind das nur Todeskandidaten."[30]

Offiziere der Zarenarmee bestätigten die Eindrücke ihrer österreichisch-ungarischen Standeskollegen. Sarkastisch schrieb einer von ihnen aus Hart: „Das Leben hier ist lustig, jeden Tag hört man Neuigkeiten – dort starben 20 Mann infolge Gefrässigkeit – und da wieder 10 infolge schlechter Verdauung u.s.w., kurz – ist das ein Leben: Man lässt sie alle ruhig sterben, das Sterben ist hier nicht verboten."[31]

Fragwürdige Reaktionen

Die bittere Ironie dieser Schilderung aus Hart erschließt sich erst voll und ganz, wenn man bedenkt, dass verantwortliche Behördenvertreter allen Ernstes das Elend und Sterben der „Feindsoldaten" nicht ausschließlich auf die Konsequenzen der Lebensmittelknappheit, sondern auch auf die „Nahrungsgewohnheiten" und den „spezifischen Verdauungsapparat" der Fremden zurückführten. Vor allem die „Russen" standen im Verdacht, „relativ große Kalorienmengen" schon nach kurzer Zeit „unverdaut" wieder „auszuscheiden", eine Erklärung, welche die zuständige Abteilung für Militärsanitätswesen des k. u. k. Kriegsministeriums zu einer süffisanten Replik veranlasste. Man müsse die „Richtigkeit der Theorie [...] wohl erst durch exakte Stoffwechseluntersuchungen" bei „ausgewählten Versuchspersonen" unter gleichen Lebensbedingungen beweisen. Fest stehe aber: „Wären wir in der Lage, mehr Nahrungsmittel verabreichen zu können, würde die Unterernährung in den Kgf. Lagern mit einem Schlag verschwinden."[32]

Die richtige Einsicht allein vermochte die Situation freilich nicht zu verbessern. Weitere Verringerungen der

Rationen trugen zur völligen Erschöpfung und immer wieder zu auffallend hohen Mortalitätsraten bei, worauf seitens der offiziellen Stellen des Öfteren mit Schuldzuweisungen untereinander reagiert wurde. Niemand dürfe sich wundern, wenn es wegen der Misere zu „Krawallen" komme und „alle Augenblicke ein Rummel" zu gewärtigen sei, konstatierte zum Beispiel Anton Pantz, der hinsichtlich dessen die zuständigen Stellen nicht aus der Pflicht entlassen wollte und die zum Teil immer noch luxuriöse Lebensführung etlicher Beamter angesichts der allgegenwärtigen Not für frivol hielt.[33]

Eine einheitliche Regelung der Ernährungsfragen für beide Reichsteile wurde unterdessen immer dringender.[34] Resultat war die Schaffung des „Gemeinsamen Ernährungsausschusses" unter dem „Vorsitze" des Generalmajors Ottokar Landwehr von Pragenau – für Hans Loewenfeld-Russ der Inbegriff dilettantischer Wichtigtuerei und „Gschaftelhuberei".[35] Sticheleien, Eifersüchteleien und offene Zwistigkeiten unter der hohen zivilen und militärischen „Würdenträgern" erschwerten daraufhin sowohl das Vorgehen des Amtes für Volksernährung, dem Loewenfeld-Russ zugeteilt war, als auch die Tätigkeit der Organisation Pragenaus. Beide Institutionen scheiterten weiterhin an fehlenden exekutiven Befugnissen und den Gegensätzen zwischen einzelnen Teilen und Regionen der Monarchie. Sicherlich überschätzte man in Wien dabei die landwirtschaftliche Leistungsfähigkeit Transleithaniens. Regenfälle im Herbst 1916 hatte hier zum Beispiel bewirkt, dass große Maismengen verfaulten. Andererseits wiesen die betreffenden Statistiken immer noch ungarische Rekordernten aus, stand der Vorwurf im Raum, Budapest greife den eigenen Großgrundbesitzern unter die Arme, indem es erhebliche Futtermengen zur Erhaltung des Viehbestandes sichere. In diesem Zusammenhang wählte

k. k. Ministerpräsident Karl Graf Stürgkh gegenüber dem magyarischen Amtskollegen Graf Tisza bittere Worte. Für die Verhandlungen zwischen Ungarn und Österreich, so Stürgkh, „darf ich wohl den unumstößlichen Leitsatz" aufstellen, „daß man ungarische Schweine, nicht aber Menschen in Österreich schlachten kann".[36]

Marie Toth war eine von jenen, die nicht allein die mittelbaren Folgen, sondern die direkten Auswirkungen der Dissonanzen zu spüren bekamen. Immerhin gewöhnte sie es sich an, Mittwoch, Samstag und Sonntag nach Ungarn zu fahren, wo die Dörfer speziell am Wochenende von hungrigen Städtern regelrecht „überschwemmt wurden". Die Fahrt in überfüllten Zügen ging von Wittmannsdorf über Sollenau nach Ebenfurth, über die Leitha nach Deutsch-Brodersdorf und Ödenburg (Sopron). Vielerorts war jedoch nichts mehr zu holen. Mit Bettelei allein ließ sich wenig ausrichten, und schließlich verlor auch Geld immer mehr an Bedeutung. Mühselige Tauschgeschäfte führten alleine zum Ziel, wenn die Heimfahrt glückte, denn: „Unsere Sorge war, ob wir" die Waren „auch durchbringen." Die damals dreizehnjährige Marie weiter: „In den Zügen kontrollierten Zöllner, wir sagten ,Finanzer'. [...] Sie fuhren und kontrollierten bis Neufeld. Dort, an der Grenze, stiegen sie aus. Wenn wir über den Leithafluß nach Ebenfurth fuhren, atmeten wir auf, wenn sie uns nichts weggenommen hatten. Oft war die Fahrt umsonst: Geld und Ware samt Rucksack weg. Es haben sich traurige Szenen abgespielt. Alles Bitten und Weinen half bei manchen Finanzern nichts. Sie waren erbarmungslos." Zum Beispiel „ein Ungar namens „Süß": „Groß, stark, brutal." An einem Sonntag, Schwester „Anna fuhr mit, hatte er Dienst. [...] Wie er in ihren Rucksack greift, läßt sie das Fenster runter, reißt ihm den Rucksack aus den Händen, wirft ihn auf der verkehrten Seite beim

Fenster hinaus und schreit ihn an: ‚Du Hund, hol ihn dir draußen!' [...] Dann stürzte er sich auf sie" und „zerrte sie aus dem Waggon. Ich hab mich bei ihr angehängt, weinte und schrie, soviel ich konnte. Dann standen wir auf dem Perron. [...] Er diskutierte auf Ungarisch mit den anderen Finanzern. Ich stand vor dem Zug; ich wollte sie nicht allein lassen. Es hat ein großes Aufsehen gemacht. Mit viel Verspätung hat der Zug frei bekommen, und sie konnte mitfahren."[37]

Die Erinnerungen des Mädchens belegen, wie sich vor dem Hintergrund einzelner negativer Erlebnisse Pauschalurteile entwickelten. „Es gab wie überall gute und böse", schrieb Marie Toth, aber die Milde gestimmten „Amtsdiener" blieben blass und im Abseits, mehr noch: „Die Menschen in den Dörfern waren nicht schlecht, besonders die Deutschsprachigen." Aber: „Die Ungarn waren bekannt als neidisch."[38]

Bisweilen sah es so aus, als gäbe es unter solchen Bedingungen eine Art Solidarität der westlichen Reichshälfte in Bezug auf die Abneigung gegen den „anderen Teil" der Monarchie und vorwiegend gegen die „Magyaren". Offensichtlich dienten diese und vor allem ihre politische Führung wiederholt als Sündenböcke in Anbetracht der Notlage. Von Einigkeit war aber auch in Cisleithanien immer weniger zu sehen. Nicht nur Österreich und Ungarn wirtschafteten unabhängig nebeneinander und nicht nur die Heeresverwaltung agierte „zwischen ihnen wie ein Staat im Staat". Sogar innerhalb überschaubarer Regionen kam es zu Absperrungsmaßnahmen. Die sich verschärfende Krise förderte keineswegs bloß den Länderpartikularismus. Während die Bevölkerung für die Not hauptsächlich die Zentralstellen verantwortlich machte, brachte es die „Angst vor dem Verhungern" schon Anfang 1917 so weit, dass sich in den österreichischen Kronländern die „einzelnen Bezirkshauptmannschaften, ja die einzelnen Gemeinden hermetisch gegeneinander" abgrenzten.[39]

Das Vertrauen in die Staatsmacht sank indes immer tiefer. Und das mit Recht, wenn es etwa nach der Leitung des Etappenoberkommandos ging. Schließlich, hieß es hier, seien unter anderem bei der Bewirtschaftung oder im Transportwesen eklatante Missstände zu erkennen. Von Korruption und Spekulation war die Rede. Preistreiberei und Wucher stünden an der Tagesordnung.[40]

Signale aus Petrograd

„Senden Sie den Kriegsminister nicht an die Front, Majestät, dort ist jetzt noch der lichteste Punkt unseres Elends. [...] Senden Sie ihn zu den Ersatzkadres, wo sich schwer lungentuberkulöse Leute über den Exerzierplatz schleppen ... Senden Sie den Kriegsminister an die Peripherie Wiens, nach Ottakring, Favoriten, wo die zu unkenntlichen, typischen Hungergestalten herabgekommenen Frauen, abgezehrte Kinder am Arm, vor den Läden angestellt sind." Kaiser Karl, der auch aufgefordert wurde, seinen Namen nicht „durch engherzigen Machtwillen" zu „beflecken", musste angesichts zahlreicher derartiger Bittschriften erkennen, dass es „großer Politik" bedurfte, „ehe es zu spät" war.[41] Gerade noch hatte er mit prunkvollen Krönungsfeierlichkeiten in Budapest die Länder der Stephanskrone enger an sich zu binden versucht und damit zugleich innerhalb Cisleithaniens alles andere als nur Lob geerntet, da kam es zu größeren Streikaktionen, die sich von den bisherigen Ausständen zu unterscheiden begannen. In Pilsen beteiligten sich viel mehr Menschen daran als gewohnt, während in Prag „qualifizierte Arbeiter" als teils gewaltbereite, national gesinnte Kräfte den

Widerstand dominierten, ohne kohärente Massen der Unzufriedenen hinter sich zu vereinen.[42]

Beides verwies auf fundamentale Formierungsprozesse des Protestes: spontane, emotional aufgeladene Massenbewegungen, getragen von sozialen und ökonomischen Motiven; die Gefahr einer Eruption destruktiver Potenziale; die Formierung von Keimzellen und Leitungsgremien möglicher Rebellionen und Umstürze. Schrittweise machten sich dabei politisch-weltanschauliche Standpunkte bemerkbar. Noch vor den Ereignissen in den böhmischen Städten während des Sommers 1917 ließen sich auch im „Epizentrum der Macht" bemerkenswerte Vorgänge beobachten. Das Wiener Artilleriearsenal, wo zirka 15.000 Beschäftigte zum Einsatz kamen, wurde zum Schauplatz von Streikaktionen, in deren Verlauf Flugblätter unter anderem mit folgender Aufforderung auftauchten: „Lernet russisch, lernet von Petrograd!"[43]

Die Nachricht vom Sturz des Zaren als Konsequenz eines Massenprotestes in Sankt Petersburg, damals Petrograd genannt, war mit weitreichenden, wenn auch für die Zeitzeugen erst nach und nach erkennbaren Implikationen und widersprüchlichen Empfindungen verknüpft. Die Destabilisierung des „Hauptgegners im Osten" etwa hatten die Mittelmächte gewünscht und gefördert. Die entsprechende Einflussnahme auf Kriegsgefangene, die Unterstützung sozialrevolutionärer Oppositioneller sowie die Stärkung nationaler „Eigenheiten" und Unabhängigkeitsbestrebungen unter den ethnischen und konfessionellen Minderheiten des Romanovimperiums beinhalteten jedoch gerade für das habsburgische Vielvölkerreich beträchtliche Risiken. Man spielte mit dem Feuer. „Austroukrainische Tendenzen" und Vereinigungen trafen nicht bloß auf generelle antislawische Reflexe und – spezifischer – das Misstrauen gegenüber den Ruthenen. Armee und Außenministerium zuvorderst sahen insbesondere auch Reibungsflächen mit der österreichisch-ungarischen Polenpolitik.[44]

Die Meinungen gingen auseinander und änderten sich häufig. Als die Provisorische Regierung in Petrograd rasch mit Autonomie- und Selbständigkeitsideen konfrontiert war, ging man auch in Wien wieder verstärkt auf die „ukrainische Nationalbewegung" zu, ohne damit andere Optionen aufzugeben. Die Existenz polnischer Legionen im Rahmen der Habsburgerarmee, die Eroberung Russisch-Polens durch die Mittelmächte und die Proklamation eines von Wien und Berlin abhängigen Königreiches Polen waren zu berücksichtigen, erschienen jedoch in einem neuen Licht. Die „Februarrevolution" und die politischen Veränderungen im ehemaligen Zarenreich boten den Polen Alternativen. Russlands neue Führung versprach weitgehende Unabhängigkeit und die Westmächte trugen ihrerseits dazu bei, dass die Causa schrittweise zu einer internationalen Angelegenheit wurde.[45]

Die diesbezügliche Führungsrolle Deutschlands und Österreich-Ungarn stand zur Disposition, zumal deren Dominanz immer öfter polnische Proteste hervorrief. Signifikant für die Verhältnisse war ein „allerhöchster Befehl" vom März 1917. Kaiser Karl untersagte – offensichtlich als Reaktion auf den „Umbruch" in Sankt Petersburg – weitere Werbeaktionen unter Kriegsgefangenen, mit deren Hilfe die polnischen Militärverbände seit geraumer Zeit verstärkt werden sollten. Letztere, so der Verdacht, könnte sich von der Donaumonarchie ab- und der „feindlichen Allianz" zuwenden – erst recht angesichts der Schreckensmeldungen aus den entsprechenden Speziallagern. Im ungarischen Csót beispielsweise wurden die dort „konzentrierten" Polen nach eigenen Aussagen regelrecht „ausgehungert". Die Fluchtrate schnellte in die

Höhe, Verzweifelte verübten Diebstähle und Gewaltdelikte, Zusammenstöße mit der lokalen Bevölkerung blieben nicht aus. Eine anderes „Speziallager" in Plan bestand laut ärztlicher Inspektion nur mehr „aus kranken und körperlich geschwächten Personen". Trotzdem reihte man sie schließlich in „Arbeiter-Partien" ein, während das k. u. k. Kriegsministerium nicht bloß keine Verbesserung der Versorgung in Aussicht stellte, sondern sarkastisch bemerkte, dass „die Polen immer und überall ganz besonders wehleidig" seien.[46]

Schließlich, fügte die Militäradministration hinzu, friere und hungere das ganze Land, ein Faktor, der die Beamten mit Blick auf die russischen Geschehnisse nachdenklich stimmen musste. Immerhin waren es Organisationsmängel und Versorgungsengpässe gewesen, die an der Neva einen elementaren Aufstand bewirkt hatten. Frauen, die gegen die Lebensmittelknappheit protestierten, waren am Beginn des Umsturzes gestanden. Schließlich mündete die Unzufriedenheit mit den sozialen und wirtschaftlichen Missständen in politische Forderungen. Zunächst durch Polizei und Soldaten blutig bekämpft, führte die Erhebung letztlich durch die Meuterei der Garnison zum völligen Kollaps des Zarenreiches – eine Warnung, gerade für die erschöpfte Kriegsgesellschaft der Mittelmächte. Die Freude über die Probleme des Gegners hielt sich solcherart auch im Habsburgerreich in Grenzen. Die den Regierungs- und Hofkreisen nahestehenden Christlichsozialen machten in der „Reichspost" klar, dass nur „Ideologen und Halbnarren" sich für die Revolution als solche „begeistern" könnten. Der Umsturz sei zu begrüßen, weil er den Feind schwäche. Man müsse sich aber davor hüten, eine Revolution im Allgemeinen „zum Ideal zu erheben".[47]

Das war nicht zuletzt gegen Marxismus und Arbeiterbewegung gerichtet, denen mit dem Verschwinden des

„despotischen Zarismus" der Hauptkontrahent verloren ging: Der „ungeheure geschichtliche Dammbruch", ähnlich der der Französischen Revolution, fand in der „Arbeiter-Zeitung" eine so begeisterte Aufnahme, dass die Zensur einschritt.[48]

Linksschwenk

Die Fassaden der patriotischen Einheit bröckelten. Ramponiert war die Burgfriedenspolitik seit Längerem. Im Herbst 1916 hatte Friedrich Adler, der Sohn des sozialdemokratischen Parteigründers und -führers, Victor Adler, den k. k. Ministerpräsidenten Stürgkh als Symbolfigur des „Kriegsabsolutismus" erschossen. Die Gewalttat rief auch in Russland Interesse hervor. Aus dem Attentäter wurde ein „Tyrannenmörder", der den „gerechten Zorn unmündig gehaltener Massen" zum Ausdruck brachte. Dass der aufsehenerregende Prozess gegen Adler mit einem Todesurteil endete, war vorhersehbar. Bezeichnend aber für das allgemeine Klima war die Furcht vor der „Erregung" des österreichischen „Proletariats" im Falle einer tatsächlichen Vollstreckung des Gerichtsbeschlusses. Innerhalb der „Linken" vermutete man denn auch, dass es die Behörden vor dem Hintergrund der Entwicklungen in Russland nicht „gewagt" hätten, den „Delinquenten dem Henker zu überantworten".[49]

Die Geschehnisse in Petrograd und die nachfolgenden Umwälzungen auf dem Territorium des untergegangenen Romanovimperiums blieben Bezugspunkte und beeinflussten jedenfalls implizit die Vorgänge in Mitteleuropa. Die SP-Gefolgschaft verwies schon im April und bei den Feiern zum 1. Mai auf die „neuen Freiheiten im Osten", etwa das Frauenwahlrecht oder den Achtstundentag. Und die Parteiführung zog nach. „Man wird hier nicht verweigern können, was drüben ist", brachte es der aus russischer Kriegsgefangenschaft heimgekehrte Otto Bauer auf den Punkt.[50]

Kaiser Karl musste indes nicht erst von den Äußerungen Bauers und seiner Gesinnungsgenossen zum Handeln veranlasst werden. Außenminister Ottokar Graf Czernin hatte ihm nachdrücklich empfohlen, aus der „verblüffenden Leichtigkeit", mit der „die stärkste Monarchie der Welt" gestürzt worden sei, die Lehren zu ziehen.[51] Schließlich, meinte Czernin, bleibe nur noch wenig Zeit, um das eigene Reich vor dem Zusammenbruch zu bewahren.[52] Der junge Regent versuchte es umgehend mit ersten sozialpolitischen Maßnahmen und Parlamentarier Josef Redlich, der es später kurz zu Ministerehren brachte, vermerkte zeitgleich, die Regierung sei „vor lauter Angst ganz sozialdemokratisch" geworden.[53] Richtig war, dass sich die „Botschaft aus Sankt Petersburg" in allen Teilen des Reiches bemerkbar machte und etwa auch in Ungarn zu innenpolitischen Turbulenzen in Bezug auf die Umsetzung demokratischer Forderungen führte. Wieder bremste die „Reichspost" und rief zur Zurückhaltung auf. Die „Volksherrschaft" sowohl des revolutionären Russland als auch der „westlichen Länder" dürfte nicht als Modell angesehen werden, das Vertrauen in die bestehende Führung sei zu erhalten.[54]

Letztere kehrte unterdessen zu parlamentarischen Verhältnissen zurück. Statt, wie immer wieder angedacht, die „Sanierung" des cisleithanischen Systems mittels oktroyierter Verfassung in Angriff zu nehmen, trat nach dreijähriger Pause der Reichsrat wieder zusammen. Graf Czernin war keineswegs der Einzige, der diese Entscheidung nicht mit der „Februarrevolution" in Verbindung bringen wollte. Und realiter gab es tatsächlich mehrere

Gründe, die „Volksvertretung" wieder einzuberufen. Dass die Meldungen aus Sankt Petersburg gleichfalls ihren Beitrag dazu leisteten, „ist allerdings nur schwer von der Hand zu weisen".[55]

In anderen Belangen zeigte sich der Einfluss direkt und nachweisbar. Czernin wollte etwa auch den ungarischen Ministerpräsidenten von der Notwendigkeit zur Zusammenarbeit mit der Linken überzeugen. Es müsse, wenngleich hauptsächlich nach dem Krieg, „überschüssiger Dampf abgelassen" werden, andernfalls, so seine Worte, „explodiert der Kasten".[56]

Damit stand die Frage eines Endes der Kampfhandlungen im Raum, wofür sich nicht zuletzt die Sozialdemokratie unter anderem im Rahmen einer internationalen Konferenz in Stockholm einsetzte. Die Initiative auf neutralem skandinavischem Boden scheiterte dann aber insbesondere an der Haltung der Westmächte, die inzwischen durch den Kriegseintritt der Vereinigten Staaten gestärkt worden waren und seit Monaten auch die Provisorische Regierung in Petrograd auf Kriegskurs hielten. Die Hoffnungen der Mittelmächte, im Osten nicht weiter große Truppenverbände halten zu müssen, wurden vorerst enttäuscht. Die Februarrevolution war nicht oder nicht ausschließlich als Friedensmanifestation zu verstehen. Eine Fortsetzung der Gefechte mit einem „ehrenvollen Ende", ohne „Annexionen und Kontributionen", blieb eine Option. Fraternisierungsversuche an der Front ebenso wie die bröckelnde Disziplin angesichts der Befehle und des Auftretens der Räteorgane, konnten nicht darüber hinwegtäuschen, dass die russische Armee als militärischer Faktor noch keineswegs ausgedient hatte.[57]

Ebenso fehlten Hinweise, dass sich Angehörige der Habsburgerarmee von den Entwicklungen im „feindlichen Lager" hätten mitreißen lassen. Trotz Versorgungsschwierigkeiten, Erschöpfung und nationalen Divergenzen[58] blieb es bei den k.u.k. Truppenverbänden ruhig. Mehr oder minder staunend sahen sie zu, was sich bei den gegnerischen Streitkräften abspielte, „die man seit fast drei Jahren zu kennen glaubte".[59]

Dem Rätseln über die weitere Haltung der Russen folgten Entscheidungen von enormer Tragweite. Alexander Kerenskij, seit Mai Kriegsminister und seit Juli Premier der Provisorischen Regierung in Petrograd, entschied sich, die russische Armee zu einer letztlich erfolglosen Offensive antreten zu lassen, durch die das bereits destabilisierte Land vollends ins Chaos schlitterte. Kerenskij geriet schließlich auch mit den Militärs in Konflikt, während das vermehrt von gemäßigten Sozialisten getragene Kabinett zugleich von einer klar oppositionellen Kraft herausgefordert wurde. Die Bolschewiki unter dem mit Hilfe der Mittelmächte aus dem Exil zurückgekehrten Vladimir I. Lenin bedienten sich einfacher und effektiver Parolen. Putschartig ergriff Lenin in der später überhöhten „Oktoberrevolution" die Macht und „dekretierte" unverzüglich den Frieden, die Landreform sowie die nationale Selbstbestimmung. Sein eigener Anhang war zu diesem Zeitpunkt alles andere als einig, ebenso die mächtigen Agrarsozialisten, die sich spalteten und nur teilweise zum neuen Sowjetregime hielten. Die frei gewordenen Kräfte ließen sich vorläufig kaum kontrollieren. Erst nach und nach bekamen die Bolschewiki, die sich ab 1918 Kommunisten nannten, in schwierigen Kämpfen gegen die vielschichtige innere Opposition, gegen „separatistische Völker" und ausländische Interventen die Zügel in die Hand.[60]

Schon wenige Tage nach dem „Roten Oktober" war allerdings klar, dass sich die „Rätemacht" realiter in eine besonders repressive Form der Einparteiendiktatur zu wandeln begann. Zensur, Verfolgung Andersdenkender,

Aufstieg einer bald gegründeten Geheimpolizei, schließlich die Auflösung des gewählten Parlamentes und selbst die Ausgrenzung anderer „linker Kräfte" mussten aufmerksame Beobachter von Anfang an verstören.[61]

In der Donaumonarchie waren zunächst allerdings andere Aspekte von größerer Bedeutung: Lenins Losungen konnten im Hinblick auf die sozialen Fragen ebenso wie auf die Nationalitätenproblematik nicht missachtet werden. Victor Adler, der schon kurz nach der Februarrevolution meinte, dass der Regierung, aber auch ihm und seiner Gefolgschaft „die Folie des Zarismus" abhandengekommen sei, sprach außerdem für viele, als er im Wiener Konzerthaus unter dem Eindruck der russischen Ereignisse und der Friedensangebote aus Petrograd am 12. November 1917 erklärte: „Wir haben vierzig Monate Krieg hinter uns, die schrecklichste Zeit, die jeder von uns erlebt hat. Was an persönlichem Elend und Jammer in dieser Zeit über uns hinweggegangen ist, bleibt unvergesslich für jeden. Es gibt keinen in diesem Staat", der nicht die letzten Tage „segnet" als jene Hoffnung, mit der „uns endlich das Ende dieses Krieges winkt".[62]

Expansion

Das energische Drängen der Sowjetregierung auf einen Waffenstillstand und baldige Friedenverträge erschien wie ein heller Lichtstrahl am Nachthimmel und nährte die Zuversicht, die Gefechte könnten bald an allen Fronten zu einem Abschluss kommen. Mit solchen Überlegungen ging auch k. u. k. Außenminister Czernin in die am 22. Dezember 1917 in Brest-Litowsk begonnenen Verhandlungen zwischen den Mittelmächten und Räterussland. Bald zeigte sich jedoch, wie wenig man den Intentionen der

Deutschen Obersten Heeresleitung unter Paul von Hindenburg und Erich Ludendorff entgegenzusetzen hatte. Sie überzeugten Wilhelm II. von der Notwendigkeit einer separaten Übereinkunft mit Räterussland, die zugleich militärisch eine Entlastung der Westfront und machtpolitisch eine Stärkung des deutschen Einflusses im Osten bringen sollte.[63]

Obwohl Czernin und Kaiser Karl zumindest Annexionswünschen des Hohenzollernreiches Einhalt gebieten und den Bolschewiki Konzessionsbereitschaft signalisieren wollten,[64] geriet Österreich-Ungarn im Zuge der nachfolgenden Ereignisse vollends in das Fahrwasser des mächtigen Verbündeten. Auslöser war nicht zuletzt der Konflikt zwischen Petrograd und Kiew. Bedroht vom „Oktoberregime" und ihrem lokalen Anhang erklärte sich die Ukraine im Jänner 1918 für unabhängig und suchte dann das Bündnis mit den Mittelmächten. Während Lenin selbst in den eigenen Reihen angesichts der deutschen Forderungen zunächst keine Mehrheit fand und die Gespräche mit den Mittelmächten unterbrochen wurden, setzten sich deutsche und österreichisch-ungarische Truppen in der zweiten Februarhälfte in Bewegung und marschierten bis Anfang Mai 1918 weit nach Osten, in die Ukraine, nach Rostow am Don, auf die Krim und später auch noch in den Kaukasus.[65]

Unterdessen, exakt am 3. März, war mit der Sowjetregierung der Brester Frieden geschlossen worden, bei dem Russland 26 Prozent seiner Bevölkerung, 27 Prozent des anbaufähigen Landes, 26 Prozent des Eisenbahnnetzes, 33 Prozent der Textilindustrie, 73 Prozent der Eisenindustrie und 75 Prozent der Kohlenbergwerke verlor. Die teilweise höher entwickelten oder agrarisch wertvollen Randgebiete im Westen des untergegangenen Zarenreiches bedeuteten für die Mittelmächte vor allem auch in wirtschaftlicher Hinsicht eine enorme Erweiterung des Aktionsfeldes. Das mittlerweile nach Moskau übersiedelte KP-Regime verstand die gewaltigen und innenpolitisch nur schwer zu vertretenden Einbußen wiederum vor allem als Preis für ein Stillhalten der Hohenzollern- und Habsburgerarmeen, als „Atempause" zur Konsolidierung der eigenen Herrschaft und als vorübergehenden Kompromiss mit den „Imperialisten". Der ideologisch verbrämte Begriff war im konkreten Fall keineswegs unpassend. Berlin und Wien betrachteten speziell die „befreundete" Ukraine fast ausschließlich als Requirierungszone für Rohstoffe und Lebensmittel. Als sich die Rada, die Kiewer Führung, weder willens noch fähig erwies, diesen Wünschen zu entsprechen, entschieden sich Deutsche und Österreicher kurzerhand, die Souveränität des neuen Staates zu missachten und hier ein willfähriges Regime, das „Hetmanat" des früheren zarischen Generals Pavlo Skoropad'skyj, einzusetzen.[66]

Realiter waren die hinzugewonnenen Territorien im Osten daher ebenso Okkupationsgebiet wie auf dem Balkan. Während zum Beispiel in Albanien eine stark auf Stammesstrukturen fußende lokale Verwaltung aufrecht blieb, erblickte die Donaumonarchie die Region seit Längerem als strategisch wichtigen Stützpunkt. Formal unterstand sie daher eigentlich der Etappe des XIX. k. u. k. Korpskommandos. Wien behielt sich vor, den früheren Fürsten nicht mehr einzusetzen und das Land in ein Protektorat des Habsburgerreiches zu verwandeln.[67]

Anderswo hatte die österreichisch-ungarische Armeeführung in der Zwischenzeit reguläre Militärgouvernements errichtet, in Lublin etwa als Pendant zur deutschen Herrschaft in Warschau. Am 1. März 1916 übernahm man dann mit einer ähnlichen Konstruktion auch die Kontrolle in Montenegro, kurz nachdem sich der erste k. u. k. Generalgouverneur in Belgrad eingerichtet hatte. Im Zuge dessen änderten sich auch hier die Zielvorgaben. Abgesehen von einer „Strafaktion" waren nämlich die Pläne für Serbien zunächst vage geblieben. Das AOK unter Stabschef Franz Conrad von Hötzendorf dachte sogar noch 1915 an eine Verständigung mit dem hartnäckigen Gegner. Eine Annexion, Zerstückelung oder auch nur eine Verkleinerung des feindlichen Staates stand nicht zu Debatte. Nun aber, mit der Schaffung von Besatzungsinstitutionen, war es gerade Conrad, der die „Vereinigung aller südslawischen Gebiete in der Monarchie" anvisierte.[68]

Das Einflussgebiet des Habsburgerreiches dehnte sich weiter aus. Der „Durchbruch" bei Flitsch und Tolmein, die 12. Isonzoschlacht, setzte sich in einem „rauschhaften" Vormarsch bis zur Piave fort. Als Anfang Dezember 1917 die Fronten zum Stehen kamen, sah Österreich-Ungarn fasziniert auf die beträchtlichen Geländegewinne – die Provinzen Udine und Belluno sowie Teile von Venetien, Treviso und Vicenza –, aber auch auf die erbeuteten Waffenarsenale und die „gewaltigen Massen von Italienern, die in die Kriegsgefangenenlager strömten".[69]

Bis ins vorletzte Kriegsjahr hinein konnte speziell die k. u. k. Generalität gewissermaßen zufrieden sein. Ab Mai 1915, seit dem Beginn einer großen Offensive gegen die Zarenarmee und des Krieges gegen den italienischen „Erzfeind", ließ sich die Bilanz rein militärisch durchaus sehen. Während Franz Joseph und viele seiner Untertanen damals veritable Untergangsängste quälten, zeigte sich bald, dass die k. u. k. Truppenverbände ihre Ziele erreichten. Zwischen ihnen und dem Apenninenkönigreich kam es zwar zu erbitterten Gefechten in Tirol und am Isonzo. Die Angriffe des Gegners wurden jedoch zunächst abgewehrt, bis schließlich – wie erwähnt – die eigene Attacke im Spätherbst 1917 gelang. Bei Tarnów-Gorlice war der

„Durchbruch" hingegen schon zweieinhalb Jahre früher geglückt. Nicht nur das zuvor von den zarischen Truppen okkupierte Galizien wurde zurückerobert. Die Mittelmächte besetzten Russisch-Polen und stießen bis ins Baltikum vor. Wenig später gelang unter Einbeziehung des neuen Verbündeten Bulgarien die „Niederringung Serbiens".[70]

Der Beistand Sofias erwies sich schließlich auch im kommenden Jahr als wichtig. Rumänien stellte sich auf die Seite der Entente und konzentrierte sich hauptsächlich auf die Einnahme des ungarischen Siebenbürgen. Die rumänische Armee konnte angesichts des Zangenangriffs aus dem Norden und Süden allerdings nicht standhalten und musste den Rückzug antreten. Im Dezember 1916 marschierten die Mittelmächte in Bukarest ein. Das nun eingenommene Gebiet wurde in drei Gouvernements unter deutscher Oberhoheit geteilt. Österreich-Ungarn war an der Verwaltung vor allem in wirtschaftlicher Hinsicht beteiligt.[71]

Territoriale Zugewinne und strategische Erfolge erklärten in gewisser Weise auch die relativ gelassene Reaktion der k. u. k. Soldaten auf die Revolution in Russland und die immer spürbarere Desintegration der gegnerischen Streitmacht an der Ostfront.

Ambitionierte Ziele

Unter dem Eindruck der 12. Isonzoschlacht meinte Victor Adler: „Es ist wahr, wir in Österreich haben so große Erfolge, wir haben den Feind von unseren Grenzen abgewehrt und unsere Armee steht weit in Italien."[72]

Es sei daher, so Adler, „nicht leicht, auf dem Wege des Sieges einzuhalten", nach Jahren, in denen die Lage an den Fronten zu kühnen gedanklichen Höhenflügen animierte. Nicht nur in der Armee stellte man Überlegungen an, wie der Einfluss in der erweiterten Machtsphäre zur Geltung gebracht werden könnte. Honoratioren aus dem „Zivilleben", Mitglieder von politischen Parteien und des Reichsrats, hohe Verwaltungsbeamte, Chefredakteure, Industrielle, Bankdirektoren, Historiker und Schriftsteller, Universitätsprofessoren, Angehörige des Adels, des Besitz- und Bildungsbürgertums legten ihre Vorstellungen in einzelnen Konzepten oder Memoranden nieder, trafen sich in Diskussionsrunden, um die Zukunft der Monarchie zu erörtern. Ganz offen sprachen sie in diesem Zusammenhang von der Notwendigkeit, die „Scheu vor dem Imperialismus" ablegen und die „Seegeltung" weiter ausgestalten zu müssen. Eine „historisch-christliche Mission" im „barbarischen Osten" wurde als „Naturnotwendigkeit" Österreich-Ungarns bezeichnet, ein „Platz an der Sonne" eingemahnt, eine „Kolonial- und Orientpolitik", wenigstens in der Levante und in wirtschaftlicher Hinsicht bis Persien oder „Innerasien", vielleicht sogar global.[73]

Nach innen hin ging es um das Verhältnis zu Ungarn, wobei von einer Lockerung, von einer reinen Personalunion einerseits, von einem gemeinsamen Parlament und einer Wiederherstellung des Gesamtstaates andererseits die Rede war. Viele blieben jedoch beim dualistischen System in Antizipation von Widerständen der Budapester Führung. Unter Umgehung einer trialistischen Struktur kamen „subdualistischen" Ausgleichskonzepte zur Sprache, in den Ländern der Stephanskrone das Übereinkommen zwischen Magyaren und Kroaten, in Cisleithanien zwischen Polen und „Österreich".[74]

Innen- und Außenpolitik blieben auch jetzt eng miteinander verflochten. Denn was aus den Geländegewinnen und vorläufigen Besatzungszonen werden sollte, hatte direkte Auswirkung auf die staatsrechtlich-praktischen Folgen. Welche neue Gestalt dem habsburgischen Staat – etwa durch den Ausschluss Galiziens und der Bukowina bei gleichzeitiger Schaffung „austrophiler" polnischer und ukrainischer Staatswesen oder durch eine k. u. k. Dominanz in Rumänien, Serbien, Montenegro und Albanien – zu geben sei, blieb in diesen „Think-Tanks" ebenso umstritten wie etwa auch unter den Diplomaten des k. u. k. Außenministeriums am Ballhausplatz.[75]

Sehr zum Missfallen vieler Genossen fand diesbezüglich Karl Renner die Idee attraktiv, der „übernationale Staat" der Monarchie habe sich „im Feuer" bewährt, den ethnischen Separatismus in die Schranken gewiesen und leiste nun der grenzüberschreitenden Kooperation Vorschub. „Mitteleuropa", ein im „Kern deutscher Staatenverband", als Keimzelle dieser Entwicklungen erschien Renners Kritikern angesichts der Hegemonialpläne Hindenburgs und Ludendorffs mit gutem Grund als „imperialistische Strategie".[76]

Bezeichnenderweise beklagten nur wenige unter jenen, die Zukunftsmodelle entwarfen, das „deutsch-österreichische Seigneurat". Die „volle Konföderation gleichwertiger Völker" erwies sich als Minderheitenprogramm.[77] Vorstellungen von der Auflösung der Kronländer in Kreise oder der Bildung von „Nationalräten und ihren Sektionen zur Wahrung und Pflege" der Sprache beziehungsweise der „völkischen Eigenart" – hauptsächlich auf sportlichem, künstlerischem und wissenschaftlichem Gebiet, in Bildungsfragen, bei Wohltätigkeitsmaßnahmen und im Bereich „Gewerbe und Hausindustrie" – ließen die Dimension der Nationalitätenproblematik als immer wichtigeres „Leitmotiv" der Politik oftmals außer Acht.[78]

Zahlreiche Verfasser von Entwürfen und Mitglieder von elitären Zirkeln scheuten sich demgegenüber nicht, gerade mit Blick auf eine „Reform im großen Stil" ganz und gar die eigene „kulturell-ethnische" Identität in den Vordergrund zu rücken. Wie auch in Armeekreisen war man zunächst ganz „deutsch", machte sich Gedanken, wie in einem „starken Österreich" das „Deutschtum" wieder gefördert werden könne, verlangte die „deutsche Vermittlungssprache" und orientierte sich bei allen Großmacht- und Kolonialplänen an Berlin. Im Detail war freilich nicht klar, ob es vorrangig um Handelsbündnisse oder auch um engere Kooperationen mit dem Hohenzollernreich gehen sollte. Die Souveränität der Habsburgermonarchie hervorzuheben, empfanden jedenfalls einige Diskussionsteilnehmer als geboten.[79] Bei den offiziellen Stellen fanden sie Schützenhilfe. Die Ministerpräsidenten Österreichs und Ungarns standen etwa Zollunionsplänen distanziert gegenüber, Gespräche mit Deutschland über eine wirtschaftliche Annäherung versandeten rasch. Am Ballhausplatz und in regierungsnahen Zeitungen gab man sich bezüglich der „Mitteleuropa-Idee" zugeknöpft.[80]

Die harte Wirklichkeit

Klima, Zielsetzungen und Standpunkte der Debatten ließen sich indes nicht vom Kriegsverlauf und der realen Machtverteilung trennen. Während sich russische Streitkräfte unter General Alexej Brussilov noch im Sommer 1916 schlagkräftig genug zeigten, um die gegnerischen Abwehrlinien ins Wanken zu bringen und zwei österreichisch-ungarische Armeen zu vernichten, oblag es nicht zum ersten Mal den Verbündeten, der Donaumonarchie in schwierigen Phasen zur Seite zu stehen. Auch in Serbien waren die k. u. k. Einheiten zunächst an einer entschlossenen Gegenwehr der Verteidiger gescheitert, die um ihre

Heimat mit Landeskenntnis und höherer Kampfmoral erbittert rangen. Erst mit deutscher und bulgarischer Unterstützung wendete sich das Blatt. Als ihr Verdienst beanspruchten vor allem die Verbände Wilhelms II. überdies den „Durchbruch von Tarnów-Gorlice" und den weiteren riesigen Terraingewinn im Osten. In Rumänien trat dann die Überlegenheit der „Preußen" auch bei der Besatzungspolitik klar hervor, nicht anders als bei den Verhandlungen mit Lenins „Emissären" und der Kontrolle über die Ukraine. Ähnliches galt für die 12. Isonzoschlacht und den dortigen deutschen Truppeneinsatz, nachdem bereits zuvor die Etablierung eines Oberkommandos der Mittelmächte zwar keine vergleichbar enge Kooperation wie bei den gegnerischen Alliierten bewirkte, aber immerhin die Vormacht Berlins, politisch wie auf dem „Feld der Ehre", international noch deutlicher hervortreten ließ.[81]

Dieses von Anfang an zu befürchtende Ungleichgewicht zwischen der Donaumonarchie und dem Hohenzollernreich entwickelte sich aus der Perspektive der k.u.k. Führung vor allem auch zu einem gefährlichen internationalen Einflussfaktor, wie das Verhalten der Vereinigten Staaten belegte. Sie hatten zwar im April nur Deutschland den Krieg erklärt. Wenigstens indirekt, durch materielle Hilfe für die Entente und die Preisgabe neutraler Vermittlungspositionen, hatten sich aber naturgemäß die Beziehungen Wiens zu Washington rasch verschlechtert. Als sich die Amerikaner während des Vormarsches der Mittelmächte bis zum Piave nicht nur um Italien Sorgen machten, sondern auch die Haltung des Habsburgerreiches einer kritischen Prüfung unterzogen, kam es zum offenen Bruch. US-Präsident Woodrow Wilson empfahl dem Kongress, Österreich-Ungarn den Krieg zu erklären, da es, so seine Begründung, „derzeit nicht Herr seiner selbst sei, sondern ganz einfach ein Vasall der deutschen Regierung".[82]

Drei Tage später, am 7. Dezember 1917, folgten die Abgeordneten seinem Ratschlag – eine bedeutende Zäsur, die in der k. k. Haupt- und Residenzstadt aufgrund der Siegesmeldungen von den Kampfschauplätzen und der erwartungsfrohen Stimmung vor den Verhandlungen mit Sowjetrussland kaum ernstlich rezipiert wurde.[83]

Der „Durchbruch von Flitsch-Tolmein" erwies sich in jeder Hinsicht als Pyrrhussieg. Das feindliche Bündnis erhielt wichtige Verstärkung, während der sichtbare Beweis der „Triumphe" an der Front, die Kriegsgefangenen als „menschliche Beute", umgehend ein böses Erwachen zur Folge hatte. In den Depots und Magazinen gab es so gut wie nichts, um die „Feindsoldaten" zu versorgen. Die eigenen Armeeangehörigen suchten vielmehr verzweifelt in den eroberten Gebieten nach Vorräten. Dabei machten sie in Montenegro und Albanien etwa wenig ermunternde Erfahrungen. „Ressourcenknappheit" und „Wegelosigkeit" provozierten Vergleiche mit Kolonialgebieten. Straßen und Bahnlinien, Post- und Telegraphenverbindungen mussten erst geschaffen werden. Zunächst aber waren nicht einmal genug Nahrungsmittel aufzutreiben, um Besatzer und Einheimische gleichermaßen zu erhalten. Rumänien bot demgegenüber zwar Getreide, Hülsenfrüchte und Mais, Holz und vor allem auch Erdöl. Viele Betriebe mussten aber nach den Gefechten mühselig „in Gang gesetzt werden", abgesehen von der Tatsache, dass sich die lokale Bevölkerung gegen Beschlagnahmungen wehrte.[84]

In Serbien kam es solcherart zu einem lokalen Guerillakampf, den Desertionen aus der k. u. k. Armee zudem ebenso befeuerten wie Gerichtsverfahren in Fällen der „Majestätsbeleidigung", weitere Internierungswellen oder

Hausdurchsuchungs- und Entwaffnungsaktionen der habsburgischen Sicherheitsorgane. Die Leitung des k. u. k. Militär-General-Gouvernements in Belgrad erfuhr wiederholt von besonderen Schwierigkeiten, örtlicher „Räuberbanden habhaft zu werden".[85] Geiselnahmen und -erschießungen oder andere „Abschreckungs- und Einschüchterungsmaßnahmen" trugen nicht dazu bei, die Lage zu beruhigen. Die Okkupationsmacht ging vielfach davon aus, es mit einem vor allem von intellektuellen Eliten geschürten Hass der Landesbewohner gegen Österreich-Ungarn zu tun zu haben. Das rechtfertigte drakonische Unterdrückungsmethoden, die durch antiserbische „Entnationalisierungskampagnen" der bulgarischen Verbündeten sogar übertroffen wurden. Konsequenz war eine noch größere Aufstandsbewegung im Jahr 1917, die von den Mittelmächten „mit allen verfügbaren Mitteln" bekämpft wurde, ohne jedoch den auch in Montenegro und Albanien anhaltenden Widerstand gänzlich brechen zu können.[86]

Was sich allerdings änderte, war der Charakter des Konfliktes. Ursachen hierfür gab es einige: Die Streitkräfte der Donaumonarchie wurden nicht allein in ständige Scharmützel mit „Räubern und Rebellen" oder Konflikte zwischen verschiedenen Völkern und Konfessionen verwickelt. Vielmehr glichen die Rivalitäten überdies zunehmend bürgerkriegsähnlichen Konfrontationen. In den Grenzregionen des ehemaligen Zarenreiches gab es ähnliche Tendenzen. Allerdings bot sich hier das Bild eines noch komplexeren Konfliktgemenges dar. Unterschiedliche gesellschaftliche und ethnische Spannungen, ideologische und politische Gegensätze, autonomistische und separatistische Strömungen, internationale Einflussfaktoren und Interventionsbestrebungen waren miteinander verflochten. Bürger-, Bauern- und Guerilakriege sowie die Herrschaft von „Warlords" trieben den teilweise völligen Staatszerfall bis zum Kampf „Dorf gegen Dorf" voran.[87] Deutsche und österreichische Kommandeure bedienten sich vor diesem Hintergrund „mit allergrößter Rücksichtslosigkeit" der „Sprache der Gewalt" bei der „Abwehr" und „Vernichtung" vermeintlicher oder tatsächlicher „Bolschewisten", „hasserfüllter Banden" und „Mordbrenner". Von Anfang an aber trugen die Mittelmächte noch durch ihre Beschlagnahmungen zur Eskalation bei. Der sogenannte „Brotfriede" mit der Kiewer Rada hatte ungeheure Erwartungen geweckt. Das ersehnte ukrainische Getreide kam aber langsamer und schließlich spärlicher als erhofft. Die Not im eigenen Land verleitete Wiener Hof- und Regierungsspitzen zu harten Worten. Man müsse „durch brutalste Gewalt so lange ungarisches Getreide" requirieren, bis die Lieferungen aus dem Osten sichergestellt wären, teilte k. u. k. Außenminister Czernin dem damaligen k. k. Ministerpräsidenten Ernst Ritter von Seidler mit.[88] Ein Handschreiben Kaiser Karls an Eduard Freiherr von Böhm-Ermolli, den k. u. k. Befehlshaber in der Ukraine, ließ gleichfalls keinen Platz für Milde. Die Requirierungen in seinem Kommandobereich, so der Regent, hätten „rücksichtslos, eventuell mit Gewalt zu erfolgen".[89]

Gegen Beschlagnahmungen, Entwaffnungsaktionen und die behördliche Inanspruchnahme des Landes setzten sich die Bewohner der großen Agrarregionen schließlich entschieden zur Wehr. Die Zusammenstöße nahmen den Charakter eines regelrechten Krieges an. Besatzungstruppen setzten häufig sogar Artillerie ein. Wie in so vielen anderen Fällen und Gegenden folgten Dörfer-Zerstörungen, Geiselaushebungen und Massenhinrichtungen. Durch Gegenaktionen „rebellierender" Bauern, die Abteilungen der Habsburgerarmee überfielen, drehte sich die Gewaltspirale weiter.[90]

Loyalitätsbekundungen

An den Außenposten, in imperialen und bisweilen kolonialen Expansionszonen tobten hässliche Auseinandersetzungen, die im Hinterland vielfach kaum bekannt waren. Hier konzentrierte sich die Öffentlichkeit unter anderem auf Ansätze zur Demokratisierung der Habsburgermonarchie. Der junge Regent hatte davon Ungarn nicht ausgenommen, stieß damit aber keineswegs auf uneingeschränkten Zuspruch. Nachdem von einigen Beobachtern selbst das Prozedere der Krönungsfeierlichkeiten in Budapest bemäkelt und die rasche Abreise des Hofes als regelrechter Affront aufgefasst worden war, zeigte sich, dass das Misstrauen gegenüber Karl in Teilen der ungarischen Gesellschaft beträchtlich war. Kleinere Gruppen, wie die Partei von Mihály Károly, oder die Bürgerlichen „Demokraten" und „Radikalen" erwärmten sich zwar für „westliche Reformen" und eine Erweiterung des Wahlrechts. Ministerpräsident István Graf Tisza, dessen Anhänger die Mehrheit behielten, verwehrte sich jedoch gegen Neuerungen, wie sie die von der Zensur kaum bedrängten Zeitungen Transleithaniens einmahnten. Der Verweis auf Russland nach dem Sturz des Zaren beeindruckte ihn ebenso wenig wie etwa Diskussionen über die Struktur und territoriale Integrität der Habsburgermonarchie beziehungsweise der „Länder der Stephanskrone". Speziell während der fortgesetzten Kampfhandlungen betonte er im Übermaß die Kontinuität und Stabilität. Der Mangel an Konzessionsbereitschaft seinerseits machte es schließlich der Opposition leicht, ihn als Verkörperung der „Reaktion" zu brandmarken und Karl zu einem seit Monaten erwogenen Machtwechsel zu veranlassen. Am 22. Mai 1917 trat Tisza zurück, nicht ohne seine nach wie vor zahlreiche Anhängerschaft mehr noch als bislang gegen den Herrscher aufzubringen.[91]

Die östliche Hälfte der Donaumonarchie wurde zunehmend schwerer regierbar. Die Sozialdemokratie war hier noch eine „außerparlamentarische Kraft", und mit jenen, die die strengen Zensushürden schafften und im Reichstag vertreten waren, ließen sich nur schwer Mehrheiten bilden. Die brüchigen Kabinette unter Móric Graf Esterházy und vor allem unter Sándor Wekerle kamen gegen die starre Haltung der Konservativen kaum an. Der „bürgerliche Demokrat" Vilmos Vázsonyi scheiterte immer wieder mit dem von ihm als zuständigen Minister vertretenen Wahlrechtsprogramm. Es dauerte lange, zu lange, bis die in den Vordergrund drängenden „Radikalen" den Entwicklungen ihren Stempel aufdrücken konnten. Der Monarch befand sich indes in der Zwickmühle. Hoffnungsträger, die Teile seiner Vorstellungen durchzusetzen gewillt waren, hielten nicht zur Regierung. Anfang 1918 ging Mihály Károlyi wieder in Opposition, wobei seine für die übrigen politischen Kräfte Ungarns ungewöhnlich prononcierte Kritik an Deutschland und kompromisslose Variante des Unabhängigkeitsnationalismus sowohl das bestehende militärische Bündnissystem als auch den Dualismus herausforderten. Mögliche Reibungsflächen wurden sichtbar, wenngleich Károlyi zunächst nur wenige Prozent der Budapester Parlamentarier hinter sich vereinte.[92]

Das bestehende System hinterfragten die meisten Magyaren vorläufig nicht prinzipiell. Noch weniger geschah dies zur selben Zeit bei den Siebenbürger Rumänen, die sich einer „mitteleuropäischen Zivilisation" zugehörig fühlten und die „Konnationalen", insbesondere die Bukarester Führung, wegen ihres Beitritts zur feindlichen Allianz als „Verräter" abqualifizierten. Das mochte auch einer kriegspropagandistischen Rhetorik geschuldet sein, ebenso wie umgekehrt Behauptungen, die Slowaken, welche sich in der Doppelmonarchie kaum mittels eigener Institutionen Gehör verschaffen konnten, stünden vorwiegend unter dem Einfluss antihabsburgischen Auslandsgruppen und speziell „böhmischer" Emigranten in den Ententestaaten.[93]

Ein Blick auf die Tschechen, die seit November 1916 in einem Verband, dem „Český svaz", zusammengefasst waren, zeigt allerdings, dass sich bei der Wiedereröffnung des Wiener Reichsrates Ende Mai 1917 zwar alle – teilweise von radikaleren Kräften dies- und jenseits der Reichsgrenzen gedrängt – für eine grundlegende Neustrukturierung der Monarchie aussprachen.[94] Der Bund „freier und gleichberechtigter nationaler Staaten" blieb aber in dieser Konzeption noch unter dem „allerhöchsten Erzhaus" vereint. An Loyalitätsbekundungen fehlte es schon vorher nicht. Obwohl sie den Dualismus ablehnten, schickten die Tschechen eine Delegation zu den Budapester Krönungsfeierlichkeiten. Verbunden war damit die Hoffnung, Karl könnte sich in Prag krönen lassen, das „Staatsrecht" Böhmens anerkennen und daher auch hier Zugeständnisse wie gegenüber den Magyaren machen. Nachdem die „österreichischen Italiener" Anfang 1917 jede „Absonderungsbestrebung" entschieden ausgeschlossen hatten, folgte der „Svaz" mit vergleichbaren Erklärungen. Er und die von ihm repräsentierten „Landsleute" sähen, „wie immer in der Vergangenheit, so auch in der Gegenwart und in der Zukunft", ihre weitere „Entwicklung" unter „dem habsburgischen Zepter". Dass k. u. k. Außenminister Czernin den ursprünglichen Text verwarf und die endgültige Version gewissermaßen diktierte, nahm der Verband widerspruchslos hin.[95]

Eine Welle der Treugelöbnisse stärkte dem Nachfolger Franz Josephs offiziell den Rücken. Der Obmann des kroatisch-slowenischen Abgeordnetenklubs, Anton Korošec, hatte zum Beispiel am 19. Jänner 1917 bestätigt, dass „seine Leute" in „Not und Tod" zum Reich stünden. Zwei Tage später hielt der Landeshauptmann von Krain, Ivan Šusteršič, fest, dass die Bewohner der Region der „angestammten Dynastie" mit „nie versiegender Liebe" zugetan seien. Im Reichsrat traten dann bereits alle Südslawen der Monarchie, also auch die Serben, gemeinsam auf. Zwar forderten sie nun wesentlich nachhaltiger einen Neubau des „Staatskörpers" auf „demokratischer Grundlage". Die Umstrukturierung unter Berufung auf das nationale Prinzip erfolgte aber in der sogenannten „Maideklaration" explizit unter Verweis auf die Herrschaftsrechte der Habsburger.[96]

Die „Moral" der Truppe

Die Loyalitätserklärungen waren durchaus ernst gemeint, dienten allerdings auch als Warnungen an die Machthaber, die „ernste Stunde" zu nutzen. Keineswegs war etwa abzusehen, wie lange es bei den k. u. k. Truppenverbänden noch ruhig bleiben würde. Beispiele des Optimismus und Patriotismus gerieten in Vergessenheit, die oft anzutreffende Duldsamkeit wich einer Bestürzung über das Erlebte. Am „Boden des Laufgrabens", wo „der Kampf bereits vorbei war, lagen hintereinander die Toten und ‚auf ihnen' wiederum suchte eine Unmenge von Verletzten in der Sicherheit bietenden Schanze Zuflucht", schilderte der ungarische Soldat Károly Kernetzky das Grauen am Schlachtfeld: Als Getriebene in der Dynamik des Angriffs liefen „wir mit unseren Stiefeln" über „warme, weiche, verstümmelte und blutige Kadaver". Die Verwundeten jedoch „blickten uns entsetzt an; uns, die Barbaren, die gnadenlos über sie hinwegfegten. Jammernd flehten sie uns an, nicht auf ihren hilflosen Körpern herumzutrampeln".[97]

Kernetzkys Schilderungen standen für die Erfahrungen Tausender und Hunderttausender. Doch trotz der Versorgungsmängel und des Grauens an den Fronten war die Ablehnung des Staates beispielsweise bei den Tschechen zunächst weder in der Gesellschaft insgesamt noch in der Armee übermäßig verbreitet. Verdächtigungen in Bezug auf eine vermeintlich um sich greifende „Illoyalität" erwiesen sich offenbar als übertrieben. Mehr noch, manchmal schienen sie überhaupt aus der Luft gegriffen zu sein. Zwar zeigten bestimmte nationale Gruppen größere „vaterländische Gesinnung" bei Kriegsausbruch. Doch die Beschuldigung ganzer slawischer Völker und der konkrete Vorwurf, tschechische Einheiten seien zum Feind übergelaufen, entpuppten sich bei genauerer Untersuchung als unrichtig und unhaltbar. Auf bedenkliche Weise, durch das Streuen falscher Gerüchte und die Bereitschaft, Unschuldige härtesten Repressalien auszusetzen, wollten vor allem Deutschnationale die Tschechen generell diskreditieren. Letzteren, so das tiefer liegende Kalkül, sollten keinerlei Zugeständnisse gemacht werden. Die Anklagen und Gerüchte rund um das Verhalten der Infanterieregimenter Nr. 28 und Nr. 35 gehören zu den hässlichsten Formen des radikalisierten Nationalitätenstreites. In Wirklichkeit waren beide Truppenkörper im Verlauf der viel diskutierten Gefechte von Esztebnekhuta im April 1915 und Zborów im Juli 1917 mit unzähligen und oft sehr verschiedenen Widrigkeiten konfrontiert gewesen: Materiell völlig ausgeblutet, in kaum befestigten Stellungen, mit schlecht ausgebildeten Ersatzmannschaften, durch eine unzureichende Zahl von Kombattanten und strategische Fehler der vorgesetzten Kommanden hatten sie keine Aussicht auf militärische Erfolge. General Svetozar Boroević musste das „28er Regiment" nach dessen völliger Vernichtung auflösen, alle „völkischen", politisch-weltanschaulichen Implikationen waren aus der Luft gegriffen. Viel eher trat zu Tage, unter welchen Opfern gerade auch „slawische" Einheiten für den Kaiser bis zuletzt „ihre Pflicht" erfüllten.[98]

Das galt in besonderer Weise außerdem für die Zivilisten jener nordöstlichen Grenzregionen des Habsburgerreiches, in denen die k. u. k. Armee den Verrat an jeder Ecke wittern wollte. Denn in Wirklichkeit waren sowohl Ruthenen als auch Polen in weit überwiegendem Maße „kaisertreu". Auf den Straßen Galiziens gab es im August 1914 sogar zahlreiche gut besuchte „patriotische Veranstaltungen". Im Kampf gegen das Zarenreich vereinigten sich die Menschen vor Ort zu Tausenden um die Symbole der Monarchie. Österreich, entsann sich der Bauernpolitiker Wincenty Witos Jahre danach, verfügte damals „noch über ein riesiges Begeisterungs- und Vertrauenskapital".[99]

Die polnische Frage

Bald war auch dieses ideelle Guthaben verspielt. Die Frontgebiete lagen nach harten Gefechten in Trümmern. Das Elend in Galizien ebenso wie in den Besatzungsgebieten prägte das Klima. Repressalien und Beschlagnahmungen durch die österreichisch-ungarischen Militärs trübten die Stimmung. Zur Zeit der Proklamation des Königreiches Polen und der Schaffung eines „Polnischen Hilfskorps" verschärfte sich die Situation in Ermangelung echter Kompetenzen des schwach institutionalisierten Gemeinwesens.[100]

Eine „austropolnische" Lösung zeichnete sich nicht wirklich ab. István Tisza war bei Weitem nicht der Einzige in Ungarn, der sich lediglich vorstellen konnte, „Kongresspolen" gemeinsam mit Galizien in das bestehende Cisleithanien hineinzuzwängen. Am Dualismus wollte

Budapest nicht rütteln. Augenhöhe gewährten die Magyaren nicht einmal der privilegierten Schicht eines auf seine lange historische Tradition und Selbständigkeit pochenden „Polentums". Den „Deutsch-Österreichern" wiederum ging es um ihre Mehrheit im Reichsrat. Für die von Tisza angedachte Integration eines größeren polnischen Territoriums in die westliche Reichshälfte der Habsburgermonarchie konnten sie sich daher nicht erwärmen. Das verbündete Hohenzollernreich fragte konsterniert nach, warum denn Wien etwas annektieren wolle, wenn es schon mit dem, was es hatte, nicht fertig wurde? Gewiss gab es darauf eine Antwort. Schließlich bestand Österreich-Ungarn aus „Torsi von Nationalitäten": Irredentistische Strömungen ließen sich vielleicht ausschalten, wenn man ganze „Ethnien schluckte".[101]

Solche Gedankenspiele, begleitet überdies vom Schlingerkurs Berlins, waren indessen von fundamentalen Umwälzungen überschattet. Die Aussicht auf Unabhängigkeit mithilfe des revolutionären Petrograd, die Ablehnung größerer Rechte für Galizien durch die k. k. Regierung und zugleich vor allem die Dominanz der Truppen Wilhelms II. in den Heimatregionen der Polen trieb speziell deren Legionäre in die Hände des Gegners. Ihre bekanntesten Führer wandten sich von den Mittelmächten ab. Ihnen den Eid zu schwören, lehnte Józef Piłsudski ab. Gemeinsam mit anderen Offizieren wurde er von den Deutschen interniert. Józef Haller – zunächst willens, sich Wilhelm und Karl zu beugen – ging schließlich mit Teilen des „Hilfskorps" zur Entente über. Zuvor war bereits die in Warschau amtierende Regierung zurückgetreten.[102]

Unmittelbarer Anlass für die heftige Reaktion war der „Brotfriede" zwischen Kiew und Berlin beziehungsweise Wien gewesen. Die Mittelmächte hatten dem neuen Vertragspartner alle ukrainisch besiedelten Gebiete zugesprochen, selbst das einstmals zu den Weichselgouvernements gehörende Cholmer Land. Der Proteststurm glich auch und gerade im Habsburgerreich einem politischen Erdbeben. Das galizische Establishment, bisher eine wichtige Stütze des cisleithanischen Systems, ging auf Distanz, nachdem es sich schon bei der Wiedereröffnung des Reichsrats besonders kritisch mit den Übergriffen und dem Fehlverhalten der Streitkräfte Österreich-Ungarns in dessen nordöstlichstem Kronland auseinandergesetzt hatte.[103]

Doppelstrategien und Absetzbewegungen

Neben überzeugten „Austrophilen", die sich den Zusammenhalt in Zentraleuropa unter dem bisherigen Herrschergeschlecht aufrichtig wünschten, schloss selbst eine weitaus größere Zahl von kritischen Nationalitätenvertretern den Verbleib in der Donaumonarchie keineswegs aus. Allerdings knüpften sie daran Bedingungen und machten ihre Haltung von machtpolitischen Entwicklungen im In- und Ausland abhängig. Ähnlich wie bei den Polen erwies sich für unzählige Ruthenen diesbezüglich das Jahr 1917 als „Wende". Lonhyn Cehels'kyj, einer ihrer Reichsratsmandatare, drückte das Dekaden später so aus: „Nach außen waren wir loyal zu Österreich, trafen jedoch Vorbereitungen zum Umsturz. Sollte sich Österreich retten, würden wir zu ihrem föderativen Wesen gehören. Sollte es aber zerfallen, waren wir auf die Selbständigkeit und auf eine Vereinigung mit einer eventuellen Großukraine vorbereitet."[104]

So begannen mehr oder minder alle ein Doppelspiel. Erst recht – und eigentlich von Anfang an – viele Tschechen, deren Drahtzieher im Hintergrund – vor allem der

Agrarier Antonín Švehla sowie der Sozialdemokrat und spätere KP-Repräsentant Bohumír Šmeral – sozusagen „zwei Eisen im Feuer" hatten. Švehla exponierte sich kaum, blieb in Prag und zog es vor, nicht in den Reichsrat gewählt zu werden, wollte sich jedoch alle Türen offenhalten, im bestehenden System weiter mitmischen und die kompromittierten Radikalen zunächst in sicherer Deckung als Reserve halten. Šmeral etwa mochte dem größeren Wirtschaftsgebiet der Habsburgermonarchie viel abgewinnen und betonte, dass „man für jede Eventualität gerüstet sein" müsse und eine Rückkehr zu den gewohnten „Geschäften" nicht ausschließen dürfe, solange der Ausgang des Krieges ungewiss sei.[105]

Man pendelte daher zwischen prohabsburgischer Loyalität und Kontakten zu Emigranten, die sich allerdings oft selbst lange nicht festlegen wollten, beziehungsweise zu jenen, die ins Visier der Exekutive und insbesondere der k. u. k. Militärs geraten waren.[106] Das galt zunächst einmal für Männer wie Karel Kramář, dessen prorussische Neigungen kein Geheimnis waren, aus dessen Gesinnung sich aber rein juristisch kaum eine fundierte Anklage machen ließ. Im Zuge des gegen ihn angestrengten Hochverratsprozesses meinte er daher mit einer gewissen Berechtigung, dass dann wohl auch die Mitglieder der kaiserlichen Kabinette in den letzten Dekaden schwere Verfehlungen begangen hätten. Prompt rückte das „halbe Establishment der Monarchie" zugunsten des Beschuldigten aus, darunter sogar k. k. Ministerpräsident Stürgkh. Die Optik war einigermaßen schief. Alles roch nach Politjustiz. Die spätere Umwandlung der Todesurteile in Haftstrafen änderte an der Symbolik wenig: Die Causa hatte speziell den tiefen Graben zwischen den Falken des Generalstabs und hohen zivilen Repräsentanten des Systems aufgezeigt. Kramář hingegen blieb – entsprechend der Taktik Švehlas, Šmerals und vieler Gefolgsbeziehungsweise „Landsleute" – auf der „Ersatzbank" einer zukünftigen Führung des möglichen selbständigen oder auch nur autonomen tschechischen oder tschechoslowakischen Staates.[107]

In letzterer Hinsicht erhielt man aus Wien allerdings entmutigende Signale. Die Thronrede im Rahmen der Reichsratseröffnung blieb „orakelhaft" und „nichtssagend". Das Regierungssystem erodierte. Die in Krisenzeiten nicht unübliche Idee einer Koalition, in der jede Nationalität und jede Partei mit einem Minister vertreten sein sollte, fand keine Zustimmung. Das Kabinett unter Heinrich Graf Clam-Martinic demissionierte nach wenigen Monaten, ein Ereignis, das nicht unerheblich dazu beitrug, die „Hoffnungen auf eine gedeihliche Zukunft Österreich-Ungarns weiter schwinden zu lassen".[108] Die Geschehnisse bis zum Jahreswechsel 1917/18 erschwerten Mehrheitsbildungen zusätzlich, zumal ja der einflussreiche Polenklub des Wiener Parlamentes spätestens seit dem „Brotfrieden mit der Ukraine" keine „tragende Säule des Systems" darstellte.[109] In den cisleithanischen Ministerien hatte sich währenddessen Unsicherheit über die Konsequenzen weitreichender Reformen – vor allem in Kriegszeiten – breitgemacht. Die Unvereinbarkeit verschiedener nationaler Forderungen schien bisweilen die Neigung zu verstärken, „nach allen Seiten hin ungedeckte politische Wechsel auszustellen".[110]

Von einer Krönung Karls zum König von Böhmen war gleichfalls nicht mehr die Rede, obwohl Antonín Švehla bei der Einberufung der „Volksvertretung" einen weiteren Vorstoß in dieser Richtung unternehmen wollte, ein Besuch des jungen Regenten in Prag erwartet wurde und man dafür am Hradschin die Gemächer vorbereitete. Švehlas Entwurf blieb in der Schublade, Karl kam nicht.

Zur Freude der Deutsch-Österreicher war auch das „Böhmische Staatsrecht" vom Tisch.[111]

Die geforderte generelle Demokratisierung des Reiches und die Umwandlung zumindest Österreichs in einen Bundesstaat ließen ebenso auf sich warten. Entsprechend enttäuscht reagierte auch der südslawische Klub, der mit seiner „Maideklaration" durchaus breitenwirksam agierte, aber vergeblich entsprechende Schritte verlangte. Der Ton der Parlamentsreden verschärfte sich. Im Jänner 1918 forderte der Klub gleichermaßen wie die Tschechen ein weitreichendes Selbstbestimmungsrecht. In Gestalt der betreffenden Reichsrats- und Landtagsmandatare gingen Letztere in der „Dreikönigdeklaration" noch einen Schritt weiter. Trotz einer verbindlich gehaltenen Einleitungspassage „beinhaltete diese Resolution des ‚Generallandtages der Abgeordneten der böhmischen Länder' die bislang eindeutigste Absage an Österreich und die Monarchie habsburgischer Prägung".[112]

Die Südslawen folgten, wie schon zuvor des Öfteren, dem tschechischen Beispiel, allerdings nicht ohne noch einmal auf den Kaiser einzuwirken. Anton Korošec wurde am 27. Februar 1918 zu ihm vorgelassen, lehnte dabei mit Verweis auf die „Maideklaration" die Unterstützung des k. k. Kabinetts ab und mahnte entschieden eine Änderung der ungarischen Haltung ein: „Die Regierung hätte in der Verfassungsfrage initiativ auftreten und sich dem Standpunkt des Südslawischen Klubs wenigstens annähern müssen. Die österreichische Öffentlichkeit würde sich schon daran gewöhnen und auch auf Ungarn würde der Versuch einer Reform stark einwirken. Wenn aber die Regierung denkt, dass die Reichsreform in Verhandlungen zwischen den Nationen nicht erreicht werden könne, dann bleiben nur zwei Wege: die Revolution von unten oder die Revolution von oben."[113]

Das war eine klare Adresse nicht bloß an den Herrscher. Auch die dominierenden Völker der Monarchie waren aufgerufen zu handeln. Korošec aber gewann keineswegs den Eindruck, dass sich in der Sache etwas bewegte. Am 2. und 3. März 1918 versammelten sich in Zagreb südslawische Repräsentanten beider Reichshälften. Die Tragweite der dort gefällten Beschlüsse erkannte auch die Wiener Presse, und Korošec schrieb aus der Rückschau: „Damals haben wir das Habsburgerzepter hinausgeworfen."[114]

Auslandszirkel und Verhandlungen

Die Trendwende zum Jahreswechsel war allerdings nicht mehr ohne wichtige Ereignisse außerhalb der deutschen und österreichisch-ungarischen Machtsphäre zu verstehen. Führungskräfte der Feindstaaten überdachten ihre Haltung gegenüber der Habsburgermonarchie grundlegend und hielten Ausschau nach greifbaren Alternativen. Voraussetzungen hierfür schufen Männer wie Tomáš Garrigue Masaryk, die sich noch kurz vor 1914 trotz nationaler Selbstbestimmungswünsche auf „austroslawischem Kurs" befanden. Damals hatte Masaryk wichtigen k. k. Regierungsrepräsentanten immer noch Anerkennung für ihre Ausgleichsbemühungen gezollt. Vor dem Hintergrund der Balkankriege kritisierte er zwar die imperialistischen Ziele der k. u. k. Führung etwa in Albanien sowie die „antiserbische Hetze". Zugleich griff er, wie so viele, den Dualismus scharf an, war allerdings noch nicht bereit, „sich von Österreich zu trennen": Hier könnten „Deutsche und Tschechen durchaus zusammenarbeiten", wenn es unter den Bedingungen der Gleichberechtigung geschehe, also alle Germanisierungstendenzen verschwänden.[115]

Der spätere Präsident der Tschechoslowakei war – wie viele seiner Landsleute – vom Ausbruch des Weltkrieges überrascht worden.[116] Mit dem Anfang des „großen Völkerringens" und dem Kampf des Habsburgerstaates an der Seite des Hohenzollernreiches hatte das vorsichtige Abrücken von Wien begonnen. Allerdings bestand unter anderem das Problem, wie die Unabhängigkeit des kleinen Landes im internationalen Machtgefüge zukünftig gesichert werden könne. Eine erste vorsichtige Fühlungnahme mit Entente-Kreisen in Holland im Herbst 1914 brachte Masaryk trotz aller Einwände dazu, schon das Territorium abzustecken, das der neue Staat im Falle insbesondere einer deutschen Niederlage für sich reklamieren sollte. Als Informant hielt er indes immer noch Verbindung zur böhmischen Statthalterei, obwohl hier aus Wien Verhaftungslisten eintrafen, auf denen auch sein Name stand. Noch einmal unternahm er eine unter den bestehenden Umständen schon riskante Fahrt in die k. k. Donaumetropole, traf sich mit hohen Würdenträgern wie Ernest Baron von Koerber, nahm nun aber von Kompromisslösungen mit der Monarchie Abstand. Nach Prag zurückgekehrt, verließ er schließlich die Moldaustadt am 17. Dezember 1914 für Jahre.[117]

Emigrantengruppierungen bildeten sich nicht zuletzt unter seiner Ägide. Diese kooperierten wiederum mit gleichzeitig geschaffenen Untergrundorganisationen in Böhmen. Zu ihnen hatte auch Karel Kramář Verbindung, wenngleich davon den ermittelnden Behörden nichts bekannt war. Bezeichnend für die Stimmung in diesen Tagen war allerdings zunächst noch ein durchaus ehrliches Bekenntnis von Kramář zu Österreich-Ungarn unmittelbar nach der Ermordung des Thronfolgers in Sarajewo. Hinzu kam die Reaktion der übrigen tschechischen Politiker. Bohumír Šmeral bezeichnete den Weg Masaryks als Verrücktheit. Dieser bereite eine weitere schwere Niederlage der „Böhmen" vor, meinte Šmeral unter Verweis auf Jahrhunderte zurückliegende historische Ereignisse.[118]

Dabei verlangte Masaryk bei seiner Selbständigkeitsforderung vorerst „nicht unbedingt die Zerstörung der österreichisch-ungarischen Monarchie". Noch in der zweiten Jahreshälfte 1915 hielt er sich zurück, umgab sich allerdings mit radikaleren Mitarbeitern. Sein engster Mitarbeiter Edvard Beneš war es dann, der die Parole „Détruisez l'Autriche" lieferte.[119] Mit ihm gemeinsam, unter Einbeziehung slowakischer Exilanten und – trotz der Kritik vor allem auch aus der Heimat – zunehmend als Vertreter aller „Landsleute", versuchte Masaryk zunächst publizistisch auf die Entente einzuwirken. Speziell in Paris stand dabei eine Schwächung Deutschlands stets im Mittelpunkt, eventuell auch durch eine Aufsplitterung des Habsburgerreiches. Nicht allein Frankreich ließ ab Herbst 1916 erkennen, dass es für den „Conseil National des pays tchèques" als Organisationsdrehscheibe „der Auslandsaktion" und „Keimzelle einer künftigen Regierung" eine gewisse Sympathie hegte.[120] Schon einige Monate zuvor, am 23. April 1916, hieß es nun in einem Brief Masaryks an Beneš: „Österreich muss vernichtet werden." Programmatisch sollte er diese Haltung, die für die Habsburgermonarchie keinen Platz ließ, im folgenden Jahr offen verlautbaren.[121]

Nichtsdestoweniger war für die Westmächte die Zerstörung der Donaumonarchie noch keineswegs eine ausgemachte Sache. Territoriale Versprechen an die Verbündeten, allen voran an Italien, wiesen zwar in diese Richtung. Offiziell hielt man sich aber zurück, während hinter den Kulissen sogar Übereinkünfte mit Wien gesucht wurden. Der Nachfolger Franz Josephs hatte seinerseits entsprechende Signale ausgesendet. Die „Kriegsmüdigkeit" und materielle Erschöpfung des Reiches, das warnende Beispiel der Russischen Revolution und das Wissen um die dringend notwendige innere Reform, die besser nach einem Ende des „Massenschlachtens" durchgeführt werden konnte, rieten dazu ebenso wie die Möglichkeit einer weiteren Aufwertung der antihabsburgischen Emigration und der raschen „Internationalisierung" der „polnischen Frage". Während sich vor diesem Hintergrund auch ein in Lausanne gebildetes und später nach Paris verlegtes „Polnisches Nationalkomitee" den Zuspruch Frankreichs, Großbritanniens und der Vereinigten Staaten sichern konnte, verschlechterte sich die Ausgangsposition der k. u. k. Hof- und Regierungskreise. Zwar hatten deren Sympathisanten etwa im Londoner „Foreign Office" feste Positionen inne und Großbritanniens Außenminister Arthur Balfour äußerte sich noch im Februar 1917 positiv über die Österreicher. Aber die anfangs mit großen Hoffnungen verknüpften Gespräche zwischen französischen und britischen Unterhändlern einerseits und k. u. k. Diplomaten andererseits kamen nicht von der Stelle. Letztere wollten einen allgemeinen Frieden. Den Westmächten wiederum war lediglich an separaten Absprachen mit der Habsburgermonarchie gelegen.[122]

Mittels verwandtschaftlicher Beziehungen – über seine Schwäger Sixtus und Xavier von Bourbon-Parma, die beide in der gegnerischen belgischen Armee dienten – versuchte Karl im Frühjahr 1917 einen eigenen Anlauf zu Verhandlungen. Sie erwiesen sich in weiterer Folge jedoch als höchst kontraproduktiv. K.u.k. Außenminister Graf Czernin, zunächst nicht in die Initiativen des Monarchen eingeweiht, verhielt sich nach der Unterrichtung über die diskreten Kontakte reserviert und verlangte Garantien für die territoriale Integrität Österreich-Ungarns. Im Gegenzug bedauerte Karl nicht bloß die deutsche Weigerung, auf

Elsass-Lothringen zu verzichten, sondern gab sich zudem hinsichtlich der italienischen Forderungen konziliant.[123]

Während der junge Regent obendrein noch an die USA herantrat und Czernin auch hier nicht über Details und Hintergründe informiert worden war, blieb es allerdings auf der Seite der Entente auffallend ruhig. Dabei hatten sich die Premiers Frankreichs und Englands, Alexandre Ribot und David Lloyd George, durchaus für die via Prinz Sixtus unternommene Initiative Karls stark gemacht. Speziell Lloyd George wurde ungeduldig. Einem möglichen „Sonderfrieden mit Österreich im Weg zu stehen", polterte er, sollte vor allem Sidney Baron Sonnino nicht gestattet sein. Der italienische Außenminister hatte sich besonders vehement gegen Wien gestellt und diesbezüglich sogar ein geplantes Treffen der Staatsspitzen, der Könige Englands und des Apenninenkönigreiches sowie des französischen Präsidenten, vereitelt. Die Regierung in Rom setzte zunächst auf Verzögerung und schaffte es dann, das Thema vom Tisch zu wischen. Vielmehr wurde die Eroberung Triests diskutiert. Die Zusicherung auf der Basis des Londoner Geheimvertrages von 1915, Italien werde für seinen Kriegseintritt auf der Seite der „Tripleentente" zuungunsten der k. u. k. Monarchie mit Territorien unter anderem bis zur Brennergrenze und in Dalmatien entschädigt, wog schwer.[124] Zugleich ließ Paris durchblicken, dass es an neuen Offensiven im Adriaraum weniger interessiert war als in Flandern.[125]

Die Vereinigten Staaten nahmen diese Entwicklungen zunächst mit Verärgerung auf. Hier sah man eine ernsthafte Friedensbereitschaft Wiens und eine veritable Chance zur Beendigung der bewaffneten Auseinandersetzungen vereitelt. Der einflussreiche Berater des US-Präsidenten Woodrow Wilson, Oberst Edward Mendell House, kehrte dann am 18. Dezember 1917 ernüchtert von einer alliierten Besprechung aus Paris zurück. Washington erfuhr von House, dass man in der französischen Hauptstadt nicht einmal prinzipielle Kriegsziele festgelegt hatte. Wilson, unter anderem von Lenins Losungen über den Frieden und die nationale Selbstbestimmung herausgefordert, reagierte im Jänner 1918 mit seinen „Vierzehn Punkten", welche sich als grobe Skizze einer liberalen Weltordnung nach der Waffenruhe darstellte und unter anderem die Rechte der Völker vage hervorhob. Tatsächlich blieb die Verlautbarung aber auch deshalb vorsichtig, weil das Weiße Haus den Nationalitäten der Donaumonarchie nur die Gelegenheit „zu einer autonomen Entwicklung" geben wollte.[126] Das State Department reagierte verschnupft. US-Außenminister Robert Lansing hielt das Bestreben, „die Donaumonarchie intakt zu erhalten", für unvernünftig. Das Reich der Habsburger, so seine Einschätzung, sei vielmehr zu zerstören, um dessen mächtigen Verbündeten Deutschland zu treffen oder wenigstens zu lähmen.[127]

Abkehr von „Österreich"

Graf Czernin sah sich indessen bemüßigt, die Befürworter des „nackten Siegfriedens" in Deutschland und Ungarn ebenso an den Pranger zu stellen wie die österreichischen Pazifisten, aber auch die „Tschechen und Hochverräter". Scharf ging er zudem mit der unnachgiebigen Haltung der Feindstaaten ins Gericht. Frankreichs nunmehriger Ministerpräsident Georges Clemenceau, von Czernin bezüglich der Verhandlungen über ein Kriegsende als Bittsteller dargestellt, reagierte umgehend. Clemenceau wies nach, dass sich die Donaumonarchie – und zwar vor allem auch deren Regent persönlich – durch Vermittlung seiner Schwäger an die Westmächte gewandt hatte. Damit gelangten von Karl verfasste Briefe an die Öffentlichkeit, in denen es um eine Verständigung zwischen den Kriegsparteien ging und vor allem um die Anerkennung des Anrechtes der „Grande Nation" auf Elsass-Lothringen durch den habsburgischen Monarchen – ohne Wissen und gegen den Willen Deutschlands. Das Vertrauensverhältnis zwischen Wien und Berlin schien unter solchen Umständen weitgehend diskreditiert. Wortführer der Entente wiederum wollten ihre eigene Haltung gegenüber Österreich-Ungarn während der vergangenen Monate keinesfalls ungeschminkt preisgeben. Alle Seiten nahmen es mit der Wahrheit in der Folge nicht so genau. Mit Blick auf Wilson behaupteten Repräsentanten des alliierten Obersten Kriegsrates – im Übrigen keineswegs einstimmig –, dass die Gespräche mit Wien hinsichtlich eines Separatfriedens zu keinem Zeitpunkt Aussicht auf Erfolg gehabt hätten. In Rom wiederum stellte Baron Sonnino die Causa so dar, als habe er stets im Einklang mit Paris und London gehandelt.[128]

Das alles waren allerdings Nebenschauplätze im Vergleich zum politisch-diplomatischen Erdbeben, das die Affäre bei den Mittelmächten auslöste. Karl bemühte sich erfolglos, die publik gemachte Korrespondenz als Lüge abzutun. Czernin seinerseits war nicht bereit, die Sache auf sich zu nehmen. Er ging sogar in die Offensive. Dass sein Kaiser hinter dem Rücken des Deutschen Reiches und gegen dessen Interessen mit dem Feind verhandelt hatte, bewog ihn, von Karl „falsche ehrenwörtliche Erklärungen gegenüber Wilhelm II." abzupressen. Die Stimmung erreichte ihren Siedepunkt, als der k. u. k. Außenminister hysterisch – oder auch nur theatralisch – Selbstmordabsichten äußerte, die Einrichtung eines Regentschaftsrates ins Spiel brachte und einen möglichen Einmarsch deutscher Truppen in Österreich insinuierte. „Diesmal hatte er den Bogen" allerdings „in mehr als einer Beziehung überspannt": Am 14. April erfolgte die Entlassung Czernins. Exakt einen Monat später besuchte der Herrscher der Donaumonarchie einigermaßen gedemütigt das deutsche Hauptquartier in Spa, um sich noch mehr als bisher an Wilhelm und seine Generalität zu binden. Der bloßgestellte Monarch traf auf die „Großherzigkeit" seiner Bündnispartner, die von der Causa unter den bestehenden Rahmenbedingungen sogar profitierten.[129]

Karl aber war in doppelter Hinsicht diskreditiert. Reichlich mit Klischees und Legenden angereichert, trugen die Geschehnisse in beträchtlicher Weise zur Abkehr vom Regenten vor allem zahlreicher Deutsch-Österreicher bei, die in den höfischen „Machinationen" einen Betrug an Berlin sehen wollten.[130] Die aufrichtige, wenngleich alles andere als geschickte Friedenspolitik führte zu Verratsvorwürfen, die sich speziell gegen Karls Frau Zita richteten.[131] Während die Kaiserin solcherart als „italienische Verräterin" abgestempelt wurde, griffen die übrigen Nationalitäten der Donaumonarchie nun wiederum die „Bevormundung" Wiens durch Berlin verstärkt an. Die Westmächte gaben dabei Rückendeckung. Robert Cecil, Unterstaatssekretär im „Foreign Office", dazu am 21. Mai 1918 via Telegraf an die britischen Botschafter in Paris und Rom: „Wir glauben, eine Politik, die Österreich von Deutschland abzutrennen versucht, muß im gegenwärtigen Zeitpunkt sowohl als inopportun als auch als unpraktikabel angesehen werden. Das letzte Treffen der beiden Kaiser hat zweifellos zu einer Festigung der Bindung zwischen den beiden Reichen geführt. Wir denken daher, die beste Vorgangsweise besteht darin, den unterdrückten Nationalitäten in Österreich alle nur mögliche Unterstützung in ihrem Kampf gegen die deutsch-ungarische Vorherrschaft zu gewähren."[132]

Tags darauf begrüßte Cecil den „Kongreß der Unterdrückten Völker", der im April 1918 getagt und unter anderem den Pakt zwischen kroatischen Repräsentanten und wichtigen italienischen Liberalen gebilligt hatte. Alfred C. W. H. Northcliffe, Zeitungsmagnat und für Großbritanniens Propaganda gegen die Feindstaaten zuständig, ging zugleich über Cecils Ansatz, der „Österreich zu einer vernünftigen Haltung" zurückführen wollte, schon hinaus. „Obwohl keine bindenden Zusagen gemacht und keine Verpflichtungen eingegangen worden sind", schrieb Northcliffe an Lloyd George, „wurde dennoch unter meiner Verantwortung der klare Eindruck vermittelt, daß sich unser Land letztlich für die Befreiung der von den Habsburgern unterworfenen Völker einsetzt".[133]

Die Vereinigten Staaten schwenkten in den letzten Maitagen des Jahres 1918 auf diese Linie ein.[134] Robert Lansing hatte ohnehin nur darauf gewartet. „Inoffizielle Kontakte zu Österreich-Ungarn" seien nun sinnlos geworden. Wilhelms und Karls Zusammenkunft in Spa begrabe „jede Chance", die Bündnispartner zu trennen. „Polen, Tschechen, Jugoslawen und Rumänen" drohe eine völlige Abhängigkeit von den Deutschen. Deren endgültiger Sieg im augenblicklichen „Völkerringen" rücke näher. Der habsburgische Regent aber habe seine „angestammten Rechte" und zugleich die „letzten Sympathien" verloren. Lansing weiter: „Nach dem neuen Stand der Dinge scheint es für mich notwendig, Österreich-Ungarn als Großmacht auszulöschen. Es sollte auf die Nationalitäten, aus denen es sich zusammensetzt, aufgeteilt werden."[135]

Dieses Mal stimmte Wilson mit seinem Außenminister überein. Trotz seines Widerwillens, meinte er nach dem Scheitern der Sonderfriedensverhandlungen mit Wien, die „österreichischen Völker zu Verschwörungen und Intrigen gegen ihre eigene Regierung aufzustacheln" zu müssen.[136]

Es folgten Sympathieerklärungen für die betreffenden Nationalitäten, die aus der Sicht von Edvard Beneš jedoch eher „platonischen" Charakter trugen. Schließlich war trotz einiger antihabsburgischer Wortmeldungen in London immer noch nichts endgültig entschieden. Dem „Conseil National des pays tchèques" billigten im Juni und August 1918 zwar sowohl England als auch Frankreich zu, „oberstes Gremium" für alle Belange des zukünftigen Staates zu sein. Aber diese Vertrauensstellung empfand Robert Cecil lediglich als „vorsichtige Formulierung", die „zweifellos mit der Auflösung Österreich-Ungarns zu vereinbaren wäre". Der Wortlaut, so Cecil weiter, „verpflichtet uns jedoch keineswegs zu dieser Lösung".[137]

Legionäre

Vor diesem Hintergrund erwies es sich als wichtig, dass die Alliierten im immer noch nicht entschiedenen Krieg gegen die Mittelmächte auch den Einsatz von Freiwilligenverbänden oder „Družinen" aus den Reihen der zentraleuropäischen Völker zu schätzen wussten. Das galt beispielsweise für die von Frankreich aufgestellte Armee der Polen, die ihrem Nationalkomitee in Paris im März 1918 unterstellt wurde.[138] Besonders bedeutsam war zudem, dass Beneš seinen Standpunkt durchsetzen konnte und schon ab Dezember 1917 die „tschechoslowakische nationale Armee" als „autonome Einheit im Rahmen der französischen Armee unter oberster politischer Führung des tschecho-slowakischen Nationalrates" organisierte. Zum Einsatz kamen die Einheiten spät, in den letzten Kriegsmonaten. Eine analoge Regelung wurde für Italien überhaupt erst in der zweiten Aprilhälfte 1918 getroffen.

Mindestens ab diesem Zeitpunkt begann das Thema allerdings auch auf höchster strategischer und politisch-diplomatischer Ebene eine zentrale Rolle zu spielen. Die zunächst relativ kleine Zahl von antihabsburgischen Legionären an der Seite der russischen Armee stieg nämlich nach dem Sturz des Zaren rasch an. Unter anderem die Tschechen und Slowaken brachten es – neben Serben, Rumänen und anderen – bis Ende 1917 auf 40.000 bis 50.000 Mann, die vorwiegend als Kriegsgefangene auf das Territorium des ehemaligen Romanovimperiums gelangt waren. In den revolutionären Wirren und dem Kampf der Bolschewiki um ihren Machterhalt wurden sie schließlich zu einem unvorhergesehenen Einflussfaktor. Die Alliierten bemühten sich um die Fortsetzung der Kämpfe gegen die Mittelmächte im Osten und buhlten eine Zeit lang auch um das KP-Regime. Nach dem Frieden von Brest-Litowsk waren die Voraussetzungen hierfür denkbar schlecht. Dafür spielten ihnen nun die wachsenden Spannungen zwischen den zum Abtransport an die Westfront bereiten, formell unter französischem Befehl stehenden „Družinen" und den Repräsentanten der „Sowjetmacht" in die Hände. Die Zuspitzung der Lage mündete in den Versuch Moskaus, die Legionäre zu entwaffnen.[139]

Der darauffolgende offene Konflikt stellte sich bisweilen wie ein Krieg zwischen den Nationalitäten Österreich-Ungarns dar. Deutsche und ungarische Gefangene hofften an der Seite prosowjetischer Kräfte oder in den Reihen der gerade gegründeten Roten Armee auf die im Brester Frieden versprochene Heimkehr, auf bessere Lebensbedingungen und nur im Falle einer kleinen Minderheit auf die Verwirklichung ideologischer Ziele. Umgekehrt sammelten sich um die keineswegs prinzipiell gegen die Räte und das Oktoberregime eingestellten „Družinisten" im Wolga-Kama-Gebiet, im Ural und in Sibirien antibolschewistische Kräfte. Sie waren partiell prowestlich eingestellt, wollten an der Seite der Entente den Krieg fortsetzen und sahen im Gros der Gefangenen aus den Reihen der Habsburgerarmee oder der Truppen Wilhelms II. vor allem Feinde, Handlanger Berlins und Wiens. Der nach und nach in Paris, London, Washington und Tokio beschlossene Einsatz britischer, französischer, US-amerikanischer, verbündeter japanischer und anderer Kampfverbände auf dem Boden des ehemaligen Zarenreiches diente dem Schutz alliierter Munitionsdepots und der Unterstützung jener, die gegen Deutschland und Österreich-Ungarn kämpfen wollten. Die Intervention in Russland war solcherart bis Ende 1918 vor allem von Weltkriegsstrategien bestimmt, nicht selten von Divergenzen zwischen den Gegnern der Mittelmächte, teilweise vom Streit um imperiale Einflusszonen in Zentral- und Ostasien, viel weniger jedoch von explizit weltanschaulichen Motiven.[140]

Für die führenden tschechischen Politiker im Exil boten diese überraschenden Entwicklungen eine weitere Gelegenheit, sich in Paris, London und Washington als nützlicher Alliierter zu präsentieren. Nicht zufällig kreisten die ersten Treffen zwischen Wilson und Tomáš Masaryk um Russland. Washington wies schließlich jeden Verdacht von sich, die ohnehin begrenzte US-Intervention auf dem Territorium des untergegangenen Zarenreiches dazu zu nutzen, der einheimischen Bevölkerung „ein anderes Regime aufzuzwingen". Wenigstens offiziell ging es dem Weißen Haus im Sommer 1918 lediglich darum, die „Tschechoslowaken", wie es hieß, „gegen die deutschen und österreichischen Kriegsgefangenen zu unterstützen".[141]

Ungeachtet aller Details aber war vor allem auch in London und Paris klar, dass vergleichsweise kleine Legionsverbände große Wirkung erzielten – im Osten weit mehr als an der Westfront.[142] Einsätze der „Družinen" gingen einher mit Appellen, den antihabsburgischen Nationalbewegungen zu ihrem Ziel, der völligen Unabhängigkeit, zu verhelfen. Im September 1918 anerkannte

Washington den „Tschecho-Slowakischen Nationalausschuss" als eine „de facto am Krieg teilnehmende Regierung". Eine am Kongress in Rom vom April 1918 orientierte Konferenz versammelte in der Carnegie Hall wenig später Repräsentanten der Tschechen, Polen, Italiener, Jugoslawen, Rumänen und Ruthenen. Wilson empfing die Delegierten, darunter Masaryk, am 20. September, um ihnen mitzuteilen, dass „die Auflösung der Habsburgermonarchie nun notwendig geworden" sei.[143]

Die wankenden Streitkräfte

Bis zur Jahresmitte 1918 hatten sich die Zukunftsaussichten für die Habsburgermonarchie beträchtlich verschlechtert. Innen- wie außenpolitisch waren zumindest Vorentscheidungen getroffen worden. Dass die Situation an den Fronten letztlich den Ausschlag geben würde, zeigte sich indes nicht nur bei der Aufstellung der Legionsverbände. Paul von Hindenburg und Erich Ludendorff gingen immer noch aufs Ganze. Eine Entscheidung im Westen sollte herbeigeführt werden, vor der weiteren Verstärkung der Entente durch die USA. Das Kaisertreffen in Spa hatte zunächst und vor allem auch dazu gedient, entsprechende strategische und operative Planungsabläufe zu diskutieren. Die Deutsche Oberste Heeresleitung bereitete einen Schlag gegen Frankreich und seine Alliierten vor. Das österreichisch-ungarische Armeeoberkommando sollte in diesem Zusammenhang zumindest Truppen in Italien binden, indem es eine Entlastungsoffensive an der Piave startete. Mehr Material und mehr Mannschaften als bislang sollten dafür aufgeboten werden.[144]

Schlecht verpflegte, teilweise apathische und disziplinlose k. u. k. Verbände waren allerdings in der Zwischenzeit auch für die Botschaften aus dem Ausland und die kritischen Worte der Reichsratsabgeordneten empfänglicher. Einen Beitrag dazu hatten im Übrigen die Erfahrungen im Habsburgerheer geleistet. Mit Fortdauer der Fronteinsätze diente vielen tschechischen Soldaten speziell der deutschsprechende „Kamerad" als „kontrastive Folie" für die Abgrenzung der eigenen Identität. Viele empfanden wie Vojtěch Berger vom 91. Budweiser Infanterieregiment, der festhielt: „Das Kommando übernahm der Leutnant Fitzinger", ein „Deutscher", ein „Grobian erster Klasse. Wenn wir mit seiner Kompanie in den Schützengräben sind, misst er unsere Arbeit mit Schritten aus und wenn es zu wenig ist, schimpft er uns gleich wie ein Dienstknecht einen Lümmel."[145]

Berger erzählte davon, dass es bei harten Worten nicht blieb, auch Ohrfeigen wurden ausgeteilt. Schicksalsgefährte Josef Hodek vom Pilsner 35. Infanterieregiment notierte die Überheblichkeit, die mit solchen Demütigungen gelegentlich verknüpft war. „Herr Leutnant Hoch", heißt es bei Hodek, übte das „Meldung machen" bei einem vorgesetzten Hauptmann und erkannte, dass „nur wenige von uns Deutsch konnten". Selbst jene, die über gewisse Kenntnisse verfügten, wurden von der strikten Ordnung, dem plötzlichen Befehlston und Militärjargon verwirrt. „Kamerad Sokol", im „Zivilleben ein Ingenieur", gehörte zu ihnen und löste damit das Missfallen der Offiziere aus. „Der Hauptmann fing an: ‚Wie heißen Sie?' ‚Sokol.' ‚Was sind Sie in Zivil?' usw. Dabei merkte der Hauptmann, wie ungelenk sich Sokol ausdrückte. ‚Warum können Sie kein Deutsch? Was haben Sie studiert? Wo? In Prag? Prag ist doch eine deutsche Stadt, dort sprechen nur die Dienstmädchen und die Pepis Tschechisch. Sie müssen sich in einer schönen Gesellschaft befunden haben, wenn Sie dort kein Deutsch lernten!'"[146]

Parallel zur Herabwürdigung vieler Tschechen, die mit „dem Pöbel" gleichgesetzt wurden, machten sich die „dominierenden Völker" auch bei den Südslawen immer unbeliebter. Ein Kroate aus Bosnien dazu vor dem Hintergrund seiner Unteroffiziersausbildung: „Die Deutschen betrachteten uns von oben herab [...]. Die Ungarn schrien immerfort [...]. Sie gaben sich nur mit ihren eigenen Landsleuten ab, deshalb nannten wir sie auch die Gobi-Oase in Europa [...]. Es schien uns, als würden sie die Deutschen gar nicht bemerken, uns Kroaten sahen sie als Halbbrüder, und wenn sie Tschechen erblickten, schienen sie sich übergeben zu wollen". Die „Tschechen und uns verband die Empfindung, dass die Deutschen und Ungarn in der k. u. k. Monarchie den Nominativ darstellten, wir Slawen den Genetiv; die Italiener und Rumänen hingegen waren gar kein Kasus, sondern die dritte Person Plural".[147]

Die Ernährungskatastrophe wirkte auf ihre Art destruktiv. Truppenteile empörten sich etwa über die angeblich höheren Rationen der Magyaren, Verzweifelte baten um den Einsatz bei Stoßtruppunternehmen, „um sich bei den Italienern etwas Nahrung zu holen!"[148] Für größere Geländegewinne reichte diese Motivation jedoch nicht. Die physische Ermattung bereitete den Kommanden gleichermaßen Sorgen wie die Moral der Truppen. Als sie im Juni zum Angriff übergingen, erwiesen sich schon die ersten Operationen als Fehlschlag. Der Piave führte viel Wasser und war nicht leicht zu bezwingen. Es mangelte an Munition, teilweise erwies sie sich als fehlerhaft. Der Gaseinsatz blieb fast wirkungslos. Die Fliegertruppe traf auf eine feindliche Übermacht. Binnen Stunden zerfiel die Attacke in Einzelgefechte, für die das Beschaffungswesen des AOK bald nur noch „sporadischen Zuschub" versprechen konnte. Die vordersten Linien erhielten zu wenig Verstärkung. Kampfschauplätze verwandelten sich in „Leichenfelder", bevor sich die deprimierten Einheiten kraftlos in ihre Ausgangsstellungen zurückzogen.[149]

Mehr als eine Schlacht war verloren. Die Ressourcenknappheit raubte der Armee die Offensivkraft. Die gegnerischen Alliierten registrierten den Fehlschlag der „Hungeroffensive" und die nachhaltige Schwächung Österreich-Ungarns mit der zufriedenen Gewissheit, sich nun ganz auf die Deutschen an der Westfront konzentrieren zu können. Zugleich verschlimmerten die Nahrungsmittellieferungen an die südwestlichen Kampfschauplätze die Verhältnisse im Hinterland. Die Haupt- und Residenzstadt Wien hatte ab dem 17. Juni kein Mehl mehr. Das Deutsche Reich fiel als Stütze aus, da es selbst auf größere Mengen Getreides aus Rumänien und der Ukraine wartete. Requirierungen vor allem in Ungarn machten nur noch mehr böses Blut. In Budapest und Wien klagten die Parlamentarier vor allem die militärische Führung an. Die kritisierten Schwachstellen und Unzulänglichkeiten beschränkten sich dabei keineswegs auf die Vorbereitung und Durchführung der Piave-Offensive.[150] Eine Geheimsitzung im Abgeordnetenhaus des Reichrates, die privat mitstenographiert wurde und somit der Nachwelt erhalten blieb, richtete sich gegen das „ganze System des Militarismus" und brandmarkte vor allem auch die Zustände abseits der Fronten, bei den Ersatzkörpern und in jenen Institutionen, die sich speziell der Behandlung von Heimkehrern aus der russischen Kriegsgefangenschaft widmeten. In Bezug auf Letztere fand der Sozialdemokrat Karl Leuthner klare Worte. „Sie behandeln" sie als „Verbrecher", griff Leuthner die k. u. k. Heeresleitung an: „Sie setzen sie einem läppischen Verhör aus, das gar nie etwas zutage fördert [...]. Glauben Sie damit werden Sie die Grundlagen der Ruhe und Ordnung im Heere sichern? Da irren Sie sich aber ganz gewaltig. Denn sie sind es, nicht die Bolschewiken sind es, sie, die Herren Offiziere sind es, die die Revolution im Heer vorbereiten!"[151] Nicht viel anders dachten unter anderen die südslawischen Parlamentarier, allen voran der Slowene Anton Korošec. Die früheren Gefangenen „sahen sofort, dass es in Österreich noch nicht besser geworden ist", konstatierte Korošec und ergänzte: „Statt sich gegen die Fehlerquellen zu wenden, unterdrückte man wahllos, wobei sich wieder die seit 1914 und 1915 bekannten Militärgerichte auszeichnen mussten."[152]

Rebellion und Desertion

Das scharfe Urteil schien alles andere als unangemessen. Die meist sehnlich herbeigewünschte Heimkehr, die durch die Russische Revolution und den Vertrag von Brest-Litowsk wenigstens für einen Teil der Betroffenen möglich geworden war, stellte sich als große Desillusion heraus.[153] Viele erkannten augenblicklich die katastrophale wirtschaftliche Lage der Donaumonarchie. Wer einen Heimaturlaub erhielt, stellte ernüchtert fest, dass es den Familien zum Teil noch viel schlechter ging.[154]

Und nicht genug damit, begegnete man den Heimkehrern tatsächlich – wie von den Parlamentariern angeprangert – mit ebenso großer Skepsis wie zuvor in der Regel den Zivilinternierten, Flüchtlingen, Evakuierten und gegnerischen Soldaten. Auch die „Rückläufer" und „Repatriierten" aus den Gebieten des früheren Romanovimperiums galten jetzt – angesichts ihrer langen Abwesenheit, ihres Aufenthaltes in „Feindeshand", ihrer Erlebnisse während und vor allem nach dem Ende der Zarenherrschaft – als „verdächtig" und potentiell „illoyal". Das k. u. k. Armeekommando beargwöhnte daher nun keineswegs bloß die „nationalistische, staatsfeindliche Propaganda", die ihrer

Ansicht nach augenblicklich speziell bei den „Tschechen und Südslawen" Wirkung zeigte, sondern sie achtete darüber hinaus verstärkt auf „sozialrevolutionäre Ideen". Da überdies Lenin und die Sowjetregierung darauf hofften, die Mittelmächte mit dem – wie man es formulierte – „Bazillus des Bolschewismus" nicht zuletzt durch die aus Russland heimkehrenden Kriegsgefangenen zu infizieren, hatten die notorisch misstrauischen Militärbehörden zur Jahreswende 1917/18 mit dem Aufbau eines Kontroll- und Abwehrapparats gegen die „Gefahr aus dem Osten" begonnen. Während eine oberste Leitung des Heimkehrwesens mit Befehls- beziehungsweise Inspektionsbefugnissen ausgestattet und die „Vaterländische Bildungsarbeit" seitens einer „Feindespropaganda-Abwehrstelle" intensiviert wurde, arbeitete speziell der militärische Geheimdienst an einer flächendeckenden „sanitären und moralischen Quarantäne".[155]

Zunächst behandelte man die Repatriierten „wie am Fließband" in 24 Übernahmestationen: Entlausung, erste Präsentierung, ärztliche Untersuchung, Perlustrierung – das alles ging sehr routinemäßig, regelrecht mechanisch vor sich. Dann kam es zur medizinischen Beobachtung und zur Ausbildungserneuerung in insgesamt 53 Heimkehrerlagern. Ständigen Exerzier- und Appellübungen folgten weltanschauliche Schulungen und protokollarische Einvernahmen. Abwehrorgane und V-Männer horchten die „Rückläufer" aus, um ihre „wahre Gesinnung" herauszufinden. Die Ergebnisse ihrer Recherchen flossen in Rechtfertigungsverfahren ein, denen sich speziell die unverwundet in Kriegsgefangenschaft geratenen Soldaten zu unterziehen hatten. Eine gewaltige Justizmühle setzte sich in Bewegung. „Mannschaften ohne Rangklasse" und Offiziere rechtfertigten sich vor unterschiedlichen Kommissionen. Fiel das Ergebnis negativ aus, wurden die

„Überführten" den Gerichten übergeben oder im Disziplinarweg bestraft.[156]

Schon Anfang Mai 1918 war klar, dass es sich bei den „Bedenklichen" und „Ungerechtfertigten" laut Erhebungsunterlagen um eine verschwindende Minderheit handelte. Etwas mehr als 2.000 von über 120.000 Heimkehrern sollten bestraft oder weiter observiert werden.[157] Die überwiegende Majorität aber hatte man mit diesem Verfahren gedemütigt. Zusätzlich verbittert durch elende Lebensverhältnisse, die Misere ihrer Familien, die irritierenden Erlebnisse während eines meist kurzen Urlaubs und die trübe Aussicht, bald wieder in Marschformationen eingereiht und an verschiedenen Kriegsschauplätzen eingesetzt zu werden, gingen etliche Betroffene in Anbetracht des Verhaltens der k. u. k. Militärverwaltung nicht mehr bloß auf Distanz zur eigenen Armee und zum eigenen Staat. Die Verärgerung und der „tiefe Groll" verwandelten sich mancherorts in offene Rebellion. Abgesehen von der Marine, bei der es schon seit Längerem gärte und die im Kriegshafen von Cattaro Anfang Februar eine allerdings binnen weniger Tage zusammengebrochene Matrosenrevolte erlebte, kam es vor allem Mitte des Jahres 1918 hauptsächlich bei den Ersatzkörpern des Heeres zu Meutereien.[158] An mehreren Orten, etwa in Judenburg, Radkersburg und Murau in der Steiermark, im nordböhmischen Rumburg, im südungarischen Pécs oder im serbischen Kragujevac, beteiligten sich daran insbesondere Heimkehrer aus der Kriegsgefangenschaft. Die nachfolgenden Untersuchungen ergaben, dass einige „Aufwiegler" und „Empörer" durchaus mit revolutionären und vor allem nationalen Ideen liebäugelten.[159]

In Summe jedoch mussten auch k. u. k. Nachrichtendienstoffiziere erkennen, dass speziell die Beschwernisse des Alltags und die Vorgangsweise der militärischen Vorgesetzten wesentlich zu den Revolten beigetragen hatten.[160] Überall, wo es zum Aufruhr gekommen war, glichen sich die Motive: „Hass auf den Krieg, Hass auf jene, die ihn führten", begleitet von schlechter Versorgung, hohem Alkoholkonsum, gelegentlichen revolutionären Losungen und nationalen Gefühlen.[161]

Die Niederschlagung der Meutereien lag unterdessen in den Händen von Assistenztruppen, denen auch die Durchführung des „Strafgerichtes" oblag. Und dieses sollte nach Wunsch der vorgesetzten Stellen drakonisch ausfallen. In Pécs exekutierte man neunzehn, in Rumburg zehn, in der Steiermark zwanzig und in Kragujevac vierundvierzig Soldaten. Wie schon bei früheren „Füsilierungen" spielten sich gespenstische Szenen ab. „Belustigte" Zuschauer suchten die Nähe der Hinrichtungskommandos. Über Nacht stampften Pécser Wirte am Rande der Richtstätten Würstelstände und Bierbuden aus dem Boden. Das bedrückende Spektakel verwandelte sich in eine Jahrmarktattraktion. „Bravo! Ganz richtig!", waren einige Zurufe aus der Menge meist deutschsprachiger Zuschauer in Rumburg zu vernehmen. Die anwesenden Tschechen reagierten befremdet, während in Judenburg manche Zeugen sogar ihre Sympathie für die „Aufständischen" bekundeten. Vergleichbares spielte sich überdies in Kragujevac ab, als die Delinquenten am Nachmittag des 8. Juni 1918 durch die von der Bevölkerung dicht gesäumten Straßen der Stadt geführt wurden. „Der Großteil der Verurteilten schritt den letzten Weg ruhig und gefasst". Am „Schießplatz angelangt", trat ein aus bosnischen Assistenzeinheiten gebildetes Peloton vor. Der Kommandant „senkte den Säbel, die Salven krachten. Furchtbare Szenen – eine Reihe der Exekutierten war nur schwer verletzt, wand sich im Blut. Die Soldaten schossen erneut auf die Sterbenden ..." Die zum Tode verurteilten Aufrührer der Radkersburger

Garnison, wo die Meuterei ähnlich wie im Falle der anderen Aufstände heftige Feuergefechte mit mehreren Toten zur Folge gehabt hatte, starben indes „mit slowenischen und Anti-Habsburg-Parolen auf den Lippen".[162]

Die Entwicklungen erleichterten es vielen, sich endgültig von ihren Einheiten zu entfernen. Die Nachrichten über Deserteure mehrten sich, vornehmlich „im slawischen Süden des Reiches" und namentlich „in Slawonien". In den Wäldern hausten, so hieß es, „Räuberbanden", die „von der Bevölkerung aus Sympathie oder Furcht verborgen gehalten" und in der Öffentlichkeit bald als „Grüne Kader" bekannt wurden. Der Reichsrat griff dieses Thema ebenfalls auf: Der Hunger und vielfach auch die schlechte Behandlung sind die Ursachen, weshalb die „Desertion" zu einer „in der ganzen Welt beispiellos dastehenden Massenerscheinung ausgeartet ist [...]. Der Strom der Fahnenflucht schwillt" mit „jedem Tage mächtiger an, und die Zahl der Desertionen soll fast eine Million haben."[163] Das war nun tatsächlich stark übertrieben. Verlässlicheren Angaben zufolge fehlten bei den Ersatzkörpern des Habsburgerheeres im August 1918 knapp 50.000 Mann. Sie waren nicht mehr eingerückt, hatten sich auf verschiedene Weise entfernt oder verweigerten offen den Dienst.[164]

Innere Fronten

Dass speziell im AOK indes mit einiger Berechtigung wesentlich höhere Zahlen kursierten – man sprach von 100.000 bis 250.000 –[165], steigerte nur die Paranoia jener Militärs, die das bisherige Vorgehen für zu lasch hielten. Sie wollten das Kriegsgesetz „in voller Schärfe" zur Anwendung gebracht wissen. „Rigoroses Durchgreifen", meinten sie, sei letztlich humaner als „Schwäche, die sich als Milde drapiert".[166] Schließlich werde das Reich von separatistischen und immer öfter auch von „roten Emissären" regelrecht unterminiert, begründete man in Offizierskreisen die eigene unnachgiebige Haltung, die nicht zuletzt durch Polizeiberichte untermauert wurde.[167]

Gehäuft hatten sich derlei Darlegungen im Übrigen schon zum Jahreswechsel 1917/18, als immer öfter Arbeitsniederlegungen gemeldet wurden. Die Warenproduktion war schließlich ernstlich in Gefahr, als – ausgehend vom südlichen Wiener Becken – Anfang des letzten Kriegsjahres eine Million Beschäftigte in allen Industriegebieten der Donaumonarchie „aufbegehrten". Über die Unzufriedenheit mit der Kürzung von Mehlrationen hinaus trug der Widerstand bald politischen Charakter: Gefordert wurden die Milderung des Militärregimes und die Neuzusammensetzung der Gemeindevertretungen. Zudem entstanden Arbeiterräte, welche die Sozialdemokratie an die Kandare nahm. Österreichische SP-Funktionäre lenkten die Bewegung in geordnete Bahnen. Die Kommandeure der k. u. k. Armee wollten es währenddessen den deutschen „Waffenbrüdern" gleichtun, die den bis zu 500.000 Streikenden im Hohenzollernreich mit eiserner Faust begegneten. In der Habsburgermonarchie wirkte die signalisierte Kompromissbereitschaft der Ministerpräsidenten Österreichs und Ungarns vorläufig beschwichtigend, auch wenn es sich dabei letztlich um leere Versprechungen handelte.[168]

Das Abflauen der Protestwelle vermochte die Staatsführung nicht zu beruhigen. Schließlich zeigte sich zu Beginn des Jahres 1918 schon der ideelle Einfluss des „Oktoberregimes" und der „Losungen Lenins". Die Menschen verlangten unter dem Eindruck der Verhandlungen in Brest-Litowsk den Verzicht auf „imperialistische Expansionsgelüste" und rückten angesichts des Verhaltens der Mittelmächte im Osten von ihren Regierungen weiter ab.

Pazifismus, Räteorganisationen und die Gefahr der sozialen Revolution, nationale Autonomie- und Unabhängigkeitsbestrebungen stellten sich vor allem für die Hardliner in der Armee und die Verfechter des „Siegfriedens" als Bestätigung ihres unversöhnlichen Kurses dar. Selbst der Regent, der stets auch zu plötzlichen Meinungsänderungen neigte, ging unter dem Eindruck des „Massenausstands" von seiner liberaleren Haltung ab und liebäugelte mit einer „Politik der starken Hand". Im kaiserlichen Domizil in Laxenburg trafen Carl Freiherr von Bardolff und Alois Fürst Schönburg-Hartenstein am 28. Jänner 1918 ein, um eine Militärdiktatur für Österreich, ein „Ministerium der Generale", zu besprechen. Energische Offiziere sollten die verschiedenen Ressorts übernehmen, ein einheitliches Befehlssystem im Hinterland gewährleisten und auf der Basis des Notverordnungsparagraphen weitgehend „freie Hand" für ihre „schwere Aufgabe" haben.[169]

Den „diktatorischen Eifer" bremsten allerdings umgehend zahlreiche Institutionen, darunter auch die maßgeblichen Kräfte der Heeresadministration. K.u.k. Kriegsminister Rudolf Stöger-Steiner Freiherr von Steinstätten brachte verfassungsrechtliche Bedenken vor. Ungarn, so seine Ansicht, werde Einheiten der gemeinsamen Armee nicht dem cisleithanischen Dispositionsbereich überlassen. Generalstabschef Arthur Arz Freiherr von Straußenburg sah schlicht keine Möglichkeit, weitere Truppen für das Hinterland abzustellen. K.k. Ministerpräsident Ernst Ritter von Seidler wollte gar nichts davon wissen, „ohne Parlament zu regieren". Alternativ- und Minimalpläne blieben zur Enttäuschung Bardolffs und Schönburg-Hartensteins ebenfalls Kurzzeitlösungen. Das Konzept war auf der ganzen Linie gescheitert, und Seidler fügte in Bezug auf die Arbeit mit dem Reichsrat vorsichtig entwarnend noch hinzu: Derzeit „gehe es vergleichsweise noch ganz gut".[170]

Die internationalen Entwicklungen und die zunehmende Dominanz Berlins, das Elend an der „Heimatfront" und die kritische Lage auf den Kampfschauplätzen engte dann aber auch den Handlungsspielraum des österreichischen Premiers ein. Er agierte nun, ab dem 1. Mai, während der Vertagung der „Volksvertretung" bis 18. Juni, gleichfalls weitgehend autoritär. Am 19. Mai verfügte er mittels Oktroi die verwaltungsmäßige Trennung Böhmens in deutsche und tschechische Kreise, eine Bestimmung, die nach dem Kaisertreffen in Spa nicht mehr als weiterer Schritt zur Lösung von Nationalitätenstreitigkeiten angesehen wurde, sondern als antislawisches Manöver im Fahrwasser Berlins.[171] In Übereinstimmung mit Exilkreisen lehnten die Tschechen jeden noch so konstruktiven Vorschlag ab. Den Ausschlag aber gaben in dieser Lage die Polen. Sie verweigerten das nächste Budget. Der Staatshaushalt wurde daraufhin ohne parlamentarische Kontrolle geführt, gefolgt von einem Angriff der Abgeordneten auf die leitenden Regierungsmitglieder. Ernst von Seidler ging in die Offensive und provozierte mit einem betont „deutschvölkischen Kurs". Getragen von der Überlegung, die Tumulte zu einer neuen „Zivildiktatur à la Stürgkh mittels kaiserlicher Patente" zu nutzen, drängte er den Polenklub zu einer Kompromissformel. Dieser stimmte dem nächsten Budgetprovisorium um den Preis von Seidlers Demission zu, welche dann jedoch erst nach einigen parlamentarischen Abstimmungen für und gegen den angegriffenen Premier tatsächlich erfolgte.[172]

Kaiser Karl, der das Vorgehen mit dem scheidenden Ministerpräsidenten im Wesentlichen abgesprochen hatte, schien weit von seinen Ausgangspositionen im vorangegangenen Jahr entfernt zu sein. Trotz des Bemühens um eine „Parlamentarisierung", eine Verständigung mit den Slawen, um eine Lockerung des Bündnisses mit dem

Hohenzollernreich und einen Separatfrieden, verfügte er nun – im Schatten von Kaiser Wilhelm –, die von Seidler verfolgte Richtung beizubehalten. Dessen Nachfolger, Max Hussarek von Henlein, beließ es daher beim bestehenden Beamtenkabinett und verständigte sich mit den radikalen deutschen Vertretern auf die böhmische Kreiseinteilung. Er brachte noch einmal ein Budgetprovisorium zustande, das letzte Cisleithaniens. Verständigungsprojekte, speziell zwischen den unter Kriegsbedingungen wieder scharf voneinander getrennten Polen und Ukrainern, waren allerdings kaum realisierbar. Ebenso ein Zusammengehen mit den Südslawen, die in Opposition blieben. Bei den Tschechen hingegen trachtete Hussarek ohnehin nur mehr auf deren Isolierung.[173]

Bei alldem war stets zu bedenken, dass die Weichen mittlerweile anderswo gestellt wurden: in den Kanzleien der feindlichen Regierungen, innerhalb der nationalen Bewegungen im In- und mehr noch im Ausland, an den verschiedenen Kampfschauplätzen und zu einem gewissen Grad auch in den russischen Revolutionswirren. Im Gegensatz dazu dämpfte in Österreich-Ungarn der Beginn der neuen Ernte zunächst noch das abermalige Aufflammen der Streikbewegung. Von einer wirklichen Entspannung war freilich keine Spur, erst recht nicht mittel- und langfristig. Im Gegenteil. Das Versagen bei der Versorgung der Bevölkerung begann bisher äußerlich ruhige Kronländer zu destabilisieren. Krawalle und Exzesse meldeten im September 1918 auch Kärnten und Salzburg.[174]

Parallelwelten

An vielen Orten versteckten sich Deserteure, hielten sich geheime Militärzirkel für den Umsturz bereit. Der Sozialdemokrat Julius Deutsch traf Vorkehrungen gegen einen Armeeeinsatz im Falle von „Ausständen" und „Erhebungen". In den Wiener Kasernen entstand laut Deutsch ein „Netzwerk von Vertrauensleuten" ab dem Sommer 1918.[175] Etwa zur gleichen Zeit bildeten sich konspirative Zirkel nationalbetonter Offiziere insbesondere unter den Tschechen, Polen und Ukrainern. Zentrum in Prag waren Männer von der dortigen Kadettenschule und des mährischen Infanterieregimentes Nr. 3. In Krakau wiederum existierten schon stärkere Vereinigungen. Sie basierten partiell auf den Vorarbeiten im Rahmen der Kriegsführung an der Seite der Mittelmächte: Die Legionen, die Polnische Militärorganisation POW und die Kósciuszko-Gruppen bildeten hier die Grundlage.[176]

Wichtiger noch waren die politischen Entscheidungen. In Laibach fanden beispielsweise „Slawische Tage" Mitte August 1918 statt. Abgesehen von der „völkischen Solidarität" – manifestiert in der Anwesenheit polnischer und tschechischer Repräsentanten – entwickelte sich dabei mit der Gründung des „Volksrates für Slowenien und Istrien" eine Parallelinstitution zur bestehenden, immer noch über gewisse Sympathien verfügenden k. k. Verwaltung.[177] Während der aus etlichen regionalen Sektionen und Fachausschüssen bestehende „Volksrat" sich als Teil eines noch zu gründenden Nationalausschusses aller Südslawen Österreich-Ungarns verstand, hatten unter Karel Kramář die Tschechen schon früher erste Schritte in dieselbe Richtung unternommen. Mitte Juli bereits trat ein „Nationalausschuss" ins Leben, dem sich alle politischen Parteien nach dem Schlüssel der letzten Reichsratswahlen vom Jahr 1911 anschlossen. Vorbereitungen für den „Staatsgründungstag" wurden getroffen, Bezirks- und Ortsausschüsse gebildet. Die Autorität der Emigrantenzirkel stand zugleich spätestens Mitte September außer Frage. Man wartete auf Weisungen aus Paris.[178]

Die auch dadurch geschaffene Ruhe vor dem Sturm schien ihren Teil zum Unvermögen der Regierung beizutragen, den Ernst der Lage voll und ganz zu begreifen. Andere steckten den Kopf in den Sand oder reagierten mit Halsstarrigkeit auf die Veränderungen. Karl hatte als König von Ungarn zum Beispiel immer noch die Illusion, den früheren Ministerpräsidenten István Graf Tisza zu einem tiefgreifenden Meinungsumschwung zu bewegen. Auf Wunsch des Monarchen besuchte Tisza im September 1918 Kroatien, Dalmatien und Bosnien-Herzegowina. Es ging dabei vor allem um die Ernährungslage. In Sarajewo erhoben Landtagsabgeordnete allerdings generell Protest gegen das in den vergangenen Jahren an den Tag gelegte Benehmen gegenüber der lokalen Bevölkerung. Entschädigungs-, aber auch Autonomieforderungen standen im Raum. Der hohe Abgesandte aus Budapest reagierte darauf mit Herablassung und brüskierte die Delegation. In frostiger Stimmung wandte man einander den Rücken zu.[179]

Tisza beharrte auf dem Dualismus und dem bestehenden kroatisch-ungarischen Verhältnis. Darauf müsse sich auch die Region einrichten, eine Einheit der Südslawen, eine trialistische Lösung, komme nicht in Frage. Die völlige Verkennung der von Anton Korošec und vielen anderen Politikern bereits in die Wege geleiteten Entwicklung blieb in dieser Replik zur Gänze unbeachtet. Der bosnische Statthalter Stjepan Sarkotić vermerkte dazu nachdenklich: Tisza gleiche einem Mann, „der plötzlich bemerkt, dass sich vor seinen Füßen ein Abgrund auftut, von Schwindel gepackt wird, aber weder einen Schritt vorwärts noch einen rückwärts tun kann".[180]

Allerdings ging es bei manchen Repräsentanten der alten Macht keineswegs allein um die Erstarrung in Konventionen, einen verengten Zukunftshorizont oder das fehlende Verständnis für die jüngsten Geschehnisse. Bisweilen waren es vielmehr die ständigen Warnzeichen des bevorstehenden „Infarktes", an die man sich seit Langem gewöhnt hatte. „Die düsteren Orakelsprüche" stumpften ab und lösten reflexartige Reaktionen aus: Man sei daran gewöhnt, „abgehärtet" – und „gesünder" als kolportiert.[181]

Dass Schwerkranke bisweilen tatsächlich sterben, wollten einzelne „Würdenträger" aber möglicherweise auch aus anderen Gründen erst spät oder zu spät wahrhaben. Nationale und sozialrevolutionäre Aktivisten glichen schließlich einer „Avantgarde", denen die „Mehrheit" tatsächlich nicht, noch nicht oder nur teilweise folgte. Der pädagogische Reformer und Sozialdemokrat Robert Scheu befragte etwa während des Spätsommers 1918 im Norden Böhmens Angehörige verschiedenster Schichten und Berufsmilieus. Die Antworten belegten, dass viele Gesprächspartner keine ganz so klare Vorstellung von der nahen Zukunft und weniger mit den deutschsprachigen Nachbarn als mit den offiziellen Stellen Probleme hatten. Auch das vorhandene „staatliche Rahmenwerk" spielte noch eine Rolle. Etliche sahen die Autonomie beziehungsweise den Nationalstaat in den Grenzen der Monarchie.[182]

Markante Haltungsänderung

Nach Jahren blutiger Kämpfe, unzähliger Übergriffe insbesondere der Militärs und einer zur Hungersnot gesteigerten Versorgungskatastrophe war es bemerkenswert genug, wie gering das Potenzial zur Auflehnung blieb. Im Trentino zum Beispiel zeigten die Einwohner wenig Sympathie für das gegnerische Italien. Die habsburgische Herrschaft wirkte mit Fortgang der Gefechte aber nur noch desillusionierend: Die Behandlung der Internierten und Flüchtlinge, das Auftreten der Behörden und die „Denationalisierungs-Kampagnen" vor allem der k. u. k. Armee, die sich vielfach als Germanisierungstendenzen entpuppten, hatten – neben den Organisationsmängeln in der Kriegswirtschaft sowohl an der Südwestfront als auch an anderen Kampfschauplätzen, Etappen- und Okkupationsräumen und schließlich selbst im Hinterland – ihre Wirkung nicht verfehlt.[183]

Schlaglichtartig ließ sich in Details der Stimmungsumschwung erkennen. Dass etwa die Wiener Kinoindustrie bei der Herstellung von behördlich sanktionierten Bild- und vor allem Filmpropagandawerken unangefochten an der Spitze stand, lag etwa nur bedingt an der Schwäche der Branche in den anderen Regionen des Reiches. Zwar gab es nach Kriegsausbruch tatsächlich kaum potente „böhmisch-mährische Fabriken", ab 1916/17 traten jedoch ganz andere Tendenzen und Motive zu Tage. Als sich nämlich damals unter Verwendung des Personals und des Materials älterer Betriebe die „Praga-Film" über den Dächern des Wenzelsplatzes ein kleines Atelier einrichtete, startete das neue Unternehmen durchaus mit viel Elan und stellte bis November 1918 mehrere Spiel- und Dokumentarfilme her. Die Verantwortlichen aber waren offensichtlich in Finanzierungsfragen um größtmögliche Unabhängigkeit von Wien bemüht. Entsprechende Kredite erbaten sie bei tschechischen Banken.[184] Auch der Aufwärtstrend der „Kinematographie" in den Ländern der Stephanskrone fiel für die k. u. k. Propagandisten wenig ermunternd aus. Obwohl die ungarischen Studios speziell bei Spielfilmen ihre „cisleithanischen Kollegen" in den Schatten zu stellen drohten,[185] das Armeeoberkommando starke „Budapester Firmen" als Partner gewinnen wollte und anfänglich sowohl der k.u. Handelsminister als auch Ministerpräsident

Tisza solche Intentionen förderten, blieben die Resultate bescheiden. Die eher von offiziellen Stellen veranlassten als freiwillig kooperierenden Magyaren überließen die „vaterländische Arbeit für das Gesamtreich" nur zu gern den „Wienern".[186]

Spätestens Mitte 1918 rückten vor diesem Hintergrund Gesellschaftsgruppen von der Monarchie ab, die sich bisher stets auf die Seite der Staatsführung gestellt hatten. Der „Lohn" für ihre Loyalität blieb ihnen vorbehalten, die Opferbereitschaft ließ nach.[187] Signifikanterweise gelang es dem katholischen „Erzhaus" ab dieser Zeit nicht einmal mehr, das Episkopat hinter sich zu vereinen. Im Namen des Kaiserpaares setzte sich beispielsweise das Armeeoberkommando vergeblich bei den österreichischen Bischöfen dafür ein, öffentlich an die Einigkeit der habsburgischen Völker zu appellieren. Ein entsprechender Hirtenbrief lag am 4. August 1918 vor. In Prag, Laibach, Trient und Triest weigerte man sich jedoch, ihn zu veröffentlichen. Die Diözesen melden sich gewissermaßen ab, hielten nicht mehr zum Kaiser und zum gemeinsamen Staat.[188]

Der Kollaps

Bisweilen griff Apathie um sich. Die bestehende Ordnung war diskreditiert. Eine ablehnende Haltung gegenüber den „russischen Entwicklungen" blieb indessen fast überall vorherrschend. Anders als Lenin es gehofft hatte, stellte sich das Ende der Zarenherrschaft, der „Rote Oktober" und das Chaos in Russland vor allem als warnendes Schreckbild dar – sowohl für die regierenden Eliten als auch für die „Völker" Österreich-Ungarns. Ihre Lehren aus den „Ereignissen im Osten" zogen außerdem Edvard Beneš und Tomáš Masaryk. Mit den meisten „Inlandskräften", die programmatisch im Wesentlichen schon seit der „Dreikönigs-Deklaration" dem „Auslandswiderstand" folgten, waren sie eines Sinnes: Verfrühtes Losschlagen und unnötiges Blutvergießen seien zu verhindern.[189]

Als die sozialistischen Parteien der Tschechen am 14. Oktober 1918 einen Umsturzversuch wagten, zeigte sich nicht bloß das Prager Militärkommando gut vorbereitet. Auch der im Juli geschaffene Nationalausschuss, der Národni výbor, blieb reserviert. Die Arbeiterkolonnen mit den roten Fahnen unterließen geplante Demonstrationsmärsche. Versammlungen zerstreuten die bereitgestellten Truppen.[190] Speziell die Bürgerlichen fürchteten die Herausforderung von links. Agrarier Antonín Švehla vertrat die Grundlinie, die für die kommenden Tage bestimmend bleiben sollte: „Wir hatten alle einen Gedanken: Ruhe ... und wir überlegten, was wir alles tun müßten, damit nichts geschehe."[191] Noch im Augenblick des Machtwechsels galt für Alois Rašín – wie Karel Kramář zunächst wegen Hochverrat angeklagt und später amnestiert – das Prinzip, „zu verhindern, dass sich eine anarchistische Situation ausbildete". Vorerst sollte alles so bleiben und „weiter geführt" werden, „als hätte es überhaupt keine Revolution gegeben".[192]

Auf den „Tag X" zu warten, hieß indes – wie vereinbart – die Geschehnisse im Ausland zu berücksichtigen, und – noch immer befand man sich im Krieg – die Lage an den Fronten. Von hier kamen jene Zeichen, die Teile der tschechischen Arbeiterbewegung verfrüht hatten losschlagen lassen, die nun aber alle Akteure zum Handeln drängten. Denn nachdem Bulgarien seinen Widerstand gegen die vorrückenden Ententetruppen eingestellt hatte, wandten sich auch Berlin, Istanbul und Wien an die Alliierten, um Waffenstillstandsverhandlungen auf der Basis von Woodrow Wilsons „Vierzehn Punkten" einzuleiten.

Parallel dazu kam die Lawine im Habsburgerreich selbst ins Rollen. Der gemeinsame Ministerrat vom 27. September 1918 hielt gemäß den Worten des Monarchen fest: „Im Zusammenhang mit der außenpolitischen Lage dränge sich die Notwendigkeit einer Rekonstruktion im Innern" auf. Das ging beide Reichshälften vor allem auch deshalb an, weil die „südslawischen Frage" aufgeworfen wurde.[193]

Tisza ebenso wie der amtierende ungarische Ministerpräsident Sándor Wekerle widersetzten sich aber nicht bloß wie bisher einem grundlegenden Umbau des Reiches, einer „trialistischen" oder „föderalistischen Lösung". Sie stellten nun selbst die geltenden Beziehungen zwischen Wien und Budapest zur Disposition,[194] während mit den Schlagworten „Frieden, Demokratie, Unabhängigkeit" die linke Opposition um Mihály Károly in den Vordergrund rückte. Der schließlich verhandlungswilligere Wekerle wurde von den eigenen Mitstreitern und namentlich von Tisza fallengelassen. Er demissionierte am 11. Oktober ebenso wie sein österreichischer Amtskollege Max Hussarek. Dieser sah sich bei seinen Reformansätzen keineswegs bloß mit dem Widerstand der Magyaren konfrontiert. Selbst der Monarch stand nicht vorbehaltlos hinter ihm.[195]

Mit Ratlosigkeit war die Stimmung in den Regierungsbüros alleine kaum mehr richtig zu erfassen. Schließlich gab es für die beiden Premiers, die vorläufig die Geschäfte weiterführten, eigentlich keinen Handlungsspielraum mehr. Hussarek vor allem wurde in die Enge getrieben. Seine Ankündigung vom bevorstehenden Umbau des Reiches im Wiener Parlament fand wenig Beachtung. Anton Korošec reagierte umgehend und ironisch mit „verbindlichstem Dank". Sie werden, antwortete er dem Regierungschef, „heute am 2. Oktober 1918 keinen nationalbewußten Südslawen auf dem Erdboden mehr finden, der Ihnen auf dem Wege der nationalen Autonomie Gefolgschaft leisten würde". „Unser Haus", schloss Korošec, „werden wir selbst bestellen, unsere Frage werden wir selbst lösen."[196]

Den Worten folgten Taten, auch in Ungarn. Der in Zagreb kurz darauf konstituierte Nationalrat der Slowenen, Kroaten und Serben repräsentierte nun deren gemeinsame Interessen.[197] Seine Mitglieder aus der transleithanischen Reichshälfte nahmen in der Folge nicht einmal mehr an den Sitzungen des Budapester Reichstages teil. Vielmehr übernahmen sie in Kroatien wenigstens provisorische Regierungsaufgaben. Parallel dazu gingen die Polen eigene Wege. Der in Krakau am 11. Oktober gegründete Nationalrat trat bereits unter dem Gesichtspunkt einer Vereinigung aller polnischen Gebiete zu einem „souveränen Staat" zusammen, wie es der Warschauer Regentschaftsrat vier Tage zuvor gefordert hatte. Die Sezession war voll im Gang.[198]

Die schon seit geraumer Zeit wahrnehmbare Regionalisierung und Dezentralisierung erfasste zudem neben den Kronländern wiederum einzelne Bezirke.[199] Die Ressourcenknappheit steigerte die Abschottungstendenzen, als Kaiser Karl mit dem „Völkermanifest" einen letzten Reformversuch wagte. Approbiert wurde er vom gemeinsamen Ministerrat am 15. Oktober. Allerdings fehlte Sándor Wekerle, der nach seiner Ankunft in Wien umgehend für Ungarn eine Ausnahmeklausel erwirkte. Das am 16. publik gemachte Dokument ließ daher den zentralen Aspekt des Dualismus unberührt. Alle Zugeständnisse an die Südslawen wurden dadurch ebenso relativiert wie das Entgegenkommen gegenüber den Tschechen, die sich mit den Slowaken aus der transleithanischen Reichshälfte zusammentaten. Nachdem auch der Lösung der „polnische Frage" nicht vorgegriffen werden sollte, blieben zweierlei

Konsequenzen. Das Manifest empfanden einerseits enge Berater des Regenten eher als Geste und Instrument der kommenden Waffenstillstands- und Friedensverhandlungen. Andererseits versprach es nach innen hin zu einem verspäteten Zeitpunkt den „Bundesstaat" für Österreich. Die damit einhergehende Bildung von aus Parlamentsabgeordneten bestehenden Nationalräten trieb den schon begonnenen Zerfall der Habsburgermonarchie lediglich voran.[200]

Die Würfel fielen nicht zuletzt in den „Feindstaaten". Bezeichnend dafür war der Zeitpunkt des „Völkermanifestes", welches unter anderem auch als Reaktion auf die Vorbereitungen eines alliierten Kongresses anzusehen ist. Schließlich hatte der k. u. k. Militärgeheimdienst am 9. Oktober das AOK von einer bevorstehenden Zusammenkunft in Paris informiert, die am 15. stattfinden und die künftige Lösung des Nationalitätenproblems in Österreich-Ungarn sowie insbesondere die Festlegung der Grenzen eines südslawischen Staates zum Inhalt haben sollte.[201] Das betraf konkret Deklarationen und Absprachen der serbischen Regierung mit den betreffenden Emigrantenvereinigungen und ihrer Dachorganisationen in London.[202] Das Zusammengehen der Serben, Kroaten und Slowenen unter der Führung Belgrads stand damit ebenso im Raum wie die zeitgleich forcierte Aufwertung der Exilorganisationen von Edvard Beneš und Tomáš Masaryk unter Einbeziehung der Slowakei. Nach wiederholten Absichtserklärungen verpflichtete sich ihnen gegenüber unter anderem die französische Regierung nachdrücklich. Beneš wählte den 14. Oktober, um den Nationalrat als Provisorische Regierung der „Tschecho-Slowakei" mit dem vorläufigen Sitz in Paris vorzustellen. In dessen Namen und als dessen Vorsitzender veröffentlichte Masaryk in Washington am 18. die Unabhängigkeitserklärung. Parallel dazu stellten sich die Alliierten auf die Seite des zukünftigen Machtorgans. Die Anerkennung erfolgte durch Frankreich bereits am 15., dann durch die Vereinigten Staaten am 19., durch Italien am 21. und durch Großbritannien am 23. Oktober.[203]

In Böhmen und Mähren dominierte trotzdem Vorsicht. Das Angebot aus Wien in Form des „Völkermanifests" lehnte der „Výbor" zwar ab. Zivilen und militärischen Stellen des untergehenden Habsburgerstaates begegnete er jedoch gesprächsbereit. Die alte Ordnung wiederum sah ihren Aktionsradius nach dem kaiserlichen Manifest eingeschränkt. Vielerorts herrschte Verwirrung aufgrund unklarer Zuständigkeiten, widersprüchlicher Nachrichten, Fehlinformationen und -interpretationen. Verhandlungen zwischen dem Nationalausschuss zum einen und Militärs beziehungsweise Ziviladministration zum anderen begannen. Die Einführung der tschechischen Amtssprache in der inneren Verwaltung wurde genehmigt, die Rückführung der Truppen geplant. Karel Kramář reiste nach Genf ab, um sich dort mit Beneš über die weiteren Modalitäten zu besprechen,[204] während sich für alle Beteiligten überraschend der formale Akt der Staatsgründung vollzog: Als der letzte k. u. k. Außenminister Gyula Graf Andrássy in einer Note an Washington die vorbehaltlose Berücksichtigung der jugoslawischen und tschecho-slowakischen Interessen durch die USA akzeptierte und unverzüglich um Waffenruhe bat, veranlasste Alois Rašín eine Sitzung des Nationalausschuss-Präsidiums. Eigentlich ging es dabei um die Übernahme der zentralen Lebensmittelversorgung, der „Kriegsgetreide-Verkehrsanstalt". Eine immer größere werdende Menschenmenge, die mit der „Andrássy-Note" fälschlicherweise schon das Ende der Kampfhandlungen verband, formierte sich zu Demonstrationszügen unter Hochrufen auf Masaryk, Wilson und den eigenen Staat.

Rašín, Antonín Švehla, der Slowake Vavro Šrobár und ihre Kollegen hielten den Moment zum Handeln für gekommen.[205]

Die Überführung der Landesverwaltung, die Ausarbeitung der betreffenden Gesetzeskonzepte und zahlreiche Manifeste an die Bevölkerung – das alles vollzog sich unter Duldung der bisherigen Machtorgane. Deren Repräsentanten waren uneins oder – im Falle des Statthalters – gar nicht anwesend. Vielfach erkannten sie außerdem nicht genau, was sich abspielte, oder glaubten, im Einklang mit dem „Völkermanifest" zu handeln. Dazu kam, dass die Frage der Staatsform noch ausgeklammert blieb, zumal man in Prag die betreffenden Beschlüsse der Entente und der Emigranten vorerst nicht kannte. Tatsächlich aber wurde in dieser Angelegenheit ebenfalls eine rasche Entscheidung getroffen. Fast zeitgleich beschloss man in Genf ohne Wissen über die Vorgänge in Böhmen die „republikanische Verfassung", stellte Tomáš Masaryk an die Spitze der „Vollzugsgewalt" und übertrug Karel Kramář das Amt des Premiers der unabhängigen „ČSR", deren Regierung im Übrigen auch vier Slowaken und ein Deutscher angehörten.[206]

Damit manifestierte sich in diesem Zusammenhang erneut ein von Masaryk seit Längerem forciertes Zusammengehen von Tschechen und Slowaken, welches mit der Washingtoner Erklärung vom 18. Oktober besonderen Widerhall gefunden hatte. Eine Großversammlung in Turócszentmárton am 30. Oktober vereinigte dann alle bedeutenden slowakischen Parteien im Beschluss, mit der neuen Prager Führung eine gemeinsame Zukunft zu suchen. Nach einer letzten Korrektur der festgelegten Übereinkünfte unter Milan Hodža, der zu den einflussreichsten Persönlichkeiten der Region gehörte und obendrein im Umfeld Franz Ferdinands an Plänen zur Föderalisierung Österreich-Ungarns gearbeitet hatte, erging am nächsten Tag eine entsprechende Erklärung an die Öffentlichkeit.[207]

In der Zwischenzeit verweigerten immer mehr Soldaten der k. u. k. Armee den Gehorsam, während die Italiener gemeinsam mit ihren Verbündeten ab dem 24. Oktober zu einer Offensive antraten, die der Donaumonarchie den Todesstoß versetzen sollte. Nicht bloß bestimmte Einheiten, sondern gewissermaßen ganze Nationalitäten zogen sich nun aus den Verteidigungslinien zurück. Am 26. Oktober kündigte Wien das Bündnis mit Berlin auf. Bis einschließlich 3. November blieb dem AOK nur noch die Option, mit dem Gegner in Verhandlungen einzutreten. Durch schlechte Vorbereitung, unüberlegtes Handeln und unbedachte Weisungen verschuldete es schließlich die Gefangennahme von rund 350.000 k. u. k. Soldaten buchstäblich in letzter Minute.[208]

Parallel dazu schritt der Zerfallsprozess rasch voran. Am 29. Oktober übergab die alte Staatsmacht in Zagreb die Regierung an die Repräsentanten des neuen südslawischen Staates. Der kroatische Sabor anerkannte den Nationalrat der Serben, Kroaten und Slowenen als oberste Gewalt. Am 31. Oktober ernannte der Narodni svet in Laibach die Nationalregierung für den slowenischen Teil des neuen Gemeinwesens.[209] Stjepan Freiherr Sarkotić von Lovćen, der am 27. Oktober in seiner Funktion als bosnisch-herzegowinischer Landeschef „entschieden" jeder „Agitation und Störung" entgegentreten wollte, fügte sich nach den Vorgängen in Zagreb und Laibach schließlich gleichfalls in das Unvermeidliche. Am 1. November erklärte er seinen Rücktritt, nachdem sich die „überlaute Freude" der Bevölkerung immer deutlicher manifestiert und Kaiser Karl inzwischen auch die k. u. k. Flotte den Jugoslawen überlassen hatte. Am 6. November – zur selben Zeit trat in Czernowitz der Landespräsident der Bukowina die Macht an ukrainische und rumänische Vertreter ab – verließ Sarkotić das unruhige Sarajewo.[210] Aus kleineren Ortschaften kamen hingegen andere Schilderungen. Hier war von Aufruhr und Wirren oft wenig zu merken. Zeitzeugen wie der Schriftsteller Miroslav Krleža berichteten: Die habsburgische Ordnung verschwand „leise aus unserer kleinen Stadt". Nicht „einmal unsere meist respektierten Mitbürger" nahmen „davon Notiz, dass Österreich nicht mehr unter uns weilte".[211] Ungeachtet der divergierenden Stimmungslage vollzog sich die Wende rasch und konsequent. Den „Schlussstrich" unter die k. u. k. Vergangenheit am Balkan zog die feierliche Vereinigung der bisher habsburgischen Länder mit Serbien und Montenegro am 1. Dezember 1918 in Belgrad.[212]

Davor hatten sich aus dem Reichsverband fast gleichzeitig mit den Tschechen die Polen gelöst. Nachdem sich deren Reichsratsabgeordnete schon am 15. Oktober per Deklaration als „Untertanen und Bürger" eines „freien, vereinten und unabhängigen" Landes bezeichnet hatten, schufen sie in Krakau am 28. Oktober eine „Liquidierungskommission", die für Galizien provisorisch die Herrschaft ausübte. Gewartet wurde auf die Bildung einer gesamtstaatlichen Warschauer Führung. Bis man sich Letzterer unterstellen konnte, ging es der Kommission einerseits um die Entwaffnung des „österreichischen Militärs" und – wie in Prag – um die „Vermeidung der Anarchie". Andererseits und mindestens ebenso wichtig schien es ihr aber auch, rechtzeitig die Ruthenen in Ostgalizien in die Schranken zu weisen, zumal in Lemberg seit 18. Oktober ein „Ukrainischer Nationalrat" existierte.[213]

Künftige Konflikte kündigten sich an, vor allem auch in den Ländern der Stephanskrone, deren Zusammenhalt nicht mehr gewährleistet werden konnte.[214] Die Rumänen in Siebenbürgen und im Banat strebten schon seit 6. Oktober die Vereinigung mit „Altrumänien" an. Im Namen des am 12. September gegründeten Slowakischen Nationalrates trat am 19. Oktober im Reichstag in Budapest wiederum der Abgeordnete Ferdis Juriga auf, der dem ungarischen Parlament jedes Recht absprach, „Entscheidungen für die Slowaken" zu treffen. Juriga vermochte sich kaum Gehör verschaffen. Wiederholt wurde er durch Pfiffe und Zwischenrufe unterbrochen.[215]

Eine an „Altungarn" festhaltende Elite hatte unterdessen in Budapest selbst blutige Zusammenstöße zu verantworten. Polizeieinheiten feuerten an der Kettenbrücke in die Menge, die sich für einen ungarischen Nationalrat unter Mihály Károlyi einsetzte. Hochrufe auf die Republik waren zu hören. Straßenschlachten, Ausschreitungen, Plünderungen folgten, während Karl den Grafen János Hadik zum Premier ernannte. Honvédeinheiten gingen allerdings auf die Seite der Opposition über, so dass sich die Kontrahenten hier wie dort hinter schütteren Stellungen verschanzten. Militärkommandant Baron Lukachich erstattete seinem König telefonisch Bericht und sprach von der Unzuverlässigkeit seiner Truppen. „Beim Befehl des Waffengebrauchs", so sei zu „befürchten", würden sie den „Gehorsam aufkündigen". Lukachich erbat „wenigstens" ein „verlässliches Regiment", um die „Ordnung aufrechtzuerhalten". Dann wartete er auf Antwort. Und hörte die Stimme Karls, der nicht zu ihm, sondern zu sich selbst sagte: „Oh, es ist doch schon genug Blut geflossen".[216]

Der Souverän kapitulierte, wissend, dass sich ohnehin niemand mehr fand, die Befehle seiner Offiziere auszuführen. Unverzüglich ließ er nun durch den „Homo regius", Erzherzog Joseph, eine Regierung Károlyi zu, die als ihre wichtigsten Aufgaben die Proklamation der Unabhängigkeit Ungarns, die Reform des Wahlrechts, die Gewährung demokratischer Freiheitsrechte, sozial- und wirtschaftspolitische Maßnahmen nannte.[217] Das war der Bruch mit dem System des Langzeitpremiers Tisza, welcher in den Unruhen dieser Tage den Tod fand. Soldaten waren in sein Pester Haus eingedrungen und hatten ihn erschossen.[218]

Die hässlichen Gewaltakte zeigten, wie sehr es auf allen Seiten um Besonnenheit während des Machtwechsels gehen musste. Mit dem letzten k. k. Ministerpräsidenten Heinrich Lammasch war zweifelsohne eine derartige Persönlichkeit gefunden. Der bedeutende Straf- und Völkerrechtsexperte fand bei seiner Ernennung zum Premier am 25. Oktober 1918 kein „Österreich" mehr vor und kümmerte sich daher nur mehr, soweit es in seiner Macht stand, um die friedliche Liquidierung des alten Staates.[219]

Daran beteiligten sich unterdessen auch die Deutschösterreicher.[220] Nach dem „Völkermanifest" gingen sie an die Errichtung eines eigenen Staates. Und schon nach ihren ersten Zusammenkünften ließ dabei die Betonung von Befugnissen der „Volksvertretung" eigentlich keinen Platz mehr für die „allerhöchste Dynastie" und ihr Kabinett.[221]

Schlusskommentare

Dennoch blieb die Frage der Staatsform zunächst offen, sprachen die in Wien versammelten Christlichsozialen, Sozialdemokraten und Deutschnationalen die Möglichkeit eines „Bundes freier Nationalstaaten" an. Auch dafür war es allerdings längst zu spät.[222] „Als Nationen untereinander und zueinander werden wir weitaus besser miteinander sprechen können", glaubte der böhmische Deutschnationale Rudolf Lodgman von Auen deshalb in einer der letzten Sitzungen des Abgeordnetenhauses des Reichsrates den besiegelten Zerfall der Monarchie kommentieren zu müssen. Selbst bei versöhnlichen Gesten und in der Hoffnung auf eine Zusammenarbeit zwischen den „Völkern" stand für ihn fest: „Das deutsche Volk hat sich mit dem Staate identifiziert, es ist aber nicht wahr, daß die Gewaltherrschaft, die in diesem Staate ausgeübt wurde, eine deutsche Gewaltherrschaft war [...]; es war eine österreichische Gewaltherrschaft, und sie ist über die Wünsche und Forderungen aller Nationen in gleicher Weise zur Tagesordnung übergegangen." Die nur bedingt zutreffende Darstellung als „Opfer unter vielen anderen" warf ein Licht auf den zukünftigen Umgang mit eigenen Verantwortlichkeiten und diente zugleich als klare Abgrenzung. Es sei in jeder Hinsicht zu begrüßen, so Lodgman, dass der „alte Vermittler", die „österreichische Regierung", nicht mehr zwischen den „Völkern steht".[223]

Das nahm das Plenum wohl mit Beifall auf, fand andererseits aber nicht einmal im eigenen Lager uneingeschränkten Zuspruch. Anton Keschmann, Deutschnationaler aus der Bukowina, verwies auf ein „teils bereits durchgeführtes, teils noch vor dem Ausbruch des Krieges angebahntes System", nämlich „eine Föderalisierung der Nationen und nicht der Territorien", das in seiner engeren Heimat die „Reibungsflächen eigentlich vollkommen" verschwinden habe lassen. Im Gegensatz dazu könne er sich mit einer „Völkerordnung" nach „Siedlungsgebieten" nicht wirklich anfreunden. Die „souveränen Gemeinwesen" seien „jedes für sich" zu klein, und vor allem: „Sie mögen die Grenzen ziehen wie Sie wollen – in diesen nationalen Kleinstaaten" werden „immer so zahlreiche Minderheiten anderen Stammes zurückbleiben, dass wieder entweder ein Verschwindenlassen der Minoritäten in diesen Staaten oder ein nationales Abfinden beginnen würde. Daß", setzte Keschmann fort, „der erstere Fall, nämlich das Verschwindenlassen nicht ohne gewaltige Konflikte mit den

Nachbarkleinstaaten ablaufen würde, ist selbstverständlich [...]. Wenn Sie aber den letzteren Weg wählen, nämlich die Abfindung, so kommen wir wieder auf das System der nationalen Autonomie, das selbst im Falle der Gründung von Kleinstaaten angewendet werden müßte."[224]

Ein Minderheitenvertreter von der multiethnischen Nordostgrenze des untergehenden Habsburgerreiches nannte dessen „Sukzessionsstaaten" die schweren Hypotheken für die Zukunft. Bei Karl Renner fand er dafür Anerkennung. Er habe, erklärte der sozialdemokratische Vordenker der „Personalautonomie", seinem Vorredner „mit einiger Wehmut zugehört". Diese „Ausführungen der Vernunft" erinnerten ihn daran, wie lange es ihm um eine „friedliche und organische Auseinandersetzung" zwischen den Nationen gegangen war. „Heute jedoch", also am 22. Oktober 1918, „ist", so Renner weiter, „dieser Zeitpunkt versäumt. Denn heute ist es unmöglich, eine solche österreichische Staatsgewalt noch aufzurichten, die dieses Werk vollbringen könnte. Heute stehen die unerbittlichen Sieger vor dem Tore und wir müssen das Gesetz unseres Lebens rasch vollziehen und jeder muss zunächst an sich selbst denken. Und so bleibt uns heute nichts anderes übrig, als daß sich jeder auf seine eigene Nation besinnt."[225]

Höhnisch bemerkte der tschechische Agrarier František Udržal in derselben Sitzung, dass es nun jenen „Elementen", die besonders für den zerfallenden Staat „zu sprechen berechtigt waren", gar nicht schnell genug gehen könne. Österreich-Ungarn werde jetzt von den „Begründern der deutsch-magyarischen Hegemonie, von den Deutschen", am „Gründlichsten" aufgegeben. In Prag sprachen sich die Gesinnungsgenossen von Udržal zu diesem Zeitpunkt ja gegen jeden übereilten und konfliktfördernden Schritt aus. Explizit nahm er darauf Bezug: „Alle diejenigen, welche mit Unruhen oder mit Unordnung in Böhmen rechnen, werden nicht auf ihre Rechnung kommen. In Böhmen ist alles so diszipliniert und organisiert, daß selbst in der schwersten Stunde alles so funktionieren wird wie das vollkommenste Uhrwerk, und alles wird sich bis zu dem Augenblicke der definitiven Errichtung eines souveränen böhmischen Staates ohne Störung entwickeln." Die idealisierte Darstellung wandte sich vor allem auch gegen etwaige „Heißsporne" sowohl unter den „völkische Gegnern" als auch den kaiserlichen Institutionen, ließ andererseits jedoch keinen Zweifel: „In unseren Ländern wird es zur Errichtung eines selbständigen souveränen tschecho-slowakischen Staates kommen ohne Rücksicht darauf, was man hier macht."[226]

Statt um eine gemeinsame Zukunft der Völker des Donauraumes ging es solcherart in den darauffolgenden Tagen dem deutschösterreichischen Staatsrat als oberster Regierungs- und Vollzugsgewalt sowie Renner als Schlüsselfigur der kommenden Entwicklungen vor allem auch um einen letzten Akt des Kaisers. Sein Verzicht auf „jeden Anteil an den Staatsgeschäften" wurde schließlich als ausreichend empfunden, um mit den Stimmen der Christlichsozialen, in deren Reihen bis zuletzt die Rettung der Monarchie in Erwägung gezogen wurde, Deutschösterreich zur Republik und als Bestandteil des Deutschen Reiches zu erklären. In diesem Moment erfuhr die SP-Leitung als augenblicklich einflussreichste Kraft gerade vom Tod Victor Adlers, der trotz seiner schweren Herzkrankheit noch das Außenamt der neuen Koalition übernommen hatte. Die Titelseite der „Arbeiter-Zeitung" vom 12. November 1918 war daher Adler gewidmet. Erst auf Seite 5 kam die Nachricht „Kaiser Karl hat abgedankt", in der es ergänzend hieß, dass die Verlautbarung nicht ganz vollkommen sei, zumal er dem Thron doch „zur Gänze nicht" entsagt habe. Jedoch: Da „die Entscheidung, die anzunehmen der Kaiser erklärt, durch die provisorische Nationalversammlung getroffen werden wird und gegen sie es keinen Appell geben kann und keinen geben wird, ist die Abdankung dennoch vollzogen."[227]

Die kurze Notiz griff einem verfassungsgebenden Gremium vor, und die christlichsoziale „Reichpost", die zeitgleich schon auf der Titelseite über das Ereignis berichtete, wendete daher auch ein, dass zwar der „morgigen Nationalversammlung" ein „Entwurf" über die Einführung der Republik vorliege, die endgültige Entscheidung aber einer „Konstituante" beziehungsweise einer „Sanktion der allgemeinen Volksabstimmung" zustehe.[228] Der berechtigte Einwurf deckte sich mit „letzten Hoffnungen" in Hofkreisen und unter Sympathisanten der Monarchie, ohne diese allerdings allzu optimistisch stimmen zu können. Mindestens für jene, die sich der Wirklichkeit nicht völlig verweigerten, war klar, dass die meisten Zeitgenossen die Ansicht der „Arbeiter-Zeitung" teilten: „Österreich ist tot und Karls ‚Kundgebung' ist eigentlich nicht mehr als der Totenschein. Habsburgs vieljahrhundertealtes Imperium ist aus dem Buche der Geschichte gestrichen."[229]

Es folgten versöhnliche Kommentare, wenn auch mit weltanschaulich bedingten Einschränkungen. „Man kann", so die „AZ", „dem gewesenen Monarchen auch bestätigen, daß der Krieg ihn schwer bedrückt und daß er sich um einen Frieden sofort bemüht hat – wovon natürlich kein großes Aufheben zu machen ist, weil der rasche Friede ja das einzige Mittel gewesen wäre, ihm den Thron zu erhalten. Karl scheint auch von Natur aus Gutmütigkeit und Bescheidenheit mitgebracht zu haben; mit Ausnahme eines lächerlich ausgebildeten Klerikalismus war an ihm nichts Besonderes zu erblicken. Ihm wird als Privatmann wahrscheinlich wohler sein denn als Kaiser."[230]

Indessen verneigte sich die „Reichspost" vor der „rührenden Kundgebung" eines „wahrhaften Friedensfürsten", der keine Gewaltmittel angewendet habe, um „dem Volk seinen Willen aufzunötigen".[231] Der „Nachruf" auf der Titelseite der „Neuen Freien Presse" fiel deutlich nüchterner aus und beinhaltete etliche Kritikpunkte. Abgesehen von der Tatsache, dass man angesichts der „Bedrängnisse dieser Tage" selbst „beim Rücktritt eines Kaisers" nicht lange gedankenversunken innehalten dürfe, sei, hieß es hier, einfach zu konstatieren, dass „zwei Jahre Lehrlingszeit auf dem Thron bei den verwickelten Zuständen in Österreich zu wenig sind". „Krieg" und „Jugend" hielt man dem jungen „Souverän" zugute, ebenso die Belastung durch „frühere", vor seiner Regentschaft begangene „Fehler". Hinzu kämen jedoch eine „unsichere Führung" und „Irrtümer bei der Personalwahl", wodurch „eine der ältesten Großmächte wie Zunder verrauchte".[232]

Stunden vor diesen Veröffentlichungen war im Schloss Schönbrunn die letzte k. k. Regierung unter Premier Lammasch entlassen worden. Orden, Titel und Auszeichnungen wurden verliehen, zum allerletzten Mal zelebrierte die Hofgesellschaft das habsburgische Zeremoniell. Dann gingen das Kaiserpaar und seine Kinder in die Schlosskapelle. Hier sprach man ein kurzes Gebet in der Hoffnung, „daß", so Zita, „es uns vergönnt sein möge, eines Tages zurückzukehren". Währenddessen wurde es um die kaiserliche Familie stiller. Wer „geblieben war", fand sich noch einmal ein. Abschieds- und Dankesworte, „dann die Treppe hinab in den Hof, wo die Autos warteten ..." Gerüchte von Unruhen, Nachrichten von Übergriffen und Attacken auf Repräsentanten der „alten Macht" machten die Runde. In die bedrückte Stimmung mischte sich Verunsicherung. Karl wechselte die Kleidung, war nun „in Zivil". Die Fahrzeugkolonne passierte um sieben Uhr, im nebligen Herbstabend des 11. Novembers, unbemerkt ein Schönbrunner Seitenportal. Mit einigen Begleitern, dem „Gefolge" und „Leibgardisten" fuhr die aus sieben Fahrzeugen bestehende Kolonne zur Ringstraße und durch den Prater. Über Stadlau verließ sie Wien. Zu später Stunde erreichte man Eckartsau. Der dortige Privatbesitz östlich der Hauptstadt bot in den kommenden Monaten Aufenthalt.[233]

Vor hier aus verfolgte man zunächst auch den Anbruch der „neuen Zeit" in Österreich. Am 12. November 1918 fand die letzte Sitzung des Abgeordnetenhauses des Reichsrates statt. Die damit verbundene Ausrufung der Republik durch die provisorische Nationalversammlung und ihre Verkündigung auf der Parlamentsrampe leitete zum Abschlusskapitel in Budapest über. Der „Pester Lloyd" berichtete darüber am 14. November: „Wie wir bereits meldeten, haben sich die Bannerherren Fürst Nikolaus Esterházy, Graf Emil Széchenyi, Graf Emil Dessewffy und der Präsident des Magnatenhauses Baron Julius Wlassics nach Eckartsau begeben, um dort dem König Aufklärungen über den ganzen Ernst der Situation zu geben. Wie wir erfahren, sind die Herren bereits nach Budapest zurückgekehrt. Sie waren gestern von Wien nach Eckartsau gefahren, wo sie mit dem König bis in den Abend hinein Erörterungen pflegen konnten. Der König, der bereits über die Lage in Ungarn informiert war, erhielt durch die Mitteilungen der bei ihm erschienen Herren ein noch klareres Bild der Situation. Aus den Bemerkungen des Königs gewannen die Herren die Ueberzeugung, daß der Monarch entschlossen ist, in Ungarn das gleiche Verfahren zu befolgen wie in Oesterreich."[234]

Allerdings glichen sich die Abläufe nur bedingt. Die bestehende Budapester Regierung wurde nicht entlassen. Das Kabinett Mihály Károlyi, das schon am 1. beziehungsweise 2. November alle Ungarn an der Front zur

Waffenstreckung aufgefordert, die Unabhängigkeit von Österreich erklärt und das Bündnis mit Deutschland aufgekündigt hatte,[235] ließ sich vom Eid auf den habsburgischen König entbinden. Am 16. November 1918 fand die Proklamation der ungarischen Republik statt,[236] die, wie unter anderem der „Pester Lloyd" meldete, zwar „heute aus der Taufe gehoben", tatsächlich aber schon „am 31. Oktober geboren" wurde.[237]

Das Erbe

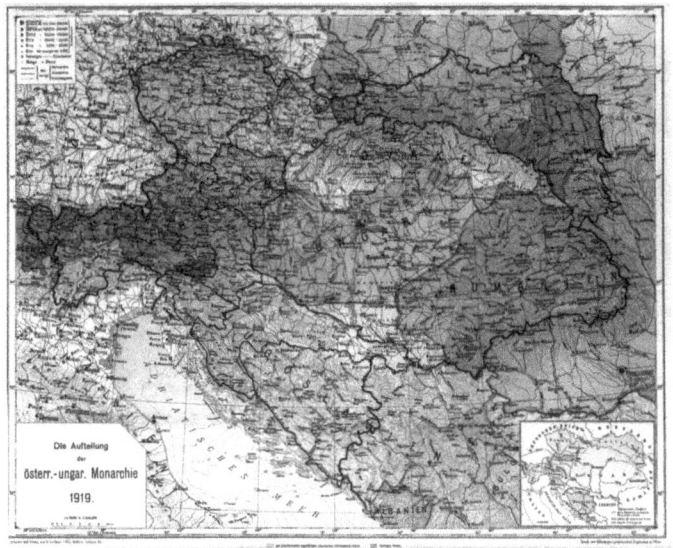

Die Aufteilung der Österreichisch-Ungarischen Monarchie 1919,
Kartographie/Lithographie
© ÖNB/Wien, NB 200.997-G

Kämpfe ohne Ende

Repräsentiert durch ihr Armeeoberkommando, schloss die zerfallende Donaumonarchie am 3. November 1918 einen Waffenstillstand an der Italienfront. Am 11. November unterzeichnete das Deutsche Reich im Wald von Compiègne ähnliche Vereinbarungen. Der Erste Weltkrieg ging im Westen und Südwesten Europas zu Ende. Im Osten, am Balkan, in Kleinasien und der Levante war für die Menschen von einer Beruhigung der Lage jedoch keine Spur. Der Zusammenbruch der Imperien der Osmanen, der Romanovs und der Habsburger schuf ein Konfliktgemenge aus inneren und zwischenstaatlichen Konfrontationen, das von der Ostsee, vom Baltikum, der Adria, der Ägäis und dem Schwarzen Meer bis nach Ostsibirien und in den arabischen Raum reichte.[1]

In der Zeitspanne zwischen der Machtergreifung Lenins und der Entstehung der UdSSR 1922/23 spielten sich vor allem auf dem Territorium des ehemaligen Zarenreiches Tragödien unermesslichen Ausmaßes ab. Die blutige Epoche forderte viermal so viele Opfer wie Russlands Einsatz im „großen Völkerringen" von 1914 bis 1917. In ungefähr fünf Jahren ab dem „Roten Oktober" starben im Gefolge der „Wirren" und bewaffneten Auseinandersetzungen neun bis zehn Millionen Menschen, davon etwa die Hälfte aufgrund der sich ausbreitenden Hungersnot und des fast völligen Zusammenbruchs der Warenproduktion.[2]

Zwei Millionen, darunter ein erheblicher Teil der Bildungs- und Besitzeliten, flüchteten ins Ausland. Die „Entwurzelung" blieb auch nach 1918 eine zentrale Erfahrung vieler Menschen. Der Donauraum bildete keine Ausnahme. Hunderttausende frühere Soldaten der k. u. k. Armee warteten auf ihre Repatriierung, die Festlegung von Grenzen warf die Frage nach der eigenen Identität und Staatsbürgerschaft auf. Damit verbundene Probleme ließen sich in der Folge keineswegs allein auf dem Verhandlungsweg schlichten. Sozusagen ein letzter „österreichischer Erbfolgekrieg", nicht mehr im Namen und für die „Casa de Austria", sondern um die von ihr bislang beanspruchten Gebiete und „Untertanen", verursachte zwar wesentlich weniger Opfer als in den Regionen des untergegangen Romanovimperiums. Friedlich verlief er allerdings keineswegs.[3]

Die „alte Macht" dankte nach vier Jahren des „Massenschlachtens" und einer teilweise auch gegen die eigene Bevölkerung gerichteten „Strafexpedition" zwar – mit Ausnahme von Unruhen Ende Oktober in Budapest – weitgehend ohne Gegenwehr ab. Für die lokale Bevölkerung allerdings gab es vielerorts nicht einmal eine kurze Atempause.[4] Abziehende oder zurückkehrende Armeeangehörige galten als potenzielle Marodeure und Unruhestifter. Zivilisten und Uniformierte waren in einer durch die „Umbruchskrise" noch weiter verschärften Versorgungslage zu Plünderungen bereit. Die Aufrechterhaltung der Ordnung schien beinahe unmöglich. Speziell an den Verkehrsknotenpunkten kam es zu tumultartigen Szenen. Gerüchte über eine bevorstehende Anarchie oder einen neuerlichen Umsturz trugen außerdem zur Verunsicherung bei. Die angsterfüllte „Alarmstimmung" mündete in neue „Exzesse und Krawalle". Am Wiener Nordbahnhof kamen aufgrund eines Einsatzes der dortigen Wache „versehentlich" russische Kriegsgefangene ums Leben, die auf ihren Abtransport gewartet hatten.[5] Vor allem die oft „wilde Demobilisierung" trug immer wieder und an verschiedenen Stellen zur Eskalation bei. Angehörige der Militärkommanden und meuternde Mannschaften verließen Kasernen, zogen unkontrolliert umher, plünderten Magazine und nahmen unautorisiert Waffen an sich. In Czernowitz etwa setzte daraufhin Gewehrfeuer ein. Detonationen von Handgranaten waren zu hören. Es gab Verletzte und Tote.[6]

Bisweilen schien es sinnvoller, die bisherigen Amtsträger wenigstens kurzfristig mit der Fortsetzung ihrer Arbeit zu betrauen. Speziell in multiethnischen Regionen war die Lage explosiv. Die Rumänen beanspruchten etwa die Bukowina für sich, sahen sich jedoch von ruthenischen Kundgebungen und Legionären herausgefordert. Letztere fühlten sich von ihrem Nationalrat in Ostgalizien gedeckt, mussten aber hier mit den Angriffen der Polen rechnen. Deren Legionäre, Soldaten, Studenten und Mittelschüler nahmen von der südwestlichen Vorstadt aus den Kampf um Lemberg auf.[7] Nach zwei Wochen heftiger Gefechte behielten sie die Oberhand, im Juli 1919 unterlagen die Ukrainer vollständig. Dennoch war kein Ende der Feindseligkeiten in Sicht. Formal kam die Region erst 1923 zur Ruhe.[8]

Nicht viel besser sah es auf dem Balkan aus. Gegen die administrativen Praktiken des serbischen Militärs regte sich bald der Widerstand der kroatischen Landbevölkerung, geleitet vom Anführer der Bauernpartei Stjepan Radić. An der Adria wiederum zeigte sich rasch der italienisch-jugoslawische Gegensatz, den Rom und auch Budapest durch die Unterstützung kroatischer Separatisten vertieften. In der Südsteiermark löste der slowenische Zugriff auf Marburg wiederum in Wien Alarm aus. Eine bewaffnete Gegenaktion wurde angedacht, aber in Ermangelung entsprechender Kräfte zunächst nicht durchgeführt. Prekär blieben die Verhältnisse allemal. Das Säbelrasseln hatte Plünderungen, Verhaftungen und Geiselnahmen sowie seitens der Kärntner die Aufstellung von militärischen Verbänden zu Folge. Nachdem in Marburg auf „deutschösterreichische Demonstranten" geschossen worden war, brachen offene Grenzkonflikte aus, die bis Ende Juli 1919 mehr als 250 Menschen auf österreichisch-kärntnerischer und 154 auf südslawischer Seite das Leben kosteten.[9]

Sich vor einem solchen „Blutvergießen" zu hüten, galt im Übrigen eigentlich als Maxime der Machthaber in der Tschechoslowakischen Republik (ČSR). Ohne „Ausschreitungen" sollte, wie Karel Kramář betonte, die Besetzung der „deutschen Teile" des neuen Staates vonstattengehen. Während dagegen Otto Bauer als österreichischer Staatssekretär für Äußeres protestierte, vergiftete das Klima zwischen Prag und Wien insbesondere die Entwicklung in den betroffenen Gebieten. Unmutsäußerungen folgten Gewaltaktionen. In sieben böhmischen und mährischen Städten kamen bei Einsätzen des Militärs und der Polizei 54 Personen ums Leben, mindestens 84 wurden verletzt. Die Streitparteien gossen Öl ins Feuer, vom „heiligen Kampf" um das „Volkstum" war die Rede, in dem – so die Diktion – „hingemetzelt" und „hingemordet" werde.[10]

Der Sozialdemokrat Karl Seitz, damals einer der nominell ranghöchsten Repräsentanten Deutschösterreichs, bezichtigte die Prager Regierung des „Imperialismus",[11] während die „Arbeiter-Zeitung" den Zugriff Bukarests auf Siebenbürgen schon zuvor zum Anlass genommen hatte, vom „rumänischen Imperium" zu sprechen.[12] Das „Illustrierte Österreichische Journal" äußerte sich fast zeitgleich zum „Imperium" der Rumänen,[13] die „Grazer Mittagszeitung" wiederum informierte ihre Leser über die Verlautbarung einer in Budapest weilenden Delegation, in der es hieß: Das „slowakische Volk als solches will nicht unter ein tschechisches Imperium gestellt werden".[14]

Damit richtete sich die Aufmerksamkeit auf das Territorium des „alten ungarischen Reiches". In den „Ländern der Stephanskrone" traten dabei allerdings andere politisch-weltanschauliche Aspekte deutlicher zu Tage: Blieb es nämlich in Deutschland und Österreich bei linkssozialistischen und kommunistischen Aufstandsversuchen oder kurzlebigen Räterepubliken, so existierte die „Sowjetmacht" in Ungarn auch deshalb etwas länger, weil sich hier die Losungen des „Roten Oktober" mit nationalen Anliegen eng verflochten. Eine relativ kleine Gruppe von KP-Aktivisten unter Béla Kun hatte mit Teilen der Sozialdemokratie in Budapest die Räterepublik installieren können, weil sich die von den Gebietsforderungen der Entente enttäuschten Magyaren vom Westen abwandten.

Vor diesem Hintergrund sind die Imperialismus-Vorwürfe gegen Prag und Bukarest in der österreichischen Presse zu verstehen. Die Frontstellung zwischen Kuns Mitstreitern und seinen Kontrahenten war nicht von der internationalen Lage zu trennen. Ungarische Antibolschewisten errichteten ihr konservativ-autoritäres System hauptsächlich mit Unterstützung rumänischer Truppen, die dem „pannonischen Sowjetexperiment" den Todesstoß versetzten. Zu dessen Niederlage beigetragen hatte aber auch der Widerstand der lokalen Bevölkerung gegen weitreichende soziale Reformen. Ähnlich wie auf dem Gebiet des früheren Zarenreichs verquickten sich solcherart Revolutions-, Bauern-, Bürger-, Nationalitäten- und Staatenkriege. Allein der Streit zwischen Prag und Budapest um die Slowakei bedeutete in diesem Zusammenhang den Tod von etwa 1.300 Offizieren und Mannschaftsangehörigen, knapp 6.500 wurden verwundet. Noch wesentlich höher waren indes die Opferzahlen des „Terrors" der „roten" und „weißen Ungarn", aus deren blutigem Machtkampf ein „Königreich" hervorging, das keinen neuen Monarchen an seine Spitze stellte, sondern für die Dauer der Thronvakanz den letzten Befehlshaber der k.u.k Marine, Miklós Horthy, zum Reichsverweser berief.[15]

Während sich daraufhin der Konflikt zwischen Wien und Budapest um das Burgenland bis zur militärischen

Konfrontation steigerte, machte sich der letzte Herrscher der Donaumonarchie daran, wenigstens teilweise seine frühere Stellung wiederzuerlangen. Schließlich war schon im November 1918 deutlich geworden, dass das Erzhaus sich nicht ohne Weiteres in sein Schicksal fügen wollte. Offiziere der „alte Armee", die sich im Verlauf des „Umsturzes" zahlreichen „Insultationen ausgeliefert" sahen, erfuhren, dass der Exregent „keinen Soldaten seines auf ihn geleisteten Eides entbinden" wollte. Als im März 1919 die republikanische Staatsform in Österreich endgültig verankert wurde, weigerte er sich außerdem, auf den Thronanspruch zu verzichten. Das Gesetz über die „Landesverweisung" und die Übernahme des habsburgischen Vermögens trat in Kraft. Karl wiederum beharrte auf seinem Standpunkt. Seit April 1919 im Schloss Prangins am Genfer See, hoffte er nicht bloß auf die Wiedererrichtung der Monarchie, sondern auf die neuerliche Etablierung der „einzig legitimen" Herrschaft, nämlich die seiner Person und Familie.[16]

Die Kräfteverhältnisse in Österreich sprachen allerdings gegen ihn. Deutschnationale und sozialdemokratische Überzeugungen standen in Österreich einer Restauration im Wege. Und selbst im stets als „kaisertreu" eingestuften Tirol hielt lediglich eine verschwindende Minderheit zu ihm. In Ungarn jedoch sah man mit Horthy eine Möglichkeit der Wiederkehr. Trotz der schwierigen Lage der „Legitimisten" ließ sich die engste Umgebung des Exmonarchen zu Ostern 1921 auf ein politisches Abenteuer ein, das der Reichsverweser in Budapest mit Blick auf die internationale Lage rasch beendete. Karls Griff nach der Krone scheiterte. Dennoch entschied er sich, begleitet von seiner Frau Zita, ein halbes Jahr später noch einmal, den Coup zu wagen. Dieses Mal sah es beinahe nach einem längeren gewaltsamen Kräftemessen aus, als bewaffnete prohabsburgische Einheiten vor Budapest der ungarischen Nationalarmee gegenüberstanden. Ein kurzer Zusammenstoß machte dem Spuk aber ein Ende. Miklós Horthy war für den früheren „Souverän" und seine Frau zum Feind und Verräter mutiert. Das Paar kam in Gefangenschaft. Ungarn erklärte die Herrschaftsrechte der Habsburger für erloschen und nahm auch die freie Königswahl nicht in Anspruch. Horthy blieb in Ungarn an der Staatsspitze. Karl musste mit seiner Familie erneut ins Exil. Auf der portugiesischen Insel Madeira starb er am 1. April 1922.[17]

Mit den Friedensschlüssen in den Pariser Vororten hatten inzwischen die Sieger des Ersten Weltkrieges auch ein Machtwort hinsichtlich der Zukunft des Donauraumes gesprochen. Maßgeblich dafür waren die Verträge von Saint Germain für Österreich und Trianon für Ungarn. Die Konsequenz daraus: Von den 676.614 Quadratkilometern, die 1918 das Habsburgerreich ihr Eigen nennen durfte, und den 51.390.649 „Untertanen", die man 1910 auf diesem Territorium gezählt hatte, gingen 140.184 Quadratkilometer mit 13.565,167 Einwohnern an die ČSR, 143.297 Quadratkilometer mit 7.696.843 Einwohnern an das Königreich der Serben, Kroaten und Slowenen (SHS), 113.123 Quadratkilometer mit 6.053.516 Einwohnern an Rumänien, 80.089 Quadratkilometer mit 7.623.206 Einwohnern an das wiederrichtete Polen und knapp 23.400 Quadratkilometer mit rund 1,6 Millionen Einwohnern an Italien. Die Republik Österreich umfasste 83.709 Quadratkilometer mit 6.426.475 Einwohnern und das Königreich Ungarn 92.833 Quadratkilometer mit 7.980.143 Einwohnern.[18]

Die beiden letzten Länder gingen zur Gänze aus der Doppelmonarchie hervor und ihr Hoheitsgebiet verdeutlichte, dass es nicht nur zur Auflösung des alten Imperiums insgesamt, sondern auch zur weitgehenden Zersplitterung der beiden Reichshälften gekommen war. Nirgendwo empfand man diese neue Situation schmerzlicher als bei den Magyaren. Sie sprachen von einer „himmelschreienden Ungerechtigkeit". Am Tag der Vertragsunterzeichnungen senkten sie die Flaggen auf Halbmast, die Verkehrsmittel standen für zehn Minuten still. Keine politische Kraft konnte es sich in der Folge leisten, nicht auf die Revision der „Pariser" Beschlüsse zu drängen. Dabei dachten viele immer noch in den Kategorien des früheren Transleithanien und betrauerten daher den Verlust von siebzig Prozent des vormaligen Staatsgebietes und fast sechzig Prozent der früheren Bevölkerung. Nicht viel besser sah es im westlichen Nachbarland aus. Hier verblieben der neuen Republik Österreich, der die Entente zudem die Vereinigung mit Deutschland untersagte, vom alten Cisleithanien gerade einmal zirka 30 Prozent des Territoriums und knapp 23 Prozent der Bewohner.[19]

Das Ergebnis musste aber vor allem auch deshalb auf lange Zeit Konflikte auslösen, weil sich durch die neuen Staatsgrenzen beachtliche ethnische Minderheiten bildeten. Fünf Millionen Deutschsprachige Österreich-Ungarns lebten vor allem in der Tschechoslowakei sowie in Italien, Jugoslawien, Ungarn, Rumänien und Polen. Drei Millionen Magyaren verblieben als Minoritäten vorrangig in Rumänien beziehungsweise in der ČSR und im Königreich SHS. Als „Grenzlandminderheiten" empfanden viele von ihnen überdies in besonderer Weise den Nachbarstaat als eigentliches Mutterland. Hinzu kam, dass versprochene Zugeständnisse, etwa die anteilmäßige Beachtung der Minderheiten bei den „Budgetansätzen des Staates, der Länder, Bezirke und Gemeinden", kaum Berücksichtigung fanden, dass die Idee der „Staatsnation" im Widerspruch zu „fremden Kulturen, Sprachen und Identitäten" stand und selbst die dominanten „Völker" – wie Tschechen und Slowaken oder Serben und Kroaten – einander bald als erbitterte Feinde gegenüberstanden[20]. Edvard Beneš, der immerhin mit der Wiener Regierung Übereinkommen suchte, hatte demgegenüber Staatskanzler Karl Renner im Jänner 1920 versichert, sein Land sei schon deshalb am Frieden im Innern interessiert, weil die Tschechoslowakei, so Beneš vor allem mit Blick auf Deutschland, Polen und Ungarn, „von lauter imperialistischen Staaten umgeben" sei.[21]

Die bedeutendsten Repräsentanten der Siegermächte sahen unter solchen Bedingungen mehr als pessimistisch in die Zukunft. Schwere Bürden, Elend und Schwierigkeiten prophezeite etwa Georges Clemenceau als Vorsitzender der Pariser Friedenskonferenz. Und eigentlich, so Clemenceau, könne er nicht sagen, für „wie viele Jahre", ja „für wie viele Jahrhunderte" die „Krise fortbestehen" werde.[22] Weitsichtige Kenner der vertrackten mitteleuropäischen Situation, wie der Bukowinaer Reichsratsabgeordnete Anton Keschmann, hatten es vorausgesagt. Das habsburgische Erbe ließ sich nicht ohne Weiteres abschütteln. „Gewaltige Konflikte" zwischen „den Nachbarkleinstaaten", ständige Streitigkeiten um nationale Autonomie- und Unabhängigkeitsbestrebungen wurden zu einem Signum des 20. Jahrhunderts, gerade im ehemaligen Herrschaftsgebiet der Habsburger.[23]

Großraumdenken

Angesichts solcher Problemlagen und Entwicklungen endete die Donaumonarchie – obwohl für viele nicht unerwartet – dann doch „unzeitig". Innerhalb weniger Wochen empfand man sich von Jahrhunderten mitteleuropäischer Geschichte abgekoppelt. Der „Umbruch", die verhältnismäßig scharfe politische Zäsur, stellte eine Erfahrung dar, die sich den Zeitgenossen nur langsam in ihrer ganzen Tragweite erschloss. Noch waren sie in großer Zahl auf der Suche nach ihrer Identität.[24] Nicht selten dachte man weiterhin in imperialen Dimensionen. Speziell die Bevölkerung in den deutschsprachigen Gebieten des ehemaligen Habsburgerreiches hielt an alten Denkmustern fest, nannte ihre Organisationen oftmals „Reichs"-Vereinigungen und empfand Kritik an der „Kaiserzeit" bisweilen als Verrat an einer immer noch wirksamen k. u. k. Staatsräson. Zwar wurde der milde Blick zurück und die nostalgische Wehmut nur von Teilen der Gesellschaft getragen, während sozialistische und nationale Kreise mit unterschiedlicher Ausrichtung kein gutes Haar an der „alten Welt" ließen. In allen Fällen aber präsentierte sich der kleine Reststaat, die Alpenrepublik, als unbefriedigendes „Konstrukt", das die Alliierten 1919/20 gegen den Willen der Einheimischen geschaffen und gegen deren weitverbreiteten Wunsch nach dem „Anschluss" an das Deutsche Reich aufrechterhalten hatten.[25]

Politische Persönlichkeiten wie Prälat Ignaz Seipel, in der letzten k. k. Regierung Lammasch Minister für öffentliche Arbeit und soziale Fürsorge, bedauerte den Zerfall. Zehn Jahre nach dem Ende des Habsburgerreiches schrieb er: „Das heutige Österreich hat niemals für sich allein gelebt – die Österreicher sind ihrer ganzen Geschichte nach Großstaatmenschen [...]. Unser eigenes Gärtchen zu bebauen und gegen Entrée dem Fremden zu zeigen, ist keine Aufgabe für die Bewohner der karolingischen Ostmark und die Erben der Türkenbesieger."[26]

Seipel, während der 1920er Jahre zweimal christlichsozialer Bundeskanzler, leistete sich sozusagen vom imperialen Beobachtungsstand aus einen kleinen Seitenhieb unter anderem gegen die Tendenz zur touristisch verwertbaren „Selbst-Musealisierung". Dahinter verbarg sich allerdings das durchaus ernsthafte Ansinnen, zwischen den ehemaligen Untertanen der „Casa de Austria" wenigstens eine lose Form der Kooperation zu ermöglichen. Sein Liebäugeln mit einer Donaukonföderation rief einen, vielleicht sogar den wichtigsten Kontrahenten auf den Plan. Der Sozialdemokrat Otto Bauer sah hinter derartigen Plänen eine „imperialistische" Strategie „ausländischer Mächte", die – „von Prag aus geführt" und mit „slawischer Mehrheit" – „Deutschland überwachen solle". Bauer repräsentierte damit eine in unterschiedlichem Ausmaß von vielen maßgeblichen Kräften des kleinen Österreich mitgetragene „Anschluss-Politik", die sich nicht selten auch als Kritik an einem „von Paris aus geleiteten Klientelstaatensystem" verstand.[27] Überall dominierte ein „Großraumdenken", das für die gelegentlich diskutierte „Verschweizerung" oft nur Häme übrighatte. Viele erblickten darin ein „Zwergstaatenleben", wie Bauer sich ausdrückte, „ein Leben der Kleinheit und Kleinlichkeit, in dem nichts Großes gedeihen kann, am allerwenigsten das Größte, was wir kennen, der Sozialismus".[28]

Tatsächlich hatte sich unter diesem Gesichtspunkt die Kremlführung früh mit der Frage befasst, ob nicht eine politische Einheit des Donauraumes zu bevorzugen sei. Im Rahmen weltrevolutionärer Umsturzideen schien es naheliegend, möglichst große Territorien zu „sowjetisieren" und daher neben der Entstehung eines Bundes von Räterepubliken auf dem Territorium des untergegangenen Zarenimperiums auch das zerfallene Habsburgerreich „unter der roten Fahne" zu „rekonstruieren". Lenin hatte schon am 3. November 1918 in der „Prawda" das Proletariat Zentraleuropas aufgerufen, der nationalen Separation entgegenzutreten. Deutschösterreicher, Tschechen, Kroaten, Magyaren und Slowenen sollten demgemäß einen „brüderlichen Bund der freien Völker" im „Kampf gegen die Kapitalisten" bilden.²⁹ Das „Oktoberregime" hielt sich allerdings gar nicht erst lange mit Proklamationen auf. Ausländische Gefolgsleute auf russischem Boden, sogenannte „Internationalisten", welche die Rätemacht im Wesentlichen unter den Kriegsgefangenen der Mittelmächte im früheren Zarenreich für sich gewonnen hatte, waren auserkoren, die Ziele zu realisieren. Spitzenkader, die zugleich den Kern der Kommunistischen Internationale, kurz Komintern, stellten und zuvor bereits in ausländischen Gruppen der KP Russlands organisiert waren, bekamen die Order, im „Herzen Europas" die Revolutionen durchzuführen. Zugleich übernahmen „Internationalisten" die Auslandsmissionen der Mittelmächte in Lenins Machtbereich, um dort auf diplomatischer Ebene schon vorwegzunehmen, was in den bisherigen Herrschaftsgebieten der Hohenzollern und Habsburger noch keineswegs ausgemachte Sache war.³⁰

Mit der Errichtung der ungarischen Räterepublik strebten dann speziell Béla Kun und seine Anhänger die Gesamtrevolutionierung des Donauraumes an. KP-Kader traten unter Mithilfe Budapests an, in Tschechien und der Slowakei, in der West- und Karpathoukraine, in Österreich und im SHS-Staat den Umsturz herbeizuführen. Speziell dafür wurden organisatorische Voraussetzungen geschaffen, etwa eine „Internationale Sozialistische Föderation" mit 15 nationalen Sektionen. Die ungarische Hauptstadt wurde unter solchen Bedingungen zur Operationsbasis der Komintern im Donauraum.³¹ Nach dem baldigen Ende Räteungarns und den gescheiterten Umsturzversuchen in den Nachbarländern war man dann im Wesentlichen zur Untergrundarbeit gezwungen. Trotzdem hielt Moskau an der grundlegenden Neugestaltung der Gesellschafts- und Machtstrukturen auch und gerade im gesamten Gebiet der früheren k. u. k. Monarchie zunächst fest.³² In diesem Sinn berichtete die österreichische Gesandtschaft in Moskau wiederholt von der Vorliebe des „Außen-Volkskommissariats" für die „Zusammenfassung der Donaustaaten", für die „Wiederherstellung des alten Reichsgebildes".[33]

Der Außenkommissar Georgij Čičerin hob in Bezug darauf stets auch die politische Komponente einer derartigen „(Re-)Konstruktion" hervor, obwohl das „wirtschaftliche Element" eines „mitteleuropäischen Bundes" im Verlauf der 1920er Jahre für die Kremlführung eine immer wichtigere Rolle spielte. Im Londoner „Foreign Office" dachte man hinsichtlich dessen etwa 1924 vor allem in den Kategorien von Freihandelskonzeptionen. Bundeskanzler Ignaz Seipel, registrierten die Briten, habe festgehalten, dass es der Alpenrepublik um keine weiterreichenden Absprachen oder Bindungen an die übrigen Nachfolgestaaten des Habsburgerreiches gehe. An einem Beitritt Österreichs zur von Paris gestützten „Kleinen Entente", bestehend aus der Tschechoslowakei, Rumänien und Jugoslawien, sei man im Übrigen in Prag nicht interessiert, ebenso wenig wie in Rom, dessen Regierung seine eigenen Ziele in Zentraleuropa verfolge.[34]

Das Pariser Außenamt am Quai d'Orsay musste solcherart 1925 konstatieren, dass „die Kooperation im Donauraum" aus internationaler Sicht „am Unabhängigkeitsdrang der einzelnen Staaten" in der Region scheitern werde und obendrein das Apenninenkönigreich sein Veto einlege.[35] Zudem lehnte das Auswärtige Amt in Berlin den britischen Vorschlag einer „wirklichen Zollunion der Donaustaaten" ab. Die Initiative diene, hieß es hier, vornehmlich den Westmächten,[36] während Wien klarmachte, dass es unter den schwierigen ökonomischen Verhältnissen keine Kombination ohne Deutschland in Betracht ziehen könne. London machte daraufhin einen Rückzieher und deutete Diskussionsbereitschaft bezüglich eines modifizierten Vorgehens an.[37] Auf den Tisch kam schließlich das Dossier des französischen Premiers André Tardieu, der – vom britischen Papier abweichend – ein „System von Präferenzverträgen" befürwortete. Hinter den anvisierten Verhandlungen der betroffenen Donaustaaten stand ein Notenaustausch zwischen Paris, London und Rom – ohne die Kenntnis Berlins, das nach diesbezüglichen „Presseindiskretionen" neuerlich dem „Donaubund" eine Absage erteilte. Obwohl demgegenüber die Reaktion Italiens ausweichend ausfiel, hatte Mussolini bereits vorher durch die Annäherung an Österreich und Ungarn seine eigenen Hegemonialstrategien in Zentraleuropa offengelegt.[38]

Letztlich gingen damit bereits zwei der betroffenen Donauländer auf Distanz zu den Westmächten und hauptsächlich zu Frankreich, das „imperialistischer Tendenzen" verdächtigt wurde. Aber selbst bei der Kleinen Entente, die man vielfach als verlängerten Arm eines „napoleonischen Expansionismus" charakterisierte, überwog die Zurückhaltung. Vor allem war man über den Stil, mit dem über die Köpfe der Betroffenen hinweg Großmachtpolitik gemacht wurde, auch in Prag, Belgrad und Bukarest alles andere als glücklich. Rumänien und Jugoslawien sahen sich zudem als Agrarstaaten an die Absatzmärkte in Deutschland und Italien gebunden, ein Aspekt, der ebenso auf Ungarn zutraf.[39]

„Germanophile Neigungen" zeigte überdies – wenig überraschend – nach wie vor die Alpenrepublik, die nach dem Scheitern sowohl des Tardieu-Plans als auch einer eigenen Zollunion mit Deutschland andere Wege einschlug. Zur Jahresmitte 1932 trat der neue österreichische Bundeskanzler Engelbert Dollfuß an den nunmehrigen Premier in Paris, Édouard Herriot, mit dem Appell heran, nicht weiter auf Mitteleuropakonzeptionen zu achten, sondern dem in seiner Existenz bedrohten Kleinstaat in der Alpen- und Donauregion mit einem Kredit direkt auszuhelfen. Der Weg zur „Lausanner Anleihe" wurde geebnet, die Idee der „Donauföderation" sollte bis 1938 keinen derartigen Stellenwert mehr erlangen wie zu Beginn der 1930er Jahre.[40]

Für den ab 1933 autoritär regierenden Dollfuß beziehungsweise für den „austrofaschistischen Ständestaat" war dann allerdings niemand bereit, wirklich in die Bresche zu springen. Die zunächst an neuen „Donauplänen" interessierte Regierung in Bukarest wollte sich letztlich nicht gegen das nunmehr nationalsozialistische Deutschland stellen. Paris musste erkennen, dass sich das „Dritte Reich" nach und nach strategische Partner durch die Verständigung mit Italien und bilaterale Abkommen mit mittelosteuropäischen Staaten schuf.[41]

Die Restaurationsfrage

Vor dem Hintergrund dieser Entwicklungen hatten etwa Diplomaten Großbritanniens immer wieder darauf aufmerksam gemacht, dass man sich am Quai d'Orsay eher mit einer „Doppelmonarchie" anfreunden könne als mit der Annäherung zwischen Wien und Berlin.[42] Das britische Empire war indessen um das Gleichgewicht der Kräfte auf dem Kontinent bemüht und verfolgte die fragilen Verhältnisse speziell in Mittel- und Mittelosteuropa sowie den Machtzuwachs einzelner Länder mit Sorge. Staatsmänner wie Winston Churchill neigten zwar zu einer gewissen Habsburg-Nostalgie. Wichtiger aber erschien es, einen Stabilitätsfaktor im Donauraum zu schaffen oder zu erhalten. Schon Ende Oktober 1918 kursierten im „Foreign Office" Memoranden, die eine dauerhafte Ordnung in der Region vor allem mit der Bildung oder Wiederentstehung einer „supranationalen" Organisation, eines Gemeinwesens beziehungsweise einer Föderation der kleinen zentral- und südosteuropäischen Staaten verknüpften. In den englischen Botschaften hielt sich die Kritik an der „rücksichtslosen Zerstörung" des Habsburgerreiches. Londons Repräsentant in Prag prangerte das alliierte Verhalten von 1918 noch 1932 als „Missetat", „Narretei" und Konsequenz „unausgereifter Gedanken" an.[43]

In anerkennendem Ton, wenngleich aus völlig anderer Perspektive, meinte wiederum der deutsche Außenminister Gustav Stresemann, dass die ehemalige Habsburgermonarchie doch auch „ihre Vorteile gehabt" habe, da „unter den einzelnen Teilen der Monarchie" immerhin „rege, ungehinderte wirtschaftliche Beziehungen bestanden" hätten.[44]

Die Urteile über den zerfallenen Habsburgerstaat waren also in vielen Regierungskanzleien der europäischen Großmächte keinesfalls nur negativ. Angesichts entsprechend positiver Wortmeldungen noch gut eine Dekade nach dem „Tod des Doppeladlers" verwundert es nicht, dass die frühere Herrscherdynastie lange mit dem Gedanken spielte, die verloren gegangene Machtfülle wiedererlangen zu können. In der Retrospektive mag diese Zuversicht naiv anmuten. Einseitig beraten und ganz den vergangenen Privilegien verbunden, schätzte der letzte Kaiser seine Chancen auf eine Restauration falsch ein. Selbst die monarchistisch gestimmten Ungarn negierten nach zwei gescheiterten Putschversuchen seine „legitimen Rechte". Dennoch blieb die Hoffnung. Einzelne Offiziere fühlten sich immer noch an den Eid auf das „schwarz-gelbe Reich" gebunden, Karls Sohn Otto fand in konservativen, aber auch in rechten beziehungsweise faschistischen Kreisen Unterstützung. Das autoritäre österreichische Regime unter Bundeskanzler Dollfuß und seinem Nachfolger Kurt Schuschnigg ließ den Worten Taten folgen. Die Habsburgergesetze des Jahres 1919 wurden aufgehoben. „Entschädigungen" aus verschiedenen Fonds flossen an das „Erzhaus", die Gedächtnispolitik, etwa im Hinblick auf die „Heldentaten" der „k. u. k. Wehrmacht", gestaltete sich offensiv prohabsburgisch. Die kleinen legitimistischen Gruppierungen befanden sich speziell unter Schuschnigg im Aufwind. Dass dessen Sympathien für eine „Wiederherstellung" der Monarchie keine politischen Konsequenzen mit sich brachten, lag letztlich aber an der diesbezüglichen Position der Nachbarstaaten und Großmächte.[45]

Die „Habsburgerfrage" befasste unzählige Regierungen. Großbritannien etwa betrachtete die Angelegenheit vor allem aus dem Blickwinkel der Budapester Regierung. In Ungarn erstarke eine legitimistische Strömung, konstatierte das „Foreign Office" 1926, um unverzüglich mögliche Folgewirkungen zu bedenken. Die verschiedenen „Konventionen" brächten zwar nirgendwo explizit zum Ausdruck, dass die Restauration ein „casus belli" sei. Die führenden Staatsmänner der „Kleinen Entente" verwehrten sich vielmehr in erster Linie gegen eine Stärkung Berlins. Dennoch hätten sie keine Zweifel aufkommen lassen, dass sie sich entschieden gegen eine Rückkehr des ehemaligen Kaiser- beziehungsweise Königshauses stellen würden. Außerdem gebe es noch ein im November 1920 unterzeichnetes Abkommen zwischen Rom und Belgrad, dessen erster Artikel „konzertierte Aktionen" gegen eine neuerliche Inthronisierung des „Erzhauses" vorsehe. Was London Mitte der 1920er Jahre aber vor allem bekümmerte, war ein mögliches Ansuchen Ungarns an die alliierten Siegermächte, einen Habsburger zum König wählen zu dürfen. Eine derartige Entscheidung könnten die Westmächte kaum verbieten, hieß es in abschließenden „Überlegungen bezüglich der zukünftigen Entwicklung": Angesichts der unbefriedigenden Beziehungen zwischen den Magyaren und ihren Nachbarn, nicht zuletzt aufgrund der Grenzziehung in den Pariser Vorortverträgen, müsse aber in diesem Fall mit einem unabhängigen Vorgehen der „Kleinen Entente" gerechnet werden.[46]

Im Berliner Auswärtigen Amt beobachtete man die Entwicklungen genau. Anlässlich der „Großjährigkeitserklärung des Erzherzog Otto", notiert man hier, habe beispielsweise die belgische Presse übereinstimmend von einer „ernsten Gefährdung des europäischen Friedens" gesprochen, zumal die „Kleine Entente und insbesondere die Tschechoslowakei" sich der Habsburgerrestauration „widersetzen würden". In Frankreich nehme die Linke eine „ähnliche Haltung" ein, die übrigen Kräfte des Landes suchten hingegen eine „mittlere Linie". Einige Zeitungen, wurde fortgesetzt, „würdigten zwar vollauf die Stellungnahme der Kleinen Entente, liessen aber immerhin für später die Möglichkeit einer Rückkehr der Habsburger offen". Dabei sei der Gedanke aufgetaucht, „Frankreich könne letzten Endes die Rückkehr der Habsburger und gegebenenfalls die Wiedervereinigung Österreichs mit Ungarn gut heissen, wenn auf diese Weise dem drohenden Anschluss ein Riegel vorgeschoben würde. Alles, was einen Machtgewinn Deutschlands verhindere, sei als die geringere Gefahr zu bewerten und daher vorzuziehen."[47]

Mitte der 1930er Jahre befasste sich dann auch das nationalsozialistische Deutschland mit der Restaurationsfrage. Der deutsche Gesandte in der österreichischen Hauptstadt empfahl im März 1934 „ein gewisses Einvernehmen mit Italien in den Donauproblemen".[48] Dem stand allerdings vorerst die Überzeugung im Wege, dass, so das

Auswärtige Amt am 30. April 1934, „gerade italienische Staatsmänner die Restauration als einziges Mittel betrachten, eine politische und wirtschaftliche Eingliederung Österreichs in das Reich zu verhindern. Jedenfalls liegt bei Mussolini eine der wichtigsten Voraussetzungen für eine Verwirklichung der Restaurationspläne."[49]

Mit dem Abessinienkrieg der faschistischen italienischen Regierung, ihrer weitgehenden internationalen Ächtung und der nachfolgenden Bildung der „Achse Rom-Berlin" verlor dann auch ein möglicher prohabsburgischer Kurs des Apenninenkönigreiches an Bedeutung.[50] Entscheidender war letztlich jedoch der Standpunkt des „Dritten Reiches". Als der für auswärtige Angelegenheiten zuständige österreichische Staatssekretär Guido Schmidt im November 1936 in Berlin beim Reichsaußenminister Konstantin von Neurath die deutsche Meinung in Bezug auf eine „eventuelle Restauration" erfragte, bekam er eine eindeutige Antwort. Neurath bekräftigte die kompromisslose Ablehnung Deutschlands und sah sich dabei im Bund „mit den anderen Nachbarn Österreichs".[51] Tatsächlich ging die scharfe Haltung der Kleinen Entente gegen die Wiederherstellung der Monarchie, in welchem Territorium auch immer, etwa bei einigen tschechischen Politikern so weit, den „Anschluss" einer Restauration vorzuziehen. Generalstabsplanungen für den Fall einer Restauration zeigten zudem die diesbezügliche Interessenkonvergenz zwischen Berlin, Belgrad, Prag und Bukarest auf. Angesichts der distanzierten Einstellung Frankreichs und Englands gegenüber dem „Ständestaat" und Italiens zunehmend prodeutscher Ausrichtung ergab sich daraus ein aus der Sicht der Wiener Regierung trauriger Befund: Die Isolierung Österreichs trat anhand der Habsburgerfrage viel stärker und früher zu Tage als es nach außen erscheinen mochte.[52]

Zwischen Hoffnung und Ernüchterung

Abgesehen von politischen Konzepten blieben immerhin andere Möglichkeiten der grenzüberschreitenden Zusammenarbeit. Die Wirtschaftsexperten Charles Rist und Walter T. Layton kamen diesbezüglich in einem Bericht an den Völkerbund vom 19. August 1925 zu einem positiven Ergebnis. Speziell gemessen an den Engpässen 1918 und in den ersten Jahren nach dem Ersten Weltkrieg lasse sich, erklärten sie in ihrem vertraulichen Dossier, eine langsame, aber unübersehbare Besserung erkennen. Es wäre ein Irrtum anzunehmen, dass Wien nach dem Zerfall der Donaumonarchie ökonomisch ausgespielt habe. Die Firmen der Stadt und ihrer Umgebung seien nach wie vor exportfähig, die Warenlager der Region präsentierten sich als „beachtliche Quelle" für den gesamten osteuropäischen Handel.[53] Österreichische und insbesondere Wiener Kaufleute verfügten zudem über gute Kontakte in zahlreichen Ländern, ein Sachverhalt, der als Erbe der Monarchie angesehen wurde.[54] Die westeuropäische Sichtweise entsprach dabei durchaus den Überzeugungen in den östlicheren Regionen. Auch Moskau vertrat ähnliche Meinungen. Die „alten Beziehungen und Erfahrungen" bedeuteten „einen nicht so leicht einzuholenden Vorsprung gegenüber Konkurrenten".[55]

Neben „Warenlagern" und „Humanressourcen" wurden im Übrigen infrastrukturelle Voraussetzungen genannt – wie etwa die Eisenbahnstrecken Mitteleuropas, die sich in der österreichischen Hauptstadt zu einem Verkehrsknoten verdichteten.[56] Noch klarere Worte fanden Rist und Layton jedoch in anderer Hinsicht. „Wien bleibt das größte Bankenzentrum Osteuropas", konstatierten sie, um fortzusetzen: „Die Bemühungen der Tschechoslowakei, Ungarns und des Königreichs der Serben, Kroaten und Slowenen, unabhängige Finanzmärkte zu schaffen, hatten natürlich Einfluss auf die internationale Position der Wiener Geldinstitute. Letztere konnten folglich nicht auf einen vergleichbaren Umsatz wie unter dem alten Regime hoffen. Andererseits aber zeigte die Erfahrung, dass sich das Wiener Bankensystem nicht an der Größe des gegenwärtigen Österreich orientiert. Grenzüberschreitende Geschäftsbeziehungen bestanden weiter und entwickelten sich positiv zum Vorteil aller Beteiligten in den Nachfolgestaaten der Donaumonarchie. Die Kooperation erscheint übrigens von allen Seiten erwünscht. Der Wiener Geldmarkt fungiert solcherart in hohem Maße weiterhin als Kanal für ausländische Kredite in einem weiten Feld der industriellen Produktion."[57]

Der Völkerbundbericht erfasste mit dieser Charakterisierung die Sachlage – trotz beträchtlicher bestehender Wirtschaftsprobleme – durchaus nicht ganz unzutreffend. Vorerst überwogen Kontinuitäten. Mindestens eine Dekade über den „Zusammenbruch" von 1918 hinaus verfügten Banken in der Alpenrepublik über beachtliche grenzüberschreitende Geschäftskontakte. Nach wie vor bestand eine „oligopolistische Struktur", deren Entscheidungsträger unzählige Industriebetriebe finanzierten und Fusionen beziehungsweise Kartellierungen vorantrieben.[58] Unverändert schielte man dabei auf den Balkan als ökonomischen Expansionsraum, während manche sogar von „überseeischen Absatzgebieten" träumten.[59]

Der „Rat der Volkskommissare" maß dem Handels- und Finanzzentrum Wien gleichfalls einen hohen Stellenwert bei – auch und gerade in Bezug auf die ökonomischen Bedürfnisse der UdSSR.[60] Georgij Čičerin erklärte, dass durch den „kapitalistischen Prozess", der „die alte Rolle der Dynastien übernähme", die „Herstellung grosser wirtschaftspolitischer Gebilde herbeigeführt" und daher „die durch die Zerstörung Österreich-Ungarns bewirkte Atomisierung fortschreitend aufgehoben" werde.[61] Im Blickfeld Čičerins waren vor allem die Geldinstitute, und einigermaßen säuerlich kommentierten Frankreichs Diplomaten folglich auch den beginnenden Wettlauf um die lukrativsten Bereiche des „Ostgeschäftes".[62] Der Quai d'Orsay warf den „Sowjets" die Unterwanderung des „Bankensektors im mitteleuropäischen Wirtschaftsleben" vor. Bolschewistische Unruhen, berichteten französische Diplomaten am 22. Februar 1922, sollen dazu genutzt werden, mit Geldern aus Moskau unter anderem die „Anglobank und die Länderbank in die Tasche zu stecken".[63]

Letztere war 1922, wie schon zu Beginn der 1880er Jahre, wieder in französische Hände gelangt. Die „Grande Nation" verfügte damit über ein Filialnetz im ganzen Donauraum. Realiter wuchs also in den großen Wiener Universalbanken der Einfluss vornehmlich westeuropäischer Finanziers. Die direkten Auslandsinvestitionen bei den wichtigsten österreichischen Geldinstitutionen stiegen von 10 Prozent im Jahr 1913 auf 30 Prozent im Jahr 1923, die Anglo-Österreichische und die Länderbank verwandelten sich vollständig in Filialen ihrer Londoner und Pariser Zentralen.[64]

Trotz britisch-französischer und anderer Beteiligungen verloren allerdings die zehn wichtigsten Finanzinstitute Wiens ihre Zweigstellen in den nunmehrigen Nachbarstaaten fast zur Gänze: Von 143 im Jahr 1918 blieben 1923 gerade einmal neun übrig. Das Kreditgeschäft begann sich auf den Inlandsmarkt zu konzentrieren. Zwischen 1925 und 1931 bekamen österreichische Kunden 87 Prozent aller Darlehen.[65]

Dieser Trend war schon früher eingeleitet worden und betraf neben dem Finanzsektor auch die Warenproduktion. Die Alpenrepublik baute Überkapazitäten ab, ein Prozess, der nicht stetig, sondern schockartig und in Schüben vor sich ging. Desillusionierend und bisweilen sogar traumatisierend wirkten dabei die CA-Krise 1931 sowie, schon zuvor, das plötzliche Ende der von der Hyperinflation angeheizten Konjunktur in der ersten Hälfte der 1920er Jahre. Auslandsanleihen zur Beseitigung des Budgetdefizits und zur Stabilisierung der Währung waren nun mit Sparmaßnahmen, Personalabbau und Steuererhöhungen verknüpft.[66] Die tendenzielle Reduzierung des Wirtschaftspotenzials auf Kleinstaatsniveau ging einher mit einem bleibenden Reputationsverlust des Kapitalmarkts, ein Umstand, der sich auch im Kollaps vieler Banken und Unternehmen niederschlug. Die Zahl der Konkurse stieg von 125 1921 auf 2.994 1925.[67]

Parallel zur Rückstufung der Wirtschaftskraft verlor die frühere k. k. Haupt- und Residenzstadt auch als „Ort der Begegnung" insgesamt an Bedeutung. Die geostrategisch und verkehrstechnisch günstige Lage konnte daran nichts ändern – trotz gegenteiliger Hoffnungen insbesondere Großbritanniens. Denn das „Foreign Office" sammelte zunächst anderslautende Berichte. 1926, hieß es hier, hätten in Wien nicht weniger als 32 internationale Tagungen – darunter „besonders interessante" Zusammenkünfte zur Verbesserung mittel- und gesamteuropäischer Kooperationen stattgefunden. Und mehr noch: Die frühere „Kaiserresidenz" entwickle sich dauerhaft zu einer Art „Clearing-Stelle" für alle möglichen politischen, wirtschaftlichen und sozialen Angelegenheiten.[68]

Tatsächlich bestand kein Grund für allzu großen Optimismus. Der Nationalismus und die ideologischen Gegensätze der Zwischenkriegszeit ließen kaum Platz für eine friedliche Kooperation am „alten Kontinent". Noch bevor sich die Lage im Laufe einer zunehmenden Radikalisierung während der 1930er Jahre weiter verschlimmerte, scheiterte auch der „proletarische Internationalismus". Die Spaltung der Arbeiterbewegung vor allem in ein sozialdemokratisches und kommunistisches Lager ließ sich nicht überwinden. Versuche des Austromarxismus, zwischen den „verfeindeten Brüdern" zu vermitteln oder eine „Wiener Internationale" zu begründen, missglückten.[69] Die vor allem von der Linken befürworteten Ansätze einer aktiven Neutralitätspolitik vereitelte der Systemantagonismus: Jede Gesprächsbereitschaft gegenüber der Sowjetunion löste bei den Westmächten und ihren zentral- oder südosteuropäischen Verbündeten beträchtliches Misstrauen gegenüber Österreich aus. Im Donauraum blieben darüber hinaus – trotz wechselnder Konstellationen in den 1920er und 1930er Jahren – die Interessen von Paris, Berlin, Rom oder Moskau weitgehend unvereinbar. Auch unter solchen Umständen ließen sich die Ziele Ungarns und Österreichs nur schlecht mit den Intentionen Jugoslawiens, Rumäniens und der Tschechoslowakei akkordieren.[70]

Halbe Revolutionen

Die epochenspezifischen Spannungen, aber auch gewisse – zumindest vorläufige – Kontinuitäten im Bereich der internationalen Beziehungen basierten auf Erfahrungen, die in verschiedenem Ausmaß mit der Debatte über die „Substanz der Neuerungen", den „Gehalt" der Wendephase um 1917/18, verknüpft blieben. Dabei war offensichtlich, dass sich die Erlebnisse der Menschen in der Donaumonarchie in einem Punkt signifikant von den großen Nachbarländern Deutschland und Russland unterschieden. Dort hatte sich die Unzufriedenheit zu einer mächtigen Proteststimmung gesteigert, die schließlich den Umsturz in hohem Maße ermöglichte. Das Zerreißen der Befehlsketten, die Meutereien der Streitkräfte in Kiel und Petrograd, lösten den Flächenbrand vor dem Hintergrund einer breiten Massenbewegung aus, der unmittelbar den Systemzusammenbruch zur Folge hatte.[71]

Im Habsburgerreich mangelte es gerade 1918 gleichfalls nicht an großen Streiks, „Krawallen" und Widerständen, Meutereien und Desertionen. Aber nirgendwo waren es die „inneren Fronten", die Kritik im Land selbst, die oppositionellen Zirkel, die allmählich entstehenden Untergrundorganisationen oder die größeren Menschenansammlungen, die den Kollaps durch einen sich verbreiternden Aufstand herbeiführten. Das Reich war durch seine materielle Erschöpfung und die Absetzbewegung im In- und Ausland ausgehöhlt. Die „Kräfte der Zukunft" warteten jedoch eher ab. Bezeichnenderweise fungierte erst der Zusammenbruch an den Fronten als Auslöser des Umbruchs. Und hier, an diesem Punkt, fing für manche Zeitzeugen die „Revolution" eigentlich erst an.[72]

Otto Bauer hielt den ersten bedeutsamen Einschnitt fest, den „Bruch der Rechtskontinuität mit dem alten Staat", die Wendung hin zur parlamentarisch-demokratischen Republik, die Ende Oktober nicht bloß in Prag, sondern zumindest damals implizit auch schon in Wien vollzogen wurde. Was folgte, konnte man in der jungen Alpenrepublik in drei Etappen untergliedern: Ein politischer Umbruch mit breitester sozialer Basis bis Februar 1919, eine von Arbeitern, Soldaten, Invaliden und Arbeitslosen getragene sozialrevolutionäre Phase mit Tendenzen zu gewaltsamen Gesellschaftsveränderungen und eine dritte Zeitspanne bis Anfang der 1920er Jahre, in der „bürgerliche Kreise wieder erstarkten" und das Abklingen des „Neuerungsfiebers" mit dem Verschwinden beziehungsweise dem Machtverlust der Räteorgane einherging.[73]

Zur Jahreswende 1918/19 ließen sich dabei die deutlichsten Einschnitte erkennen. Die „Freisetzung der Staatsbürgergesellschaft" brachte nun das allgemeine Wahlrecht auf Länder- und Gemeindeebene sowie für die Frauen. Zur „Parlamentarisierung" kam die Intensivierung der Sozialpolitik hinzu, Trends, die parallel auch in Ungarn festzustellen waren. Trotz des vergleichsweise blutigeren Systemwechsels beschritt das Land unter der Regierung Károlyi vorerst ähnliche Wege: Das neue Wahlrecht galt für alle Männer und zumindest den Großteil der Frauen ab dem vollendeten 21. Lebensjahr. Presse-, Versammlungs- und Redefreiheit wurden in großzügiger Art verbürgt. Eine Bodenreform lief an, der Achtstundentag erfüllte Forderungen der Arbeiter.[74]

Die Etablierung einer kurzfristigen Räterepublik wirkte sich dann vorübergehend auch auf die Alpenrepublik aus. Während hier aber trotz des Endes der Zusammenarbeit aller maßgeblichen politischen Kräfte und der zunehmenden „Lagergegensätze" die wesentlichen Bestimmungen der Umbruchsphase zunächst wenigstens bis zu den 1930er Jahren Bestand hatten, bedeutete die Errichtung des Horthy-Regimes sofort eine weitgehende Rückkehr zu den Verhältnissen vor 1918. Freiheitsrechte waren demgemäß durch „Notfallorgane" bedroht, die Zahl der Wahlberechtigten sank wieder auf unter 30 Prozent, am Land fiel das geheime Wahlrecht. Während später die Umgestaltung des Parlaments und die Erweiterung der Befugnisse des Reichsverwesers noch konservativeren und autoritäreren Strömungen Vorschub leistete, änderte sich vor allem an den gesellschaftlichen Hierarchien wenig. Zwar erkannte man in Budapest die Gefahr einer Revolte der großen Zahl von Kleinbauern und „Agrarproletariern", die weniger als drei Hektar oder überhaupt kein Land besaßen. Die Umverteilung von 450.000 Hektar brachte jedoch wenig. Zum einen handelte es sich bisweilen um minderwertige Böden oder lediglich sehr kleine Flächen. Zum anderen waren die Empfänger nicht in der Lage, die hohen Kaufraten zu begleichen. Die überwiegende Mehrheit der Begünstigten musste den zugeteilten Grund wieder abgeben. Seitens der politisch wie sozial Privilegierten fehlte es danach an der Bereitschaft, substanzielle Änderungen zuzulassen. Die „unproportionale Besitzverteilung" bestand nicht bloß bis 1918, sie erfuhr auch bis 1945 lediglich „bescheidene Korrekturen".[75]

Mit dieser Situation ließ sich demgegenüber die Tschechoslowakei schwer vergleichen. Ähnlich wie unter Károlyi in Budapest und unter der Koalition vor allem von Sozialdemokraten und Christlichsozialen in Wien dominierten zwar 1918/19 die staatsbürgerlichen und sozialen Maßnahmen, die in rascher Folge die Abschaffung des Adels, der Orden und Titel sowie die Einführung der Arbeitslosenunterstützung, des Achtstundentages beziehungsweise die Förderung des Wohnbaus und der Krankenversicherung mit sich brachten.[76] Auch dass in der Bodenfrage eine entschädigungslose Enteignung des habsburgischen Besitzes und der Adelsstiftungen konsensfähig war, passte zu diesen Schwerpunktsetzungen. Darüber hinaus gab es allerdings eine Reihe von Spezifika. Aus den „Ländern der Wenzelskrone" kamen vor 1914 70 Prozent der österreichisch-ungarischen Industrieproduktion, die Slowakei hingegen wies nicht allein einen höheren Agraranteil auf, sie wich überdies hinsichtlich der Anbaumethoden von den böhmisch-mährischen Verhältnissen ab. Der Unterschied zwischen Cis- und Transleithanien setzte sich in strukturell noch schärferer Form als Gegensatz zwischen dem westlichen und dem östlichen Teil der ČSR fort. Diese tiefgreifenden Divergenzen trugen gleichfalls dazu bei, dass sich die Kluft zwischen den beiden „Staatsnationen" vergrößerte. Aber auch ungeachtet der nationalen Interessen verbesserten sich die Bodenbesitzstrukturen nur in sehr geringem Ausmaß: Zwar wurden 60 Prozent der Landarbeiter nun „selbständige Landwirte". Deren Existenzbedingungen ließen aber wenig Zufriedenheit aufkommen. Die Situation der Häusler und Kleinbauern blieb mit jeweils nur einem Hektar durchschnittlich einigermaßen prekär. Angehörige der „Agrarbourgeoisie" besaßen hingegen rund 500 Hektar.[77]

Jugoslawien überließ wiederum zwar per Gesetz vom Jänner 1919 innerhalb einer Dekade knapp 438.000 Hektar des Großgrundbesitzes rund 260.000 bedürftige Familien. Die 1931 offiziell abgeschlossene Reform beseitigte jedoch nur teilweise bestehende Feudalbeziehungen. Abhängigkeit von Verpächtern und geringe Marktfähigkeit charakterisierten das Leben der überwiegenden Zahl von Kleingrundbesitzern. Ein mäßiges Tempo und ungelöste Probleme kritisierte man unterdessen auch in Polen, obwohl die dortigen Maßnahmen ab 1919/20 zum Entstehen von 154.000 Kleinwirtschaften beitrugen.[78]

Herausgefordert wurde eine anfangs im Wesentlichen „bürgerlich-parlamentarische Neuordnung" übrigens nicht bloß von autoritären, nationalistischen und rechtsextremen Strömungen, sondern auch von jenen Kräften, die sich an Moskau orientierten. Im Unterschied zu den langfristig bedeutungslosen österreichischen Kommunisten und dem Intermezzo der ungarischen Räterepublik mit einer „probolschewistischen Minderheit" entstanden in der Tschechoslowakei und in Jugoslawien mächtige KP-Organisationen. Die Belgrader Regierung begegnete dieser „Bedrohung von links" bald mit repressiven Verordnungen. Sympathisanten des „Oktoberregimes" wurden in die Illegalität oder ins Exil abgedrängt.[79]

Ungeachtet dessen traten in jedem Fall vielerorts neue Herrschaftseliten und Oppositionsbewegungen zu Tage, die sich als bislang nicht bekannte Alternativen präsentierten und das Parteienspektrum sowie bestehende Kräftekonstellationen verändern konnten. Politisch und territorial markierten die Jahre 1917/18 bis 1920 auf dem früheren Staatsgebiet der untergegangenen Donaumonarchie solcherart eine tiefere Zäsur als in sozioökonomischer Hinsicht.[80]

Kontinuitäten

Ohne längerfristige gesellschaftliche, aber auch mentale Phänomene waren die „roten Jahre" kurz vor und nach dem Ende des Ersten Weltkrieges freilich schwer zu verstehen. Die „Zeitikonen" 1914 und 1917/18 präsentierten sich unter solchen Gesichtspunkten eher als „Durchgangsstationen" und „Beschleunigungseffekte" auf dem Weg zu fortgesetzten „Modernisierungen".[81] Es lohnt sich daher, auch diese Jahrhundertwende – ähnlich wie die „Sattelzeit" um 1800 – als weiteren Entwicklungsschub zu verstehen. Neben Fragen wie der Teilnahme des Staatsbürgers am öffentlichen Leben, neben Wahlrechtsreformen und der allgemeinen Wehrpflicht, ging es hierbei um neue Denkansätze und Vermittlungsprozesse. Speziell geistesgeschichtliche „Umwälzungen" sowie mediale und wissenschaftliche Innovationen dienten etwa der Ausgestaltung einer avanciert-elitären Aufklärung oder Aufklärungskritik einerseits und der Formierung von Massen- und Populärkulturen andererseits. Das „Fin de Siècle" – gerade auch in den Zentren der untergegangenen Donaumonarchie – behielt dabei viele seiner Protagonisten. In ihrem fortgesetzten Wirken verdeutlicht sich die Sinnhaftigkeit der Betonung einer „langen Jahrhundertwende" etwa von 1870 bis in die 1930er Jahre. Eine Phase der „Kaiserzeit" lässt sich aus derartigen Perspektiven folglich kaum von der Epoche der Republik unterscheiden.[82]

Das zeigt sich zum Beispiel im „liberalen" Angriff auf bestehende Institutionen und traditionelle Eliten.[83] Der sogenannte „Kulturkampf" – die Auseinandersetzung um die Trennung von Kirche und Staat, um den Einfluss der Religion insbesondere auf das Schulwesen, Ehe- und Familienrecht – setzte sich nicht bloß weit über das Jahr 1918 hinweg fort. Er verschärfte sich sogar noch wesentlich. Mit dem Verschwinden der kaiserlichen und königlichen Institutionen traten nämlich die schon vorhandenen Bruchlinien zwischen den weltanschaulichen Rivalen nur noch deutlicher hervor. Eine verstärkte Polarisierung der Gesellschaft äußerte sich in schweren „Integrationskrisen" des Staates, dessen Organisationen und Persönlichkeiten nicht mehr Gemeinsamkeit und Überparteilichkeit zu repräsentieren vermochten. Eine schließlich bis zum Bürgerkrieg gesteigerte Unversöhnlichkeit basierte auf der Bildung von „Lagermentalitäten", die vielerorts mindestens die Zwischenkriegszeit in besonderer Weise kennzeichneten. Abgeschlossene, einander feindlich gesinnte Milieus boten von der Kindererziehung bis zur Bestattung lebensweltliche Gesamtentwürfe an, die sich nicht zuletzt als problematisches Erbe eines tiefergehenden Gesellschaftskonfliktes der späten Donaumonarchie erwiesen.[84]

Dauerhaftigkeit zeigte sich überdies in einem anderen Bereich. Große Teile der „altösterreichische[n] Gesetzesordnung" galten unverändert nicht bloß in der Alpenrepublik. Auch und vor allem in der Tschechoslowakei und in Jugoslawien blieben sie in vielerlei Hinsicht bestimmend. Verwaltungsverfahren wiesen eine zum Teil wörtliche

Übereinstimmung mit den cisleithanischen Regulativen auf. In der ČSR rührte man am bisherigen Normenbestand sogar weniger als in Österreich. Bemerkenswert genug waren diesbezüglich auch die magyarischen Ängste vor dem „Abbröckeln" des ungarischen „Rechtsgebietes", zumal in etlichen Gebieten k. k. Gesetze den Vorzug erhielten. Das „Allgemeine Bürgerliche Gesetzbuch", die Zivilprozessordnung und oberstgerichtliche Entscheidungsprozesse der untergegangenen Monarchie standen in hohem Ansehen bei Richtern, Rechtsanwälten und Beamten. Sie waren in ähnlichen oder gemeinsamen Schulen erzogen worden und sorgten für eine auch in zahlreichen anderen Berufsbereichen und Institutionen wahrnehmbare personelle und inhaltliche Kontinuität.[85]

Abgründe

Tomáš Masaryks Schlagwort von der „Entösterreicherung" ging also in gewisser Weise ins Leere. In jedem Fall war mit dem Fortbestehen von Rechtssystemen auch eine schwierige „Erbmasse" übernommen worden. Experten hatten beispielsweise vor Notverordnungsparagraphen gewarnt, die sich „ohne Hemmung durch die Gerichte" anstelle „der konstitutionellen Gesetzgebung" entfalten könnten. Verhängnisvoll erwies sich diesbezüglich das vom 24. Juli 1917 stammende Kriegswirtschaftliche Ermächtigungsgesetz, das in der Bundesverfassung der jungen Alpenrepublik erhalten blieb und 1933 Bundeskanzler Dollfuß zur Überführung der parlamentarisch-demokratischen Staatsform in eine „ständisch"-autoritäre diente.[86]

Eine kritische Auseinandersetzung mit der Rolle der Habsburgermonarchie beim Ausbruch und im Verlauf des Ersten Weltkrieges fand unterdessen nur bedingt statt.

Anfängliche Bestrebungen der österreichischen Republik und namentlich sozialdemokratischer Regierungsmitglieder, Deutschland in der „Kriegsschuldfrage" mit dem Hinweis auf die Verantwortlichkeiten der k. u. k. Entscheidungsträger mehr oder weniger zu entlasten, mündeten bald in eine weitgehende Ausblendung des Themas. Wenig erbrachte auch die Arbeit einer im Dezember 1918 geschaffenen „Kommission zur Erhebung militärischer Pflichtverletzungen" der k. u. k. Armee. Die gesellschaftlichen Rahmenbedingungen für eine gründliche und vorurteilslose Aufarbeitung der Geschehnisse ab 1914 waren ungünstig. In einem Klima, das Pauschalurteile und Rachegefühle prägten, stellten sich die Untersuchungen der Kommission von Beginn an als schwierig dar. Vormals hohe Offiziere der österreichisch-ungarischen Armee und Angehörige des Erzhauses riefen zum Boykott auf.[87] Die sich auflösenden, die – wie es hieß – „liquidierenden" Behörden der Donaumonarchie machten es den Kommissionsvertretern bei ihren Nachforschungen so schwer wie möglich.[88] Hinzu kamen Koordinationsschwierigkeiten mit den Nachfolgestaaten Österreich-Ungarns sowie die Empörung betont „patriotischer" und monarchistischer Kreise.[89] Als die Pflichtverletzungskommission 1922 aufgelöst wurde, war die „Umsturzphase" bereits zu Ende, die Rätebewegung im Abflauen begriffen und die Sozialdemokratie in der Bundesregierung nicht mehr vertreten. Eine relevante „Vergangenheitsbewältigung" fand nicht mehr statt. Sie ließ noch lange auf sich warten.[90]

Die Schwierigkeiten, mit denen die Kommissionsmitglieder bei ihrer „Wahrheitsfindung" zu kämpfen hatten, bezogen sich aber auch auf den Kompetenzbereich und die rechtlichen Grundlagen ihrer Recherchen und Bewertungen. Viele Anklagepunkte beschränkten sich auf militärische Angelegenheiten im engeren Sinn. Das bedeutete:

Gegenstand der Ermittlungen war oft das Fehlverhalten von k. u. k. Offizieren gegenüber ihren Untergebenen. Diese Schwerpunktsetzung war einerseits auf Vorwürfe in der Presse zurückzuführen, denen die Kommission nachspürte, andererseits auf Veteranenverbände, die sich mit den Beschwerden ihrer „eigenen Leute" befassten.[91] Sehr viel seltener kam solcherart das Schicksal insbesondere von Kriegsgefangenen in der Donaumonarchie oder aber der Zivilbevölkerung zur Sprache. Die großen Opfergruppen eines „schmutzigen Krieges" in den Grauzonen zwischen Kombattanten und Nichtkombattanten blieben ausgeklammert.[92] Immerhin versuchte man einzelnen Begebenheiten beziehungsweise fragwürdigen Urteilen von Feldgerichten nachzuspüren.[93] Die relativ geringe Zahl der weiter verfolgten Verdachtsmomente belegt allerdings, dass die Problematik der feld- beziehungsweise standgerichtlichen Verfahren gar nicht im Zentrum der Erhebungen stehen konnte. Zur Behandlung der Vorwürfe gegen die k. u. k. Truppenverbände bot sich letztlich wieder nur jene Argumentation an, die auf den militärischen Anordnungen seit Kriegsbeginn 1914 und den Verteidigungsstrategien österreichisch-ungarischer Instanzen basierten: Das Kriegsnotwehrrecht wurde zum Angelpunkt der Debatte.[94]

Die „Pflichtverletzungskommission" tat gut daran, sich mit dieser Fragestellung eingehender zu befassen. Gutachten wurden deshalb angefordert. Sie enthielten jedoch kaum eine rechtliche Handhabe, um die vielen Übergriffe und Grausamkeiten im Namen des Kriegsnotrechtes zu ahnden.[95] Die fragwürdigen Vorgänge während des Ersten Weltkrieges ließen sich überdies selten rekonstruieren. Was blieb, war ein juristisch nicht verwertbares Unbehagen – und das Gefühl, in den Abgrund eines rechtsfreien Gewaltraumes geblickt zu haben.[96]

Enttäuschend endete für etliche Beobachter und Analysten indes auch das Bemühen, sozusagen die Vorgeschichte und primär das Entstehen des nationalen Hasses zu studieren, um nach „falschen Abzweigungen" oder nach möglichen Modellen als Vorbild für die Zukunft zu suchen. Die Ausgleichsverhandlungen in den einzelnen Kronländern der Donaumonarchie, etwa in Mähren oder in der Bukowina, dienten gelegentlich noch als Orientierung und deuteten darauf hin, dass weniger von den großen Reformwerken zu erwarten war als von einer Strategie der kleinen Schritte. Die Verhandlungsergebnisse in Budweis hätten, wie die Presse unmittelbar vor dem Ersten Weltkrieg kommentierte, durchaus richtungsweisend sein können. Andererseits mangelte es nicht an konstruktiven Gesamtkonzeptionen, die bei etwas gutem Willen von allen Streitparteien wenigstens als konstruktive Diskussionsgrundlage angesehen hätten werden können. Die Tendenz zum Staatenbund, wie auch von Karl und seinem engsten Beraterkreis letztlich favorisiert, kam den immer wieder eingeforderten historischen Rechten und „völkisch" inspirierten Zentrifugalkräften entgegen, wenngleich sich unter den Ministern der Habsburger kaum einer für weitgehende Föderalisierungen erwärmen konnte. Dennoch, die Sicherung der „gemeinsamen Angelegenheiten" stand einer Garantie der Länderrechte und wenigstens der nationalen Selbstbestimmung auf regionaler Ebene nicht im Wege. Entsprechend abgegrenzte Kreise und dort, wo dies nicht möglich war, ein „Vertretungsrecht nach dem Prinzip der Personalautonomie" mit den betreffenden „Matriken" und „Kurien", die daraus abgeleiteten Körperschaften wenigstens als Ergänzung zum „Ober"- beziehungsweise Herrenhaus des „Volksvertretung", zugleich die Wahl der Abgeordnetenkammer nach dem bisherigen System: Vorschläge dieser Art, vorgelegt unter anderem 1917 vom Verfassungsausschuss des Parlamentes unter der Leitung von Ignaz Seipel, schienen fein genug austariert, um Extremismen zu vermeiden und in weiterer Konsequenz eine entschieden föderale Ausrichtung des Gesamtsystems anzuvisieren.[97]

Trotzdem hatten alle wichtigen Nationalitätenvertreter abgewunken und selbst die oft als „Reichspartei" auftretenden Christlichsozialen stellten sich keineswegs geschlossen hinter Seipel. Die k. k. Regierungen suchten erneut nach einem Ausweg ohne Parteien. Der Missionar und Religionswissenschaftler Pater Wilhelm Schmidt, wie andere aus dem privaten Umfeld des Kaisers um Lösungen bemüht, achtete vor diesem Hintergrund noch einmal nachdrücklich auf einen „Reichsföderalismus" auf der Basis des ungarischen, kroatischen, böhmischen und polnischen Staatsrechtes. Die Notwendigkeit, in diesem Fall wiederum weitgehende Autonomien etwa für Slowenen, Deutschböhmen oder Ukrainer einzuplanen, endete bei ihm jedoch mit einer gleichermaßen konsequenten wie niederschmetternden Überzeugung. Im „Nationalitätenstreit", so Schmidt, hätten „die Völker es nicht so sehr auf Gleichberechtigung abgesehen" als „darauf, nicht selbst beherrscht zu werden und über andere als Majoritäten über Minderheiten zu herrschen".[98]

Die so gern hinter Lippenbekenntnissen versteckte Hegemoniefrage wurde hier offen angesprochen. Und mit ihr musste eigentlich die Einsicht verknüpft sein, dass sich die Idee der Nation – konkret als Kulturidentität und Sprachgemeinschaft – zum Leitgedanken, zur „Causa prima", gewandelt hatte. Sie konnte per definitionem nicht auf nachgeordneter Ebene ausgehandelt werden. Kreiseinteilungen, kommunale Übereinkünfte und Personalautonomien umgingen eher das Problem der Machtkonzentration. Sie gaben keine Antwort auf Schlüsselfragen nach der Zusammensetzung von Staatsführungen, nach dem Verhältnis zwischen „Peripherie und Zentrum" oder nach der Handhabung eines alles andere als leicht zu überwindenden „Territorialprinzips".

Andererseits waren Pater Schmidts Überlegungen gut dazu geeignet, die Habsburger als Opfer der „völkischen Leidenschaften" darzustellen. Dabei hatten Hof, Regierung und vor allem auch die Armee nationale Kontrahenten bisweilen regelrecht gegeneinander ausgespielt und einen wichtigen, vielleicht sogar den entscheidenden Beitrag zur Verschärfung der Gegensätze geleistet. Ein vor allem von Wien ausgehendes europäisches Friedensprojekt, das speziell im Rückblick bisweilen regelrecht mythisch überhöht wurde, ließ sich schwerlich erkennen. Realiter handelte es sich um ein Reich, das die Vorrechte von Oberschichten sowie die Dominanz zweier Völker in einer multiethnischen Mesoregion sicherte und bis zuletzt imperiale beziehungsweise koloniale Expansionen in Betracht zog. Konzilianz wurde hingegen meist nur in einem außerordentlichen Moment der Schwäche gezeigt, ein keineswegs spezifisch habsburgisches Phänomen, das allerdings in der Häufigkeit seines Auftretens generell nachdenklich stimmen muss. In jedem Fall schränkte darüber hinaus die Attitüde des Erzhauses sowie seiner wichtigsten Minister und Berater, um jeden Preis für das eigene „Ansehen", die eigene „Reputation" zu den Waffen zu greifen, den Handlungsspielraum für nachweislich vorhandene Verständigungsmöglichkeiten beträchtlich ein. Angesichts der immer noch erstaunlichen Bereitschaft vieler „Untertanen" wenigstens zum Gehorsam, bisweilen auch zur aufrichtigen Loyalität, wird erkennbar, wie sehr vor allem in Friedenszeiten Reformansätze Aussicht auf eine womöglich konfliktfreiere Umwandlung der politischen und territorialen Gestalt des Donauraumes gehabt hätten. Der „Sprung ins Dunkle" und das folgende vierjährige „Völkerringen" bis 1918 bedeutete hingegen millionenfachen Tod, körperliche und seelische Verkrüppelung. Erschreckend destruktiv ging aus diesem Blickwinkel eine Ordnung unter, der in den letzten Tagen der Erschöpfung – trotz lange bestehender Sympathien selbst bei den Feindstaaten – niemand mehr beispringen wollte und der die Kraft zur Gegenwehr abhandengekommen war.

Wendeerlebnisse

Das Verschwinden des Reiches von der politischen Landkarte Europas wurde zwiespältig aufgenommen. Der Jurist Richard Seeger, der sich nach dem Zusammenbruch um den Auf- und Ausbau von Magistratsverwaltungen in verschiedenen Städten verdient machte, erlebte als Leutnant den „Ausgang des Krieges" in Linz und hielt am 1. November 1918 in seinem Tagebuch fest: „Revolution! Das haben wir von unserem Durchhalten. [...] Ich hatte immer viel übrig für den sozialen Fortschritt, war ‚sozialistisch' angehaucht. Aber jetzt ist es ein Graus. Hier fand heute eine Demonstration statt. [...] Auf mitgeführten Tafeln stand zu lesen ‚Hoch die Republik', ‚Her mit dem Frieden' und ‚Nieder mit dem Militarismus'. Rote Fahnen wurden geschwungen; man brüllte. Offizieren wurden die Rosetten herabgerissen, sie wurden beschimpft und verhöhnt. [...] Eingestürzte Luftschlösser allenthalben. Aber vielleicht ist der jetzige Zustand nur von kurzer Dauer und stellt eine maßvolle Reaktion wieder gesunde Verhältnisse her. Vater ist voll Zuversicht, aber Mutter ist ängstlich. Manchen aufgeblasenen, von Standesdünkel erfaßten Menschen mag's allerdings guttun, die neue Zeit zu erleben. Aber wie bedaure ich die anständigen, lobenswerten, verständigen, regierungs- und dynastietreuen Beamten und Offiziere, die zurzeit den Insulten von Lausbuben ausgesetzt sind. Ich bin über all das so empört, daß ich an nichts anderes zu denken mag."[99]

Gerade unter den „deutschen Österreichern" gab es viele, die sich mit der Administration, den Ordnungshütern und Uniformträgern identifizierten und trotz ambivalenter Gefühle die Umwälzungen als bedrückend empfanden. Das galt naturgemäß für die Mittel- und Oberschichten, obwohl auch unter ihnen – dem Alter und der Lebenssituation angepasst – oft genug andere Sichtweisen überwogen. Albert Fuchs, Sohn eines bekannten Neurologen, meinte im Rückblick: Die „Wiener Bürger" konnten sich „Revolutionen" lediglich „in irgendeinem fernen Winkel der Erde" vorstellen und hielten es „für ihre natürliche Bestimmung, sich im Bestehenden, Überlieferten gut einzurichten". Über „die Tatsache, daß sie innerhalb der Millionenbevölkerung der Monarchie eine winzige, begünstigte Minorität darstellten, sahen sie hinweg. Im Übrigen wussten sie die Verhältnisse zu nützen, den Tag zu pflücken, wie der alte Dichter sagt". Allerdings „tut man den Bürgern unrecht, wenn man denkt, sie hätten ein rein phäakisches Dasein geführt. Fleiß und beruflicher Ernst waren wohlbekannte Tugenden. Allerdings war es ein Dasein von ungewöhnlicher Milde, aus dem langen Frieden erwachsen, in Frieden eingesponnen. Es konnte ihn nicht überdauern und ging in Stücke, als er in Stücke ging."[100]

Die Familie von Hofrat Heinrich Ritter von Kamler, des letzten altösterreichischen Leiters der Triestiner Post- und Telegraphendirektion, tat sich zunächst entsprechend schwer, die tiefgreifenden Veränderungen voll und ganz zu akzeptieren. Seine Tochter Lorle, die sich – von ihren Liebsten umgeben – in einer Atmosphäre der „immerwährenden inneren Sicherheit" wähnte, notierte später: „Wenn ich diese Zeit Revue passieren lasse, so bin ich im Grunde über den fast naiv zu nennenden Optimismus meiner Eltern verblüfft. [...] Aber anscheinend war die Menschheit wirklich so gläubig, noch auf einen Sieg zu hoffen oder auf ein Gentleman-Agreement, welches die ‚Welt' nicht so radikal verändern würde. [...] Wir lebten nur füreinander; ich hatte keine Ablenkung." Ihr Vater zeigte solcherart wenig Weitblick. Als ihn der Statthalter Ende Oktober 1918 anrief und aufforderte, sich mit seinen Angehörigen am Bahnhof zur Evakuierung einzufinden, antwortete er: Er habe „keine Order" von „seinem Kaiser, Triest zu verlassen". Die Gegenstimme am Hörer meinte noch: „Kamler, seien Sie jetzt kein Patriot und Idealist; es gilt sich zu retten." Am nächsten Tag sollte alles so sein wie immer. Frühstück der Familie, „Papa im Büro". Doch vor den Amtsräumen hatte sich „eine wütende Menge" versammelt. Ein „Italiener" versuchte sie zu besänftigen. Zugleich gab er dem Postdirektor „leise auf Deutsch" zu verstehen: „Bitte, ich kann nichts mehr für Sie tun, es tut mir leid, ich werde einen Wagen zum Hintereingang des Postgebäudes stellen lassen, und fahren Sie so rasch wie möglich!" In „jeder Hand einen Koffer", nur das „Nötigste" eingepackt, machte sich die Familie auf den Weg in die „Rest-Heimat". Lorle kam ins „Grazer Mädchenlyzeum", ihr Vater, damals 56 Jahre alt, wurde am 1. August 1920 „in den dauernden Ruhestand versetzt".[101]

Die idealisierte „Welt von Gestern",[102] von der unter anderem in den Darstellungen der Familie Kamler die Rede war, erkannten indes viele Memoirenschreiber als ein Produkt der Nachbetrachtung, des Vergleichs der Epochen. Albert Fuchs zum Beispiel war nur allzu klar, dass er „damals" anders dachte. Denn: „Was im Winter 1918/19 in Wien geschah, drang nur als sehr allgemeines Geräusch zu mir. Nicht einmal als sehr lautes Geräusch. Ich war Mittelschüler, in der dritten Klasse, mit lateinischen und griechischen Übersetzungen beschäftigt. Der ‚Umsturz' kam mir hauptsächlich dadurch zu Bewußtsein, daß er Hoffnungen auf außertourliche Schulferien weckte und sie dann nicht erfüllte."[103]

Die „große Geschichte" machte sich vielfach nur am Rande bemerkbar, erst recht abseits der Ballungszentren, speziell bei den ländlichen Unterschichten. Den Systemwechsel überlagerten die Sorgen eines allerdings epochenspezifischen Alltags. In zahlreichen Familien hoffte man oftmals vergeblich auf Nachricht von Angehörigen, hatten Heimkehrer von den Fronten und aus der Gefangenschaft nach jahrelanger Abwesenheit größte Schwierigkeiten, sich im zivilen Leben wieder zurechtzufinden. Der Friede brachte keineswegs das Ende von Not und Entbehrungen. Die Situation verschlechterte sich sogar zum Jahreswechsel 1918/19. „Das war der schrecklichste Winter", erinnert sich die Ziegelarbeiterin Marie Toth: „Da brach die große Grippeepidemie aus. Die Menschen, halbverhungert, hatten keine Kraft, keine Abwehrkräfte. Sie starben dahin, alt und jung. Täglich gab es mehrere Begräbnisse. Am Ziegelwerk gab es jede Woche ein bis zwei Tote. [...] Da erwischte es auch mich. Ich kann nur schreiben, was mir Mutter sagte; ich wußte ja nichts. Ich bin tagelang mit hohem Fieber bewußtlos gewesen. Ich weiß nicht, wie lange es gedauert hat. Ich weiß nur, wenn ich dann manchmal etwas lichte Momente hatte, hörte ich immer Weinen."[104]

Als es „langsam aufwärts" ging und der „Frühling kam", drangen die Veränderungen ins Bewusstsein. Die vierzehnjährige Marie erlebte den „Umbruch" wie viele Menschen in der Alpenrepublik: „Der Kaiser mußte unter Druck abdanken und ins Ausland gehen, alle anderen, die an Krieg und Chaos Schuld" hatten, „haben sich verkrochen. Alle Nationen haben sich losgesagt; das heutige kleine Österreich, nur mit einer kleinen Agrarwirtschaft, ist übriggeblieben, von allen anderen Völkern gehaßt. Ein armes, ausgeblutetes, nicht lebensfähiges Land. Ein armes, in Lumpen gehülltes Volk"; eine Regierung mit den „Sozialisten unter Dr. Renner" an der Spitze, der „immer wieder betteln ging" und von „den Großmächten gedemütigt" wurde, „wo es nur ging".[105]

Das erfahrene Leid vermengte sich mit einer langlebigen Opferhaltung. Ganz anders hingegen die Erinnerungen des Prager Statthaltereibeamten František Vaniš: „Am Montag kam es zum Umsturz und der Nationalausschuss verkündete, daß er die Verwaltung des tschechoslowakischen Staates übernehmen werde [...]. Das war ein Jauchzen und Singen von Volksliedern. Ich bemühte mich dann beim Nationalausschuss, wieder nach Rakovník zu kommen. Deshalb wurde ich auf mein Gesuch hin, wie früher, mit der Verwaltung der k. k. Bezirkshauptmannschaft in Rakovník betraut, die ich am 4. Dezember 1918 übernahm."[106]

Der Repräsentant der alten und der neuen Ordnung teilte mit vielen weniger privilegierten Tschechen eine bisweilen enthusiastische Grundstimmung angesichts der „Befreiung". Der Prager Greißler- und Bäckersohn František Svoboda ging von der Schule auf die Straße: „Dort war Bewegung, dort geschah etwas! Die begeisterten Massen zogen durch die Straßen und wir mit ihnen". Das „ist ein Leben gewesen, das war ein unvorstellbar begeistertes Treiben!"[107]

Privat aber unterschieden sich die Sorgen der Menschen in der ČSR kaum von jenen der Bewohner „Rest-Österreichs". Der zehnjährige František gestand, dass nach seiner Rückkehr „auf die Schulbank" keine anderen Ereignisse in seine Erinnerungen eindrangen als das Familienleben, das vorerst von Wohnungsnot und von der

„Aura der Armut" gekennzeichnet war.[108] Auch Marianna Fragnerová aus dem ostböhmischen Kolín, die ergriffen vom Hissen der „uns allen so teuren böhmischen weißroten Fahne" erzählte, zog letztlich eine nüchterne Bilanz: „Der Krieg dauerte schon vier Jahre, und alles war ruiniert."[109] Bei Karel Fasse, einem Mitarbeiter des „k. k. Eisenbahnministeriums", hielt sich die Freude über den Umsturz gleichfalls in Grenzen. Seine Übersiedlung in die Tschechoslowakei und seine Abfahrt aus Wien, wo er und seine tschechischen Landsleute unter sich geblieben und gesellschaftlich „ziemlich eingeschränkt" waren, empfand er vor allem als „Plackerei". „Die Anfänge in Prag", so Fasse, „waren zu Hause und im Amt schwer. Meine Frau erkrankte an Spanischer Grippe. Vom Schwiegervater bekam ich im letzten Moment eine Wohnung, darin waren aber nur Betten, ein kleiner Tisch und zwei Stühle. Damals wurde uns eine Tochter geboren, aber ich mußte sie wegen der Krankheit der Frau vierzehn Tage im Haus für Findelkinder unterbringen."[110]

Schrittweises Absterben

Schließlich ging jedoch, wie er schreibt, „alles gut" und etliche ehemalige „Untertanen" der Habsburger verspürten in den 1920er Jahren Verbesserungen, wenn auch in weiterhin fragilen Verhältnissen. Verbunden waren diese Entwicklungen vielerorts mit einer Abkehr von der Vergangenheit.[111] Im Oktober und November 1918 verschwanden in Prag und anderen Städten oder Dörfern umgehend die „verhassten Symbole" des „alten Reiches". „Überall wurden Adler weggerissen", entsann sich der „Häuslersohn" Václav Koza später: „Ich sehe den Postmeister, wie er vor die Post kam und ihm die Leute die Knöpfe abschnitten, weil

Adler drauf waren. Ich kaufte mir dort eine Trikolore, sie steckten sie mir auf den Rockaufschlag, und ich war furchtbar stolz darauf. Die Leute umarmten und küßten mich."[112] Die kindlichen Erfahrungsberichte drückten Stimmungen und Gefühle mitunter intensiver aus als „reife Tatsachenschilderungen". Das galt ebenso für die Darstellung von František Svoboda: Die „österreichischen Zeichen wurden von allen öffentlichen Gebäuden heruntergerissen, die tschechischen Soldaten hatten schon lange die ‚Adler' von den Mützen getrennt und durch ein weiß-rotes Band ersetzt. Wie sind frei, Österreich ist zerfallen, die Deutschen haben kapituliert! ‚Madelon, schenk' uns Wein ein, daß die Herren fröhlich werden, Deutschland erlischt schon, denn wir haben es ihnen gegeben! Hej, Madelon hej, guten Wein gib her, – das haben auch wir Buben auf den Straßen gesungen. Es lebe Wilson, es lebe Masaryk!"[113]

Weniger spontan gingen die national Gesinnten an den „Denkmalsturz". Mariensäulen, Symbole der siegreichen habsburgischen Gegenreformation, mussten weichen, die historischen Persönlichkeiten der „schwarz-gelben Geschichte" ebenso: Feldmarschall Radetzky, zunächst verhüllt, kam ins Museum. In Pressburg, nun Bratislava, ging man mit Maria Theresia weniger sanft um. Ihr Denkmal wurde „ohne langes Zögern zerstört".[114]

Die emotionellen „Befreiungsakte" wandelten sich in der Folge zu Riten des gerade entstandenen Staates. František Svoboda vermerkte in seinen Aufzeichnungen zum Jahr 1922 „einen Trauerzug" für „hingerichtete Legionäre": Die gegen Österreich-Ungarn eingesetzten Freiwilligenverbände erhielten einen zentralen Platz in der Gesellschaft, dienten dem neuen Patriotismus und prägten dementsprechend das öffentliche Bewusstsein.[115]

Im Gegensatz dazu verschwand der Habsburgerstaat, der durch die politischen, gesellschaftlichen und wirtschaftlichen Nachkriegskrisen als Resultat einer vierjährigen Ressourcenschlacht besonders diskreditiert erschien, weiter aus dem Bewusstsein. Ideen des Zusammenhalts im Donauraum verloren insbesondere durch die Grenzkonflikte der Nachfolgestaaten rasch an Attraktivität. Die Desintegration marginalisierte häufig überhaupt jeden Gedanken an das alte Imperium. Der Zerfallsprozess ging etwa im Kino mit der Verdrängung des Reiches ebenso einher wie mit der Ausblendung der „Urkatastrophe", dem „großen Völkerringen". Einige Länder priesen – abgesehen von allegorischen beziehungsweise metaphorischen Auseinandersetzungen mit dem Kriegstrauma im Horrorgenre oder bei der Verarbeitung nationaler Mythen und weiter zurückliegender Ereignisse der Geschichte[116] – den nationalen Widerstand gegen den habsburgischen „Völkerkerker". Dabei fand der Kontext meist wenig Beachtung. Die Verherrlichung der „gegen Österreich" kämpfenden Legionäre in den Streifen polnischer und tschechoslowakischer Produktionsfirmen der 1920er und 1930er Jahre sind hierfür ein gutes Beispiel.[117]

Nur ganz vereinzelt geriet noch das Reich der Habsburger insgesamt in das Blickfeld, bisweilen als Exempel für den Verfall einer alten Ordnung. Nach 1945 geschah dies gelegentlich in den mittelosteuropäischen Ländern unter kommunistischer Herrschaft.[118] Der Abgesang auf eine aristokratisch-bürgerliche Welt, für den das „dekadente" Österreich-Ungarn eher die Hintergrundfolie abgab, beschäftigte das Filmschaffen von „realsozialistischen Bruderstaaten" der UdSSR letztlich aber ebenso wenig wie die Sowjetunion selbst. Neben der „Oktoberrevolution" trat nun der Zweite oder „Große Vaterländische" Krieg sowie – nicht selten – der Kampf der Partisanen gegen die fremde (NS-)Gewaltherrschaft in das Zentrum der Betrachtung. Falls überhaupt, reflektierte die Auflösung der

k. u. k. Monarchie „in einzelne Teile" eine vergleichbare Fragmentierung auf der Kinoleinwand, eine Zersplitterung in Themen und Regionen aus dem Blickwinkel verschiedener Nachfolge- oder Nachbarstaaten, ihrer Interessen und ihrer Geschichtspolitik. Über das Thema der Legionäre und ihrer Einsatzgebiete hinaus gerieten damit bestimmte „Völker" oder Nationalitätenkonflikte, Kronländer, Kampfformationen oder Frontbereiche in den Fokus: Aus rumänischer Sicht vertraten zum Beispiel eher Siebenbürgen und Ungarn den heterogenen Herrschaftskomplex der Habsburger, aus südslawischer und italienischer Perspektive die Gefechte am Isonzo oder in den Alpen.[119]

Zerstörungshorizonte

Der Erste Weltkrieg und seine Folgen verschärften unter anderem den Antisemitismus. Die Migration vornehmlich aus Galizien stammender „israelitischer" Flüchtlinge verstärkte Feindbilder, ebenso die Suche nach Schuldigen für die militärische Niederlage, den Systemkollaps, die revolutionären Bewegungen und die Versorgungskatastrophe. Im Zuge rassistischer Hetzkampagnen wetterte man im kleinen Nachkriegsösterreich offen gegen „mosaische Sendboten des Bolschewismus", „Brunnenvergifter" und „Volksverführer". Von „Heuschrecken" war die Rede, von „Schädlingen", die vertrieben oder in Lager gesperrt werden sollten, von einer „fremden Minorität", die „dissimiliert" und insbesondere aus dem öffentlichen Leben entfernt werden müsse. Die Radikalisierung der Stimmung bildete sich in einer heftigen innerjüdischen Debatte über eigene nationale Ziele, die Anpassung an die „Mehrheitsgesellschaft", religiöse Traditionen oder säkulare Strömungen ab. Hoffnungen auf Veränderungen etwa durch sozialistische Reformen bewegten viele „Assimilierte", die sich nicht selten in einem unüberbrückbaren Gegensatz zu den „Orthodoxen" oder „Zionisten" sahen. Migrationserscheinungen vertieften die Kluft.[120]

„Jüdische Nationalräte", die sich im Oktober 1918 gebildet hatten, zeigten sich indessen besorgt über ein spürbar aggressiveres Klima. In Prag verlangten sie von dem mit der Machtübernahme befassten „Národni vybor" die „kulturelle Autonomie", die „Anerkennung ihrer Nationalität" sowie Maßnahmen gegen antisemitische Strömungen. Den Deputierten, die solche Forderungen vorbrachten, trat unter anderen Antonín Švehla gegenüber, der mit den Kollegen des Nationalausschusses auf der Basis von Masaryks Erklärungen Entgegenkommen zeigte.[121]

Tatsächlich jedoch forcierten Švehlas Parteizeitungen in den darauffolgenden Monaten die „judenfeindlichen Verbalattacken", während es anderswo schon nicht mehr nur bei Beschimpfungen blieb. Die Juden in der entstehenden ČSR hatten sich vor allem auch gegen jeden Zwang verwehrt, sich entweder als Tschechen oder als Deutsche deklarieren zu müssen. Eine ähnliche, aber noch viel brisantere Zwischenstellung nahmen sie unterdessen im polnisch-ukrainischen Kampf um Lemberg ein. Dort erklärte sich eine zur Verhinderung von Übergriffen, Plünderungen und Zerstörungen formierte „jüdische Miliz", die mit Erlaubnis beider Streitparteien entstanden war, für neutral. Die siegreichen Polen aber verdächtigten die Miliz, zu den Ruthenen zu halten, und entfesselten ein Pogrom, in dessen Verlauf 73 Menschen getötet und 443 verletzt wurden.[122]

In Anbetracht der sich abzeichnenden Eskalation waren manche Betroffene von der territorialen Aufsplitterung des Donauraumes alles andere als begeistert. Als am 12. November 1918 die letzte Reichsratssitzung stattfand, wurde das Plenum zwar hauptsächlich für weitere Abrechnungen genützt. Inmitten der Wortmeldungen stach jedoch eine Äußerung heraus: Der aus Lemberg stammende jüdische Radikaldemokrat und unabhängige Sozialist Ernest Breiter stemmte sich gegen das Unvermeidliche und plädierte für die „Permanenz des Volkshauses" auch ohne Monarchie.[123] Seinen Appell hörten allerdings nur mehr wenige. Die meisten fehlten bereits – auch das Gros des Polenklubs, der am 11. Oktober aufgelöst worden war. Seine noch im Reichsrat verbliebenen Mitglieder betrachteten sich schon als Untertanen und Staatsbürger des freien und vereinigten polnischen Staates.[124]

Auch hier, wie in anderen Zentren des untergehenden Habsburgerreiches, trugen indes jüdische Nationalräte, im Unterschied zu Breiters Vorschlag, prinzipiell die Errichtung der neuen Ordnung uneingeschränkt mit. Eine eigene Liste schaffte sogar den Sprung in das österreichische Parlament.[125] In Summe aber behielt überall eine immer gewaltbereitere Gegenseite die Oberhand. Miklós Horthy, der Ungarn – ein „Königreich ohne König" – als „Admiral ohne Flotte" regierte, war bekennender Antisemit. Die „Feindschaft gegenüber den Juden", denen radikale Kräfte außerdem die Hauptschuld an der Räterepublik gaben, wurde eine tragende „Säule" des Regimes. Selbst wenn Horthy – nach Kontaktaufnahme mit den Alliierten 1944 durch Hitler und die einmarschierende Wehrmacht weitgehend kaltgestellt – nur bedingt Einfluss auf die folgenden Ereignisse und damit auf die physische Auslöschung Hunderttausender durch ihre qualvolle Deportation in die NS-Vernichtungslager des deutschbesetzten Polen sowie durch todbringende Fußmärsche in Konzentrationslager des „Dritten Reiches" hatte. Mit seinen Diskriminierungsmaßnahmen schuf er ein repressives Klima, bevor unter anderem magyarische Rassisten gemeinsam mit deutschen

Einheiten noch weitergingen und ungehemmt die Shoah verwirklichten.[126] Ausschreitungen und Mordtaten warfen unterdessen schon ab Mitte der 1920er Jahre in der Alpenrepublik ihre Schatten auf jenen Weg voraus, der schließlich im unvergleichlichen Aggressionspotenzial und industrialisierten Genozid des Nationalsozialismus endete.[127]

Zahlenangaben variieren und das unermessliche individuelle Leid verschwindet hinter Statistiken. Dennoch lassen sie die Dimensionen des Grauens ansatzweise erkennen. Der Holocaust bedeutete in der „Ostmark" für zirka 66.000 Menschen den Tod, in den Gebieten Jugoslawiens und der Tschechoslowakei waren es ungefähr 60.000 beziehungsweise mindestens 143.000, in Rumänien mehr als 211.000 Menschen, in Ungarn bis zu 550.000 und in Polen 2,7 Millionen. Die bedeutende „Wiener Gemeinde" – vor dem „Anschluss" rund 200.000 Menschen, davon 170.000 „religiös definiert" – existierte nicht mehr. Hinzu kamen die weit mehr als hunderttausend Vertriebenen, die meisten von ihnen bis zu ihrer erzwungenen Ausreise in unglaublicher Weise gedemütigt und beraubt. 1945 gab es in Wien noch 5.700 Juden, 2.142 hatten in den Todeslagern überlebt.[128]

Nicht viel anders präsentierten sich zu dieser Zeit weiter östlich gelegene, ehemals habsburgische Städte, Dörfer und Landstriche. Die zahlreichen jüdischen Bewohner Galiziens etwa wurden fast alle ermordet. Darüber hinaus ging der sowjetische Zugriff auf die Gebiete mit neuen Gräueln einher. Massaker und Vertreibungen – die nun vor allem auch Polen und Ukrainer betrafen – radierten eine ganze Kulturlandschaft von Lemberg über Czernowitz bis nach Siebenbürgen aus.[129]

Ihre Zerstörung hier ebenso wie in anderen mittel- und osteuropäischen Regionen markierte zugleich das Verlöschen jenes „Fin de Siècle", dessen Geistes-, Kunst- und

Wissenschaftsblüte in beträchtlicher Weise von der jüdischen Intelligenz mitgetragen und hervorgebracht worden war. In dieser langen „Jahrhundertwende" waren nach dem politischen Ende der Donaumonarchie ihre Alltags- und Lebenswelten zunächst noch bis zum Zweiten Weltkrieg auf vielfältige Weise konserviert geblieben.[130]

Parallel dazu erhielt sich das „schwierige Erbe Kakaniens". Rumänien beispielsweise zeigte beträchtlichen Widerwillen, wenn es um die Umsetzung der in Paris beschlossenen Minderheiten-Abkommen ging. Sogar Rumänisch sprechende Staatangehörige „aus ehemals ungarischen Territorien" oder „rumänische Nationalpolitiker aus Siebenbürgen" waren aus Bukarester Perspektive im öffentlichen Dienst und in den Machtinstanzen alles andere als gerne gesehen. Im Gegensatz dazu genossen die Minoritäten in der ČSR zwar umfassendere Rechte als „in den anderen neuen Staaten". Trotzdem: Maßnahmen wie die Enteignung des Grundbesitzes von mehr als 150 Hektar Ackerboden oder von mehr als 250 Hektar sonstiger Liegenschaften feuerten den ethnischen Konflikt an. Die Reform diene der „nationalen Sicherheit" und der Besiedlung von Grenzgebieten durch Tschechen. Deren Interessen sichere das „Gesetz über die Errichtung eines Bodenamtes", das „eine Beteiligung der Minderheiten an der Umverteilung ausschließe", lauteten vor allem die Kommentare der deutschen Bevölkerung.[131] Während sich ihrerseits Tschechen nationalistischer Rhetorik bedienten, zeigte sich – ähnlich wie schon in der Monarchie –, dass der lärmende „völkische Geist" die sachliche Arbeit übertönte. Denn trotz bestimmter Kritikpunkte an der Restgüterverteilung des Bodenamtes herrschte bei den diesbezüglichen parlamentarischen Ausschusssitzungen und Klubobmänner-Konferenzen in Prag eine durchaus besonnene Atmosphäre.[132]

Die anhaltenden ethnischen Konflikte in diesen und vielen anderen Bereichen, die sich – wie so oft – nur bedingt an den Tatsachen orientierten, nutzten rechtskonservativen, faschistischen Bewegungen und schließlich dem „Dritten Reich". Dessen radikale „Volkstumspolitik" und enthemmter Expansionismus ließen sich keineswegs durch die Folgen des Ersten Weltkrieges und die bestehenden Mängel der Pariser Friedensordnung rechtfertigen,[133] wenngleich sie den revisionistischen Kräften zuarbeiteten. An der Seite Berlins profitierte das Horthy-Regime gebietsmäßig von der Zerschlagung der letztlich – im Unterschied zu den meisten mittel-, ost- und südeuropäischen Staaten – demokratisch gebliebenen Tschechoslowakei. Die Kräftekonstellation ermöglichte Horthy zudem die neuerliche Eingliederung Nord-Siebenbürgens zu Ungunsten Rumäniens. Weder diese Vereinbarungen noch das soziale Gefüge des „alten Ungarn", das – nach dem Intermezzo der Károlyi-Regierung und der Räterepublik – demokratiepolitische Defizite und Privilegien der magyarischen Oberschicht aufrechterhielt,[134] blieben dann aber über die Mitte des 20. Jahrhunderts hinaus bestehen. Der Zweite Weltkrieg, der Beginn des Kalten Krieges und die Etablierung der von Moskau abhängigen KP-Regime stellten augenscheinlich eine markante Zäsur dar.

„Vergeistigung des Nachlasses"

In mehrfacher Hinsicht schnitten die Sowjetgewalt und die Errichtung des „Eisernen Vorhangs" nun auch die 1945 wiedererrichtete Alpenrepublik von ihren bisher immer noch intakten Wirtschafts-, Sozial- und Kulturverbindungen zu den Nachbarn ab. Ähnliches galt für die Gesetzeslage wenigstens indirekt. Zwar wurde „wieder an die Situation von vor 1938 angeknüpft". Nun aber, als „Folge der Neugestaltung der Wirtschafts- und Gesellschaftsstrukturen der in den Sowjetsog geratenen Nachbarstaaten", stellte sich „das Ende des ‚bürgerlichen' österreichischen Rechtsraums ein".[135]

Ein etwaiges politisches Engagement des „Erzhauses" nach dem Ende der NS-Zeit, Streitigkeiten um die Einreise von Otto Habsburg und divergierende Geschichtsinterpretationen der Parteien waren in der Alpenrepublik indes auf lange Sicht nicht ausschlaggebend. Der sozialistische Bundeskanzler Bruno Kreisky, der ein positives Verhältnis zur Donaumonarchie hatte, suchte den persönlichen Ausgleich mit der kaiserlichen Familie. Deren Gefolgschaft blieb ohne Einfluss. Auch die Rückkehr sowie später die medial inszenierten Bestattungen von Karls Gemahlin Zita und schließlich von ihrem Sohn Otto brachten den unter anderem im Rahmen der Paneuropa-Bewegung auftretenden Monarchisten beziehungsweise Legitimisten nur schwachen Zulauf. Aus der Sicht der Machthaber seit 1918 waren sie letztlich kein nennenswerter Faktor.[136]

Die Mitte des 20. Jahrhunderts, der endgültige Untergang jener noch vorhandenen Relikte einer „Welt von Gestern", bedeutete für Nostalgieinseln wie das adriatische Triest, vor allem aber für Österreich den Rückzug ins „Geistige". Das Reservoir an Versatzstücken aus der Zeit der Monarchie selbst, aber auch aus dem kulturellen Schaffen zwischen den beiden Weltkriegen und insbesondere im „christliche Ständestaat" belebte den keineswegs auf die Literatur beschränkten Habsburg-Mythos im Dienste des kulturpolitischen Designs der Zweiten Republik. Franz Joseph erschien hier vor allem als unbelasteter Ordnungsfaktor.[137] Er und mehr noch seine Vorgänger lenkten vom Katastrophenzeitalter zwischen 1914 und 1945 ab, und folglich auch vom „braunen Albdruck" wie von der Mitverantwortung der „Ostmärker" an den Verbrechen der NS-Diktatur. Die damit verknüpften „antipreußischen" Bekenntnisse zum Kleinstaat kompensierte man – des Öftern melancholisch – mit der Hinwendung zu den „großen, imperialen Zeiten" unter dem „angestammten Herrscherhaus".[138]

Die Weltlage begünstigte diese Tendenz zur gnädigen Retrospektive. Ein allgemeiner Eskapismus wandte sich nach jahrelangem Grauen Traumwelten zu, in deren Idyllen sich gefürstete und gekrönte Häupter tummelten. Und schließlich waren es gerade die großen Filmstudios in Europa und in den USA, die „Kakanien" jenseits der historischen Bezugspunkte als touristisch verwertbaren Schauplatz des Vergnügens, des Märchen- und Operettenhaften, des „Zaubers der Montur", der Prachtentfaltung und Kreativität der „Barockgroßmacht Österreich" und der „Musikstadt Wien", der Gefühlsstürme und des Schaffensfurors der Künstler, als Kulisse in Form einer heilen Bergwelt und einer alltagsvergessenen Walzer- und Weinseligkeit imaginierten.[139]

Das führte im Falle der Alpenrepublik zu einer beträchtlichen Übereinstimmung zwischen der Fremdwahrnehmung und der Eigendefinition nationaler Identitätsfaktoren. Filmproduktionen hatten daran maßgeblichen Anteil. „Der Engel mit der Posaune", „Erzherzog Johanns große Liebe", „Die Deutschmeister", „Maria Theresia", „Kronprinz Rudolfs letzte Liebe" und vor allem die „Sissi-Trilogie" repräsentierten mit beträchtlicher Außenwirkung die „langen 1950er Jahre" mit ihren konservativen Paradigmen. „Dunkle Kapitel", wie das „vierjährige Massenschlachten" von 1914 bis 1918, passten solcherart über die Brüche des 20. Jahrhunderts hinweg kaum zu den nostalgischen, klischeegesättigten Ansichten von der „guten alten Zeit". Gebilligt wurde sie hauptsächlich als seichte

Unterhaltung ohne ernste politisch-militärische Akzente.[140] Auch die k. u. k. Armee umhüllte in unzähligen Streifen die friedvolle Aureole des Glanzes und des Vergnüglichen: von den Paraden und „feschen Leutnants" bis zum Kasernenklamauk. Es bedurfte diverser Liberalisierungstendenzen, der Erosion klassischer sozialer Milieus und weltanschaulicher Lager, um eine geänderte Perspektive auf die Vergangenheit, eine „erinnerungskulturelle Wende" einzuleiten. Mit ihr rücken die Schattenseiten des „alten Reiches" und speziell des Ersten Weltkrieges vermehrt und nicht allein anhand seiner Eckdaten, der „Schüsse von Sarajewo" und der düsteren Untergangsszenerie vom November 1918, ins Zentrum der Betrachtung.[141]

Nur bedingt und nicht überall geht es dabei jedoch um kritisch-differenzierte Geschichtsanalysen, einen „ungeschönten Blick auf die Vergangenheit". Mit der fortgesetzten Instrumentalisierung des Historischen tauchen – neben individueller Sinnstiftung und Kalkulation – kollektive Reanimierungsversuche des „alten" und vielfach „zeitlosen Ungeistes" auf: autoritäres Denken und mangelndes Demokratieverständnis, Akzeptanz und Verstärkung sozialer Ungleichheit, weltanschauliche Vorbehalte, Rassismus und Fremdenfeindlichkeit. Spezifischer werden nationalistische Horizontverengung und tatsächliche oder vermeintliche „völkische Traumata" darüber hinaus bisweilen als „alte Rechnungen" präsentiert, die angeblich zu begleichen seien. Zurück zum Anfang, zur „Einleitung", zur „Vorwort-Trilogie" – denn in mehrfacher Hinsicht gilt: Der Schoß scheint fruchtbar noch ...

Ein kurzes Fazit – In sieben Teilen

Wappen Österreich-Ungarns: Darstellung des Doppeladlers
(„Mittleres Wappen", umgeben unter anderem von den Wappen
der Kronländer), 1877
© ÖNB/Wien, PK 3003,237

Der „Doppeladler" ist keine Erfindung der Habsburger. Als Symbol und Wappentier reicht seine Geschichte weit in die Vergangenheit zurück. Schon das alte Babylon kannte ihn, über Byzanz vor allem machte er sich in Europa breit. Wer sich nun mit ihm identifizierte, der verfügte über beträchtliches Selbstvertrauen, dachte in den Kategorien eines Weltimperiums, in den Dimensionen universeller Herrschaft.

Mit der Zeit jedoch ergraute er und schien eine andere Botschaft zu verkünden: Er erinnerte an eine verblassende Tradition und die Vergänglichkeit irdischer Macht. Gerade aber damit wurde er zum eigentlichen Signum des allerhöchsten „Erzhauses", der „Casa de Austria": Der „Doppeladler" schien nun vor allem mindestens janusköpfig zu sein, erst recht als sich mit dem Ausgleich 1867 der Doppelstaat Österreich-Ungarn bildete. Verschiedene Blickrichtungen und entgegengesetzte Kräfte bildete er ab. Auf unterschiedlichen Zeitebenen treten sie deutlich hervor:

So präsentierte sich etwa der habsburgisch geprägte Donauraum Jahrhunderte hindurch als „prekäres" heterogenes Machtkonglomerat. Die „kakanische Union" von verschiedenen Staaten blieb bei allen Bemühungen um eine einheitlichere „Monarchia Austriaca" ohne festen Reichskern. Das mochte Wien regelmäßig anders sehen als die übrigen Zentren des Imperiums. Tatsächlich kommt man jedoch um ein erstes Fazit nicht herum: Wer vom Untergang und Zerfall oder von der Auflösung der Habsburgermonarchie spricht, muss diese Möglichkeit vom Beginn ihres Bestehens an ernsthafter in Betracht ziehen als bei vielen anderen Ländern und Großmächten.

Auf einer zweiten Zeitebene der „langen Jahrhundertwende" etwa ab 1870 zeigen sich verschärfte Widersprüche nach dem Ausgleich zwischen Österreich und Ungarn insbesondere auch vor dem Hintergrund epochenspezifischer und grenzüberschreitender Gegensätze, „Modernisierungsschübe", Innovations- und Verbesserungsbemühungen. Es darf nicht verwundern, dass sich in Gesellschaft und Kultur diese positiven wie negativen Charakteristika über die scharfen politischen Zäsuren hinweg erhielten. Zweites Fazit: Kakanien als „Welt von Gestern" verschwindet sozial und geistig keineswegs 1918. Weitere „Zerstörungshorizonte" müssen beachtet werden: der Um- und Rückbau auf Kleinstaatniveau in den Nachfolgestaaten während der Zwischenkriegszeit, das Verschwinden vieler persönlicher Bindungen, Geschäftskontakte, Gesellschaftsmilieus und Kulturlandschaften mit der Gewaltherrschaft autoritärer und totalitärer Regime, mit dem Zweiten Weltkrieg und dem beginnenden Kalten Krieg.

Die Beständigkeit zumindest von Teilen der habsburgischen Lebenswirklichkeiten führt andererseits noch einmal in die Zeit vor 1914 zurück und lässt uns erneut an die symbolische Aussagekraft des Doppeladlers denken. In dieser Phase repräsentiert er allerdings nicht nur das Widersprüchliche und Entgegengesetzte. Vielmehr drücken die beiden gleich großen Hälften beziehungsweise Köpfe auch eine Art Balance aus: Es scheint keinen Bereich zu geben, für den sich nicht ebenso viele Pro- wie Contra-Argumente in Bezug auf die Überlebensfähigkeit des Gesamtreiches finden lassen. Allerdings ist der Befund nicht von der Hand zu weisen, dass sich innen- wie außenpolitisch der Spielraum für die gestaltenden Akteure und Entscheidungsträger der Monarchie eher verengte. Drittes Fazit: Die Epoche um 1900 ist von Kontrasten gekennzeichnet. Speziell in Österreich-Ungarn überwiegt die Ambivalenz, wechseln mit Blick auf die Zukunft einander pessimistische Stimmungen und optimistische Zukunftserwartungen ab. Im Wechselbad der Gefühle, im Auf und Ab verschieden interpretierbarer Daten ist allerdings eine

„Schlagseite" hin zum Negativen dies- und jenseits der Staatsgrenzen zu erkennen. Noch ist nichts entschieden, aber die Gesamtsituation wird schwieriger.

Vor diesem Hintergrund scheint sich speziell im Umfeld des Hofes die Intention zu verstärken, Handlungsfähigkeit zu beweisen. Die Berufung auf das „Ansehen", die „Reputation" des „Doppeladlers" verleitet zu Gewaltlösungen. Sie ist imperialen Zielen geschuldet, kann aber weder das innere Gefüge noch die internationale Position der Monarchie festigen. Viertes Fazit: Die Entscheidung für den Krieg zunächst mit Serbien – aber auch um den Preis eines Weltbrandes – sowie die Verfolgung vermeintlicher oder tatsächlicher „Verräter" in den eigenen Reihen schwächen das Habsburgerreich enorm.

Erstaunlich bleiben andererseits die zahlreichen Loyalitätsbekundungen gegenüber dem „Erzhaus" und vor allem gegenüber dem „alten Herrn in Schönbrunn", Franz Joseph I. Darüber hinaus sehen die Feindstaaten in der Auflösung Österreich-Ungarns lange und mit gutem Grund kein erstrebenswertes Kriegsziel: Eine Destabilisierung des Donauraumes und damit möglicherweise verbundene Ambitionen vor allem Deutschlands, in der Region den Ton anzugeben, schrecken ab. Vergebliche Versuche der Entente, Wien von Berlin zu trennen, und die darauffolgende Einschätzung, das Habsburgerreich sei kein eigener „Player", sondern ein Vasall Wilhelms II. und seiner Generäle, bringen international – auch vor dem Hintergrund der Russischen Revolution – 1917/18 die Wende zu Ungunsten der k. u. k. Monarchie. Exakt zu diesem Zeitpunkt beginnen die kritischen Nationalitätenvertreter, die bislang einen möglichen Sieg der Mittelmächte mit einplanten und eine Art Doppelstrategie angewendet haben, mit der entschiedenen Absetzbewegung vom gemeinsamen Reich. Fünftes Fazit: Der „Tod des Doppeladlers" ist gewissermaßen erst in den letzten Monaten des Ersten Weltkrieges beschlossene Sache. Der Untergang selbst stellt sich als dramatisches Ereignis, als Verknotung von internen wie externen Entwicklungen weniger Wochen und Tage dar, nicht aber als Revolution wie etwa in Russland im Frühjahr und Herbst 1917, das heißt primär als wirkmächtige Massenerhebung oder als Umsturzaktion entschlossener Oppositionsgruppen im Inneren.

Dass das Ende Österreich-Ungarns im November 1918 allerdings eher militärisch, politisch und territorial zu verstehen ist, nicht so sehr aber wirtschaftlich, sozial und noch weniger mental beziehungsweise kulturell, lässt übrigens mögliche Alternativen zu den historischen Geschehnissen erkennen. Das sechste Fazit ist daher eher eine Vermutung: Als der südafrikanische General Jan Smuts in der Schweiz geheime Friedensgespräche mit den Österreichern führte, offerierte er Londons Beistand bei der Umwandlung der Donaumonarchie in ein „wirklich liberales Reich" und eine „wohlwollende Schutzmacht" nach britischem Vorbild. Obwohl Smuts damit die globale Rolle des „Empires" beschönigte, tat sich darin wenigstens langfristig die Perspektive eines zentraleuropäischen „Commonwealth" auf.

Das „Scheitern Mitteleuropas" und entsprechender Föderationspläne in der Zwischenkriegszeit verweist freilich auf die Schwierigkeiten, den Donauraum in der einen oder anderen Form als Einheit zu erhalten. Die Probleme waren allerdings vielfach von der Monarchie mit verursacht. Das Festhalten am Ausgleich von 1867 benachteiligte die meisten „Völker" zugunsten der Deutschen und Magyaren im Reich. Ihre Führungsschichten sowie insbesondere der innerste Kreis der Verantwortlichen rund um den Regenten hatten schließlich auch durch das fragwürdige Krisenmanagement im Juli 1914, beim Ausbruch des Ersten Weltkrieges, maßgeblichen Anteil am eigenen Sturz und Bedeutungsverlust. Siebentes Fazit: Das Habsburgerreich ging vor allem auch an seinen eigenen Eliten zugrunde.

Anmerkungen

Vorwort – Eine kleine Trilogie
1 Canis, Konrad: Die bedrängte Großmacht. Österreich-Ungarn und das europäische Mächtesystem 1866/67–1914. Paderborn 2016, 9.
2 Ebd., 26 und 28.
3 Ebd., 11 und 28.
4 Ebd., 28f.
5 Judson, Pieter M.: Habsburg. Geschichte eines Imperiums 1740–1918. München 2017, 480. Das englischsprachige Original: The Habsburg Empire. A New History. Cambridge, Mass./London 2016.
6 Judson, Habsburg, 479.
7 Ebd., 29.
8 Moritz, Verena/Leidinger, Hannes: Oberst Redl. Der Spionagefall – Der Skandal – Die Fakten. St. Pölten/Salzburg/Wien 2012, 266.
9 Zu diesen Fragen auch: Sked, Alan: Der Fall des Hauses Habsburg. Der unzeitige Tod eines Kaiserreichs. Köln 2006; Brix, Emil (Hg.): The decline of empires. Wien 2001.
10 Schon das ursprüngliche Manuskript musste leider aus Platzgründen erheblich gekürzt werden, von einer bei bestimmten Passagen sicher wünschenswerten Vertiefung war unter diesen Umständen und sehr zum Leidwesen des Autors Abstand zu nehmen.
11 Vgl. Judson, Habsburg, 30.
12 Moos, Carlo: Habsburg post mortem. Betrachtungen zum Weiterleben der Habsburgermonarchie. Wien/Köln/Weimar 2016, 146.
13 Ebd.
14 Ebd., 147.
15 Vgl. Höbelt, Lothar: „Wohltemperierte Unzufriedenheit". Österreichische Innenpolitik 1908–1918. In: Cornwall, Mark (Hg.): Die letzten Jahre der Donaumonarchie. Der erste Vielvölkerstaat im Europa des frühen 20. Jahrhunderts. Wegberg 2004, 58–84.
16 Musil, Robert: Der Mann ohne Eigenschaften. Roman. Erstes und Zweites Buch. Hg. von Adolf Frisé. Reinbek bei Hamburg 1997, 361.
17 Ebd., 361f.
18 Ebd., 362.
19 Delegation des Reichsrates, 7. Sitzung der 48. Session am 16. Dezember 1913, 412.
20 Ebd., 2. Sitzung der 48. Session am 10. Dezember 1913, 38.
21 Ebd.

22 Raulff, Ulrich: Der unsichtbare Augenblick. Zeitkonzepte in der Geschichte. Göttingen 1999, 37.
23 Ricoeur, Paul: Zeit und Erzählung. Bd. 1: Zeit und historische Erzählung. München 1988, 311ff.
24 Unter anderem jüngere geschichtstheoretische Werke sprechen im Übrigen vom neuen „erdgeschichtlichen Phänomen" des „Anthropozäns".
25 Musil, 362.
26 Ebd., 246.
27 Delegation des Reichrates, 7. Sitzung der 48. Session am 16. Dezember 1913, 412.
28 Frei nach: Veyne, Paul: Geschichtsschreibung – und was sie nicht ist. Frankfurt am Main 1990, 18f.

Die Beständigkeit der Fragilität

1 Musil, Robert: Der Mann ohne Eigenschaften. Roman. Erstes und Zweites Buch. Hg. von Adolf Frisé. Reinbek bei Hamburg 1997, 361.
2 Judson, Pieter M.: Habsburg. Geschichte eines Imperiums 1740–1918. München 2017, 37.
3 Münkler, Herfried: Imperien. Die Logik der Weltherrschaft – vom Alten Rom bis zu den Vereinigten Staaten. Berlin 2005, 217.
4 Lieven, Dominic: Towards the Flame. Empire, War and the End of Tsarist Russia. London 2015, 21.
5 Leidinger, Hannes: Der Erste Weltkrieg. Wien/Köln/Weimar 2011, 91f.
6 Zit. nach Hanak, Harry: Die Einstellung Großbritanniens und der Vereinigten Staaten zu Österreich(-Ungarn). In: Wandruszka, Adam/ Urbanitsch, Peter (Hg.): Die Habsburgermonarchie 1848–1918. Bd. VI: Die Habsburgermonarchie im System der internationalen Beziehungen. 2. Teilband. Wien 1993, 539–585, hier 548.
7 Zit. nach ebd., 550f.
8 Leidinger, Hannes: Trügerischer Glanz: Der Wiener Kongress. Eine andere Geschichte. Innsbruck/Wien 2015, 127f.
9 Dazu ausführlich: Schulze, Hagen: Staat und Nation in der europäischen Geschichte. München 2. Aufl. 1995.
10 Leidinger, Trügerischer Glanz, 150.
11 Straub, Eberhard: Der Wiener Kongress. Das große Fest und die Neuordnung Europas. Stuttgart 2014, 110f.
12 Leidinger, Trügerischer Glanz, 244–249.
13 Ernst, Werner W. (Hg.): Theorie und Praxis der Revolution. Wien/ Köln/Graz 1980, 2ff.; Lindner, Clausjohann: Theorie der Revolution. Ein Beitrag zur verhaltenstheoretischen Soziologie. München 1972, 11.

14 Zit. nach Koselleck, Reinhart: Zeitschichten. Studien zur Historik. Frankfurt am Main 2003, 198; Müller, Winfried: Das historische Jubiläum. Zur Geschichtlichkeit einer Zeitkonstruktion. In: Ders. (Hg.): Das historische Jubiläum. Genese, Ordnungsleistung und Inszenierungsgeschichte eines institutionellen Mechanismus. Münster 2004, 52.
15 Müller, 51ff.; Koselleck, 84 und 198f.
16 Musil, 359.
17 Hofer, Hans-Georg: Nervenschwäche und Krieg. Modernitätskritik und Krisenbewältigung in der österreichischen Psychiatrie (1880–1920). Wien/Köln/Weimar 2004, 68ff., 82f., 106ff., 164f. und 178f.
18 Leidinger, Hannes: Die BeDeutung der SelbstAuslöschung. Aspekte der Suizidproblematik in Österreich von der Mitte des 19. Jahrhunderts bis zur Zweiten Republik. Innsbruck/Wien/Bozen 2012, 168–170, 178–180 und 370f.
19 Musil, 55.
20 Leidinger, Historische Zeiten, 27.
21 Zit. nach Le Rider, Jacques: Der Fall Otto Weininger. Wien/München 1985, 62.
22 Zit. nach ebd.; vgl. Anderson, Susan C.: Otto Weininger's Masculine Utopia. In: German Studies Review, Volume XIX, Number 3, October 1996, 433–453, hier 434.
23 Le Rider, 61; Johnston, William M.: Österreichische Kultur- und Geistesgeschichte. Gesellschaft und Ideen im Donauraum 1848 bis 1938. Vierte, ergänzte Aufl. Wien/Köln/Weimar 2006, 170.
24 Klein, Christian (Hg.): Grundlagen der Biographik. Theorie und Praxis des biographischen Schreibens. Stuttgart 2002, 10.
25 Leidinger, Die BeDeutung der SelbstAuslöschung, 157–161 und 178–180.
26 Ciuncuk, Rustem A.: Gosudarstvennaya Duma Imperskoj Rossii: Projavlenija etnokonfessional'nych interesov i formirovanie novych nacional'nych političeskich elit. In: Istoričeskie zapiski 4, 2001, 192–254, hier 225.
27 Vgl. Kansu, A.: Politics in Post-Revolutionary Turkey, 1908–1913. Leiden/Boston/Köln 2000. Allerdings variieren die Angaben über die ethnische Zusammensetzung des damaligen Osmanischen Reiches. Speziell Türken und Araber konnten abseits der „Volksvertretung" annähernd gleich starke Gruppen gebildet haben, wenngleich sich daraus keine Änderung hinsichtlich der Charakterisierung des anatolischen beziehungsweise kleinasiatischen Kerngebiets ergibt. – Kayali, H.: Arabs and Young Turks. Ottomanism, Arabism, and Islamism in the Ottoman Empire, 1908–1918. Berkeley/Los Angeles/London 1997, 84.

28 Urbanitsch, Peter: Die Deutschen in Österreich. Statistisch-deskriptiver Überblick. In: Wandruszka, Adam/Urbanitsch, Peter (Hg.): Die Habsburgermonarchie 1848–1918. Band 3: Die Völker des Reiches. 1. Teilband. Wien 1980, 33–145, hier 38f.; Rumpler, Helmut: Parlament und Regierung Cisleithaniens 1867 bis 1914. In: Rumpler, Helmut/Urbanitsch, Peter (Hg.): Die Habsburgermonarchie 1848–1918. Band 7: Verfassung und Parlamentarismus. 1. Teilband: Verfassungsrecht, Verfassungswirklichkeit, Zentrale Repräsentativkörperschaften. Wien 2000, 667–894, hier 883ff.

29 Bogyay, Thomas von: Grundzüge der Geschichte Ungarns. Vierte, überarbeitete Aufl. Darmstadt 1990, 124.

30 Dazu: Göderle, Wolfgang: Zensus und Ethnizität. Zur Herstellung von Wissen über soziale Wirklichkeiten im Habsburgerreich zwischen 1848 und 1910. Göttingen 2016.

31 Bérenger, Jean: Die Geschichte des Habsburgerreiches 1273 bis 1918. Wien/Köln/Weimar 1995, 358; Bogyay, 85 und 88, Deák, István: Die rechtmässige Revolution. Lajos Kossuth und die Ungarn 1848–1849. Wien/Köln/Graz 1989, 19; Evans, Robert J. W.: Das Werden der Habsburgermonarchie 1550–1700. Gesellschaft, Kultur, Institutionen. Wien/Köln 1989, 314; Lendvai, Paul: Die Ungarn. Eine tausendjährige Geschichte. Wien 1987, 170, 173 und 175.

32 Stenographische Protokolle des Abgeordnetenhauses des Reichrates (St. Prot. d. AH. d. RR), XVIII. Session, 80. Sitzung vom 2.6.1908.

33 Judson, 42f. Vgl. Stollberg-Rilinger, Barbara: Maria Theresia. Die Kaiserin in ihrer Zeit. München 2017.

34 Deák, 19.

35 Erbe, Michael: Deutsche Geschichte 1713–1790. Dualismus und Aufgeklärter Absolutismus. Stuttgart 1985, 120.

36 Reinalter, Helmut: 1790 – Tod Josephs II.: Aufklärung und Josephinismus. In: Scheutz, Martin/Strohmeyer, Arno (Hg.): Von Lier nach Brüssel. Schlüsseljahre österreichischer Geschichte (1496–1995). Innsbruck/Wien/Bozen 2010, 153–165, hier 157f.

37 Rumpler, Helmut: Eine Chance für Mitteleuropa. Bürgerliche Emanzipation und Staatsverfall in der Habsburgermonarchie. Wien 2005, 24–27.

38 Leidinger, Hannes: Von Austerlitz nach Königgrätz. Nations- und Staatswerdung 1789–1866. In: Ders./Moritz, Verena/Moser, Karin: Streitbare Brüder. Österreich : Deutschland. Kurze Geschichte einer schwierigen Nachbarschaft. St. Pölten/Salzburg 2010, 54–74, hier 54.

39 Leidinger: Trügerischer Glanz, 64; Rumpler, Eine Chance für Mitteleuropa, 57.

40 Wiener Zeitung, Nr. 65 v. 15.8.1804, 3283f.; vgl. Rumpler, Eine Chance für Mitteleuropa, 59.
41 Leidinger, Von Austerlitz nach Königgrätz, 55.
42 Wiener Zeitung, Nr. 64 v. 9.8.1806, 4001f.; Rumpler, Eine Chance für Mitteleuropa, 67f.
43 Vgl. Burgdorf, Wolfgang: Ein Weltbild verliert seine Welt. Der Untergang des Alten Reiches und die Generation 1806. München 2006.
44 Rumpler, Eine Chance für Mitteleuropa, 67f.
45 Judson, 127–132.
46 Zit. nach Rumpler, Eine Chance für Mitteleuropa, 64.
47 Rumpler, Eine Chance für Mitteleuropa, 64.
48 Gruner, Wolf. D.: Der Beitrag der Großmächte in der Bewährungs- und Ausbauphase des europäischen Mächtekonzerts: Österreich 1800–1853/56. In: Pyta, Wolfram (Hg.): Das europäische Mächtekonzert. Friedens- und Sicherheitspolitik vom Wiener Kongreß 1815 bis zum Krimkrieg 1853. Köln/Weimar/Wien 2009, 175–208, hier 186, 189, 191, 193, 197, 201 und 204.
49 Ebd., 179.
50 Zit. nach Kronenbitter, Günther: Wort und Macht. Friedrich Gentz als politischer Schriftsteller. Berlin 1994, 306.
51 Schmale, Wolfgang: Geschichte Europas. Wien/Köln/Weimar 2000, 13–19 und 88–91.
52 Leidinger, Trügerischer Glanz, 88f.
53 Judson, 245.
54 Ebd., 228–230 und 244ff.
55 Rumpler, Eine Chance für Mitteleuropa, 282 und 294.
56 Leidinger, Von Austerlitz nach Königgrätz, 62.
57 Rumpler, Eine Chance für Mitteleuropa, 296 und 317.
58 Ebd., 306–310.
59 Leidinger, Von Austerlitz nach Königgrätz, 64f.
60 Clark, Christopher: Preußen. Aufstieg und Niedergang 1600–1947. 6. Aufl. München 2007, 584.
61 Leidinger, Von Austerlitz nach Königgrätz, 70f. Vgl. Breuilly, John: Austria, Prussia and Germany 1806–1871. London 2002.
62 Leidinger, Von Austerlitz nach Königgrätz, 71f.
63 Ebd., 72f.
64 Zit. nach Lutz, Heinrich/Rumpler, Helmut (Hg.): Österreich und die deutsche Frage im 19. und 20. Jahrhundert. Probleme der politisch-staatlichen und soziokulturellen Differenzierung im deutschen Mitteleuropa. Wien 1982, 225; vgl. Rumpler, Eine Chance für Mitteleuropa, 401.

65 Rumpler, Eine Chance für Mitteleuropa, 373–377.
66 Ebd., 380–385.
67 Judson, 333f.
68 Bogyay, 117.
69 Rauchensteiner, Manfried: Der Erste Weltkrieg und das Ende der Habsburgermonarchie. Wien/Köln/Weimar 2013, 51f.
70 Bogyay, 117.
71 Bachmann, Klaus: „Ein Herd der Feindschaft gegen Rußland". Galizien als Krisenherd in den Beziehungen der Donaumonarchie mit Rußland (1907–1914). Wien/München 2001, 10f.
72 Ebd., 10–12 und 37.
73 Rumpler, Eine Chance für Mitteleuropa, 434ff.
74 Leitmeritzer Zeitung, Nr. 17 v. 21. Oktober 1871, 1.
75 Vgl. ebd.
76 König, Wilhelm: Die Schwierigkeiten einer Zoll-Union. Persönliche Erinnerungen an den Ausgleich zwischen Österreich und Ungarn vom Jahre 1907. Wien 1953, 7.
77 Zit. nach König, 9.
78 Musil, 170.

Jahrhundertwende

1 Zit. nach Rumpler, Helmut: Eine Chance für Mitteleuropa. Bürgerliche Emanzipation und Staatsverfall in der Habsburgermonarchie. Wien 2005, 437.
2 Canis, Konrad: Die bedrängte Großmacht. Österreich-Ungarn und das europäische Mächtesystem 1866/67–1914. Paderborn 2016, 25 und 56.
3 Leitmeritzer Zeitung, Nr. 17 v. 21.10.1871, 1.
4 Die Presse, Nr. 130 v. 12.5.1874, 5.
5 Vgl. etwa auch: Die Presse, Nr. 7883 v. 7.8.1886, 8.
6 Neue Freie Presse, Nr. 8777 v. 30.1.1889, 1. Vgl. Hamann, Brigitte: Kronprinz Rudolf. Ein Leben. 3. Aufl. München/Zürich 2009, 471f.
7 Zit. nach Hamann, Kronprinz Rudolf, 483.
8 Österreichisches Staatsarchiv (ÖSTA)/AVA, Ministerium des Innern, Präsidiale Reihe 1848–1918, Sign. 16/2, Zeitungen über den Tod des Kronprinzen Rudolf, Karton 627, Zl. 606, „Land-Presse" v. 10.2.1889, 2.
9 ÖSTA/AVA, Ministerium des Innern, Präsidiale Reihe 1848–1918, Sign. 16/2, Zeitungen über den Tod des Kronprinzen Rudolf, Karton 627, Zl. 606, „Land-Presse" v. 10.2.1889, 3.
10 Leidinger, Hannes/Moritz, Verena: Die Republik Österreich 1918/2008. Überblick, Zwischenbilanz, Neubewertung. Wien 2008, 155f., 163 und 167.

11 Dazu Hasiba, Gernot D.: Das Notverordnungsrecht in Österreich (1848–1917). Notwendigkeit und Missbrauch eines „staatserhaltenden Instrumentes". Wien 1985; Hamann, Brigitte: Hitlers Wien. Lehrjahre eines Diktators. 10. Aufl. München/Zürich 2008, 183–187.
12 Canis, 204 und 277f.; Rauscher, Walter: Die fragile Großmacht. Die Donaumonarchie und die europäische Staatenwelt 1866–1914. Teil 1. Frankfurt am Main/Bern/Bruxelles/New York/Oxford/Warszawa/Wien 2014, 460.
13 Rumpler, Eine Chance für Mitteleuropa, 511–514; Haslinger, Peter: Hundert Jahre Nachbarschaft. Die Beziehungen zwischen Österreich-Ungarn 1895–1994. Frankfurt am Main/Berlin/Bern/New York/Paris/Wien 1996, 120f.
14 Haslinger, 1.
15 Rauscher, 479; Rumpler, Eine Chance für Mitteleuropa, 517f.
16 Zit. nach Haslinger, 5.
17 Zit. nach ebd., 11.
18 Haslinger, 81.
19 Arbeiter-Zeitung, Nr. 162 v. 15.6.1899, 1. Vgl. Vorarlberger Volksblatt, Nr. 79 v. 7.4.1899, 1f.
20 Oesterreichisch-ungarische Buchhändler-Correspondenz, Nr. 49 v. 5.12.1899, 707.
21 Zit. nach Cornwall, Mark: Einleitung. In: Ders. (Hg.): Die letzten Jahre der Donaumonarchie. Der erste Vielvölkerstaat im Europa des frühen 20. Jahrhunderts. Wegberg 2004, 13–23, hier 13.
22 Reichspost, Nr. 214 v. 20.9.1905,1.
23 Zsuppán, F. Tibor: Die politische Szene Ungarns. In: Cornwall, Mark (Hg.): Die letzten Jahre der Donaumonarchie. Der erste Vielvölkerstaat im Europa des frühen 20. Jahrhunderts. Wegberg 2004, 107–125, hier 108f.
24 Ebd., 109–116.
25 Wingfield, Nancy M.: Flag Wars and Stone Saints. How the Bohemian Lands Became Czech. Cambridge, Mass./London 2007, 108–113 und 115–117.
26 Vgl. vgl. FAA – [Huldigungsfestzug anlässlich des 60-jährigen Regierungsjubiläums Kaiser Franz Josefs], A 1908.
27 Wingfield, Flag Wars, 114 und 118.
28 Ebd., 109 und 120–134.
29 Clark, Christopher: The Sleepwalkers. How Europe went to War in 1914. London/New York 2013, 73 und 83–87.
30 Canis, 407.

31 Leidinger, Hannes/Moritz, Verena: Der Erste Weltkrieg. Wien/Köln/Weimar 2011, 24–28; Canis, 413f. und 442.
32 Zit. nach Kořalka, Jiří: Deutschland und die Habsburgermonarchie 1848–1918. In: Wandruszka, Adam/Urbanitsch, Peter (Hg.): Die Habsburgermonarchie 1848–1918. Band VI: Die Habsburgermonarchie im System der internationalen Beziehungen. 2. Teilband. Wien 1993, 1–158, hier 114.
33 Zit. nach ebd., 130.
34 Canis, 109.
35 Ebd., 436f.
36 Delegation des Reichsrates. 2. Sitzung der 48. Session am 10. Dezember 1913, 31.
37 Ebd. 19.
38 Zit. nach Canis, 329 und 331.
39 Wakounig, Marija: Dissens versus Konsens. Das Österreichbild in Russland während der franzisko-josephinischen Ära. In: Wandruszka, Adam/Urbanitsch, Peter (Hg.): Die Habsburgermonarchie 1848–1918. Band VI: Die Habsburgermonarchie im System der internationalen Beziehungen. 2. Teilband. Wien 1993, 436–490, hier 454 und 486.
40 Bérenger, Jean: Die Österreichpolitik Frankreichs von 1848 bis 1918. In: Wandruszka, Adam/Urbanitsch, Peter (Hg.): Die Habsburgermonarchie 1848–1918. Band VI: Die Habsburgermonarchie im System der internationalen Beziehungen. 2. Teilband. Wien 1993, 491–538, hier 526–528.
41 Ebd., 534–537; Canis, 293–295.
42 Hanak, Harry: Die Einstellung Großbritanniens und der Vereinigten Staaten zu Österreich(-Ungarn). In: Wandruszka, Adam/Urbanitsch, Peter (Hg.): Die Habsburgermonarchie 1848–1918. Band VI: Die Habsburgermonarchie im System der internationalen Beziehungen. 2. Teilband. Wien 1993, 539–585, hier 562–565.
43 Hallier, 12.6.1913, in: Service Historique de la Défense (SHD)/Archives de l'armée de terre, Etat-major de l'armée de terre. Attaché militaire, Autriche-Hongrie 1911-1913, 7 N 1131.
44 ÖSTA/KA, Militärkanzlei Franz Ferdinand 1913: 14-24/1-16.
45 Danzer's Armee-Zeitung v. 5.6.1913, 8.
46 Leidinger, Hannes: Skizzen einer Epoche. In: Moritz, Verena/Leidinger, Hannes: Oberst Redl. Der Spionagefall – Der Skandal – Die Fakten. St. Pölten/Salzburg/Wien 2012, 245–295, hier 264–269.
47 Leidinger, Hannes/Moritz, Verena/Schippler, Berndt: Das Schwarzbuch der Habsburger. Die unrühmliche Geschichte eines Herrschergeschlechtes. 2. Aufl. Wien/Frankfurt am Main 2003, 48.

48 Leidinger/Moritz: Die Republik Österreich, 208–210.
49 Hamann, Brigitte: Hitlers Wien. Lehrjahre eines Diktators. 10. Aufl. München/Zürich 2008, 198 und 202.
50 Ehalt, Hubert Christian: Wien um 1900 – ein Lokalaugenschein. In: Diercks, Christine/Schlüter, Sabine (Hg.): Sigmund-Freud-Vorlesungen 2006. Die großen Krankengeschichten. Wien 2008, 10–15, hier 14f.
51 Leidinger/Moritz: Die Republik Österreich, 208f.; Hamann: Hitlers Wien 212–219 und 222ff. Zu vergleichbaren Entwicklungen im Zuge der Industrialisierung russischer Städte: Morrissey, Susan K.: Suicide and the Body Politic in Imperial Russia. Cambridge 2006, 205.
52 Sandgruber, Roman: Ökonomie und Politik. Österreichische Wirtschaftsgeschichte vom Mittelalter bis zur Gegenwart. Wien 1995, 265f.
53 Bruckmüller, Ernst: Armut und Reichtum in der österreichischen Geschichte. In: Ders. (Hg.): Armut und Reichtum in der Geschichte Österreichs. Wien/München 2010, 7–13, hier 10.
54 Stekl, Hannes: Reichtum und Wohlstand in der späten Habsburgermonarchie. In: Bruckmüller, Ernst (Hg.): Armut und Reichtum in der Geschichte Österreichs. Wien/München 2010, 113–140, hier 115f. und 119.
55 Sandgruber, 297.
56 Stekl, Reichtum und Wohlstand, 115.
57 Sandgruber, 263.
58 „Als lediges Kind geboren ..." Autobiographische Erzählungen 1865–1945. Hg. vom Verein „Dokumentation lebensgeschichtlicher Aufzeichnungen". Wien/Köln/Weimar 2008, 52f.
59 Ebd., 42–44.
60 Ebd., 42–44 und 48f.
61 Weber, Therese (Hg.): Häuslerkindheit. Autobiographische Erzählungen. Wien/Köln/Graz 1984, 39–42.
62 Weber, Therese (Hg.): Mägde. Lebenserinnerungen an die Dienstbotenzeit bei Bauern. Wien, 191f.
63 Ebd., 185–187.
64 Zit. nach Pawlowsky, Verena: Mutter ledig – Vater Staat. Das Gebär- und Findelhaus in Wien 1784–1910. Innsbruck/Wien/München/Bozen 2001, 161 und 173.
65 Weber, Mägde, 75 und 77.
66 Ebd., 201 und 210f.
67 Leidinger, Hannes: Die BeDeutung der SelbstAuslöschung. Aspekte der Suizidproblematik in Österreich von der Mitte des 19. Jahrhunderts bis zur Zweiten Republik. Innsbruck/Wien/Bozen 2012, 304f.
68 Hahn, Sylvia: Österreich. In: Bade, Klaus J./Emmer, Pieter C./Lucassen, Leo/Oltmer, Jochen (Hg.): Enzyklopädie Migration in Europa.

Vom 17. Jahrhundert bis zur Gegenwart. Paderborn/München/Wien/ Zürich 2007, 171–188, hier 181.
69 Ebd., 180f.
70 Ebd., 180.
71 Delegation des Reichrates. 2. Sitzung der 48. Session am 10. November 1913, 28.
72 Delegation des Reichsrates. 7. Sitzung der 48. Session am 16. Dezember 1913, 411.
73 Sandgruber, 308.
74 Hamann, Brigitte: Der Selbstmord des Kronprinzen Rudolf nach der historischen Quellenlage. In: Pöldinger, Walter/Wagner, Wolfgang (Hg.): Aggression, Selbstaggression, Familie und Gesellschaft. Das Mayerling-Symposium. Berlin/Heidelberg 1989, 1–10, hier 2.
75 Zit. nach Hamann, Kronprinz Rudolf, 497.
76 Ringel, Erwin: Das präsuizidale Syndrom bei Kronprinz Rudolf. In: Pöldinger, Walter/Wagner, Wolfgang (Hg.): Aggression, Selbstaggression, Familie und Gesellschaft. Das Mayerling-Symposium. Berlin/Heidelberg 1989, 175–182, hier 176.
77 Zit. nach Hamann, Kronprinz Rudolf, 501f.
78 Demandt, Barbara: Das Attentat auf Kaiserin Elisabeth von Österreich am 10. September 1898. In: Demandt, Alexander (Hg.): Das Attentat in der Geschichte. Köln 2003, 267–293, hier 272.
79 Ebd.
80 Sked, Alan: Der Fall des Hauses Habsburg. Der unzeitige Tod eines Kaiserreichs. Berlin 1993, 314.
81 Ortmayr, Norbert: Selbstmord in Österreich 1819–1988. In: Zeitgeschichte 17, Februar 1990, 209–225, hier 209f. und 222; Kuttelwascher, Hans: Selbstmord und Selbstmordstatistik in Österreich. In: Statistische Monatsschrift. Neue Folge XVII. Jg. Brünn 1912, 267–350, hier 342.
82 Hofer, Hans-Georg: Nervenschwäche und Krieg. Modernitätskritik und Krisenbewältigung in der österreichischen Psychiatrie (1880–1920). Wien/Köln/Weimar 2004, 128.
83 Ebd., 149.
84 Hamann: Hitlers Wien, 109; vgl. Helscher, Regine: Die Selbstmordgefährdung des Bürgertums im Wien der Jahrhundertwende. Diplomarbeit Wien 1984, 41.
85 Johnston, William M.: Österreichische Kultur- und Geistesgeschichte. Gesellschaft und Ideen im Donauraum 1848 bis 1938. Vierte, ergänzte Aufl. Wien/Köln/Weimar 2006, 175ff. und 181f.
86 Reichspost, Nr. 168 v. 26.7.1906, 1.
87 Morton, Frederic: Wetterleuchten 1913/1914. Wien 1990, 124.

88 Johnston 178f.; vgl. Groß, Bernhard: Selbstmord im Film. Variationen eines Topos im westlichen Kino nach 1945. In: Herberth, Arno/Niederkrotenthaler, Thomas/Till, Benedikt (Hg.): Suizidalität in den Medien. Interdisziplinäre Betrachtungen. Wien/Berlin 2008, 121–131, hier 129.
89 Kuttenberg, Eva: The Tropes of Suicide in Arthur Schnitzler's prose. Diss. New York 1998, 34.
90 Basil, Otto: Georg Trakl. 18. Aufl. Reinbek bei Hamburg 2003. 49ff., 65 und 88f.
91 Ebd., 51.
92 Dazu auch: Schorske, Carl E.: Wien. Geist und Gesellschaft im Fin de Siècle. München/Wien 1994.
93 Wißkirchen, Hans: Die Familie Mann. 6. Aufl. Reinbek bei Hamburg 2007, 50.
94 Ebd., 46.
95 Service, Robert: Lenin. Eine Biographie. München 2000, 138f.; Wittkop, Justus Franz: Bakunin. Reinbek bei Hamburg 1974, 80f.; Schlögel, 104; Morrissey: Suicide and the Body Politic, 274ff. und 296.
96 Demandt, 275 und 287–290.
97 Ebd., 287 und 290.
98 Ebd., 285.
99 Morton, 140, 176f. und 199.
100 Morrissey, Susan K.: Suicide and Civilization in Late Imperial Russia. In: Jahrbücher für Geschichte Osteuropas, Bd. 43, Heft 2, 1995, 201–217, hier 205.
101 Morrissey: Suicide and the Body Politic, 301.
102 Le Rider, Jacques: Der Fall Otto Weininger. Wien/München 1985, 57.
103 Ebd. Die höchste Suizidrate erreichte um 1910 im Übrigen laut Susan K. Morrissey St. Petersburg. – Morrissey: Suicide and the Body Politic, 316; vgl. Morrissey: Suicide and Civilization, 208.
104 Hämmerle, Christa: „"... dort wurden wir dressiert und sekiert und geschlagen ..." Vom Drill, dem Disziplinarstrafrecht und Soldatenmisshandlungen im Heer (1868 bis 1914). In: Cole, Laurence/Hämmerle, Christa/Scheutz, Martin (Hg.): Glanz – Gewalt – Gehorsam. Militär und Gesellschaft in der Habsburgermonarchie (1800 bis 1918). Essen 2011, 31–54, hier besonders 33, 35, 37 und 53f.
105 Dazu vor allem: Hämmerle, Christa (Hg.): Des Kaisers Knechte. Erinnerungen an die Rekrutenzeit im k.(u.)k. Heer 1868 bis 1914. Wien/Köln/Weimar 2012.
106 Als Ausnahme: Stenographische Protokolle des Abgeordnetenhauses des Reichrates (St. Prot. d. AH. d. RR), XVIII. Session, 70 Sitzung v. 18.5.1908, Anhang II, 2723/I.

107 Masaryk, Thomas Garrigue: Der Selbstmord als sociale Massenerscheinung der modernen Civilisation. Wien 1881, 56 und 65f.
108 Interpellationsbeantwortung durch den k. k. Min. f. LV, Gen. d. Inf., Friedrich Freiherr von Georgi, 11, in: ÖSTA/IKA, Archiv d. k. k. Min. f. LV, Fasz. 5/JW 1908-1918. Karton 540, Präs. Nr. 6910/1913.
109 St. Prot. d. AH. d. RR, XXI. Session, 199. Sitzung v. 23.11.1914, 9641f.; ÖSTA/KA, Archiv d. k. k. Min. f. LV, Fasz. 5/JW 1908–1918, Karton 515, Präs. Nr. 5277/1913 und Karton 540, Präs. Nr. 6910/1913: Interpellationsbeantwortung durch den k. k. Min. für LV, Gen. d. Inf., Friedrich Freiherr von Georgi, 6f. und 9f.; ÖSTA/KA, Kriegsministerium, Präs., 1913, Zl. 18–38/2.
110 Arbeiter-Zeitung, Nr. 9 v. 9.1.1903, 7 und Nr. 5 v. 5.1.1907, 7. Die Wiener Polizeidirektion gibt im Übrigen andere Zahlen an. Sie kommt für 1902 auf 540 und für 1903 auf 427 Selbsttötungen. Der Trend ist aber auch hier vergleichbar. – Illustrierte Kronen-Zeitung, Nr. 5033 v. 7.1.1914, 9; Arbeiter-Zeitung, Nr. 7 v. 7.1.1914, 5.
111 Morrissey: Suicide and the Body Politic, 178.
112 Kuttelwascher, Hans: Selbstmord und Selbstmordstatistik in Österreich. In: Statistische Monatsschrift. Neue Folge XVII. Jg. Brünn 1912, 267–350.
113 Ebd., 307, sowie Arbeiter-Zeitung, Nr. 9 v. 9.1.1903, 7, und Nr. 5 v. 5.1.1907, 7.
114 Vgl. Ostdeutsche Rundschau, Nr. 14 v. 19.1.1909, 3; Schütte, Christian: Selbsttötung als Spektakel? Suiziddarstellungen in Boulevardzeitungen. In: Herberth, Arno/Niederkrotenthaler, Thomas/Till, Benedikt (Hg.): Suizidalität in den Medien. Interdisziplinäre Betrachtungen. Wien/Berlin 2008, 241–259, hier 244f.
115 Baader, Gerhard: Eugenische Programme in der sozialistischen Parteienlandschaft in Deutschland und Österreich im Vergleich. In: Ders./Hofer, Veronika/Mayer, Thomas (Hg.): Eugenik in Österreich. Biopolitische Strukturen von 1900–1945. Wien 2007, 66–139, hier 96.
116 ÖSTA/AVA, Ministerium des Innern, Präsidiale Reihe 1848–1918, Sign. 16/2, Zeitungen über den Tod des Kronprinzen Rudolf, Karton 627, Zl. 828, 893 und 965 v. 1889; Neue Freie Presse, Nr. 8783 (5.2.1889), 1.
117 Grazer Volksblatt, Nr. 32 v. 8.2.1889, 1.
118 Baumann, Ursula: Vom Recht auf den eigenen Tod. Geschichte des Suizids vom 18. bis zum 20. Jahrhundert. Weimar 2001, 228.
119 Rauscher, 457; Canis, 241.
120 Canis, 276, 291 und 293.
121 Ebd., 293; Wakounig, 475f.

122 Wakounig, 484.
123 Bérenger, 526 und 537
124 Neues Wiener Tagblatt, Nr. 211 v. 4.8.1907, 1.
125 Zit. nach Reichspost, Nr. 1 v. 1.1.1913, 5.
126 Zit. nach Hanak, 564.
127 Zit. nach Bátonyi, Gábor: Anglo-Austrian Relations between the Wars. In: Koch, Klaus/Rauscher, Walter/Suppan, Arnold/Vyslonzil (Hg.): Von Saint Germain zum Belvedere. Österreich und Europa 1919–1955. Wien 2007, 115–128, hier 115.
128 Arbeiter-Zeitung, Nr. 332 v. 2.12.1908, 1.
129 Höbelt, Lothar: „Wohltemperierte Unzufriedenheit". Österreichische Innenpolitik 1908–1918. In: Cornwall, Mark (Hg.): Die letzten Jahre der Donaumonarchie. Der erste Vielvölkerstaat im Europa des frühen 20. Jahrhunderts. Wegberg 2004, 58–84, hier vor allem 59.
130 Canis, 336; Haslinger, 135.
131 Pester Lloyd, Nr. 242 v. 12.10.1907, 9.
132 Bukowinaer Volks-Zeitung, Nr. 64 v. 23.5.1907, 1. Zu diesem Thema auch: Znaimer Tagblatt, Nr. 289 v. 17.12.1907, 1.
133 Der Volksfreund, Nr. 156 v. 22.2.1914, 1; Zsuppán, 117f.
134 Zsuppán, 115.
135 Höbelt: „Wohltemperierte Unzufriedenheit", 61.
136 Judson, 312f.
137 Ebd., 378.
138 Albrecht, Catherine: Die Böhmische Frage. In: Cornwall, Mark (Hg.): Die letzten Jahre der Donaumonarchie. Der erste Vielvölkerstaat im Europa des frühen 20. Jahrhunderts. Wegberg 2004, 85–106, 97. Vgl. Znaimer Tagblatt, Nr. 4 v. 5.1.1907, 2f.
139 Ebd.; vgl. Judson, 376.
140 Rumpler, Eine Chance für Mitteleuropa, 520f.
141 Vgl. Hlousa, Wolfgang: Das Föderalisierungskonzept von Aurel C. Popovici „Die Vereinigten Staaten von Groß-Österreich". Diplomarbeit Wien 1989.
142 Rumpler, Eine Chance für Mitteleuropa, 520f.
143 Zit. nach Saage, Richard: Der erste Präsident. Karl Renner – eine politische Biografie. Wien 2016, 72.
144 Saage, 73.
145 Ebd.
146 Ebd., 555.
147 Höbelt, „Wohltemperierte Unzufriedenheit", 62.
148 Albrecht, 97.
149 Czernowitzer Allgemeine Zeitung, Nr. 2599 v. 17.9.1912, 1.

150 Mährisches Tagblatt, Nr. 28 v. 5.2.1914, 1. Clark, 70.
151 Neue Freie Presse, Nr. 17755 v. 29.1.1914, 1.
152 Prager Abendblatt, Nr. 47 v. 27.2.1914, 1.
153 Deutsches Nordmährerblatt, Nr. 61 v. 24.12.1913, 5.
154 Canis, 454f.
155 Delegation des Reichsrates. 7. Sitzung der 48. Session am 16. Dezember 1913, 394.
156 Ebd., 400.
157 Ebd.
158 Wakounig, 481f. und 484f.
159 Clark, 69; Canis, 336. Zu Ungarn speziell: Kövér, György: The Economic Achievements of the Austro-Hungarian Monarchy. Scale and Speed. In: Gerö, András (Hg.): The Austro-Hungarian Monarchy Revisited. New York 2009, 51–83.
160 Matis, Herbert: Grundzüge der österreichischen Wirtschaftsentwicklung 1848–1914. In: Rumpler, Helmut (Hg.): Innere Staatsbildung und gesellschaftliche Modernisierung in Österreich und Deutschland 1867/71 bis 1914. Wien/München 1991, 107–124, hier 110.
161 Canis, 213.
162 Rauscher, 487.
163 Matis, 110–113.
164 Ebd., 110 und 113.
165 Grandner, Margarete: Staatliche Sozialpolitik in Cisleithanien 1867–1918. In: Rumpler, Helmut (Hg.): Innere Staatsbildung und gesellschaftliche Modernisierung in Österreich und Deutschland 1867/71 bis 1914. Wien/München 1991, 150–165, hier 156–158.
166 Ebd., 156–159.
167 Sandgruber, 303f.
168 Grandner, 164.
169 Arbeiterinnen-Zeitung, Nr. 25 v. 16.12.1913, 1f.
170 Vgl. ebd., Nr. 10 v. 18.5.1894, 6.
171 Zit. nach Reiter, Roswita: Adelheid Popp – Biografie einer bewegenden Sozialdemokratin. Berlin 2010, 22.
172 Reiter, 24–28.
173 Toth, Marie: Schwere Zeiten. Aus dem Leben einer Ziegelarbeiterin. Bearbeitet von Michael Hans Salvesberger. Wien/Köln/Weimar 1992, 30–33 und 36.
174 Scheuringer, Rosa (Hg.): Bäuerinnen erzählen. Vom Leben, Arbeiten, Kinderkriegen, Älterwerden. Wien/Köln/Weimar 2015, 183.
175 Losová, Jana (Hg.): Kindheit in Böhmen und Mähren. Wien/Köln/Weimar 1996, 127f., 188f. und 202.

176 Weber, Mägde, 187.
177 Ebd., 201–203.
178 Losová, 18f., 61 und 112f.
179 Weber, Mägde, 122.
180 Judson, 471f.
181 Losová, 82.
182 Judson, 472.
183 Csáky, Eva-Marie (Hg.): Vom Geachteten zum Geächteten. Erinnerungen des k.u.k. Diplomaten und k. ungarischen Außenministers Emerich Csáky (1882–1961). 2., unv. Auflage. Wien/Köln/Weimar 1992, 74f.
184 Szilassy, Baron J. von: Der Untergang der Donau-Monarchie. Diplomatische Erinnerungen. Berlin 1921, 40.
185 Höbelt, „Wohltemperierte Unzufriedenheit", 64–66.
186 Ebd., 38 und 41.
187 Pilsner Tagblatt, Nr. 42 v. 20.2.1914, 1.
188 Höbelt, „Wohltemperierte Unzufriedenheit", 77.
189 Ebd., 77f.
190 Delegation des Reichsrates. 2. Sitzung der 48. Session am 10. Dezember 1913, 20.
191 L'affaire de Trieste, 10.9.1913, in: SHD/AAT, Etat-major de l'armée de terre. Attaché militaire, Autriche-Hongrie 1911–1913, 7 N 1131.
192 The National Archives (TNA), FO 371/1899, No. 10399, 9.3.1914.
193 Kronenbitter, Günther: Krieg im Frieden. Die Führung der k.u.k. Armee und die Großmachtpolitik Österreich-Ungarns 1906–1914. München 2003, 417 und 426–428.
194 Rauchensteiner, Manfried: Der Tod des Doppeladlers. Österreich-Ungarn und der Erste Weltkrieg. Graz/Wien/Köln 1993, 21–25.
195 Ebd.
196 Ronge, Max: Kriegs- und Industriespionage. Zwölf Jahre Kundschaftsdienst. Wien/Leipzig 1930, 36, 66 und 394f.; Pethö, Albert: Agenten für den Doppeladler. Österreich-Ungarns Geheimer Dienst im Weltkrieg. Graz/Stuttgart 1998, 224.
197 Kronenbitter, Krieg im Frieden, 233.
198 TNA, FO 371/1898, No. 6952, 16.2.1914, No. 11682, 16.3.1914 und FO 371/1899, No. 10399, 9.3.1914.
199 Rauchensteiner, Manfried: Der Tod des Doppeladlers. Österreich-Ungarn und der Erste Weltkrieg. Graz/Wien/Köln 1993, 77; Pethö: Agenten, 242–246.
200 Delegation des Reichsrates. 7. Sitzung der 48. Session am 16. Dezember 1913, 368f.

201 Ebd., 369.
202 Delegation des Reichsrates. 2. Sitzung der 48. Session am 10. Dezember 1913, 26 und 31.
203 Ebd., 20.
204 Prager Tagblatt, Nr. 47 v. 27. 2.1914, 1.
205 Sauer, Walter (Hg.): K.u.k. kolonial. Habsburgermonarchie und europäische Herrschaft in Afrika. 2., unveränderte Auflage. Wien/Köln/Weimar 2007, 7, 10, 13f. und 17; Kolm, Evelyn: Die Ambitionen Österreich-Ungarns im Zeitalter des Hochimperialismus. Frankfurt am Main/Berlin/Bern/Bruxelles/New York/Oxford/Wien 2001, 82–97; Canis, 292f.
206 Zit. nach Kolm, 98.
207 Judson, 483.
208 Ebd.
209 Canis, 429; Kolm, 305.
210 Zit. nach Hamann, Hitlers Wien, 147f.

Gewaltlösungen

1 Neben entsprechenden sozialdemokratischen Wortmeldungen siehe im Hinblick auf andere Gruppierungen und diverse Nationalitätenvertreter etwa auch: Stenographische Protokolle des Abgeordnetenhauses des Reichrates (St. Prot. d. AH. d. RR), XXI. Session, 116. Sitzung vom 12.11.1912, 5813f. und 5816f.
2 Szilassy, Baron J. von: Der Untergang der Donau-Monarchie. Diplomatische Erinnerungen. Berlin 1921, 37.
3 St. Prot. d. AH. d. RR, XXI. Session, 116. Sitzung vom 12.11.1912, 5816f.
4 Leidinger, Hannes: Krieg und Frieden in den Debatten österreichischer und ungarischer Parlamentarier vor 1914. In: Dácz, Enikö/Griessler Christina/Kovács, Henriett (Hg.): Der Traum vom Frieden – Utopie oder Realität? Kriegs- und Friedensdiskurse aus historischer, politologischer und juristischer Perspektive (1914–2014). Baden-Baden 2016, 63–74, hier 71f.; vgl. Kovács, Henriett: Gegen oder für den Krieg? Die ungarische Friedensbewegung am Vorababend und beim Ausbruch des Ersten Weltkriegs. In: Dácz, Enikö/Griessler Christina/Kovács, Henriett (Hg.): Der Traum vom Frieden – Utopie oder Realität? Kriegs- und Friedensdiskurse aus historischer, politologischer und juristischer Perspektive (1914–2014). Baden-Baden 2016, 75–100.
5 Ebd.
6 Zit. nach Canis, Konrad: Die bedrängte Großmacht. Österreich-Ungarn und das europäische Mächtesystem 1866/67–1914. Paderborn 2016, 448.

7   Förster, Stig: Im Reich des Absurden. Die Ursachen des Ersten Weltkrieges. In: Wegner, Bernd (Hg.): Wie Kriege entstehen. Zum historischen Hintergrund von Staatenkonflikten. Paderborn/München/Wien/Zürich 2000, 211–252, hier 226.
8   Dazu unter anderem: Schmidt, Stefan: Frankreichs Außenpolitik in der Julikrise 1914. Ein Beitrag zur Geschichte des Ausbruchs des Ersten Weltkrieges. München 2009, 62ff., 357f., 360 und 370.
9   Kramer, Alan: Dynamic of Destruction. Culture and Mass Killing in the First World War. Oxford 2007, 87.
10 Zit. nach Rauchensteiner, Manfried: Der Erste Weltkrieg und das Ende der Habsburgermonarchie 1914–1918. Wien/Köln/Weimar 2013, 95.
11 Rauchensteiner, Der Erste Weltkrieg, 123–125.
12 Vgl. Schmidt, 355f.
13 McMeekin, Sean: July 1914. Countdown to war. London 2013, 59.
14 Clark, Christopher: The Sleepwalkers. How Europe went to War in 1914. London 2013, 449, 505–516 und 537–551.
15 Kronenbitter, Günther: „Nur los lassen". Österreich-Ungarn und der Wille zum Krieg. In: Burkhardt, Johannes/Becker, Josef/Förster, Stig/Kronenbitter, Günther (Hg.): Lange und kurze Wege in den Ersten Weltkrieg. Vier Augsburger Beiträge zur Kriegsursachenforschung. München 1996, 159–187, hier 161.
16 Dazu das k. u. k. Außenministerium an seinen Gesandten in Serbien: Die „gewählte Bezeichnung Ultimatum" für „unsere Démarche [...] ist insofern unrichtig, als fruchtloser Ablauf der Frist nur vom Abbruch der diplomatischen Beziehungen, nicht auch sofort vom Eintritt des Kriegszustandes gefolgt ist." – Diplomatische Aktenstücke zur Vorgeschichte des Krieges (DAVK). Hg. vom Staatsamt für Äußeres in Wien. Berlin 1923, Erster Teil, 104.
17 Protokolle des Gemeinsamen Ministerrates der Österreichisch-Ungarischen Monarchie (1914–1918). Eingeleitet und zusammengestellt von Miklós Komjáthy. Budapest 1966, 148.
18 Ebd., 93.
19 Zit. nach Rauchensteiner, Der Erste Weltkrieg, 104. Vgl. Kronenbitter, 161–163 und 167.
20 Kramer, 87.
21 Siehe dazu ebd., 411, 414, 445 und 481–483.
22 Moritz, Verena: „Wir sind also noch fähig zu wollen!". In: Dies./Leidinger, Hannes: Die Nacht des Kirpitschnikow. Eine andere Geschichte des Ersten Weltkriegs. München 2008, 66–96, hier 88.
23 Hoffmann, Dieter: Der Sprung ins Dunkle. Oder, wie der 1. Weltkrieg entfesselt wurde. Leipzig 2010, 204.

24 Rauchensteiner, Der Erste Weltkrieg, 93f.
25 Bjelajac, Mile: Serbien im Ersten Weltkrieg. In: Markovic, Gordana Ilic (Hg.): Veliki Rat – Der Große Krieg. Der Erste Weltkrieg im Spiegel der serbischen Literatur und Presse. Wien 2014, 47–70, hier 54.
26 Rauchensteiner, Der Erste Weltkrieg, 108.
27 Mitrović, Andrej: Serbia's Great War 1914–1918. London 2007, 50.
28 Rauchensteiner, Der Erste Weltkrieg,133.
29 DAVK, Dritter Teil, 27.
30 Ebd., Dritter Teil, 23f.
31 Vgl. auch: McMeekin, July 1914, 253.
32 Rauchensteiner, Der Erste Weltkrieg, 128. Vgl. DAVK, Zweiter Teil, 25.
33 Maurice de Bunsen an Sir Edward Grey, 1.9.1914, 7, in: The National Archives (TNA), FO 371/1900; vgl. DAVK, Zweiter Teil, 127.
34 Förster, 242f.
35 Zit. nach Rauchensteiner, Der Erste Weltkrieg, 135.
36 Förster, 243f.
37 DAVK, Dritter Teil, 11.
38 Ebd., 35.
39 Ebd.
40 Maurice de Bunsen an Sir Edward Grey, 1.9.1914, 7f., in: TNA, FO 371/1900. Zu Berchtold entschlossenem Kriegskurs im Gegensatz zu den Versuchen der europäischen Diplomatie, einen Waffengang zu verhindern. – McMeekin, July 1914, 244f.
41 DAVK, Dritter Teil, 37.
42 Maurice de Bunsen an Sir Edward Grey, 1.9.1914, 7, in: TNA, FO 371/1900.
43 Zit. nach Kronenbitter, 183.
44 Clark, 429.
45 Leidinger, Hannes/Moritz, Verena: Der Erste Weltkrieg. Wien/Köln/Weimar 2011, 30.
46 Kronenbitter, 172f.
47 Leidinger/Moritz, Der Erste Weltkrieg, 30f.; Kronenbitter, 175. Bezeichnend diesbezüglich auch die Warnung Londons am 24. Juli 1914, „Österreich-Ungarn unterschätze Serbien und werde sich dort verbluten". – DAVK, Zweiter Teil, 12.
48 Moritz, „Wir sind also noch fähig zu wollen!", 88. Siehe diesbezüglich auch mit Blick auf das Verhältnis zwischen Deutschland und Österreich-Ungarn: Burz, Ulfried: Die Kriegsschuldfrage in Österreich (1918–1938). Zwischen Selbstverleugnung und Identitätssuche. In: Burz, Ulfried/Derndarsky, Michael/Drobesch, Werner (Hg.): Brennpunkt Mitteleuropa. Klagenfurt 2000, 97–115, hier 99f.

49 Förster, 243f.
50 Clark, 449 und 505–516.
51 Kanner, Heinrich: Kaiserliche Katastrophen-Politik. Ein Stück zeitgenössischer Geschichte. Leipzig 1922, 370f. Vgl. Kronenbitter, 164, Clark, 452.
52 Rauchensteiner, Der Erste Weltkrieg, 123.
53 Leidinger/Moritz, Der Erste Weltkrieg, 30; Rauchensteiner, Der Erste Weltkrieg, 122; Kronenbitter, 164.
54 Moritz, „Wir sind also noch fähig zu wollen!", 71 und 96.
55 Zit. nach Fellner, Fritz: Die „Mission Hoyos". In: Les grandes puissances et la Serbie a la vielle de la Première guerre mondiale. Assise scentifique de l'Académie serbe des sciences et des arts v. IV, Classe des sciences historiques Nr. 1 Beograd 1976, 387–418, hier 396.
56 Ministerium des Innern betreffend Unterdrückung der russophilen Kundgebungen, 1.8.1914, in: Österreichisches Staatsarchiv (ÖSTA)/ AVA, MdI/Präsidium, 22. Russophile Propaganda in genere 1914, Kt. 2087, Präs. Nr. 9140/1914.
57 Ehrenpreis, Petronilla: Kriegs- und Friedensziele im Diskurs. Regierung und deutschsprachige Öffentlichkeit Österreich-Ungarns während des Ersten Weltkriegs. Innsbruck/Wien/Bozen 2005, 35–38; Mitrović, 15.
58 Pfoser, Alfred: Wohin der Krieg führt. Eine Chronologie des Zusammenbruchs. In: Ders./Weigl, Andreas (Hg.): Im Epizentrum des Zusammenbruchs. Wien im Ersten Weltkrieg. Wien 2013, 580–586, hier 582.
59 Mitrović, 17. Vgl. Reichspost, Nr. 302 v. 1.7.1914, 3; Neue Freie Presse, Nr. 17911 v. 7.7.1914, 4; Arbeiter-Zeitung, Nr. 179 v. 1.7.1914, 3.
60 Arbeiter-Zeitung, Nr. 179 v. 1.7.1914, 2f. und Nr. 193 v. 15.7.1914, 3.
61 Zit. nach Hautmann, Hans: Princip in Theresienstadt. In: Mitteilungen der Alfred Klahr Gesellschaft, 20. Jg., Nr. 3, September 2013, 1–9, hier 1.
62 Arbeiter-Zeitung, Nr. 193 v. 15.7.1914, 3.
63 Gumz, Jonathan E.: The Ressurection and Collapse of Empire in Habsburg Serbia, 1914–1918. Cambridge/New York 2009, 41; Mitrovic, 64–66; Rauchensteiner, Der Erste Weltkrieg, 851. Zu den Slowenen insbesondere: Moll, Martin: Kein Burgfrieden. Der deutsch-slowenische Nationalitätenkonflikt in der Steiermark 1900–1918. Innsbruck/Wien/ Bozen 2007.
64 K.u.k. 6. Armeekommando betreffend Repressalien gegen die Bevölkerung, in: ÖSTA/KA, NFA, 6. Armee, Operierendes Armeekommando, Kt. 12, Res. Nr. 431; K.u.k. 6. Armeekommando betreffend Anzeigen

und Verhaftungen von Gendarmen, Misshandlung griechisch-orientalischer Bevölkerung, in: ÖSTA/KA, NFA, 6. Armee, Operierendes Armeekommando, Kt. 13, Res. Nr. 356/Mob.; Telegramm Tisza an Oberkommando der Balkanstreitkräfte, Potiorek über Behandlung der Geiseln bei der 2. Armee, Militärkanzlei Seiner Majestät an Potiorek, 16./17.8.1914, in: ÖSTA/KA, NFA, 6. Armee, Operierendes Armeekommando, Kt. 12, Res. Nr. 459.

65 Zit. nach Hautmann, Hans: Die österreichisch-ungarische Armee auf dem Balkan. In: Seidler, Franz W./Zayas, Alfred M. de (Hg.): Kriegsverbrechen in Europa und im Nahen Osten im 20. Jahrhundert. Hamburg/Berlin/Bonn 2002, 36–41, hier 38.

66 Zit. nach ebd., 39. Über eine vergleichbare Direktive des 9. k. u. k. Korpskommandos, „deren Inhalt den Soldaten noch vor dem eigentlichen Fronteinsatz zur Kenntnis gebracht wurde", siehe: Holzer, Anton: Das Lächeln der Henker. Der unbekannte Krieg gegen die Zivilbevölkerung 1914–1918. Darmstadt 2014, 115f.; Überegger, Oswald: „Man mache diese Leute, wenn sie halbwegs verdächtig erscheinen, nieder". Militärische Normübertretungen, Guerillakrieg und ziviler Widerstand an der Balkanfront 1914. In: Chiari, Bernhard/Groß, Gerhard P. (Hg.): Am Rande Europas? Der Balkan – Raum und Bevölkerung als Wirkungsfelder militärischer Gewalt. München 2009, 121–136, hier 128.

67 Vgl. Hoeres, Peter: Die Slawen. Perzeptionen des Kriegsgegners bei den Mittelmächten. Selbst- und Fremdbild. In: Groß, Gerhard (Hg.): Die vergessene Front. Der Osten 1914/15. Ereignis, Wirkung, Nachwirkung. Paderborn/München/Wien/Zürich 2006, 179–200, hier 192f. und 196. Dazu auch: Moritz, Verena: Kriegsgefangenschaft als Erfahrung. Am Beispiel der Deutschösterreicher in russischem Gewahrsam. In: Bachinger, Bernhard/Dornik, Wolfram (Hg.): Jenseits des Schützengrabens. Der Erste Weltkrieg im Osten. Erfahrung – Wahrnehmung – Kontext. Innsbruck/Wien/Bozen 2013, 197–220, hier 217f. Dazu außerdem: Liulevicius, Vejas Gabriel: Kriegsland im Osten. Eroberung, Kolonisierung und Militärherrschaft im Ersten Weltkrieg. Hamburg 2002, 52f.

68 Dazu grundsätzlich und differenziert: Kučera, Rudolf: Entbehrung und Nationalismus. Die Erfahrung tschechischer Soldaten der österreichisch-ungarischen Armee 1914–1918. In: Bachinger, Bernhard/Dornik, Wolfram (Hg.): Jenseits des Schützengrabens. Der Erste Weltkrieg im Osten: Erfahrung – Wahrnehmung – Kontext. Innsbruck/Wien/Bozen 2013, 121–137, hier 123f.

69 Höbelt, Lothar: „So wie wir haben nicht einmal die Japaner angegriffen". Österreich-Ungarns Nordfront 1914/15. In: Groß, Gerhard

P. (Hg.): Die vergessene Front. Der Osten 1914/15. Ereignis, Wirkung, Nachwirkung. Paderborn/München/Wien/Zürich 2006, 87–118, hier 115.

70 Überegger, Oswald: „Verbrannte Erde" und „baumelnde Gehenkte". Zur europäischen Dimension militärischer Normübertretungen im Ersten Weltkrieg. In: Hohrath, Daniel/Neitzel, Sönke (Hg.): Kriegsgreuel. Die Entgrenzung der Gewalt in kriegerischen Konflikten vom Mittelalter bis ins 20. Jahrhundert. Paderborn/München/Wien/Zürich 2008, 241–278, hier 254.

71 Hohrath, Daniel/Neitzel, Sönke (Hg.): Kriegsgreuel. Die Entgrenzung der Gewalt in kriegerischen Konflikten vom Mittelalter bis ins 20. Jahrhundert. Paderborn/München/Wien/Zürich 2008, 23.

72 K.u.k. 5. op. Armeekommando an k. u. k. 6. Armeekommando, 25.8.1914, in: ÖSTA/KA, NFA, 6. Armee, Op. Akten, Kt. 13, Op. Nr. 403/20; K.u.k. 5. op. Armeekommando an das k. u. k. 6. op. Armeekommando, 26.8.1914, in: ÖSTA/KA, NFA, 6. Armee, Op. Akten, Kt. 13, Op. Nr. 193; K.u.k. 6. Armeekommando, 29.8.1914, in: ÖSTA/KA, NFA, 6. Armee, Op. Akten, Kt. 13, Res. Nr. 717; An das k. u. k. 6. Armeekommando, 29.8.1914, in: ÖSTA/KA, NFA, 6. Armee, Op. Akten, Kt. 13, Res. Nr. 310 Mob.

73 Neben den Berichten der Armeekommanden (unter anderem: ÖSTA/KA, NFA, 6. Armee, Op. Akten, Kt. 13) siehe auch: Schanes, Daniela: Serbien im Ersten Weltkrieg. Feind- und Kriegsdarstellungen in österreichisch-ungarischen, deutschen und serbischen Selbstzeugnissen. Phil. Diss. Graz 2010, 119, 122f., 126f., 130f. und 133.

74 K.u.k. 5. Armee-Etappenkommando an k. u. k. 5. Armeekommando, 28.8.1914, in: ÖSTA/KA, NFA, 6. Armee, Op. Akten, Kt. 13, Res. Nr. 137; K.u.k. 6. Armeekommando betreffend Verhaftungen von Gendarmerieunteroffizieren und Misshandlung von Geiseln, 8.9.1914, in: ÖSTA/KA, NFA, 6. Armee, Op. Akten, Kt. 13, Res. Nr. 345 Mob.

75 Landwehrinfanterieregiment Nr. 28 an 42. Infanterietruppendivision, 25.8.1914, in: ÖSTA/KA, NFA, 13. Korps, Kt. 1668; Etappenstationskommando an 13. Korps, 17.8.1914, in: ÖSTA/KA, NFA, 13. Korps, Op. Akten, Karton 1668, Op. Nr. 185; Schreiben des Vertreters des k. u. k. Ministerium des Äußern beim k. u. k. AOK, Teschen am 30.1.1915, in: ÖSTA/HHSTA PA I Kt. 932, Fol. 123–138; Hoen, Max Ritter von (Hg.): Geschichte des ehemaligen Egerländer Infanterie-Regiments Nr. 73. Wien 1939, 15; Reiss, R. A.: Report upon the Atrocities Committed by the Austro-Hungarian Army during the First Invasion of Serbia. London 1916, 68 und 78; Rauchensteiner, Der Erste Weltkrieg, 272; Gumz, 54–58; Holzer, Das Lächeln der Henker, 118–121 und 127.

76 Holzer, Anton: Schüsse in Šabac. Die Massaker an der Zivilbevölkerung 1914. In: Marković, Gordana Ilić (Hg.): Veliki Rat – Der Große Krieg. Der Erste Weltkrieg im Spiegel der serbischen Literatur und Presse. Wien 2014, 71–84, hier 82f.; Holzer, Das Lächeln der Henker, 128f.
77 Holzer, Schüsse in Šabac, 83. Diesbezüglich auch: Janz, Oliver: 14. Der große Krieg. Frankfurt am Main 2013, 123f.
78 Kramer, 151f. Dazu auch: Eisfeld, Alfred/Hausmann, Guido/Neutatz, Dietmar (Hg.): Besetzt, interniert, deportiert. Der Erste Weltkrieg und die deutsche, jüdische, polnische und ukrainische Zivilbevölkerung im östlichen Europa. Essen 2013.
79 Zielinski, Konrad: The Shtetl in Poland, 1914–1918. In: Katz, Steven T. (Hg.): The Shtetl. New Evaluations. New York/London 2007, 102–120, hier 113–115; Kramer, 151, Prusin, Alexander Victor: The Lands Between. Conflict in the East European Borderlands, 1870–1992. Oxford 2010, 47–49 und 53–58; Schuster, Frank M.: „Was hat der Krieg zwischen Zar und Kaiser mit uns zu tun?" Osteuropäische Juden während des Ersten Weltkriegs. In: Eisfeld, Alfred/Hausmann, Guido/Neutatz, Dietmar (Hg.): Besetzt, interniert, deportiert. Der Erste Weltkrieg und die deutsche, jüdische, polnische und ukrainische Zivilbevölkerung im östlichen Europa. Essen 2013, 57–86.
80 K. k. Oberster Landwehrgerichtshof, 3.3.1915, in: ÖSTA/KA, Archiv des k. k. Ministeriums für Landesverteidigung, Präsidialakten, Justizwesen, Kt. 548, Nr. 3819/IV; Festungskommando Przemyśl betreffend Mitteilung des Etappenoberkommandos vom 31.8.1914, 9.9.1914 in: ÖSTA/KA, NFA, Feste Plätze, Festungskommando Przemyśl, Kt. 1321, Op. Nr. 51/3, Fol. 846; Festungskommando Przemyśl betreffend Raschheit im Strafverfahren beziehungsweise Kriegsnotwehrrecht, in: ÖSTA/KA, NFA, Feste Plätze, Festungskommando Przemyśl, Kt. 1321, Op. Nr. 51/3, Fol. 846.
81 Festungskommando Krakau betreffend Verhalten gegen verdächtige Personen, 4.8.1914, in: ÖSTA/KA, NFA, Feste Plätze, Festungskommando Krakau, Kt. 1450, Op. Nr. 44.
82 K.u.k. Verteidigungsbezirk VII, 27.9.1914, in: ÖSTA/KA, NFA, Feste Plätze, Festungskommando Przemyśl, Kt. 1322, Nr. 121, Fol. 299; K.k. Ministerpräsident an Armee-Etappenoberkommando betreffend Abschiebung von Flüchtlingen und Sträflingen in das Hinterland, 19.11.1914, in: ÖSTA/KA, Archiv d. k. k. Min. f. LV., Präsidialakten, Justizwesen 1914, Kt. 547, Präs. Nr. 10745.
83 Dazu auch: Rauchensteiner, Der Erste Weltkrieg, 273.
84 Wendland, Anna Veronika: Die Russophilen in Galizien. Ukrainische Konservative zwischen Österreich und Russland 1848–1915. Wien

2001, 545; St. Prot. d. AH. d. RR, XXII. Session, 69. Sitzung v. 6.3. 1918, 2553/I, 2555/I und 2557.

85 Anfrage des Abgeordneten Stefan Onyszkewycz v. 30.11.1917, in: ÖSTA/KA, k. k. Min. f. LV., SR, Präsidialbüro, Interpellationen, XVIIa, Nr. 1856 v. 9.3.1918; St. Prot. d. AH. d. RR, XXII. Session, 60. Sitzung v. 19.2.1918, 2264/I.

86 Festungskommando Przemyśl betreffend Raschheit im Strafverfahren beziehungsweise Kriegsnotwehrrecht, 9.9.1914, in: ÖSTA/KA, NFA, Feste Plätze, Festungskommando Przemyśl, Kt. 1321, Op. Nr. 51, Fol. 846.

87 St. Prot. d. AH. d. RR, XXII. Session, 23. Sitzung v. 26.9.1917, 797/I.

88 Festungskommando Przemyśl betreffend Geiseln aus Pozdziacz, Niedermachung, September 1914, in: ÖSTA/KA, NFA, Feste Plätze, Festungskommando Przemyśl, Kt. 1321, Op. Nr. 51, Fol. 844; Etappenoberkommando an das k. k. Ministerium für Landesverteidigung betreffend Fälle der Niedermachung von Russophilen durch die Gendarmerie, 30.9.1914, in: ÖSTA/KA, Archiv d. k. k. Min. f. LV., Präsidialakten, Justizwesen 1914, Kt. 547, Präs. Nr. 8013 v. 5.10.1914.

89 St. Prot. d. AH. d. RR, XXII. Session, 7. Sitzung v. 15.6.1917, 305 und 247 der Beilagen, 5.

90 Kusmanek betreffend Entfernung der ruthenischen Bevölkerung, 3.9.1914, in: ÖSTA/KA, NFA, Feste Plätze, Festungskommando Przemyśl, Kt. 1321, Op. Nr. 35, Fol. 347f.

91 Statthalter in Galizien an Ministerpräsident Graf Stürgkh, 6.9.1914, in: ÖSTA/KA, Militärkanzlei Seiner Majestät, SR, Tagesbericht des AOK 1914, Kt. 95, Zl. 30.

92 K.k. Ministerpräsident, 5.10.1914, In: ÖSTA/AVA, MdI, Präs., 22. Unruhen und Exzesse, Galizien 1914/15, Kt. 2116, Präs. Nr. 8570, Fol. 418.

93 Vgl. Broucek, Peter: Ein General im Zwielicht. Die Erinnerungen Edmund Glaises von Horstenau. Bd.1. Wien/Graz/Köln 1980, 30.

94 St. Prot. d. AH. d. RR, XXII. Session, 7. Sitzung v. 15.6.1917, 303.

95 Ebd., 247 der Beilagen, 9 sowie 21. Sitzung v. 15.7.1917, 1106; Bericht Andrian, 26.7.1915, in: ÖSTA/AVA, MdI, Präsidium, 22. Unruhen und Exzesse, Galizien 1914/15, Kt. 2116, Präs. Nr. 19.644/15.

96 K. k. Ministerium des Innern, 14.11.1914, in: ÖSTA/KA, Archiv d. k. k. Min. f. LV, Präsidialakten, Justizwesen 1914, Kt. 547. Präs. Nr. 10419.

97 St. Prot. d. AH. d. RR, XXII. Session, 8. Sitzung v. 16.6.1917, 368.

98 Ronge, Max: Kriegs- und Industriespionage. Zürich/Leipzig/Wien 1930, 123.

99 Kommando der Balkanstreitkräfte K. Nr. 6950/26 an das operierende Oberkommando, 13.3.1915, in: ÖSTA/HHSTA PA I Kt. 931, Liasse Krieg 13b Serbien, Fol. 74.

100 Urbański von Ostrymiecz, August: Spionitis. In: Die Weltkriegsspionage. München 1931, 332–338, hier 334f.

101 K. k. Ministerratspräsidium betreffend „Allerhöchstes Befehlsschreiben" beziehungsweise Verhaftung politisch Verdächtiger und Unverlässlicher, 25.10.1914, in: ÖSTA/KA, Archiv d. k. k. Min. f. LV., Präsidialakten, Justizwesen 1914, Kt. 547, Präs. Nr. 9277/V. Vgl. Rauchensteiner, Der Erste Weltkrieg, 274. Zudem: St. Prot. d. AH. d. RR, XXII. Session, 21. Sitzung v. 15.7.1917, 1107.

102 Rauchensteiner, Der Erste Weltkrieg, 443–446.

103 Hautmann, Hans: Todesurteile in der Endphase der Habsburgermonarchie und im Ersten Weltkrieg. In: Kuretsidis-Haider, Claudia/Halbrainer, Heimo/Ebner, Elisabeth (Hg.): Mit dem Tode bestraft. Historische und rechtspolitische Aspekte zur Todesstrafe in Österreich im 20. Jahrhundert und der Kampf um ihre weltweite Abschaffung. Graz 2008, 15–37, hier 25.

104 St. Prot. d. AH. d. RR, XXII. Session, 247 der Beilagen, 1f.

105 Reichsgesetzblätter 1914: Nr. 156 und Nr. 164.

106 Ebd., 1914: Nr. 153 und Nr. 186 sowie 1915: Nr. 133.

107 K. k. Ministerium für Landesverteidigung betreffend Militärgerichtsbarkeit und Schwurgerichte/Beschlüsse des Abgeordnetenhauses, 16.7.1917, in: ÖSTA/KA, Archiv d. k. k. Min. f. LV., Präsidialakten, Justizwesen 1917, Kt. 570, Präs. Nr. 16571/IV.

108 Hautmann, Todesurteile, 27.

109 Ebd., 78.

110 Gumz, 71–89.

111 Urban, Otto: Die tschechische Gesellschaft 1848–1918. Wien/Köln/Weimar 1994, 841 und 849f.

112 Ebd., 849.

113 Rauchensteiner, Der Erste Weltkrieg, 271. Maderthaner, Wolfgang/Hochedlinger, Michael: Untergang einer Welt. Der Große Krieg 1914–1918 in Photographien und Texten. Wien 2013, 23.

114 K.u.k. Armeeoberkommando an Militärkanzlei Seiner Majestät, 9. und 12.3.1915, in: ÖSTA/KA, Militärkanzlei Seiner Majestät (MKSM), Sonderreihe, Tageberichte des AOK 1915, Kt. 96, Nr. 219 und 222; Schuster, Frank M.: Zwischen allen Fronten. Osteuropäische Juden während des Ersten Weltkrieges (1914–1919). Köln/Weimar/Wien 2004, 239f.; Ders.: „Was hat der Krieg zwischen Zar und Kaiser mit uns zu tun?" Osteuropäische Juden während des Ersten Weltkriegs. In: Eisfeld, Alfred/Hausmann, Guido/Neutatz, Dietmar (Hg.): Besetzt, interniert, deportiert. Der Erste Weltkrieg und die deutsche, jüdische, polnische und ukrainische Zivilbevölkerung im östlichen Europa. Essen 2013,

57–86, hier 64; Mick, Christoph: Kriegserfahrungen in einer multiethnischen Stadt. Lemberg 1914–1947. Wiesbaden 2010, 147–149.

115 K.u.k. operierendes Oberkommando/Nachrichtenabteilung an das k. u. k. Etappenoberkommando, 14.5.1915, in: ÖSTA/KA, Archiv d. k. k. Min. f. LV., Präsidialakten, Kt. 550, Justizwesen 1915, Nr. 8130; K.k. Ministerium des Innern an den k. k. Statthalter in Galizien, 23.7.1915, in: ÖSTA/AVA, MdI, Präsidiale, 22., Russophile Propaganda in genere 1915–1918, Kt. 2088, Präs. Nr. 15016/15; K.k. Ministerium für Landesverteidigung betreffend Einsichtsaktes des KÜA, 13.11.1915, in: ÖSTA/AVA, MdI, Präsidiale, 22., Russophile Propaganda in genere 1915–1918, Kt. 2088, Präs. Nr. 22477/15; K.k. Statthaltereipräsidium an k. k. Ministerium des Innern, 24.11.1915, in: ÖSTA/AVA, MdI, Präsidiale, 22., Galizien 1914/15, Kt. 2116, Präs. Nr. 25414/15; Abschrift des Memorandums des allgemeinen ukrainischen Nationalrats an das k. k. Justizministerium betreffend Denunziationen, 11.10.1915, in: ÖSTA/AVA, MdI, Präsidiale, 22., Galizien 1914/15, Kt. 2116, Präs. Nr. 25414/15.

116 K. k. Ministerium für Landesverteidigung, Durch Russland und Rumänien betriebene monarchiefeindliche Propaganda, in: ÖSTA/KA, Archiv des k. k. Min. f. LV., Präsidialakten, Justizwesen 1915, Kt. 550, Präs. Nr. 8094/V; Bericht des Legationsrates Baron Andrian über seine Informationsreise nach Ostgalizien, 26.7.1915, in: ÖSTA/AVA, MdI, Präsidiale, 22. Galizien 1914/15, Kt. 2116, Präs. Nr. 19644/15; Mitrović, 228; Mick, 144.

117 St. Prot. d. AH. d. RR, XXII. Session, 11. Sitzung v. 27.6.1917, 318/I.

118 Holzer, Das Lächeln der Henker, 100.

119 Leidinger, Hannes: „Der Einzug des Galgens und des Mordes". Die parlamentarischen Stellungnahmen polnischer und ruthenischer Reichsratsabgeordneter zu den Massenhinrichtungen in Galizien 1914/15. In: Zeitgeschichte, 33. Jg., Heft 5, Sept./Okt. 2006, 235–260, hier 250; Holzer, Das Lächeln der Henker, 109f.

120 Conrad von Hötzendorf an das k. u. k. Kriegsministerium, 15.8.1915, in: ÖSTA/KA, Archiv des k. k. Min. f. LV., Präsidialakten, Justizwesen 1915, Kt. 552, Präs. Nr. 15194/V.

121 Leidinger, „Der Einzug des Galgens und des Mordes", 250.

122 Kramař-Prozess, Urteilsbegründung 1, In: ÖSTA/KA, k. k. Min. f. LV., SR, Präsidialbüro, Kt. 11.

123 Zu anderen Prozessen – keineswegs nur gegen „russophile" Politiker beziehungsweise Kramař, sondern auch gegen weitere tschechische, aber auch südslawische Parlamentarier – siehe: Hautmann, Hans: Militärprozesse gegen Abgeordnete des österreichischen Parlaments im

Ersten Weltkrieg. In: Mitteilungen der Alfred Klahr-Gesellschaft, 21. Jg., Nr. 2, Juni 1914, 1–11.

124 Vgl. unter anderem: St. Prot. d. AH. d. RR, XXII. Session, 7. Sitzung v. 15.6.1917, 321.

125 Vgl. dazu die Stellungnahmen der Militärs zu den Anschuldigungen von R. A. Reiss, in: ÖSTA/HHSTA PA I Kt. 931 und Kt. 932.

126 St. Prot. d. AH. d. RR, XXII. Session, Ad. Nr. 2386/I (770).

127 Äußerung der Abteilung XVIIa des k. k. Ministeriums für Landesverteidigung, 2.6.1918, in: ÖSTA/KA, k. k. Min. f. LV., SR, Präsidialbüro, Interpellationen, XVIIIa, Präs. Nr. 1518; Leidinger, „Der Einzug des Galgens und des Mordes", 252f.

128 KÜA 8896, 9.11.1914, in: ÖSTA/KA, Archiv des k. k. Ministeriums für Landesverteidigung, Präs., Justizwesen 1914, Kt. 547, Präs. Nr. 10419; Hoffmann, Georg/Goll, Nicole-Melanie/Lesiak, Philipp: Thalerhof 1914–1936. Die Geschichte eines vergessenen Lagers und seiner Opfer. Herne 2010, 34; Mitrović, 76–79; Rauchensteiner, Der Erste Weltkrieg, 851.

129 Vgl.: Haller, Oswald: Das Internierungslager Katzenau bei Linz. Diplomarbeit Wien 1999.

130 Rauchensteiner, Der Erste Weltkrieg, 851f.

131 Marković, Gordana Ilić (Hg.): Veliki Rat – Der Große Krieg. Der Erste Weltkrieg im Spiegel der serbischen Literatur und Presse, 223.

132 Mitrović, 76; vgl. Stibbe, Matthew: „Ohne jede Ausnahme eine Schar von Feinden Österreichs". Die Internierungspolitik des Habsburgerreiches im europäischen und globalen Kontext. In: Jubel & Elend. Leben mit dem Großen Krieg 1914–1918. Katalog zur Ausstellung. Schallaburg 2014, 338–343, hier 340.

133 Marković, 222.

134 Mannsberger, Eva Maria/Schäfer, Karl: Das Neusiedler Internierungslager 1914–1918. In: Neusiedler Jahrbuch. Hg. vom Verein zur Erforschung der Stadtgeschichte von Neusiedl am See, Bd. 11, 2008/9, 5–42, hier 30f.

135 Ebd., 19f.

136 In diesem Sinn sind nicht nur einzelne Übergriffe wie in Thalerhof oder das Unterbinden von Hilfeleistungen zugunsten der Internierten, beispielsweise in Nezsider/Neusiedl, festzuhalten. Überlebende des Lagers Arad „berichteten auch von Folter, Frauen erzählten von Vergewaltigungen". – Marković, 223.

137 Vgl. Abschrift einer Note des Herrn k. k. Justizministers vom 5.11.1914 an das k. k. Ministerratspräsidium, in: ÖSTA/KA, Archiv des k. k. Ministeriums für Landesverteidigung, Präs., Justizwesen 1914, Kt. 547, Präs. Nr. 10.745.

138 Zit. nach Hoffmann/Goll/Lesiak, 76f.
139 Zit. nach ebd., 108.
140 K.u.k. Militärkommando in Graz an k.k. Ministerium für Landesverteidigung betreffend Verminderung des Häftlingsstandes, 7.10.1914, in: ÖSTA/KA, Archiv des k.k. Ministeriums für Landesverteidigung, Präs., Justizwesen, Kt. 550, Präs. Nr. 9162.
141 St. Prot. d. AH. d. RR, XXII. Session, 21. Sitzung v. 15.7.1917, 1105. Vgl. Hoffmann/Goll/Lesiak, 83, 85f., 108 und 112; Dr. Michael Nowakowskyj an k.k. Ministerium für Landesverteidigung, 10.9.1914, in: ÖSTA/KA, Archiv des k.k. Ministeriums für Landesverteidigung, Präsidialakten, Justizwesen, Kt. 547, Präs. Nr. 6773/V.
142 Hoffmann/Goll/Lesiak, 47f.
143 Ebd., 50.
144 Hoffmann/Goll/Lesiak, 114f. Matthew Stibbe spricht von 1.767 Internierten, die in Thalerhof während des ersten Kriegswinters ums Leben kamen. – Stibbe, „Ohne jede Ausnahme eine Schar von Feinden Österreichs", 340.
145 Hoffmann/Goll/Lesiak, 103
146 Über die bereits vor dem Krieg getroffenen Regelungen bezüglich Deportation eigener Staatsbürger vgl. Kuprian, Hermann J. W.: „Entheimatungen". Flucht und Vertreibung in der Donaumonarchie während des Ersten Weltkriegs und ihre Konsequenzen. In: Kuprian, Hermann J. W./Überegger, Oswald (Hg.): Der Erste Weltkrieg im Alpenraum. Erfahrung, Deutung, Erinnerung. Innsbruck 2006, 289–305, hier 218–223.
147 Vgl. St. Prot. d. AH. d. RR, XXII. Session, 437 der Beilagen zu den stenographischen Protokollen des Abgeordnetenhauses: Bericht des Flüchtlingsausschusses über die gesetzliche Regelung der staatlichen Flüchtlingsfürsorge vom 7. Juli 1917, 2.
148 Rauchensteiner, Der Erste Weltkrieg, 845. Die Habsburgermonarchie 1848–1918. Bd. XI: Die Habsburgermonarchie und der Erste Weltkrieg. 2. Teilband: Weltkriegsstatistik – Österreich-Ungarn 1914–1918. Bevölkerungsbewegung, Kriegstote, Kriegswirtschaft. Bearbeitet von Helmut Rumpler und Anatol Schmied-Kowarzik. Wien 2014, 138; Mentzel, Walter: Kriegserfahrungen von Flüchtlingen aus dem Nordosten der Monarchie während des Ersten Weltkriegs. In: Bachinger, Bernhard/Dornik, Wolfram (Hg.): Jenseits des Schützengrabens. Der Erste Weltkrieg im Osten: Erfahrung – Wahrnehmung – Kontext. Innsbruck/Wien/Bozen 2014, 359–390, hier 360.
149 Kuprian, Hermann J. W.: „Frondienst redivivus im XX. Jahrhundert!" Arbeitszwang am Beispiel von Flucht, Vertreibung und Internierung

in Österreich während des Ersten Weltkrieges. In: Geschichte und Region/Storia e regione, 12. Jg., Heft 1, 2003, 15–36, hier 26; Mentzel: Kriegserfahrungen, 373.
150 Mentzel, Walter: Kriegsflüchtlinge in Cisleithanien im Ersten Weltkrieg. Phil. Diss. Wien 1997, 382–384.
151 Ebd., 376–382; vgl. Hermann, Martina: Fremd im eigenen Staat? Zur Perzeption der Kriegsflüchtlinge und -evakuierten im Barackenlager Gmünd während des Ersten Weltkrieges. In: Karner, Stefan/Lesiak, Philipp (Hg.): Erster Weltkrieg. Globaler Konflikt – lokale Folgen. Neue Perspektiven. Innsbruck/Wien/Bozen 2014, 169–186.
152 Interpellationsbehandlung durch das k.k. Ministerium für Landesverteidigung, 22.8.1918, in: ÖSTA/KA, k.k. Min. f. LV., SR., Präsidialbüro, Interpellationen, Kt. 256, XVIIIa, Nr. 1518.
153 St. Prot. d. AH. d. RR, XXII. Session, 8. Sitzung v. 16.6.1917, 370.
154 Ebd. sowie St. Prot. d. AH. d. RR, XXII. Session, 46 v. 30.11.1917, 2416.
155 Zit. nach Mentzel, Kriegsflüchtlinge, 240.
156 Ebd.
157 Jahr, Christoph: Keine Feriengäste. „Feindstaatenausländer" im südlichen Bayern während des Ersten Weltkrieges. In: Kuprian, Hermann J. W./Überegger, Oswald (Hg.): Der Erste Weltkrieg im Alpenraum. Erfahrung, Deutung, Erinnerung/La Grande Guerra nell'arco alpino. Esperienze e memoria. Innsbruck 2006, 231–245, hier 243.
158 Mentzel, Kriegsflüchtlinge in Cisleithanien, 26f.
159 Vgl. St. Prot. d. AH. d. RR, XXII. Session, 18. Sitzung am 12. Juli 1917, 893.
160 Mentzel, Walter: Fern der Heimat. Ursachen von Flucht und Vertreibung in der k.u.k. Monarchie. In: Jubel & Elend. Leben mit dem Großen Krieg 1914–1918. Katalog zur Ausstellung. Schallaburg 2014, 344–349, hier 347ff.
161 Vgl. Antrag des Reichsratsabgeordneten Leo Lewickyj und Genossen betreffend die Lage der österreichischen Evakuierten aus Galizien und der Bukowina, 5.6.1917, in: ÖSTA/KA, Archiv des k.k. Ministeriums für Landesverteidigung, Sonderreihe, Präsidialbüro, XVIIIb, Nr. 1321/1917.
162 St. Prot. d. AH. d. RR, XXII. Session, 29. Sitzung am 16. Oktober 1917, 1484f.
163 Kuprian, Hermann J. W.: Zwangsmigration. In: Ders./Überegger, Oswald (Hg.): Katastrophenjahre. Der Erste Weltkrieg in Tirol. Innsbruck 2014, 217–240, hier 234.
164 Leidinger, Hannes/Moritz, Verena: Gefangenschaft, Revolution, Heimkehr. Die Bedeutung der Kriegsgefangenenproblematik für die

Geschichte des Kommunismus in Mittel- und Osteuropa 1917–1920. Wien/Köln/Weimar 2003, 169.

165 Vgl. dazu beispielsweise: Moritz, Verena: Zwischen allen Fronten. Die russischen Kriegsgefangenen in Österreich im Spannungsfeld von Nutzen und Bedrohung (1914–1921). Phil. Diss. Wien 2001, 335–337.

166 Hinsichtlich dessen auch: Walleczek-Fritz, Julia: Lagerwelten. Kriegsgefangene im Habsburgerreich 1914–1918. In: Jubel & Elend. Leben mit dem Großen Krieg 1914–1918. Katalog zur Ausstellung. Schallaburg 2014, 330–336, hier 330. Vgl. die Zahlenangaben bei: Österreichisches Bundesministerium für Heerwesen und Kriegsarchiv. Unter der Leitung von Edmund Glaise von Horstenau (Hg.): Österreich-Ungarns letzter Krieg. Bd. 7. Wien 1938, 45, sowie: In Feindeshand. Die Gefangenschaft im Weltkriege in Einzeldarstellungen. Herausgegeben von der Bundesvereinigung der ehemaligen österreichischen Kriegsgefangenen in Wien unter Mitwirkung der Kriegsgefangenen-Verbände des deutschen Sprachgebietes und der deutschen Kriegsgefangenen-Liga. Bd. 2. Wien 1931, 214.

167 Rauchensteiner, Der Erste Weltkrieg, 864. Zu den Kriegsgefangenen in Österreich-Ungarn insgesamt: Schätzungen der Gefangenenzahlen, in: ÖSTA/KA, NL Raabl-Werner, B/141:4, II. Teil.

168 Leidinger/Moritz, Gefangenschaft, Revolution, Heimkehr, 169; Rauchensteiner, Der Erste Weltkrieg, 864.

169 Dazu: Moritz, Verena: „… Treulos in den Rücken gefallen." Zur Frage der Behandlung italienischer Kriegsgefangener in Österreich-Ungarn 1915–1918. In: Kriechbaumer, Robert/Mueller, Wolfgang/Schmidl, Erwin A. (Hg.): Politik und Militär im 19. und 20. Jahrhundert. Österreichische und europäische Aspekte. Festschrift für Manfried Rauchensteiner. Wien/Köln/Weimar 2017, 185–207.

170 Berichte des k. u. k. 5. Armeekommandos betreffend den Gesundheitszustand der rumänischen Kriegsgefangenen 1917, in: ÖSTA/KA, KM, 10. Abt./Kgf. 1917: 10–11/1777 beziehungsweise 10–11/1926.

171 Rauchensteiner, Der Erste Weltkrieg, 864; Leidinger/Moritz, Gefangenschaft, Revolution, Heimkehr, 169.

172 Zum Beispiel: K.u.k. MGG in Serbien, Halbmonatsbericht für die Zeit vom 15. September bis zum 1. Oktober 1916, K-Stelle Belgrad, in: Arhiv Srbije (AS), VGG u Srbiji, Section 17: Obaveštajno (Nachrichten-Abteilung), Nr. 33, 1; K.u.k. MGG in Serbien, Halbmonatsbericht der K- und Passkontrollstellen, Juni 1916, K-Stellen Grn. Milanovac, Užice, Čačak, in: AS, VGG u Srbiji, Section 17: Obaveštajno (Nachrichten-Abteilung), Nr. 1435, 2, 12f.; K.u.k. MGG in Serbien, Halbmonatsbericht der K- und Passkontrollstellen, 20. Juni 1916, K-Stelle Šabac, in: AS, VGG u Srbiji,

Section 17: Obaveštajno (Nachrichten-Abteilung), Nr. 1436, 3. Vgl. außerdem: ÖSTA/HHSTA AR F 36 Krieg 1914–1918 Dep. 7 Kriegsakten 1915 Kt. 349.

173 Vgl. Misshandlung unserer Kriegsgefangenen-Serbien-Retorsion, in: ÖSTA/HHSTA PA I Liasse Krieg 13 b Serbien Kt. 931, Fol. 108–110; Moritz, Zwischen allen Fronten, 81; Gumz, 45.

174 Magistrat der kgl. Freistadt Esztergom an den k. u. k. Kriegsminister, 12.9.1914, in: ÖSTA/KA, KM, 10. Abt. 1914: 10–2/95.

175 Ebd.

176 Feldpostbrief von Dr. Koch, 2000 zur Verfügung gestellt von Ing. Johann Pirklbauer, Mauthausen.

177 Leidinger, Hannes/Moritz, Verena: Verwaltete Massen. Kriegsgefangene in der Donaumonarchie 1914–1918. In: Oltmer, Jochen (Hg.): Kriegsgefangene im Europa des Ersten Weltkriegs. Paderborn/München/Wien/Zürich 2006, 35–66, hier 35f. Vgl. außerdem: Walleczek, Julia: Hinter Stacheldraht. Die Kriegsgefangenenlager in den Kronländern Oberösterreich und Salzburg im Ersten Weltkrieg. Phil Diss. Innsbruck, 113–133.

178 Moritz, Zwischen allen Fronten, 82.

179 Leidinger/Moritz, Verwaltete Massen, 37f. und 61f.

180 Weber, Therese (Hg.): Häuslerkindheit. Autobiographische Erzählungen. Wien/Köln/Weimar 1984, 197.

181 Toth, Marie: Schwere Zeiten. Aus dem Leben einer Ziegelarbeiterin. Bearbeitet von Michael Hans Salvesberger. Wien/Köln/Weimar 1993, 37.

182 Stekl, Hannes (Hg.): „Höhere Töchter" und „Söhne aus gutem Haus". Bürgerliche Jugend in Monarchie und Republik. Wien/Köln/Weimar 1999, 175f.

183 Ebd., 145f.

184 Rauchensteiner, Der Erste Weltkrieg, 251.

185 Oltmer, Jochen (Hg.): Kriegsgefangene im Europa des Ersten Weltkriegs. Paderborn/München/Wien/Zürich 2006, 11–14, 97, 152 und 194.

186 Losová, Jana (Hg.): Kindheit in Böhmen und Mähren. Wien/Köln/Weimar 1996, 237.

187 Healy, Maureen: Vienna and the Fall of the Habsburg Empire. Total War and Everyday Life in World War I. Cambridge/New York 2004, 264–266. Bis Kriegsende waren es dann wahrscheinlich inklusive der Vermissten rund 1,2 Millionen Gefallene. Die Invalidität betraf in Summe schätzungsweise eine Million Mann. – Winkelbauer, Thomas: Wer bezahlte den Untergang der Habsburgermonarchie? Zur nationalen Streuung der österreichischen Kriegsanleihen im Ersten Weltkrieg. In: MIÖG 114, 2004, 368–398, hier 372.

188 Healy, Vienna, 264–266.
189 Kučera, Rudolf, Rationed Life. Science, Everyday Life, and Working-Class Politics in the Bohemian Lands, 1914–1918. New York/Oxford 2016, 69f.
190 Ebd., Leidinger/Moritz, Der Erste Weltkrieg, 58.
191 Leidinger/Moritz, Der Erste Weltkrieg, 58.
192 Ebd.
193 Ma-Kircher, Klaralinda: Die Frauen, der Krieg und die Stadt. In: Pfoser, Alfred/Weigl, Andreas (Hg.): Im Epizentrum des Zusammenbruchs. Wien im Ersten Weltkrieg. Wien 2013, 72–81, hier 74.
194 Sandgruber, Roman: Ökonomie und Politik. Österreichische Wirtschaftsgeschichte vom Mittelalter bis zur Gegenwart. Wien 1995, 330.
195 Ebd., 319.
196 Ebd., 327–329; Winkelbauer, 376.
197 Leidinger/Moritz, Der Erste Weltkrieg, 61.
198 Sandgruber, 320f.
199 Ma-Kircher, 76; Sandgruber, 324f; Loewenfeld-Russ, Hans: Im Kampf gegen den Hunger. Aus den Erinnerungen des Staatsekretärs für Volksernährung 1918–1920. Hg. und bearbeitet von Isabella Ackerl. Wien 1986, 32.
200 Sandgruber, 323–325; Loewenfeld-Russ, 29.
201 Kučera, 38f.; Ma-Kircher, 76; Hufschmied, Richard: Energie für die Stadt. Die Kohlenversorgung von Wien im Ersten Weltkrieg. In: Pfoser, Alfred/Weigl, Andreas (Hg.): Im Epizentrum des Zusammenbruchs, Wien im Ersten Weltkrieg. Wien 2013, 180–189, hier 185.
202 Leidinger, Moritz, Der Erste Weltkrieg, 61; Kučera, 22.
203 Healy, Maureen: Eine Stadt, in der sich täglich Hunderttausende anstellen. In: Pfoser, Alfred/Weigl, Andreas (Hg.): Im Epizentrum des Zusammenbruchs, Wien im Ersten Weltkrieg. Wien 2013, 150–161, hier 155.
204 Toth, 38–40.
205 Ebd., 40f.
206 Vgl. Vošahlíková, Pavla (Hg.): Von Amts wegen. K.k. Beamte erzählen. Wien/Köln/Weimar 1998, 260.
207 Ebd., 224f.
208 Vgl. Weber, 229f.
209 Losová, 240.
210 Sandgruber, 327f. Diesbezüglich außerdem ausführlich und differenziert: Winkelbauer, insbesondere 382f., 386f. und 393–396.
211 Sandgruber, 323f.
212 Loewenfeld-Russ, 33f.

Anatomie des Zusammenbruchs

1 Zit. nach Broucek, Peter (Hg.): Ein General im Zwielicht. Die Erinnerungen Edmund Glaises von Horstenau. Band 1: K.u.k. Generalstabsoffizier und Historiker. Wien/Köln/Weimar 1980, 381.
2 Zum Beispiel: Abendblatt des Pester Lloyd, Nr. 233 v. 12.10.1907, 1.
3 Broucek, 383f.
4 Zit. nach Pittler, Andreas P.: Bruno Kreisky. Reinbek bei Hamburg 1996, 15.
5 Csáky, Eva-Marie (Hg.): Vom Geachteten zum Geächteten. Erinnerungen des k. u. k. Diplomaten und k. ungarischen Außenministers Emerich Csáky (1882–1961). 2., unv. Auflage. Wien/Köln/Weimar 1992, 171.
6 Ebd., 224.
7 Loewenfeld-Russ, Hans: Im Kampf gegen den Hunger. Aus den Erinnerungen des Staatssekretärs für Volksernährung 1918–1920. Hg. und bearbeitet von Isabella Ackerl. Wien 1986, 57.
8 Loewenfeld-Russ, 57.
9 Ebd.
10 Broucek, 385.
11 Csáky, 225.
12 Losová, Jana: Kindheit in Böhmen und Mähren. Wien/Köln/Weimar 1996, 258f.
13 Kinematographische Rundschau, Nr. 486 v. 26.11.1916, 6; Oesterreichischer Komet, Nr. 341 v. 25.11.1916, 2.
14 Die Filmwoche. Nr. 69 v. 5.7.1914, 1; Oesterreichischer Komet, Nr. 220 v. 1.8.1914, 1; Kinematographische Rundschau, Nr. 330 v. 5.7.1914, 6–8 sowie Nr. 331 v. 12.7.1914, 1f., Nr. 333 v. 26.7.1914, 2 und Nr. 334 v. 2.8.1914, 2f.
15 Kolman, Arnost: Die verirrte Generation. So hätten wir nicht leben sollen. Frankfurt am Main 1979, 52f.
16 Leidinger, Hannes/Moritz, Verena: Gefangenschaft, Revolution, Heimkehr. Die Bedeutung der Kriegsgefangenenproblematik für die Geschichte des Kommunismus in Mittel- und Osteuropa 1917–1920. Wien/Köln/Weimar 2003, 157.
17 Maderthaner, Wolfgang: Der Kongress fand nicht statt. Arbeiterbewegung und Krieg. In: Pfoser, Alfred/Weigl, Andreas (Hg.): Im Epizentrum des Zusammenbruchs. Wien im Ersten Weltkrieg. Wien 2013, 46–51, hier 48–50.
18 Ebd., 49f.
19 Leidinger/Moritz, Gefangenschaft, Revolution, Heimkehr, 154f.
20 Vgl. Rumpler, Helmut: Die Todeskrise Cisleithaniens 1911–1918. Vom Primat der Innenpolitik zum Primat der Kriegsentscheidung. In:

Ders. (Hg.): Die Habsburgermonarchie und der Erste Weltkrieg. 1. Teilband: Der Kampf um die Neuordnung Mitteleuropas. Teil 2: Vom Vielvölkerstaat Österreich-Ungarn zum neuen Europa der Nationalstaaten. Wien 2016, 1165–1256, hier 1199.

21 Leidinger, Hannes/Moritz, Verena: Der Erste Weltkrieg. Wien/Köln/Weimar 2011, 61; Kučera, Rudolf: Rationed Life. Science, Everyday Life, and Working-Class Politics in the Bohemian Lands, 1914–1918. New York/Oxford 2016, 22.

22 Fraydenegg-Monzello, Dorothea: Die Aufzeichnungen des Sektionschefs im Ackerbauministerium Anton Freiherr von Pantz. Memoirenliteratur als Quelle für den Historiker. Diplomarbeit Graz 1990, 130.

23 Rauchensteiner, Manfried: Der Tod des Doppeladlers. Österreich-Ungarn und der Erste Weltkrieg. Graz/Wien/Köln 1993, 410.

24 Sandgruber, Roman: Ökonomie und Politik. Österreichische Wirtschaftsgeschichte vom Mittelalter bis zur Gegenwart. Wien 1995, 326.

25 Rauchensteiner, Der Todes Doppeladlers, 410.

26 Losová, 239.

27 Ebd., 284f.

28 Moritz, Verena/Leidinger, Hannes: Zwischen Nutzen und Bedrohung. Die russischen Kriegsgefangenen in Österreich (1914–1921). Bonn 2005, 184.

29 Zit. nach ebd., 183.

30 Zit. nach ebd., 184.

31 Zit. nach ebd., 182.

32 Zit. nach ebd.

33 Fraydenegg, 130f.

34 Ebd., 72f.

35 Ebd., 72–78.

36 Zit. nach Moritz/Leidinger, Zwischen Nutzen und Bedrohung, 181.

37 Toth, Marie: Schwere Zeiten. Aus dem Leben einer Ziegelarbeiterin. Bearbeitet von Michael Hans Salvesberger. Wien/Köln/Weimar 1992, 43–45.

38 Ebd., 42 und 50.

39 Landwehr von Pragenau, Ottokar: Hunger. Die Erschöpfungsjahre der Mittelmächte 1917/18. Zürich/Leipzig/Wien 1931, 22.

40 Rauchensteiner, Der Tod des Doppeladlers, 411f.

41 Zit. nach ebd., 411.

42 Kučera, Rationed Life, 130–157.

43 Augeneder, Sigrid: Arbeiterinnen im Ersten Weltkrieg. Lebens- und Arbeitsbedingungen proletarischer Frauen in Österreich. Wien 1987, 197.

44 Moritz/Leidinger, Zwischen Nutzen und Bedrohung, 133.
45 Ebd., 140.
46 Zit. nach ebd. 139f.
47 Zit. nach Moritz, Verena: 1917. Österreichische Stimmen zur Russischen Revolution. Mit einem Beitrag von Wolfgang Maderthaner. Salzburg/Wien 2017, 20.
48 Zit nach ebd.
49 Zit. nach ebd., 23.
50 Zit. nach ebd., 24.
51 Czernin, Ottokar: Im Weltkriege. Berlin/Wien 1919, 199.
52 Höglinger, Felix: Ministerpräsident Heinrich Graf Clam-Martinic. Graz/Köln 1964, 166–171.
53 Fellner, Fritz (Hg.): Schicksalsjahre Österreichs 1908–1919. Das politische Tagebuch Josef Redlichs. II. Band 1915–1919. Graz/Köln 1954, 199.
54 Reichspost v. 22.4.1917, 1–3.
55 Moritz, 1917, 26f.
56 Czernin, Im Weltkriege, 229f.
57 Moritz, 1917, 28f.
58 Vgl. Kershaw, Ian: Höllensturz. Europa 1914 bis 1949. 3. Aufl. München 2016, 107.
59 Rauchensteiner, Der Tod des Doppeladlers, 439.
60 Leidinger/Moritz, Der Erste Weltkrieg, 40 und 66f.
61 Ebd., 67.
62 Moritz, 1917, 112.
63 Figes, Orlando: Die Tragödie eines Volkes. Die Epoche der russischen Revolution 1891–1924. Berlin 2008, 574.
64 Rauchensteiner, Der Tod des Doppeladlers, 527 und 537ff.
65 Dornik, Wolfram: Besatzungswirklichkeit(en). In: Leidinger, Hannes/Moritz, Verena/Moser, Karin/Dornik, Wolfram: Habsburgs schmutziger Krieg. Ermittlungen zur österreichisch-ungarischen Kriegsführung 1914–1918. St. Pölten/Salzburg/Wien 2014, 171–189, hier 183.
66 Schnell, Felix: Räume des Schreckens. Gewalt und Gruppenmilitanz in der Ukraine 1905–1933. Hamburg 2012, 173.
67 Dornik, 182.
68 Rauchensteiner, Manfried: Der Erste Weltkrieg und das Ende der Habsburgermonarchie 1914–1918. Wien/Köln/Weimar 2013, 478–480, 491 und 504–506.
69 Rauchensteiner, Der Tod des Doppeladlers, 509.
70 Leidinger/Moritz, Der Erste Weltkrieg, 36 und 38f.
71 Dornik, 178f.

72 Moritz, 1917, 113.
73 Ehrenpreis, Petronilla: Kriegs- und Friedensziele im Diskurs. Regierung und deutschsprachige Öffentlichkeit Österreich-Ungarns während des Ersten Weltkriegs. Innsbruck/Wien/Bozen 2005, 127–129, 143f., 150, 153f., 184f.; Zu den expansionistischen beziehungsweise imperialistischen Plänen der Monarchie auch: Kolm, Evelyn: Die Ambitionen Österreich-Ungarns im Zeitalter des Hochimperialismus. Frankfurt am Main/Berlin/Bern/Bruxelles/New York/Oxford/Wien 2001, 307.
74 Ehrenpreis, 146, 151, 157 und 183.
75 Ebd., 157 und 183.
76 Saage, Richard: Der erste Präsident. Karl Renner – eine politische Biografie. Wien 2016, 92–95.
77 Ehrenpreis, 165–168.
78 Ebd., 122 und 138.
79 Ebd., 114, 140, 153, 156, 164f., 177, 183.
80 Ebd., 114 und 177.
81 Leidinger/Moritz, Der Erste Weltkrieg, 36, 39f. und 45.
82 Zit. nach Rauchensteiner, Der Tod des Doppeladlers, 512.
83 Ebd., 512.
84 Ebd., 467–469 und 509; Dornik, 177–180.
85 K.u.k. MGG in Serbien, Halbmonatsbericht der K- und Passkontrollstellen für die Zeit vom 25. Juli bis 10. August 1916, K-Stelle Šabac, in: Arhiv Srbije (AS), VGG u Srbiji, Section 17: Obaveštajno (Nachrichten-Abteilung), Nr. 6, 2.
86 Mitrović, Andrej: Serbia's Great War 1914–1918. London 2007, 247 und 253–262; Hautmann, Hans: Die österreichisch-ungarische Armee auf dem Balkan. In: Seidler, Franz W./Zayas, Alfred M. de (Hg.): Kriegsverbrechen in Europa und im Nahen Osten im 20. Jahrhundert. Hamburg/Berlin/Bonn 2002, 36–41, hier 41; Über das Vorgehen der k.u.k. Truppen in diesem Zusammenhang siehe auch: Österreichisches Staatsarchiv (ÖSTA)/HHSTA PA I Liasse Krieg 32 i-k Serbien Kt. 976.
87 Vgl. Leidinger, Hannes: Zeit der Wirren. Revolutionäre Umwälzungen und bewaffnete Auseinandersetzungen im ehemaligen Zarenreich 1917–22. In: Dornik, Wolfram/Kasianov, Georgiy/Leidinger, Hannes/Lieb, Peter/Miller, Alexey/Musial, Bogdan/Rasevyč, Vasyl': Die Ukraine zwischen Selbstbestimmung und Fremdherrschaft 1917–1922. Graz 2011, 29–60.
88 Telegramm Czernins aus Brest-Litowsk an Flotow für Ministerpräsidenten Seidler, 17.1.1918, in: ÖSTA/HHSTA PA I Nachlass Czernin Karton 1092a.

89 Handschreiben Kaiser Karls an Böhm-Ermolli, 31.3.1918, in: ÖSTA/KA, Feldakten, AOK, OpAbt, Kt. 468, Nr. 1372.
90 Leidinger, Hannes: Ordnung schaffen. In: Ders./Moritz, Verena/Moser, Karin/Dornik, Wolfram: Habsburgs schmutziger Krieg. Ermittlungen zur österreichisch-ungarischen Kriegsführung 1914–1918. St. Pölten/Salzburg/Wien 2014, 145–170, hier 169f.
91 Rauchensteiner, Der Tod des Doppeladlers, 470f.; Bertényi, Iván: Eine symbolische Nebenfigur. König Karl IV. im Spiegel der Memoiren ungarischer Politiker. In: Gottsmann, Andreas (Hg.): Karl I. (IV.), der Erste Weltkrieg und das Ende der Donaumonarchie, Wien 2007, 247–268, hier 248f.
92 Bertényi, 249f.
93 Gottsmann, Andreas: Einleitung. In: Ders. (Hg.): Karl I. (IV.), der Erste Weltkrieg und das Ende der Donaumonarchie, Wien 2007, 9–12, hier 12.
94 Für die Tschechen etwa: Šedivý, Ivan: Der Einfluss des Ersten Weltkrieges auf die tschechische Politik. In: Rumpler, Helmut (Hg.): Die Habsburgermonarchie und der Erste Weltkrieg. 1. Teilband: Der Kampf um die Neuordnung Mitteleuropas. Teil 2: Vom Vielvölkerstaat Österreich-Ungarn zum neuen Europa der Nationalstaaten. Wien 2016, 711–734, hier 730f. Allgemein: Rumpler, 1207.
95 Galandauer, Jan: Der misslungene Kampf des letzten Königs von Böhmen um die Rettung seines Thrones. In: Gottsmann, Andreas (Hg.): Karl I. (IV.), der Erste Weltkrieg und das Ende der Donaumonarchie, Wien 2007, 147–152, hier 150f.
96 Trogrlić, Marko: Die Südslawische Frage als Problem der österreichisch-ungarischen und internationalen Politik. In: Rumpler, Helmut (Hg.): Die Habsburgermonarchie und der Erste Weltkrieg. 1. Teilband: Der Kampf um die Neuordnung Mitteleuropas. Teil 2: Vom Vielvölkerstaat Österreich-Ungarn zum neuen Europa der Nationalstaaten. Wien 2016, 965–1015, 1009; Galandauer, 149f.; Lukan, Walter: Die slowenische Politik und Kaiser Karl. In: Gottsmann, Andreas (Hg.): Karl I. (IV.), der Erste Weltkrieg und das Ende der Donaumonarchie, Wien 2007, 159–186, hier 162; Rauchensteiner, Der Tod des Doppeladlers, 449.
97 Zit. nach Pollmann, Ferenc: Die Ostfront des „Großen Krieges" – aus ungarischer Sicht. In: Bachinger, Bernhard/Dornik, Wolfram (Hg.): Jenseits des Schützengrabens. Der Erste Weltkrieg im Osten: Erfahrung – Wahrnehmung – Kontext. Innsbruck/Wien/Bozen 2013, 87–104, hier 103.
98 Lein, Richard: Pflichterfüllung oder Hochverrat? Die tschechischen Soldaten Österreich-Ungarns im Ersten Weltkrieg. Wien/Berlin 2011, 9–11 und 417–419.

99 Zit. nach Szlanta, Piotr: Unter dem sinkenden Stern der Habsburger. Die Ostfronterfahrung polnischer k. u. k. Soldaten. In: Bachinger, Bernhard/Dornik, Wolfram (Hg.): Jenseits des Schützengrabens. Der Erste Weltkrieg im Osten: Erfahrung – Wahrnehmung – Kontext. Innsbruck/Wien/Bozen 2013, 139–156, hier 142.

100 Szlanta, Unter dem sinkenden Stern der Habsburger, 144–148.; Meyer, Enno: Grundzüge der Geschichte Polens. 3., erweiterte Aufl. Darmstadt 1990, 76.

101 Höbelt, Lothar: „Stehen oder Fallen?" Österreichische Politik im Ersten Weltkrieg. Wien/Köln/Weimar 2015, 65–68.

102 Szlanta, Piotr: Der lange Abschied der Polen von Österreich. In: Rumpler, Helmut (Hg.): Die Habsburgermonarchie und der Erste Weltkrieg. 1. Teilband: Der Kampf um die Neuordnung Mitteleuropas. Teil 2: Vom Vielvölkerstaat Österreich-Ungarn zum neuen Europa der Nationalstaaten. Wien 2016, 813–851, hier 833–839, 834f.; Meyer, 76f.

103 Szlanta, Der lange Abschied der Polen von Österreich, 836–839; Rauchensteiner, Der Tod des Doppeladlers, 449; Szlanta, Unter dem sinkenden Stern der Habsburger, 148.

104 Rasevyč, Vasyl': Ein habsburgischer König für die Ukraine? Wilhelm von Habsburg und Kaiser Karl I. In: Gottsmann, Andreas (Hg.): Karl I. (IV.), der Erste Weltkrieg und das Ende der Donaumonarchie, Wien 2007, 223–230, hier 226.

105 Höbelt, „Stehen oder Fallen?", 90f.

106 Rumpler, 1227; Höbelt, Lothar: Karl I., der „Teufelspuk" und die Deutschböhmen. In: Gottsmann, Andreas (Hg.): Karl I. (IV.), der Erste Weltkrieg und das Ende der Donaumonarchie, Wien 2007, 47–58, hier 53.

107 Höbelt, „Stehen oder Fallen?", 87f.

108 Rauchensteiner, Der Tod des Doppeladlers, 456f.

109 Ebd., 451 und 540.

110 Höbelt, „Stehen oder Fallen?", 67.

111 Galandauer, 152.

112 Šedivý, 732; Hoesch, Jörg K.: Geschichte der Tschechoslowakei. 3., verbesserte und erweiterte Auflage. Stuttgart/Berlin/Köln 1992, 25.

113 Zit. nach Lukan, 173.

114 Zit. nach ebd., 174.

115 Pilsner Tagblatt, Nr. 6 v. 7.1.1913, 2.

116 Street, C.J.C.: President Masaryk. In: Traitor-Patriots in the Great War: Casement and Masaryk. A Belfast Magazine, No. 23, 12–21, hier 17f.

117 Šedivý, 717f.; Street, 19–21; Rauchensteiner, Der Tod des Doppeladlers, 191f.

118 Rauchensteiner, Der Tod des Doppeladlers, 29; Street, 20.
119 Rumpler, 1226f.
120 Hoesch, 18f.
121 Rumpler, 1227.
122 Hanak, 574.
123 Rauchensteiner, Der Tod des Doppeladlers, 553f.
124 Dazu auch: Trogrlić, 1000f.
125 Ebd., 557f.
126 Dazu vor allem: Tooze, Adam: Sintflut. Die Neuordnung der Welt 1916–1931. München 2015, 247f. Vgl. Neck, Rudolf (Hg.): Österreich im Jahr 1918. Berichte und Dokumente. Wien 1968, 23f.
127 Rauchensteiner, Der Tod des Doppeladlers, 530f.
128 Leidinger/Moritz, Gefangenschaft, Revolution, Heimkehr, 508; Rauchensteiner, Der Tod des Doppeladlers, 554–559.
129 Höbelt, „Stehen oder Fallen?", 234f.
130 Ebd., 234.
131 Neck, 50.
132 Zit. nach Hanak, 580.
133 Zit. nach ebd., 580f.
134 Vgl. Höbelt, „Stehen oder Fallen?", 239.
135 Zit. nach Hanak, 582.
136 Zit. nach ebd.
137 Zit. nach ebd., 583; vgl. Šedivý, 732.
138 Meyer, 76.
139 Höbelt, „Stehen oder Fallen?", 241f.
140 Leidinger/Moritz, Gefangenschaft, Revolution, Heimkehr, 377–407.
141 Ebd., 409.
142 Höbelt, „Stehen oder Fallen?", 242.
143 Hanak, 583f.; Šedivý, 732.
144 Rauchensteiner, Der Tod des Doppeladlers, 570f.
145 Zit. nach Kučera, Rudolf: Entbehrung und Nationalismus. Die Erfahrung tschechischer Soldaten der österreichisch-ungarischen Armee 1914–1918. In: Bachinger, Bernhard/Dornik, Wolfram (Hg.): Jenseits des Schützengrabens. Der Erste Weltkrieg im Osten: Erfahrung – Wahrnehmung – Kontext. Innsbruck/Wien/Bozen 2013, 105–120, 133.
146 Zit. nach ebd., 131.
147 Zit. nach Jakovina, Tvrtko: Ein großer Krieg, über den niemand spricht. Kroaten, bosnische Muslime und Serben an der russischen Front (1914–1918). In: Bachinger, Bernhard/Dornik, Wolfram (Hg.): Jenseits des Schützengrabens. Der Erste Weltkrieg im Osten: Erfah-

rung – Wahrnehmung – Kontext. Innsbruck/Wien/Bozen 2013, 105–120, hier 113.

148 Rauchensteiner, Der Tod des Doppeladlers, 571.
149 Ebd., 573–576.
150 Ebd., 576–581.
151 Stenographische Protokolle des Abgeordnetenhauses des Reichrates (St. Prot. d. AH. d. RR), XXII. Session, 81. Sitzung v. 24.7.1918, 24 und 29.
152 Zit. nach Leidinger/Moritz, Gefangenschaft, Revolution, Heimkehr, 479.
153 Dazu etwa: Praeg, Franz: Kriegsgefangen in asiatischen Steppen. Dornbirn 1926, 257.
154 Zum Beispiel: K.u.k. Militärgeneralgouvernement Lublin an den Chef des Ersatzwesens betreffend Heimkehr 1918, in: ÖSTA/KA, Chef des Ersatzwesens 1918: 63–6/45.
155 Leidinger/Moritz, Gefangenschaft, Revolution, Heimkehr, 465.
156 Ebd., 464–468.
157 Plaschka, Richard/Haselsteiner, Horst/Suppan, Arnold: Innere Front. Militärassistenz, Widerstand und Umsturz in der Donaumonarchie 1918. Bd. 1. Wien 1974, 288.
158 Trogrlić, 992–994.
159 Vgl. die Einschätzung bei Moll, Martin: Die Steiermark im Ersten Weltkrieg. Der Kampf des Hinterlandes ums Überleben 1914–1918. Wien/Graz/Klagenfurt 2014, 146.
160 Leidinger/Moritz, Gefangenschaft, Revolution, Heimkehr, 483f.
161 Rauchensteiner, Der Erste Weltkrieg, 928.
162 Die Schilderung und alle Zitate dieses Absatzes folgen im Wesentlichen der Darstellung in: Leidinger/Moritz, Gefangenschaft, Revolution, Heimkehr, 480. Außerdem: Moll: Die Steiermark, 146.
163 Zit. nach Plaschka/Haselsteiner/Suppan, Bd. 1, 62f.
164 Leidinger/Moritz, Der Erste Weltkrieg, 64.
165 Trogrlić, 994–997; Plaschka/Haselsteiner/Suppan, Bd. 2, 73, 80, 89, 92, 97f. und 192.
166 Kerchnawe, Hugo: Der Zusammenbruch der Donaumonarchie. In: Bley, Wulf (Hg.): Revolutionen der Weltgeschichte. Zwei Jahrtausende Revolutionen und Bürgerkriege. 2. Bd. München 1933, 5–30, hier 21. Vgl. Leidinger/Moritz, Gefangenschaft, Revolution, Heimkehr, 480f.
167 Kerchnawe, 19; Berichte über „revolutionäre Kriegsgefangene", „kommunistische Rächer", terroristische Attentate und Sabotageakte, 1918, in: ÖSTA/AVA, MdI/Präs. 22. Unruhen und Exzesse 1918: Fasz. 2077, 2078, 11.469, 18.119, 19.238, 20.949, 20.202.

168 Neck, 26–30; Leidinger/Moritz, Der Erste Weltkrieg, 65.
169 Plaschka/Haselsteiner/Suppan, Bd. 1, 159–161; Neck, 31–33.
170 Zit. nach ebd., 162.
171 Rumpler, 1230f.
172 Ebd., 1231–1235; Rauchensteiner, Der Tod des Doppeladlers, 582f.
173 Rauchensteiner, Der Tod des Doppeladlers, 583f.; Rumpler, 1235 und 1238.
174 Plaschka/Haselsteiner/Suppan, Bd. 2, 31 und 43f.
175 Deutsch, Julius: Kriegserlebnisse eines Friedliebenden. Aufzeichnungen aus dem Ersten Weltkrieg. Hg. von Michaela Maier und Georg Spitaler. Wien 2016, 29.
176 Plaschka/Haselsteiner/Suppan, Bd. 2, 123–126.
177 Rumper, 1243; Lukan, 178.
178 Sedivý, 733; Hoensch, 25.
179 Judson, 547f.
180 Zit. nach ebd., 549.
181 Neues Wiener Tagblatt, Nr. 67 v. 9.3.1913, 1.
182 Judson, 548.
183 Cole, Laurence: Military Culture and Popular Patriotism on Late Imperial Austria. Oxford 2014, 320–322.
184 Národni Filmový Archiv (ed.), Praga-Film (1917) 1918–1920 (1921) Inventář, Prag: NFA, 2004, 3f.
185 Dazu demnächst Ergebnisse eines umfangreichen filmgeschichtlichen Forschungsprojekts.
186 Aus der Nummer der „Kinowoche" vom 11. Februar 1917, in: ÖSTA/HHStA, 27 Presseleitung Literarisches Büro, Kt. 98; Hochedlinger, Michael (Bearb.): „Erdäpfelvorräte waren damals wichtiger als Akten." Die Amtschronik des Generals Maximilian Ritter von Hoen, Direktor des Kriegsarchivs. Mitteilungen des Österreichischen Staatsarchivs, Nr. 58, Wien 2015, 233.
187 Cole, 322.
188 Gottsmann, Andreas: Die Wiener Nuntiatur und Kaiser Karl. In: Ders. (Hg.): Karl I. (IV.), der Erste Weltkrieg und das Ende der Donaumonarchie. Wien 2007, 93–118, hier 112.
189 Sedivý, 732; Hoensch, 25.
190 Plaschka/Haselsteiner/Suppan, Bd. 2, 143–147.
191 Zit. nach ebd., 160.
192 Zit. nach Judson, 554; vgl. Sedivý, 733.
193 Vgl. Allgemeiner Tiroler Anzeiger, Nr. 224 v. 1.10.1918, 1; Rumpler, 1246; Rauchensteiner, Der Tod des Doppeladlers, 603.
194 Vgl. St. Prot. d. AH. d. RR, XXII. Session, 92. Sitzung v. 22.10.1918, 4641.

195 Rumpler, 1252; Rauchensteiner, Der Tod des Doppeladlers, 605.
196 Zit. nach Lukan, 179; Judson 550.
197 Trogrlić, 1013.
198 Szlanta, Der lange Abschied der Polen von Österreich, 845; Judson, 55f.
199 Judson, 55f.; Rauchensteiner, Der Tod des Doppeladlers, 604f.
200 St. Prot. d. AH. d. RR, XXII. Session, 92. Sitzung v. 22.10.1918, 4637–4640; Rumpler, 1249; Rauchensteiner, Der Tod des Doppeladlers, 607f.
201 Rauchensteiner, Der Tod des Doppeladlers, 607f.
202 Trogrlic, 1003–1009.
203 Sedivý, 733; Lukan, 168; Neck, 67; Hoesch, 22.
204 Sedivý, 734.
205 Judson, 553; Sedivý, 734; Sachslehner, Johannes: 1918. Die Stunden des Untergangs. Wien 2005, 106 und 113; Hoensch, 25.
206 Hoensch, 26f.; Sachslehner, 175 und 255.
207 Kovác, Dusan: Die Flucht der Slowaken aus dem ungarischen Staatsverband. In: Rumpler, Helmut (Hg.): Die Habsburgermonarchie und der Erste Weltkrieg. 1. Teilband: Der Kampf um die Neuordnung Mitteleuropas. Teil 2: Vom Vielvölkerstaat Österreich-Ungarn zum neuen Europa der Nationalstaaten. Wien 2016, 735–765, hier 763f.
208 Suppan, Arnold: Die imperialistische Friedensordnung Mitteleuropas in den Verträgen von Saint-Germain und Trianon. In: Rumpler, Helmut (Hg.): Die Habsburgermonarchie und der Erste Weltkrieg. 1. Teilband: Der Kampf um die Neuordnung Mitteleuropas. Teil 2: Vom Vielvölkerstaat Österreich-Ungarn zum neuen Europa der Nationalstaaten. Wien 2016, 1257–1341, hier 1260; Rauchensteiner, Der Tod des Doppeladlers, 621; Rumpler, 1255.
209 Suppan, 1258f.; Leidinger/Moritz, Gefangenschaft, Revolution, Heimkehr, 510.
210 Trogrlić, 1014f.; Suppan, 1259.
211 Zit. nach Trogrlić, 1015.
212 Leidinger/Moritz, Gefangenschaft, Revolution, Heimkehr, 510.
213 Szlanta, Der lange Abschied der Polen von Österreich, 846–849.
214 Vgl. St. Prot. d. AH. d. RR, XXII. Session, 92. Sitzung v. 22.10.1918, 4641–4657.
215 Kovác, 762.
216 Zit. nach Plaschka/Haselsteiner/Suppan, Bd. 2, 272; vgl. Rauchensteiner, Der Tod des Doppeladlers, 618f.
217 Leidinger/Moritz, Gefangenschaft, Revolution, Heimkehr, 511; Sachslehner, 270.

218 Rauchensteiner, Der Tod des Doppeladlers, 618.
219 Ebd., 611; Rumpler, 1255.
220 Zur „Zusammenfassung des deutschen Volkes in Österreich" siehe auch: Arbeiter-Zeitung, Nr. 267 v. 1.10.1918, 1.
221 Brauneder, Wilhelm: Die Verfassungssituation 1918: ein Staat entsteht, ein Staat geht unter. In: Karner, Stefan/Mikoletzky, Lorenz (Hg.): Österreich. 90 Jahre Republik. Beitragsband der Ausstellung im Parlament. Innsbruck/Wien/Bozen 2008, 15–23, hier 17.
222 Unter anderem: Arbeiterwille, Nr. 203 v. 6.11.1918, 4.
223 St. Prot. d. AH. d. RR, XXII. Session, 92. Sitzung v. 22.10.1918, 4660.
224 Ebd., 4662f.
225 Ebd., 4667.
226 Ebd., 4668–4670f.
227 Arbeiter-Zeitung, Nr. 303 v. 12.11.1918, 5.
228 Reichspost, Nr. 522 v. 12.11.1918, 1.
229 Arbeiter-Zeitung, Nr. 303 v. 12.11.1918, 5.
230 Ebd.
231 Reichspost, Nr. 522 v. 12.11.1918, 1.
232 Neue Freie Presse, Nr. 19475 v. 12.11.1918, 1.
233 Reichspost, Nr. 522 v. 12.11.1918, 5.
234 Pester Lloyd, Nr. 267 v. 14.11.1918, 2.
235 Suppan, 1259; Rauchensteiner, Der Tod des Doppeladlers, 619.
236 Leidinger/Moritz, Gefangenschaft, Revolution, Heimkehr, 511f.; Neck, 108f.
237 Pester Lloyd, Nr. 270 v. 17.11.1918, 1.

Das Erbe

1 Leidinger, Hannes/Moritz, Verena: Der Erste Weltkrieg. Wien/Köln/Weimar 2011, 69f. und 76f.
2 Hildermeier, Manfred: Russische Revolution. Frankfurt am Main 2004, 78; Leidinger/Moritz: Der Erste Weltkrieg, 78.
3 Judson, Pieter M.: Habsburg. Geschichte eines Imperiums 1740–1918. München 2017,
4 Dazu auch: Timms, Edward: Citizenship and „Heimatrecht" after the Treaty of Saint-Germain. In: Robertson, Ritchie/Timms, Edward (Hg.): The Habsburg Legacy. National Identity in Historical Perspective. Edinburgh 1994, 158–168, hier 159f.
5 Moritz, Verena/Leidinger, Hannes: Zwischen Nutzen und Bedrohung. Die russischen Kriegsgefangenen in Österreich (1914–1921). Bonn 2005, 276.

6 Plaschka, Richard/Haselsteiner, Horst/Suppan, Arnold: Innere Front. Militärassistenz, Widerstand und Umsturz in der Donaumonarchie 1918. Bd. 1. Wien 1974, 316.
7 Ebd., 301–306.
8 Judson, 559f.
9 Ebd., 562; Suppan, Arnold: Die imperialistische Friedensordnung Mitteleuropas in den Verträgen von Saint-Germain und Trianon. In: Rumpler, Helmut (Hg.): Die Habsburgermonarchie und der Erste Weltkrieg. 1. Teilband: Der Kampf um die Neuordnung Mitteleuropas. Teil 2: Vom Vielvölkerstaat Österreich-Ungarn zum neuen Europa der Nationalstaaten. Wien 2016, 1257–1341, hier 1296–1302.
10 Zit. nach Suppan, 1276.
11 Suppan, 1276.
12 Arbeiter-Zeitung, Nr. 311 v. 14.11.1918, 3.
13 Illustriertes Österreichisches Journal, Nr. 1369 v. 25.11.1918, 2.
14 Grazer Mittags-Zeitung, Nr. 280 v. 6.12.1918, 4.
15 Hoensch, Jörg K.: Geschichte Ungarns 1867–1983. Stuttgart/Berlin/Köln/Mainz 1984, 99–102; Suppan, 1308f.
16 Moritz, Verena/Leidinger, Hannes/Jagschitz, Gerhard: Im Zentrum der Macht. Die vielen Gesichter des Geheimdienstchefs Maximilian Ronge. St. Pölten/Salzburg 2007, 186.
17 Ebd., 195f.; vgl. Moos, Carlo: Habsburg post mortem. Betrachtungen zum Weiterleben der Habsburgermonarchie. Wien/Köln/Weimar 2016, 257.
18 Suppan, 1329f.
19 Ebd., 1314 und 1330; Leidinger/Moritz, Der Erste Weltkrieg, 81.
20 Suppan, 1330–1333.
21 Zit. nach ebd., 1334.
22 Suppan, 1341.
23 Stenographische Protokolle des Abgeordnetenhauses des Reichsrates (St. Prot. d. AH. d. RR), XXII. Session, 92. Sitzung v. 22.10.1918, 4662f.
24 Robertson, Ritchie/Timms, Edward: Preface. In: Dies. (Hg.): The Habsburg Legacy. National Identity in Historical Perspective. Edinburgh 1994, VIII–X.
25 Moos, 82; Leidinger, Hannes/Moritz, Verena: Die Republik Österreich 1918/2008. Überblick, Zwischenbilanz, Neubewertung. Wien 2008, 45 und 266ff.
26 Zit. nach Altermann, Urs: Österreich und die Schweiz – Vielfältige Nachbarschaftsbeziehungen. In: Koch, Klaus/Rauscher, Walter/Suppan, Arnold/Vyslonzil, Elisabeth (Hg.): Von Saint-Germain zum Belvedere. Österreich und Europa 1919–1955. Wien 2007, 172–185, hier 175f.

27 Rumpler, Helmut: Die Todeskrise Cisleithaniens 1911–1918. Vom Primat der Innenpolitik zum Primat der Kriegsentscheidung. In: Ders. (Hg.): Die Habsburgermonarchie und der Erste Weltkrieg. 1. Teilband: Der Kampf um die Neuordnung Mitteleuropas. Teil 2: Vom Vielvölkerstaat Österreich-Ungarn zum neuen Europa der Nationalstaaten. Wien 2016, 1165–1256, hier 1256.
28 Zit. nach ebd.
29 Leidinger, Hannes/Moritz, Verena: Gefangenschaft, Revolution, Heimkehr. Die Bedeutung der Kriegsgefangenenproblematik für die Geschichte des Kommunismus in Mittel- und Osteuropa 1917–1920. Wien/Köln/Weimar 2003, 515.
30 Gosudarstvennyj Archiv Rossijskoj Federacii (GARF), f. 3333, op. 3, d. 493, Rossijskij Gosudarstvennyj Archiv Social'no-Političeskoj Istorii (RGASPI), f. 549, op. 1, d. 7; Österreichisches Staatsarchiv (ÖSTA)/KA, KM/Nachlass Raabl-Werner, B7141:4, I. Teil; ÖSTA/KA, liqu. KM/10. Abt./Kgf. 1919: 10–7/7–33; ÖSTA/AdR, BKA/KGF, 1919: 24–14/3–2 bzw. 1919: 24–21/20. Außerdem bezüglich Deutschland: Striegnitz, Sonja: Deutsche Internationalisten in Sowjetrussland 1917–1918. Proletarische Solidarität im Kampf um die Sowjetmacht, Berlin 1979, 221; Debo, Richard K.: Survival and Consolidation. The Foreign Policy of Soviet Russia, 1918–1921, London/Buffalo 1992, 13.
31 Hajdu, Tibor: The Hungarian Soviet Republic. Budapest 1979, 41f.
32 RGASPI, f. 498, op. 1, d. 2, l. 24 sowie f. 509, op. 2, d. 2, l. 3f.; Le Ministre des Affaires étrangères, Paris le 2.7.1925, in: Archives des Affaires Étrangères, Archives de l'administration centrale (AAÉ, AAC)/AP, Z-Europe, URSS 1918–1929, Politique étrangère, Relations entre l'Autriche et l'URSS, sowie Leidinger/Moritz, Gefangenschaft, Revolution, Heimkehr, 644f.
33 Österreichische Gesandtschaft Moskau, 10.7.1924 und 8.7.1927, in: ÖSTA/AdR, BMfA/NPA, Liasse Russland 5/5–5/18.
34 Austria. Annual Report, 1924, 16, in: The National Archives (TNA), FO 371/10662.
35 Le Ministre des Affaires étrangères, Paris le 2.7.1925, in: AAÉ, AAC/AP, Z-Europe, URSS 1918–1929, Politique étrangère, Relations entre l'Autriche et l'URSS.
36 Politisches Archiv des Auswärtigen Amts (PAAA), Botschaft Wien, Geheimakten 70, Berlin, 20.1.1932.
37 Ebd., Auswärtiges Amt, Berlin, 2.3.1932.
38 Gemes, Andreas: Der Tardieu-Plan und Österreich. Politische und wirtschaftliche Aspekte eines mitteleuropäischen Integrationsversuches, in: Zeitgeschichte, Heft 5, Sept./Okt. 2006, 261–286, hier 268f.

39 Ebd., 271.
40 Ebd., 280f.
41 Ormos, Mária: Ein internationaler Versuch zur Rettung der Unabhängigkeit Österreichs, in: Stourzh, Gerald/Zaar, Brigitta (Hg.): Österreich, Deutschland und die Mächte. Internationale und österreichische Aspekte des „Anschlusses" vom März 1938. Wien 1990, 131–142, hier 132f.
42 Further Correspondance respecting Central Europe. Part II, October 1925, in: TNA, FO 404/2.
43 Bátonyi, Gábor: Anglo-Austrian Relations between the Wars. In: Koch, Klaus/Rauscher, Walter/Suppan, Arnold/Vyslonzil, Elisabeth (Hg.): Von Saint-Germain zum Belvedere. Österreich und Europa 1919–1955. Wien 2007, 115–128, hier 118f.
44 Koch, Klaus/Rauscher, Walter/Suppan, Arnold, Vyslonzil, Elisabeth (Hg.): Außenpolitische Dokumente der Republik Österreich 1918–1938 (ADÖ). Wien 1993–2009. Hier: ADÖ 6/886, Besprechung Bundeskanzler Seipel mit deutschem Reichskanzler Marx und deutschem Außenminister Stresemann am 14. November 1927 in Wien, 170.
45 Leidinger/Moritz, Die Republik Österreich, 46.
46 Further Correspondance respecting Central Europe. Part XII, January to June 1926, Treaties and Conventions designed to prevent the Restoration of the Habsburgs und Suggestions as to Future Policy, in: TNA, FO 404/12.
47 Auswärtiges Amt, 3.12.1930, in: PAAA, Botschaft Wien, Geheimakten 37.
48 Deutsche Gesandtschaft Wien, 10.3.1934, in: PAAA, Habsburger Frage, 386.
49 Ebd., 18.4.1934.
50 Izvestija, 28.10.1935, in: ÖSTA/AdR, BMfA/NPA, Liasse Russland I/1 1935–1938.
51 PAAA, BA 60.969, Auswärtiges Amt, Sammlung der Aufzeichnungen des Reichsaußenministers über seine Besprechungen mit fremden Diplomaten und Staatsmännern, 20.11.1936; vgl. PAAA, BA 60970, Auswärtiges Amt, Sammlung der Aufzeichnungen des Reichsaußenministers über seine Besprechungen mit fremden Diplomaten und Staatsmännern, 27.2.1937.
52 Stourzh, Gerald: Die Außenpolitik der österreichischen Bundesregierung gegenüber der nationalsozialistischen Bedrohung, in: Stourzh, Gerald/Zaar, Brigitta (Hg.): Österreich, Deutschland und die Mächte. Internationale und österreichische Aspekte des „Anschlusses" vom März 1938. Wien 1990, 319–346, hier 340f.

53 The Economic Situation of Austria. Report presented to the Council of the League of Nations by W.T. Layton and Charles Rist. Provisional Draft, Geneva, 19.8.1925, 9f, in: TNA, FO 371/10661.
54 Ebd.
55 Österreichische Gesandtschaft Moskau, 20.12.1924, in: Verein Geschichte der Arbeiterbewegung (VGA), Militärverband, Karton 1, Mappe 3.
56 Correspondence respecting Central Europe, 1920, 33, in: TNA, FO 404/1.
57 The Economic Situation of Austria. Report presented to the Council of the League of Nations by W.T. Layton and Charles Rist. Provisional Draft, Geneva, 19.8.1925, 9, in: TNA, FO 371/10661.
58 Ebd., 28f. und 37f.
59 Arsenal. Österreichische Werke, G.A. Wien, X., Nr. 4, September 1923, 2, in: ÖSTA, NL Renner E/1731:131.
60 Archiv Vnešnej Politiki Rossijskoj Federacii (AVPRF), f. 066, op. 6, p. 102, d. 35, l. 16.
61 Österreichische Gesandtschaft Moskau, 20.12.1924, in: VGA, Militärverband, Karton 1, Mappe 2, Österreichische Mission Moskau, 26.10.1923, Mappe 3.
62 Légation de la République Francaise en Autriche, Vienne, le 8.3.1922, in: AAÉ, AAC/AP, Z-Europe, URSS 1918–1929, Politique étrangère, Relations entre l'Autriche et l'URSS.
63 Ebd., 1.1.1922.
64 Légation de la République Francaise en Autriche, Vienne, le 1.1.1922, in: AAÉ, AAC/AP, Z-Europe, URSS 1918–1929, Politique étrangère, Relations entre l'Autriche et l'URSS. Teichova, Alice: Wiens wechselhafte Rolle als Finanzzentrum in Europa während des 20. Jahrhunderts, in: Teichova, Alice (Hg.): Banken, Währung und Politik in Mitteleuropa zwischen den Weltkriegen. Wien 1997, 23–44, hier 38.
65 Teichova, Wiens wechselhafte Rolle als Finanzzentrum in Europa, 39f.
66 Leidinger/Moritz, Die Republik Österreich, 222.
67 Ebd., 34.
68 Austria. Annual Report, 1926, 23f, in: TNA, FO 371/12078.
69 Ebd., 371/10662, Austria. Annual Report, 1924, 11.
70 Leidinger/Moritz, Die Republik Österreich, 271ff.;
71 Leidinger/Moritz, Der Erste Weltkrieg, 66–69.
72 Maderthaner, Wolfgang: Das revolutionäre Prinzip. Arbeiterbewegung und Krieg (2). In: Pfoser, Alfred/Weigl, Andreas (Hg.): Im Epizentrum des Zusammenbruchs. Wien im Ersten Weltkrieg. Wien 213, 566–571, hier 571.
73 Hanisch, Ernst: Der große Illusionist. Otto Bauer (1881–1938). Wien/Köln/Weimar 2011, 144–148.

74 Hoensch, Geschichte Ungarns, 88f.
75 Ebd., 47 und 107f.
76 Hoensch, Jörg K.: Geschichte der Tschechoslowakei. Dritte, verbesserte und erweiterte Aufl. Stuttgart/Berlin/Köln 1992, 42.
77 Balcar, Jaromír: Instrument im Volkstumskampf? Die Anfänge der Bodenreform in der Tschechoslowakei 1919/20. In: Vierteljahreshefte für Zeitgeschichte 46, 1998, 391–428; Puttkammer, Joachim von: Die Tschechoslowakische Bodenreform von 1919. Soziale Umgestaltung als Fundament der Republik. In: Bohemia. Zeitschrift für Geschichte und Kultur der böhmischen Länder 46, 2005, 315–342.
78 Lukovic, Jovica: „Das Land soll dem gehören, der es selber bestellt." Die jugoslawische Agrarreform in der Zwischenkriegszeit – von der Landzuteilung zur Lösung der Bauernfrage? In: Sozialwissenschaftliches Journal 1, Heft 2, 2006, 36–54; Roszkowski, Wojciech: Landowners in Poland, 1918–1939. New York 1991, 27–32.
79 Leidinger, Hannes: Das Ausweichquartier. Ausländische Kommunisten in Österreich. In: McLoughlin, Barry/Leidinger, Hannes/Moritz, Verena: Kommunismus in Österreich 1918–1938. Innsbruck/Wien/Bozen 2009, 153–184, hier 156 und 165f.
80 Konrad, Helmut: Die „Bruchlinie 1918" – eine Einleitung. In: Karner, Stefan/Botz, Gerhard/Konrad, Helmut (Hg.): Epochenbrüche im 20. Jahrhundert. Beiträge. Wien/Köln/Weimar 2017, 17–19.
81 Leidinger/Moritz, Der Erste Weltkrieg, 87.
82 Osterhammel, Jürgen: Die Verwandlung der Welt. Eine Geschichte des 19. Jahrhunderts. München: Beck, 2009, 103; Stiasny, Philipp: Das Kino und der Krieg. Deutschland 1914–1929. München 2009, 7 und 10f.
83 Dazu ausführlich und mit Blick auf verschiedene Ausprägungen: Judson, 345–424.
84 Leidinger/Moritz, Die Republik Österreich, 166.
85 Moos, 89f. und 106.
86 Ebd., 104, 107 und 117.
87 Vgl. ÖSTA/KA, NL Kövess B/1000:64 und 65.
88 Doppelbauer, Wolfgang: Zum Elend noch die Schande. Das altösterreichische Offizierskorps am Beginn der Republik. Wien 1988, 106, 116–121 und 139ff.
89 Privater Nachlass Maximilian Ronge, Gerhard Jagschitz, Wien, Tagebuch, Eintragung v. 1.9.1919; Doppelbauer, 220ff. und 283; Holzer, Anton: Das Lächeln der Henker. Der unbekannte Krieg gegen die Zivilbevölkerung 1914–1918. Darmstadt 2014, 133–140.
90 Moritz/Leidinger/Jagschitz, 182; Holzer, 138f.

91 Zeitungsberichte, Vorwürfe, Geheimsitzung des österreichischen Abgeordnetenhauses v. Juli 1918 sowie Eingaben des Allgemeinen Schutzbundes für Kriegsteilnehmer, 1918/19, in: ÖSTA/KA, Kommission zur Erhebung militärischer Pflichtverletzungen, Kt. 3, 1919: A 1–180.
92 Staatssekretär für Heerwesen, Julius Deutsch, an das Feldgerichtsarchiv, 16.6.1919, in: ÖSTA/KA, Kommission zur Erhebung militärischer Pflichtverletzungen, Kt. 3, Sign. A 82/19.
93 Deutschösterreichisches Staatsamt für Heerwesen/Feldgerichtsarchivkommission betreffend die Aufgaben und Tätigkeit der Feldgerichtsarchivkommission, ohne Datum, in: ÖSTA/KA, Kommission zur Erhebung militärischer Pflichtverletzungen, Kt. 3, Sign. A 82/19.
94 Leidinger, Hannes: Welches Recht? In: Ders./Moritz, Verena/Moser, Karin/Dornik, Wolfram: Habsburgs schmutziger Krieg. Ermittlungen zur österreichisch-ungarischen Kriegsführung 1914–1918. St. Pölten/Salzburg/Wien 2014, 191–221, hier 217.
95 Holzer, 187.
96 St. Prot. d. AH. d. RR, XXII. Session, 21. Sitzung v. 15.7.1917, 1114.
97 Rumpler, Die Todeskrise Cisleithaniens, 1212–1214.
98 Ebd., 1217.
99 Stekl, Hannes (Hg.): „Höhere Töchter" und „Söhne aus gutem Haus". Bürgerliche Jugend in Monarchie und Republik. Wien/Köln/Weimar 1999, 179f.
100 Ebd., 194f.
101 Ebd., 207–209.
102 Natürlich als Anspielung auf: Zweig, Stefan: Die Welt von Gestern. Erinnerungen eines Europäers. (Aktueller: Köln 2013).
103 Stekl, 195.
104 Toth, Marie: Schwere Zeiten. Aus dem Leben einer Ziegelarbeiterin. Bearbeitet von Michael Hans Salvesberger. Wien/Köln/Weimar 1992, 60.
105 Ebd., 61.
106 Vošahlíková, Pavla (Hg.): Von Amts wegen. K.k. Beamte erzählen. Wien/Köln/Weimar 1998, 52f.
107 Losová, Jana (Hg.): Kindheit in Böhmen und Mähren. Wien/Köln/Weimar 1996, 262f.
108 Ebd., 265–267.
109 Ebd., 177 und 179.
110 Vošahlíková, 263.
111 Judson, 555.
112 Losová, 285.

113 Ebd., 262.
114 Judson, 555.
115 Losová, 269.
116 Kaes, Anton: Shell Shock Cinema. Weimar Culture and the Wounds of War. Princeton/Oxford 2009; Winter, Jay: Sites of memory, sites of mourning. The Great War in European cultural history. Cambridge 1995, 132 und 144.
117 Mazierska, Ewa: Between Parochialism and Universalism: World War One in Polish Cinematography. In: Paris, Michael (Hg.): The First World War and Popular Cinema. 1914 to the present. New Brunswick/New Jersey 2000, 192–216, hier 196f.; Šedivý, Ivan: Die Tschechoslowakischen Legionäre: ein historischer Mythos des 20. Jahrhunderts. In: Mythen und Politik im 20. Jahrhundert: Deutsche – Slowaken – Tschechen. Essen 2013, 91–99.
118 Dazu unter anderem: Liehm, Mira/Liehm, Antonín J.: The most important art. Eastern European Film after 1945. Berkeley 1977.
119 Ergebnisse zu diesem Themenbereich werden demnächst in einem vom Autor herausgegebenen englischsprachigen Sammelband mit dem Titel „Habsburg's Last War: The Filmic Memory (1918 to the present)" vorgestellt.
120 Leidinger/Moritz, Die Republik Österreich, 108f.
121 Sachslehner, Johannes: 1918. Die Stunden des Untergangs. Wien 2005, 106f.
122 Ebd., 107; Judson, 560.
123 Binder, Harald: Polen, Ruthenen, Juden. Politik und Politiker in Galizien 1897–1918. Teil II. Wien 1997, 39f.
124 Ebd., Teil I 195; Rauchensteiner, Der Tod des Doppeladlers, 611.
125 Sachslehner, 160f.
126 Moos, 258; Hoensch, Geschichte Ungarns, 152f.
127 Leidinger/Moritz, Die Republik Österreich, 108–113.
128 Beller, Steven: Geschichte Österreichs. Wien/Köln/Weimar 2007, 223–225.
129 Moos, 138.
130 Dazu auch: Krag, Helen Liesl: „Man hat gebraucht keine Reisegesellschaft ...". Wien/Köln/Graz 1988, 93f.
131 Judson, 571; Hoensch, Geschichte der Tschechoslowakei, 42.
132 Balcar, 391–428; Puttkammer, 315–342.
133 Zur Beurteilung: Suppan, 1335–1341.
134 Hoensch, Geschichte Ungarns, 106–112, 125 und 129.
135 Moos, 17.
136 Leidinger/Moritz, Die Republik Österreich, 44–48.

137 Moos, 163.
138 Leidinger/Moritz, Die Republik Österreich, 47f. und 270. Zu Triest: Moos, 252f.
139 Leidinger/Moritz, Die Republik Österreich, 270.
140 Marksteiner, Franz: Where is the War? Some Aspects of the Effects of World War One on Austrian Cinema. In: Paris, Michael (Hg.): The First World War and Popular Cinema. 1914 to the present. New Brunswick/New Jersey 2000, 247–260; vgl. Moos, 163.
141 Zu 1918 vor allem: Dassanowsky, Robert von: Finis Austriae, vivat Austria! – The Re/Vision of 1918 in Austria Film. In: Müller, Karl/Wagener, Hans (Hg.): Österreich 1918 und die Folgen: Geschichte, Literatur, Theater und Film/Austria 1918 and the Aftermath. Wien 2009, 179–195.

Quellen- und Literaturverzeichnis

Archivalische Quellen

Österreich

Österreichisches Staatsarchiv (ÖSTA)/Kriegsarchiv (KA), Archiv d. k. k. Ministeriums für Landesverteidigung (Archiv d. k. k. Min. f. LV), Präsidialakten, Faszikulatur (Fasz.) 5/Justizwesen (JW) 1908–1918.
ÖSTA/KA, k. k. Min. f. LV., SR, Präsidialbüro.
ÖSTA/KA, Kriegsministerium (KM), Präsidium, 1913.
ÖSTA/KA, KM, 10. Abt. 1914.
ÖSTA/KA, KM, Kriegsüberwachungsamt 1914/15.
ÖSTA/KA, KM, 10. Abt./Kgf. 1917.
ÖSTA/KA, Militärkanzlei Franz Ferdinand 1913.
ÖSTA/KA, Militärkanzlei Seiner Majestät (MKSM), Sonderreihe (SR), Tagesberichte des AOK 1914, Karton 95.
ÖSTA/KA, MKSM, SR, Tageberichte des AOK 1915, Karton 96.
ÖSTA/KA, NFA, AOK, Operationsabteilung, Karton 468.
ÖSTA/KA, NFA, 6. Armee, Operierendes Armeekommando, Karton 12 und 13.
ÖSTA/KA, NFA, 13. Korps, Op. Akten, Karton 1668.
ÖSTA/KA, NFA, Feste Plätze, Festungskommando Przemyśl, Karton 1321 und 1322.
ÖSTA/KA, NFA, Feste Plätze, Festungskommando Krakau, Karton 1450.
ÖSTA/KA, Chef des Ersatzwesens 1918.
ÖSTA/KA, Nachlass Raabl-Werner, B/141.
ÖSTA/KA, Nachlass Kövess B/1000.
ÖSTA/KA, liqu. KM/10. Abt./Kgf. 1919.
ÖSTA/KA, Kommission zur Erhebung militärischer Pflichtverletzungen, Karton 3.
ÖSTA/Haus-, Hof- und Staatsarchiv (HHSTA), Politisches Archiv (PA) I, Karton 932.
ÖSTA/HHSTA, PA I, Liasse XLVII 2c, Karton 498; Liasse Krieg 13b Serbien, Karton 931 und Liasse Krieg 32 i-k Serbien Karton 976.
ÖSTA/HHSTA, PA I, Nachlass Czernin Karton 1092a
ÖSTA/HHStA, 27 Presseleitung Literarisches Büro, Karton 98.
ÖSTA/HHSTA AR F 36 Krieg 1914–1918 Dep. 7 Kriegsakten 1915 Kt. 349.

ÖSTA/Allgemeines Verwaltungsarchiv (AVA), Ministerium des Innern, Präsidiale Reihe 1848–1918, Sign. 16/2, Zeitungen über den Tod des Kronprinzen Rudolf, Karton 627.

ÖSTA/AVA, MdI/Präsidium, 22. Russophile Propaganda in genere 1914–1918, Karton 2087 und 2088.

ÖSTA/AVA, MdI/Präsidium, 22. Unruhen und Exzesse, Galizien 1914/15, Karton 2116.

ÖSTA/AVA, MdI/Präs. 22. Unruhen und Exzesse 1918: Fasz. 2077, 2078, 11.469, 18.119, 19.238, 20.949 und 20.202.

ÖSTA/Archiv der Republik (AdR), BKA/KGF, 1919.

ÖSTA/AdR, Bundesministerium für Äußeres (BMfA)/Neues Politisches Archiv (NPA), Österreichische Gesandtschaft Moskau.

ÖSTA/AdR, BMfA/NPA, Liasse Russland I/1 1935–1938, Liasse Russland 5/1–5/4 und Liasse Russland 7/1 1935–1938.

ÖSTA, NL Renner E/1731.

Verein Geschichte der Arbeiterbewegung (VGA), Altes Parteiarchiv, Militärverband der Republik Österreich, Österreichische Gesandtschaft Moskau.

Privater Nachlass Maximilian Ronge, Gerhard Jagschitz, Wien.

Deutschland

Politisches Archiv des Auswärtigen Amts (PAAA), Berlin, Botschaft Wien, Geheimakten 37 und 70 sowie Habsburger Frage.

PAAA, BA 60.969, Auswärtiges Amt, Sammlung der Aufzeichnungen des Reichsaußenministers über seine Besprechungen mit fremden Diplomaten und Staatsmännern.

PAAA, Auswärtiges Amt, Berlin.

Großbritannien

The National Archives (TNA), Foreign Office (FO), London, 371/1898, 371/1899, 371/1900, 371/10661, 371/10662, 371/12078, 404/2 und 404/12.

Frankreich

Archives des Affaires Étrangères/Archives de l'administration centrale (AAÉ/AAC), Paris, Z-Europe, URSS 1918–1929, Politique étrangère, Relations entre l'Autriche et l'URSS, Légation de la République Française en Autriche.

Service Historique de la Défense (SHD)/Archives de l'armée de terre (AAT), Paris, Etat-major de l'armée de terre. Attaché militaire, Russie und Attaché militaire, Autriche-Hongrie 1911–1913.

Russland

Archiv Vnešnej Politiki Rossijskoj Federacii (AVPRF), Moskau, f. 066, op. 6.
Gosudarstvennyj Archiv Rossijskoj Federacii (GARF), Moskau, f. 3333, op. 3.
Rossijskij Gosudarstvennyj Archiv Social'no-Političeskoj Istorii (RGASPI), Moskau, f. 495, op. 18, f. 498, op. 1, f. 509, op. 2 und f. 549, op. 1.

Serbien

Arhiv Srbije (AS), Vojni Generalni Guverneman (VGG) u Srbiji, Belgrad, Section 14: Statističko und Section 17: Obaveštajno (Nachrichten-Abteilung).

Tschechische Republik

Národni Filmový Archiv (ed.), Praga-Film (1917) 1918–1920 (1921) Inventář, Prag: NFA, 2004.

Gedruckte Quellen

Allgemeiner Tiroler Anzeiger, 1918.
„Als lediges Kind geboren ..." Autobiographische Erzählungen 1865–1945. Hg. vom Verein „Dokumentation lebensgeschichtlicher Aufzeichnungen". Wien/Köln/Weimar 2008.
Arbeiterwille, 1918.
Arbeiterinnen-Zeitung, 1894, 1913.
Arbeiter-Zeitung, 1899, 1903, 1907, 1908, 1914, 1917, 1918.
Broucek, Peter (Hg.): Ein General im Zwielicht. Die Erinnerungen Edmund Glaises von Horstenau. Band 1: K.u.k. Generalstabsoffizier und Historiker. Wien/Köln/Graz 1980.
Bukowinaer Volks-Zeitung, 1907.
Csáky, Eva-Marie (Hg.): Vom Geachteten zum Geächteten. Erinnerungen des k. u. k. Diplomaten und k. ungarischen Außenministers Emerich Csáky (1882–1961). 2., unv. Auflage. Wien/Köln/Weimar 1992.
Czernin, Ottokar: Im Weltkriege. Berlin/Wien 1919.

Czernowitzer Allgemeine Zeitung, 1912.
Danzer's Armee-Zeitung, 1913.
Delegation des Reichrates, 2. und 7. Sitzung der 48. Session 1913.
Deutsch, Julius: Kriegserlebnisse eines Friedliebenden. Aufzeichnungen aus dem Ersten Weltkrieg. Hg. von Michaela Maier und Georg Spitaler. Wien 2016.
Deutsches Nordmährerblatt, 1913.
Diplomatische Aktenstücke zur Vorgeschichte des Krieges (DAVK). Hg. vom Staatsamt für Äußeres in Wien. Berlin 1923.
Fellner, Fritz (Hg.): Schicksalsjahre Österreichs 1908–1919. Das politische Tagebuch Josef Redlichs. II. Band 1915–1919. Graz/Köln 1954.
Die Filmwoche, 1914.
Grazer Mittags-Zeitung, 1918.
Grazer Volksblatt, 1889.
Hämmerle, Christa (Hg.): Des Kaisers Knechte. Erinnerungen an die Rekrutenzeit im k.(u.)k. Heer 1868 bis 1914. Wien/Köln/Weimar 2012.
Hoen, Max Ritter von (Hg.): Geschichte des ehemaligen Egerländer Infanterie-Regiments Nr. 73. Wien 1939.
Illustrierte Kronen-Zeitung, 1907, 1914.
Illustriertes Österreichisches Journal, 1918.
Kanner, Heinrich: Kaiserliche Katastrophen-Politik. Ein Stück zeitgenössischer Geschichte. Leipzig 1922.
Kerchnawe, Hugo: Der Zusammenbruch der Donaumonarchie. In: Bley, Wulf (Hg.): Revolutionen der Weltgeschichte. Zwei Jahrtausende Revolutionen und Bürgerkriege. 2. Bd. München 1933.
Kinematographische Rundschau, 1914, 1916, 1917.
König, Wilhelm: Die Schwierigkeiten einer Zoll-Union. Persönliche Erinnerungen an den Ausgleich zwischen Österreich und Ungarn vom Jahre 1907. Wien 1953.
Koch, Klaus/Rauscher, Walter/Suppan, Arnold, Vyslonzil, Elisabeth (Hg.): Außenpolitische Dokumente der Republik Österreich 1918–1938 (ADÖ). Wien 1993–2009.
Kolman, Arnošt: Die verirrte Generation. So hätten wir nicht leben sollen. Frankfurt am Main 1979.
Krag, Helen Liesl: „Man hat gebraucht keine Reisegesellschaft ..." Wien/Köln/Graz 1988.
Kuttelwascher, Hans: Selbstmord und Selbstmordstatistik in Österreich. In: Statistische Monatsschrift. Neue Folge XVII. Jg. Brünn 1912, 267–350.
Landwehr von Pragenau, Ottokar: Hunger. Die Erschöpfungsjahre der Mittelmächte 1917/18. Zürich/Leipzig/Wien 1931.

Leitmeritzer Zeitung, 1871.

Loewenfeld-Russ, Hans: Im Kampf gegen den Hunger. Aus den Erinnerungen des Staatsekretärs für Volksernährung 1918–1920. Hg. und bearbeitet von Isabella Ackerl. Wien 1986.

Losová, Jana (Hg.): Kindheit in Böhmen und Mähren. Wien/Köln/Weimar 1996.

Mährisches Tagblatt, 1914.

Masaryk, Thomas Garrigue: Der Selbstmord als sociale Massenerscheinung der modernen Civilisation. Wien 1881.

Moritz, Verena: 1917. Österreichische Stimmen zur Russischen Revolution. Mit einem Beitrag von Wolfgang Maderthaner. Salzburg/Wien 2017.

Musil, Robert: Der Mann ohne Eigenschaften. Roman. Erstes und Zweites Buch. Hg. von Adolf Frisé. Reinbek bei Hamburg 1997.

Neck, Rudolf (Hg.): Österreich im Jahr 1918. Berichte und Dokumente. Wien 1968.

Neue Freie Presse, 1889, 1914, 1918.

Neues Wiener Tagblatt, 1907, 1913.

Österreich-Ungarns letzter Krieg. Hg. vom Österreichischen Bundesministerium für Heerwesen und Kriegsarchiv. Unter der Leitung von Edmund Glaise von Horstenau. Bd. 7. Wien 1938.

Oesterreichischer Komet, 1914, 1916.

Oesterreichisch-ungarische Buchhändler-Correspondenz, 1899.

Ostdeutsche Rundschau, 1909.

Pester Lloyd, 1907, 1918.

Pilsner Tagblatt, 1913, 1914.

Praeg, Franz: Kriegsgefangen in asiatischen Steppen. Dornbirn 1926.

Prager Abendblatt, 1914.

Prager Tagblatt, 1914.

Die Presse, 1874, 1886.

Protokolle des Gemeinsamen Ministerrates der Österreichisch-Ungarischen Monarchie (1914–1918). Eingeleitet und zusammengestellt von Miklós Komjáthy. Budapest 1966.

Reichsgesetzblätter 1914: Nr. 153, Nr. 156, Nr. 164 und Nr. 186.

Reichsgesetzblätter 1915: Nr. 133.

Reichspost, 1905, 1906, 1913, 1914, 1917, 1918.

Reiss, R. A.: Report upon the Atrocities Committed by the Austro-Hungarian Army during the First Invasion of Serbia. London 1916.

Ronge, Max: Kriegs- und Industriespionage. Zwölf Jahre Kundschaftsdienst. Wien/Leipzig 1930.

Scheuringer, Rosa (Hg.): Bäuerinnen erzählen. Vom Leben, Arbeiten,

Kinderkriegen, Älterwerden. Wien/Köln/Weimar 2015.

Die Selbstmorde in der k. u. k. Armee in den Jahren 1873 bis 1890. In: Das österreichische Sanitätswesen, Jg. IV, Wien 1892, 261ff.

Stekl, Hannes (Hg.): „Höhere Töchter" und „Söhne aus gutem Haus". Bürgerliche Jugend in Monarchie und Republik. Wien/Köln/Weimar 1999.

Stenographische Protokolle des Abgeordnetenhauses des Reichsrates (St. Prot. d. AH. d. RR), XXII. Session, 437 der Beilagen zu den stenographischen Protokollen des Abgeordnetenhauses: Bericht des Flüchtlingsausschusses über die gesetzliche Regelung der staatlichen Flüchtlingsfürsorge vom 7. Juli 1917.

St. Prot. d. AH. d. RR, 70. und 80. Sitzung der XVIII. Session, 116. Sitzung der XXI. Session 1912, 180., 181. und 199. Sitzung der XXI. Session 1913, 7., 8., 11., 21., 23. und 46. Sitzung der XXII. Session 1917, 60., 69., 81. und 92. Sitzung der XXII. Session 1918.

Szilassy, Baron J. von: Der Untergang der Donau-Monarchie. Diplomatische Erinnerungen. Berlin 1921.

Toth, Marie: Schwere Zeiten. Aus dem Leben einer Ziegelarbeiterin. Bearbeitet von Michael Hans Salvesberger. Wien/Köln/Weimar 1992.

Urbański von Ostrymiecz, August: Spionitis. In: Die Weltkriegsspionage. München 1931, 332–338.

Der Volksfreund, 1914.

Vorarlberger Volksblatt, 1899.

Vošahlíková, Pavla (Hg.): Von Amts wegen. K.k. Beamte erzählen. Wien/Köln/Weimar 1998.

Weber, Therese (Hg.): Häuslerkindheit. Autobiographische Erzählungen. Wien/Köln/Graz 1984.

Weber, Therese (Hg.): Mägde. Lebenserinnerungen an die Dienstbotenzeit bei Bauern. Wien

Wiener Zeitung, 1804, 1806.

Znaimer Tagblatt, 1907.

Literatur

Albrecht, Catherine: Die Böhmische Frage. In: Cornwall, Mark (Hg.): Die letzten Jahre der Donaumonarchie. Der erste Vielvölkerstaat im Europa des frühen 20. Jahrhunderts. Wegberg 2004, 85–106.

Allinson, Mark: Germany and Austria 1814–2000. Modern History for Modern Languages. London 2002.

Altermann, Urs: Österreich und die Schweiz – Vielfältige Nachbarschaftsbeziehungen. In: Koch, Klaus/Rauscher, Walter/Suppan, Arnold/Vyslonzil, Elisabeth (Hg.): Von Saint-Germain zum Belvedere. Österreich und Europa 1919–1955. Wien 2007, 172–185.

Anderson, Susan C.: Otto Weininger's Masculine Utopia. In: German Studies Review, Volume XIX, Number 3, October 1996, 433–453.

Andics, Hellmuth: Der Untergang der Donaumonarchie. Österreich-Ungarn von der Jahrhundertwende bis zum November 1918. Wien/München 1974.

Ash, Mitchell G./Surman, Jan (Hg.): The Nationalization of Scientific Knowledge in the Habsburg Empire, 1848–1918. Basingstoke/New York 2012.

Augeneder, Sigrid: Arbeiterinnen im Ersten Weltkrieg. Lebens- und Arbeitsbedingungen proletarischer Frauen in Österreich. Wien 1987.

Baader, Gerhard: Eugenische Programme in der sozialistischen Parteienlandschaft in Deutschland und Österreich im Vergleich. In: Ders./Hofer, Veronika/Mayer, Thomas (Hg.): Eugenik in Österreich. Biopolitische Strukturen von 1900–1945. Wien 2007.

Bachmann, Klaus: „Ein Herd der Feindschaft gegen Rußland". Galizien als Krisenherd in den Beziehungen der Donaumonarchie mit Rußland (1907–1914). Wien/München 2001.

Balcar, Jaromír: Instrument im Volkstumskampf? Die Anfänge der Bodenreform in der Tschechoslowakei 1919/20. In: Vierteljahreshefte für Zeitgeschichte 46, 1998, 391–428.

Basil, Otto: Georg Trakl. 18. Aufl. Reinbek bei Hamburg 2003.

Bátonyi, Gábor: Anglo-Austrian Relations between the Wars. In: Koch, Klaus/Rauscher, Walter/Suppan, Arnold/Vyslonzil (Hg.): Von Saint Germain zum Belvedere. Österreich und Europa 1919–1955. Wien 2007, 115–128.

Baumann, Ursula: Vom Recht auf den eigenen Tod. Geschichte des Suizids vom 18. bis zum 20. Jahrhundert. Weimar 2001.

Beller, Steven: Geschichte Österreichs. Wien/Köln/Weimar 2007.

Bérenger, Jean: Die Geschichte des Habsburgerreiches 1273 bis 1918. Wien/Köln/Weimar 1995.

Bérenger, Jean: Die Österreichpolitik Frankreichs von 1848 bis 1918. In: Wandruszka, Adam/Urbanitsch, Peter (Hg.): Die Habsburgermonarchie 1848–1918. Band VI: Die Habsburgermonarchie im System der internationalen Beziehungen. 2. Teilband. Wien 1993, 491–538.

Bertényi, Iván: Eine symbolische Nebenfigur. König Karl IV. im Spiegel der Memoiren ungarischer Politiker. In: Gottsmann, Andreas (Hg.): Karl I. (IV.), der Erste Weltkrieg und das Ende der Donaumonarchie, Wien 2007, 247–268.

Binder, Harald: Polen, Ruthenen, Juden. Politik und Politiker in Galizien 1897–1918. Teil II. Wien 1997.

Bjelajac, Mile: Serbien im Ersten Weltkrieg. In: Marković, Gordana Ilić (Hg.): Veliki Rat – Der Große Krieg. Der Erste Weltkrieg im Spiegel der serbischen Literatur und Presse. Wien 2014, 47–70.

Bogyay, Thomas von: Grundzüge der Geschichte Ungarns. Vierte, überarbeitete Aufl. Darmstadt 1990.

Boyer, John W.: Karl Lueger (1844–1910). Christlichsoziale Politik als Beruf. Wien/Köln/Weimar 2010.

Brauneder, Wilhelm: Die Verfassungssituation 1918: ein Staat entsteht, ein Staat geht unter. In: Karner, Stefan/Mikoletzky, Lorenz (Hg.): Österreich. 90 Jahre Republik. Beitragsband der Ausstellung im Parlament. Innsbruck/Wien/Bozen 2008, 15–23.

Breuilly, John: Austria, Prussia and Germany 1806–1871. London 2002.

Brix, Emil (Hg.): The decline of empires. Wien 2001.

Bruckmüller, Ernst: Armut und Reichtum in der österreichischen Geschichte. In: Ders. (Hg.): Armut und Reichtum in der Geschichte Österreichs. Wien/München 2010, 7–13.

Brügel, J. W.: Friedrich Adler vor dem Ausnahmegericht. 18. und 19. Mai 1917. Wien/Frankfurt/Zürich 1967.

Burgdorf, Wolfgang: Ein Weltbild verliert seine Welt. Der Untergang des Alten Reiches und die Generation 1806. München 2006.

Burz, Ulfried: Die Kriegsschuldfrage in Österreich (1918–1938). Zwischen Selbstverleugnung und Identitätssuche. In: Burz, Ulfried/Derndarsky, Michael/Drobesch, Werner (Hg.): Brennpunkt Mitteleuropa. Klagenfurt 2000, 97–115.

Canis, Konrad: Die bedrängte Großmacht. Österreich-Ungarn und das europäische Mächtesystem 1866/67–1914. Paderborn 2016.

Ciunčuk, Rustem A.: Gosudarstvennaya Duma Imperskoj Rossii: Projavlenija etnokonfessional'nych interesov i formirovanie novych nacional'nych političeskich elit. In: Istoričeskie zapiski 4, 2001, 192–254.

Clark, Christopher: The Sleepwalkers. How Europe went to War in 1914. London/New York 2013.

Clark, Christopher: Preußen. Aufstieg und Niedergang 1600–1947. 6. Aufl. München 2007.

Cole, Laurence: Military Culture and Popular Patriotism on Late Imperial Austria. Oxford 2014.

Cole, Laurence/Unowsky, Daniel L. (Hg.): The Limits of Loyalty. Imperial symbolism, popular allegiances, and state patriotism in the late Habsburg Monarchy. New York/Oxford 2007.

Cornwall, Mark: Einleitung. In: Ders. (Hg.): Die letzten Jahre der Donaumonarchie. Der erste Vielvölkerstaat im Europa des frühen 20. Jahrhunderts. Wegberg 2004, 13–23.

Cornwall, Mark/Newman, John Paul (Hg.): Sacrifice and Rebirth. The Legacy of the Last Habsburg War. New York/Oxford 2016.

Dassanowsky, Robert von: Finis Austriae, vivat Austria! – The Re/Vision of 1918 in Austria Film. In: Müller, Karl/Wagener, Hans (Hg.): Österreich 1918 und die Folgen: Geschichte, Literatur, Theater und Film/Austria 1918 and the Aftermath. Wien 2009, 179–195.

Deák, István: Der K.(u.) k. Offizier 1848–1918. Zweite, verbesserte Auflage. Wien/Köln/Weimar 1995.

Deák, István: Die rechtmäßige Revolution. Lajos Kossuth und die Ungarn 1848–1849. Wien/Köln/Graz 1989.

Debo, Richard K.: Survival and Consolidation. The Foreign Policy of Soviet Russia, 1918–1921, London/Buffalo 1992.

Demandt, Barbara: Das Attentat auf Kaiserin Elisabeth von Österreich am 10. September 1898. In: Demandt, Alexander (Hg.): Das Attentat in der Geschichte. Köln 2003, 267–293.

Doppelbauer, Wolfgang: Zum Elend noch die Schande. Das altösterreichische Offizierskorps am Beginn der Republik. Wien 1988.

Dornik, Wolfram: Besatzungswirklichkeit(en). In: Leidinger, Hannes/Moritz, Verena/Moser, Karin/Dornik, Wolfram: Habsburgs schmutziger Krieg. Ermittlungen zur österreichisch-ungarischen Kriegsführung 1914–1918. St. Pölten/Salzburg/Wien 2014, 171–189.

Eisfeld, Alfred/Hausmann, Guido/Neutatz, Dietmar (Hg.): Besetzt, interniert, deportiert. Der Erste Weltkrieg und die deutsche, jüdische, polnische und ukrainische Zivilbevölkerung im östlichen Europa. Essen 2013.

Ehalt, Hubert Christian: Wien um 1900 – ein Lokalaugenschein. In: Diercks, Christine/Schlüter, Sabine (Hg.): Sigmund-Freud-Vorlesungen 2006. Die großen Krankengeschichten. Wien 2008, 10–15.

Ehrenpreis, Petronilla: Kriegs- und Friedensziele im Diskurs. Regierung und deutschsprachige Öffentlichkeit Österreich-Ungarns während des Ersten Weltkriegs. Innsbruck/Wien/Bozen 2005.

Eiler, Ferenc/Hájková, Dagmar et al.: Czech and Hungarian Minority Policy in Central Europa 1918–1938. Budapest 2009.

Erbe, Michael: Deutsche Geschichte 1713–1790. Dualismus und Aufgeklärter Absolutismus. Stuttgart 1985.

Ernst, Petra/Haring, Sabine A./Suppanz, Werner: Aggression und Katharsis. Der Erste Weltkrieg im Diskurs der Moderne. Wien 2004.

Ernst, Werner W. (Hg.): Theorie und Praxis der Revolution. Wien/Köln/Graz 1980.

Evans, Robert J. W.: Das Werden der Habsburgermonarchie 1550–1700. Gesellschaft, Kultur, Institutionen. Wien/Köln 1989.

Feichtinger, Johannes/Uhl, Heidemarie (Hg.): Habsburg neu denken. Vielfalt und Ambivalenz in Zentraleuropa. 30 kulturwissenschaftliche Stichworte. Wien/Köln/Weimar 2016.

Feichtinger, Johannes/Großegger, Elisabeth/Marinelli-König, Gertraud/Stachel, Peter/Uhl, Heidemarie (Hg.): Schauplatz Kultur – Zentraleuropa. Transdisziplinäre Annäherungen. Innsbruck/Wien/Bozen 2006.

Fellner, Fritz: Die „Mission Hoyos". In: Les grandes puissances et la Serbie a la vielle de la Première guerre mondiale. Assise scentifique de l'Académie serbe des sciences et des arts v. IV, Classe des sciences historiques Nr. 1 Beograd 1976, 387–418.

Fichtner, Paula Sutter: The Habsburg Empire: From Dynasticism to Multinationalism. Malabar, Florida 1997.

Figes, Orlando: Die Tragödie eines Volkes. Die Epoche der russischen Revolution 1891–1924. Berlin 2008.

Fiziker, Róbert/Szabó, Csaba (Hg.): Der Erste Weltkrieg aus ungarischer Sicht. Wien 2015.

Förster, Stig: Im Reich des Absurden: Die Ursachen des Ersten Weltkrieges. In: Wegner, Bernd (Hg.): Wie Kriege entstehen. Zum historischen Hintergrund von Staatenkonflikten. Paderborn/München/Wien/Zürich 2000, 211–252.

Fraydenegg-Monzello, Dorothea: Die Aufzeichnungen des Sektionschefs im Ackerbauministerium Anton Freiherr von Pantz. Memoirenliteratur als Quelle für den Historiker. Diplomarbeit Graz 1990.

Galandauer, Jan: Der misslungene Kampf des letzten Königs von Böhmen um die Rettung seines Thrones. In: Gottsmann, Andreas (Hg.): Karl I. (IV.), der Erste Weltkrieg und das Ende der Donaumonarchie, Wien 2007, 147–152.

Gaspár, Zsuzsa: The Austro-Hungarian Dual monarchy 1867–1918. London 2008.

Gehler, Michael/Rollinger, Robert (Hg.): Imperien und Reiche in der Weltgeschichte. Epochenübergreifende und globalhistorische Vergleiche. Wiesbaden 2014.

Gemes, Andreas: Der Tardieu-Plan und Österreich. Politische und wirtschaftliche Aspekte eines mitteleuropäischen Integrationsversuches, in: Zeitgeschichte, Heft 5, Sept./Okt. 2006, 261–286.

Gerő, András (Hg.): The Austro-Hungarian Monarchy Revisited. New York 2009.

Göderle, Wolfgang: Zensus und Ethnizität. Zur Herstellung von Wissen über soziale Wirklichkeiten im Habsburgerreich zwischen 1848 und 1910. Göttingen 2016.

Gottsmann, Andreas: Einleitung. In: Ders. (Hg.): Karl I. (IV.), der Erste Weltkrieg und das Ende der Donaumonarchie. Wien 2007, 9–12.

Gottsmann, Andreas: Die Wiener Nuntiatur und Kaiser Karl. In: Ders. (Hg.): Karl I. (IV.), der Erste Weltkrieg und das Ende der Donaumonarchie. Wien 2007, 93–118.

Grandner, Margarete: Staatliche Sozialpolitik in Cisleithanien 1867–1918. In: Rumpler, Helmut (Hg.): Innere Staatsbildung und gesellschaftliche Modernisierung in Österreich und Deutschland 1867/71 bis 1914. Wien/München 1991, 150–165.

Groß, Bernhard: Selbstmord im Film. Variationen eines Topos im westlichen Kino nach 1945. In: Herberth, Arno/Niederkrotenthaler, Thomas/Till, Benedikt (Hg.): Suizidalität in den Medien. Interdisziplinäre Betrachtungen. Wien/Berlin 2008, 121–131.

Gruner, Wolf. D.: Der Beitrag der Großmächte in der Bewährungs- und Ausbauphase des europäischen Mächtekonzerts: Österreich 1800–1853/56. In: Pyta, Wolfram (Hg.): Das europäische Mächtekonzert. Friedens- und Sicherheitspolitik vom Wiener Kongreß 1815 bis zum Krimkrieg 1853. Köln/Weimar/Wien 2009, 175–208.

Gumz, Jonathan E.: The Ressurection and Collapse of Empire in Habsburg Serbia, 1914–1918. Cambridge/New York 2009.

Die Habsburgermonarchie 1848–1918. Bd. XI: Die Habsburgermonarchie und der Erste Weltkrieg. 2. Teilband: Weltkriegsstatistik – Österreich-Ungarn 1914–1918. Bevölkerungsbewegung, Kriegstote, Kriegswirtschaft. Bearbeitet von Helmut Rumpler und Anatol Schmied-Kowarzik. Wien 2014.

Haas, Hanns: Das Ende der Habsburgermonarchie. In: Embacher, Helga/Enderle-Burcel, Gertrude/Haas, Hanns/Natmessnig, Charlotte (Hg.): Vom Zerfall der Großreiche zur Europäischen Union. Integrationsmodelle im 20. Jahrhundert. Wien 2000, 17–29.

Hajdu, Tibor: The Hungarian Soviet Republic. Budapest 1979.

Hämmerle, Christa: „... dort wurden wir dressiert und sekiert und geschlagen ..." Vom Drill, dem Disziplinarstrafrecht und Soldatenmisshandlungen im Heer (1868 bis 1914). In: Cole, Laurence/Hämmerle, Christa/

Scheutz, Martin (Hg.): Glanz – Gewalt – Gehorsam. Militär und Gesellschaft in der Habsburgermonarchie (1800 bis 1918). Essen 2011, 31–54.

Hahn, Sylvia: Österreich. In: Bade, Klaus J./Emmer, Pieter C./Lucassen, Leo/Oltmer, Jochen (Hg.): Enzyklopädie Migration in Europa. Vom 17. Jahrhundert bis zur Gegenwart. Paderborn/München/Wien/Zürich 2007, 171–188.

Haller, Oswald: Das Internierungslager Katzenau bei Linz. Diplomarbeit Wien 1999.

Hamann, Brigitte: Kronprinz Rudolf. Ein Leben. 3. Aufl. München/Zürich 2009.

Hamann, Brigitte: Hitlers Wien. Lehrjahre eines Diktators. 10. Aufl. München/Zürich 2008.

Hamann, Brigitte: Der Selbstmord des Kronprinzen Rudolf nach der historischen Quellenlage. In: Pöldinger, Walter/Wagner, Wolfgang (Hg.): Aggression, Selbstaggression, Familie und Gesellschaft. Das Mayerling-Symposium. Berlin/Heidelberg 1989, 1–10.

Hanak, Harry: Die Einstellung Großbritanniens und der Vereinigten Staaten zu Österreich(-Ungarn). In: Wandruszka, Adam/Urbanitsch, Peter (Hg.): Die Habsburgermonarchie 1848–1918. Bd. VI: Die Habsburgermonarchie im System der internationalen Beziehungen. 2. Teilband. Wien 1993, 539–585.

Hanák, Péter: Ungarn in der Donaumonarchie. Probleme der bürgerlichen Umgestaltung eines Vielvölkerstaates. Wien/München/Budapest 1984.

Hanisch, Ernst: Der große Illusionist. Otto Bauer (1881–1938). Wien/Köln/Weimar 2011.

Hasiba, Gernot D.: Das Notverordnungsrecht in Österreich (1848–1917). Notwendigkeit und Missbrauch eines „staatserhaltenden Instrumentes". Wien 1985.

Haslinger, Peter: Hundert Jahre Nachbarschaft. Die Beziehungen zwischen Österreich-Ungarn 1895–1994. Frankfurt am Main/Berlin/Bern/New York/Paris/Wien 1996.

Hautmann, Hans: Militärprozesse gegen Abgeordnete des österreichischen Parlaments im Ersten Weltkrieg. In: Mitteilungen der Alfred Klahr-Gesellschaft, 21. Jg., Nr. 2, Juni 1914, 1–11.

Hautmann, Hans: Princip in Theresienstadt. In: Mitteilungen der Alfred Klahr-Gesellschaft, 20. Jg., Nr. 3, September 2013, 1–9.

Hautmann, Hans: Todesurteile in der Endphase der Habsburgermonarchie und im Ersten Weltkrieg. In: Kuretsidis-Haider, Claudia/Halbrainer, Heimo/Ebner, Elisabeth (Hg.): Mit dem Tode bestraft. Historische und rechtspolitische Aspekte zur Todesstrafe in Österreich im 20. Jahrhundert und der Kampf um ihre weltweite Abschaffung. Graz 2008, 15–37.

Hautmann, Hans: Die österreichisch-ungarische Armee auf dem Balkan. In: Seidler, Franz W./Zayas, Alfred M. de (Hg.): Kriegsverbrechen in Europa und im Nahen Osten im 20. Jahrhundert. Hamburg/Berlin/Bonn 2002, 36–41.

Healy, Maureen: Eine Stadt, in der sich täglich Hunderttausende anstellen. In: Pfoser, Alfred/Weigl, Andreas (Hg.): Im Epizentrum des Zusammenbruchs, Wien im Ersten Weltkrieg. Wien 2013, 150–161.

Healey, Maureen: Vienna and the Fall of the Habsburg Empire. Total War and Everyday Life in World War I. Cambridge/New York 2004.

Helscher, Regine: Die Selbstmordgefährdung des Bürgertums im Wien der Jahrhundertwende. Diplomarbeit Wien 1984.

Hermann, Martina: Fremd im eigenen Staat? Zur Perzeption der Kriegsflüchtlinge und -evakuierten im Barackenlager Gmünd während des Ersten Weltkrieges. In: Karner, Stefan/Lesiak, Philipp (Hg.): Erster Weltkrieg. Globaler Konflikt – lokale Folgen. Neue Perspektiven. Innsbruck/Wien/Bozen 2014, 169–186.

Hildermeier, Manfred: Russische Revolution. Frankfurt am Main 2004.

Hochedlinger, Michael (Bearb.): „Erdäpfelvorräte waren damals wichtiger als Akten." Die Amtschronik des Generals Maximilian Ritter von Hoen, Direktor des Kriegsarchivs. Mitteilungen des Österreichischen Staatsarchivs, Nr. 58, Wien 2015.

Höbelt, Lothar: „Stehen oder Fallen?" Österreichische Politik im Ersten Weltkrieg. Wien/Köln/Weimar 2015.

Höbelt, Lothar: Karl I., der „Teufelspuk" und die Deutschböhmen. In: Gottsmann, Andreas (Hg.): Karl I. (IV.), der Erste Weltkrieg und das Ende der Donaumonarchie, Wien 2007, 47–58.

Höbelt, Lothar: „So wie wir haben nicht einmal die Japaner angegriffen". Österreich-Ungarns Nordfront 1914/15. In: Groß, Gerhard P. (Hg.): Die vergessene Front. Der Osten 1914/15. Ereignis, Wirkung, Nachwirkung. Paderborn/München/Wien/Zürich 2006, 87–118.

Höbelt, Lothar: „Wohltemperierte Unzufriedenheit". Österreichische Innenpolitik 1908–1918. In: Cornwall, Mark (Hg.): Die letzten Jahre der Donaumonarchie. Der erste Vielvölkerstaat im Europa des frühen 20. Jahrhunderts. Wegberg 2004, 58–84.

Höglinger, Felix: Ministerpräsident Heinrich Graf Clam-Martinic. Graz/Köln 1964.

Hoensch, Jörg K.: Geschichte der Tschechoslowakei. 3., verbesserte und erweiterte Auflage. Stuttgart/Berlin/Köln 1992.

Hoensch, Jörg K.: Geschichte Ungarns 1867–1983. Stuttgart/Berlin/Köln/Mainz 1984.

Hoeres, Peter: Die Slawen. Perzeptionen des Kriegsgegners bei den Mittelmächten. Selbst- und Fremdbild. In: Groß, Gerhard (Hg.): Die vergessene Front. Der Osten 1914/15. Ereignis, Wirkung, Nachwirkung. Paderborn/München/Wien/Zürich 2006, 179–200.

Hofer, Hans-Georg: Nervenschwäche und Krieg. Modernitätskritik und Krisenbewältigung in der österreichischen Psychiatrie (1880–1920). Wien/Köln/Weimar 2004.

Hoffmann, Dieter: Der Sprung ins Dunkle. Oder, wie der 1. Weltkrieg entfesselt wurde. Leipzig 2010.

Hoffmann, Georg/Goll, Nicole-Melanie/Lesiak, Philipp: Thalerhof 1914–1936. Die Geschichte eines vergessenen Lagers und seiner Opfer. Herne 2010.

Holzer, Anton: Das Lächeln der Henker. Der unbekannte Krieg gegen die Zivilbevölkerung 1914–1918. Darmstadt 2014.

Holzer, Anton: Schüsse in Šabac. Die Massaker an der Zivilbevölkerung 1914. In: Marković, Gordana Ilić (Hg.): Veliki Rat – Der Große Krieg. Der Erste Weltkrieg im Spiegel der serbischen Literatur und Presse. Wien 2014, 71–84.

Holzer, Anton: Österreichische Kriegsfotografie im Ersten Weltkrieg (1914–1918). Phil. Diss. Wien 2005.

Hufschmied, Richard: Energie für die Stadt. Die Kohlenversorgung von Wien im Ersten Weltkrieg. In: Pfoser, Alfred/Weigl, Andreas (Hg.): Im Epizentrum des Zusammenbruchs, Wien im Ersten Weltkrieg. Wien 2013, 180–189.

Jahr, Christoph: Keine Feriengäste. „Feindstaatenausländer" im südlichen Bayern während des Ersten Weltkrieges. In: Kuprian, Hermann J. W./Überegger, Oswald (Hg.): Der Erste Weltkrieg im Alpenraum. Erfahrung, Deutung, Erinnerung/La Grande Guerra nell'arco alpino. Esperienze e memoria. Innsbruck 2006, 231–245.

Jakovina, Tvrtko: Ein großer Krieg, über den niemand spricht. Kroaten, bosnische Muslime und Serben an der russischen Front (1914–1918). In: Bachinger, Bernhard/Dornik, Wolfram (Hg.): Jenseits des Schützengrabens. Der Erste Weltkrieg im Osten: Erfahrung – Wahrnehmung – Kontext. Innsbruck/Wien/Bozen 2013, 105–120.

Janz, Oliver: 14. Der große Krieg. Frankfurt am Main 2013.

Johnston, William M.: Österreichische Kultur- und Geistesgeschichte. Gesellschaft und Ideen im donauraum 1848 bis 1938. 4., ergänzte Aufl. Wien/Köln/Weimar 2006.

Judson, Pieter M.: Habsburg. Geschichte eines Imperiums 1740–1918. München 2017 (Das englischsprachige Original: The Habsburg Empire. A New History. Cambridge, Mass./London 2016).

Kaes, Anton: Shell Shock Cinema. Weimar Culture and the Wounds of War. Princeton/Oxford: Princeton University Press, 2009.

Kann, Robert A.: Das Nationalitätenproblem der Habsburgermonarchie. 2 Bände. Graz u.a. 1964.

Kansu, A.: Politics in Post-Revolutionary Turkey, 1908–1913. Leiden/Boston/Köln 2000.

Karner, Stefan/Botz, Gerhard/Konrad, Helmut (Hg.): Epochenbrüche im 20. Jahrhundert. Beiträge. Wien/Köln/Weimar 2017.

Kayali, H.: Arabs and Young Turks. Ottomanism, Arabism, and Islamism in the Ottoman Empire, 1908–1918. Berkeley/Los Angeles/London 1997.

Kershaw, Ian: Höllensturz. Europa 1914 bis 1949. 3. Aufl. München 2016.

Klein, Christian (Hg.): Grundlagen der Biographik. Theorie und Praxis des biographischen Schreibens. Stuttgart 2002.

Kovács, Henriett: Gegen oder für den Krieg? Die Ungarische Friedensbewegung am Vorababend und beim Ausbruch des Ersten Weltkriegs. In: Dácz, Enikö/Griessler Christina/Kovács, Henriett (Hg.): Der Traum vom Frieden – Utopie oder Realität? Kriegs- und Friedensdiskurse aus historischer, politologischer und juristischer Perspektive (1914–2014). Baden-Baden 2016, 75–100.

Kronenbitter, Günther: Krieg im Frieden. Die Führung der k. u. k. Armee und die Großmachtpolitik Österreich-Ungarns 1906–1914. München 2003.

Kövér, György: The Economic Achievements of the Austro-Hungarian Monarchy. Scale and Speed. In: Gerö, András (Hg.): The Austro-Hungarian Monarchy Revisited. New York 2009, 51–83.

Kolm, Evelyn: Die Ambitionen Österreich-Ungarns im Zeitalter des Hochimperialismus. Frankfurt am Main/Berlin/Bern/Bruxelles/New York/Oxford/Wien 2001.

Konrad, Helmut: Die „Bruchlinie 1918" – eine Einleitung. In: Karner, Stefan/Botz, Gerhard/Konrad, Helmut (Hg.): Epochenbrüche im 20. Jahrhundert. Beiträge. Wien/Köln/Weimar 2017, 17–19.

Kořalka, Jiří: Deutschland und die Habsburgermonarchie 1848–1918. In: Wandruszka, Adam/Urbanitsch, Peter (Hg.): Die Habsburgermonarchie 1848–1918. Band VI: Die Habsburgermonarchie im System der internationalen Beziehungen. 2. Teilband. Wien 1993, 1–158.

Koselleck, Reinhart: Zeitschichten. Studien zur Historik. Frankfurt am Main 2003.

Kovác, Dusan: Die Flucht der Slowaken aus dem ungarischen Staatsverband. In: Rumpler, Helmut (Hg.): Die Habsburgermonarchie und der Erste Weltkrieg. 1. Teilband: Der Kampf um die Neuordnung Mitteleuropas. Teil 2: Vom Vielvölkerstaat Österreich-Ungarn zum neuen Europa der Nationalstaaten. Wien 2016, 735–765.

Kramer, Alan: Dynamic of Destruction. Culture and Mass Killing in the First World War. Oxford 2007.

Křen, Jan: Die Konfliktgemeinschaft. Tschechen und Deutsche 1780–1918. 2. Aufl. München 2000.

Kronenbitter, Günther: „Krieg im Frieden". Die Führung der k. u. k. Armee und die Großmachtpolitik Österreich-Ungarns 1906–1914. München 2003.

Kronenbitter, Günther: „Nur los lassen". Österreich-Ungarn und der Wille zum Krieg. In: Burkhardt, Johannes/Becker, Josef/Förster, Stig/ Kronenbitter, Günther (Hg.): Lange und kurze Wege in den Ersten Weltkrieg. Vier Augsburger Beiträge zur Kriegsursachenforschung. München 1996, 159–187.

Kronenbitter, Günther: Wort und Macht. Friedrich Gentz als politischer Schriftsteller. Berlin 1994.

Kučera, Rudolf: Rationed Life. Science, Everyday Life, and Working-Class Politics in the Bohemian Lands, 1914–1918. New York/Oxford 2016.

Kučera, Rudolf: Entbehrung und Nationalismus. Die Erfahrung tschechischer Soldaten der österreichisch-ungarischen Armee 1914–1918. In: Bachinger, Bernhard/Dornik, Wolfram (Hg.): Jenseits des Schützengrabens. Der Erste Weltkrieg im Osten: Erfahrung – Wahrnehmung – Kontext. Innsbruck/Wien/Bozen 2013, 121–137.

Kuprian, Hermann J. W.: Zwangsmigration. In: Ders./Überegger, Oswald (Hg.): Katastrophenjahre. Der Erste Weltkrieg in Tirol. Innsbruck 2014, 217–240.

Kuprian, Hermann J. W.: „Entheimatungen". Flucht und Vertreibung in der Donaumonarchie während des Ersten Weltkriegs und ihre Konsequenzen. In: Kuprian, Hermann J. W./Überegger, Oswald (Hg.): Der Erste Weltkrieg im Alpenraum. Erfahrung, Deutung, Erinnerung. Innsbruck 2006, 289–305.

Kuprian, Hermann J. W.: „Frondienst redivivus im XX. Jahrhundert!" Arbeitszwang am Beispiel von Flucht, Vertreibung und Internierung in Österreich während des Ersten Weltkrieges. In: Geschichte und Region/Storia e regione, 12. Jg., Heft 1, 2003, 15–36.

Leidinger, Hannes: Krieg und Frieden in den Debatten österreichischer und ungarischer Parlamentarier vor 1914. In: Dácz, Enikö/Griessler Christina/Kovács, Henriett (Hg.): Der Traum vom Frieden – Utopie oder Realität? Kriegs- und Friedensdiskurse aus historischer, politologischer und juristischer Perspektive (1914–2014). Baden-Baden 2016, 63–74.

Leidinger, Hannes: Trügerischer Glanz: Der Wiener Kongress. Eine andere Geschichte. Innsbruck/Wien 2015.

Leidinger, Hannes: Ordnung schaffen. In: Ders./Moritz, Verena/Moser, Karin/Dornik, Wolfram: Habsburgs schmutziger Krieg. Ermittlungen zur österreichisch-ungarischen Kriegsführung 1914–1918. St. Pölten/Salzburg/Wien 2014, 145–170.

Leidinger, Hannes: Welches Recht? In: Ders./Moritz, Verena/Moser, Karin/Dornik, Wolfram: Habsburgs schmutziger Krieg. Ermittlungen zur österreichisch-ungarischen Kriegsführung 1914–1918. St. Pölten/Salzburg/Wien 2014, 191–221.

Leidinger, Hannes: Skizzen einer Epoche. In: Moritz, Verena/Leidinger, Hannes: Oberst Redl. Der Spionagefall – Der Skandal – Die Fakten. St. Pölten/Salzburg/Wien 2012, 245–295.

Leidinger, Hannes: Die BeDeutung der SelbstAuslöschung. Aspekte der Suizidproblematik in Österreich von der Mitte des 19. Jahrhunderts bis zur Zweiten Republik. Innsbruck/Wien/Bozen 2012.

Leidinger, Hannes: Zeit der Wirren. Revolutionäre Umwälzungen und bewaffnete Auseinandersetzungen im ehemaligen Zarenreich 1917–22. In: Dornik, Wolfram/Kasianov, Georgiy/Leidinger, Hannes/Lieb, Peter/Miller, Alexey/Musial, Bogdan/Rasevyč, Vasyl': Die Ukraine zwischen Selbstbestimmung und Fremdherrschaft 1917–1922. Graz 2011, 29–60.

Leidinger, Hannes: Suizid und Militär. Debatten – Ursachenforschung – Reichsratsinterpellationen 1907–1914. In: Cole, Laurence/Hämmerle, Christa/Scheutz, Martin (Hg.): Glanz – Gewalt – Gehorsam. Militär und Gesellschaft in der Habsburgermonarchie (1800 bis 1918). Essen 2011, 337–358.

Leidinger, Hannes: Von Austerlitz nach Königgrätz. Nations- und Staatswerdung 1789–1866. In: Ders./Moritz, Verena/Moser, Karin: Streitbare Brüder. Österreich : Deutschland. Kurze Geschichte einer schwierigen Nachbarschaft. St. Pölten/Salzburg 2010, 54–74.

Leidinger, Hannes: Das Ausweichquartier. Ausländische Kommunisten in Österreich. In: McLoughlin, Barry/Leidinger, Hannes/Moritz, Verena: Kommunismus in Österreich 1918–1938. Innsbruck/Wien/Bozen 2009, 153–184, hier 156 und 165f.

Leidinger, Hannes: Historische Zeiten – Eine Einleitung. In: Moritz, Verena/Leidinger, Hannes: Die Nacht des Kirpitschnikow. Eine andere Geschichte des Ersten Weltkriegs. Wien 2006.

Leidinger, Hannes: „Der Einzug des Galgens und des Mordes". Die parlamentarischen Stellungnahmen polnischer und ruthenischer Reichsratsabgeordneter zu den Massenhinrichtungen in Galizien 1914/15. In: Zeitgeschichte, 33. Jg., Heft 5, Sept./Okt. 2006, 235–260.

Leidinger, Hannes/Moritz, Verena: Der Erste Weltkrieg. Wien/Köln/Weimar 2011.

Leidinger, Hannes/Moritz, Verena: Die Republik Österreich 1918/2008. Überblick, Zwischenbilanz, Neubewertung. Wien 2008.

Leidinger, Hannes/Moritz, Verena: Verwaltete Massen. Kriegsgefangene in der Donaumonarchie 1914–1918. In: Oltmer, Jochen (Hg.): Kriegsgefangene im Europa des Ersten Weltkriegs. Paderborn/München/Wien/Zürich 2006, 35–66.

Leidinger, Hannes/Moritz, Verena: Gefangenschaft, Revolution, Heimkehr. Die Bedeutung der Kriegsgefangenenproblematik für die Geschichte des Kommunismus in Mittel- und Osteuropa 1917–1920. Wien/Köln/Weimar 2003.

Leidinger, Hannes/Moritz, Verena/Schippler, Berndt: Das Schwarzbuch der Habsburger. Die unrühmliche Geschichte eines Herrschergeschlechtes. 2. Aufl. Wien/Frankfurt am Main 2003.

Lein, Richard: Pflichterfüllung oder Hochverrat? Die tschechischen Soldaten Österreich-Ungarns im Ersten Weltkrieg. Wien/Berlin 2011.

Lendvai, Paul: Die Ungarn. Eine tausendjährige Geschichte. Wien 1987.

Le Rider, Jacques: Der Fall Otto Weininger. Wien/München 1985.

Liehm, Mira/Liehm, Antonín J.: The most important art. Eastern European Film after 1945. Berkeley 1977.

Lieven, Dominic: Towards the Flame. Empire, War and the End of Tsarist Russia. London 2015.

Lindner, Clausjohann: Theorie der Revolution. Ein Beitrag zur verhaltenstheoretischen Soziologie. München 1972.

Liulevicius, Vejas Gabriel: Kriegsland im Osten. Eroberung, Kolonisierung und Militärherrschaft im Ersten Weltkrieg. Hamburg 2002.

Lukan, Walter: Die slowenische Politik und Kaiser Karl. In: Gottsmann, Andreas (Hg.): Karl I. (IV.), der Erste Weltkrieg und das Ende der Donaumonarchie. Wien 2007, 159–186.

Lukovic, Jovica: „Das Land soll dem gehören, der es selber bestellt." Die jugoslawische Agrarreform in der Zwischenkriegszeit – von der Landzuteilung zur Lösung der Bauernfrage? In: Sozialwissenschaftliches Journal 1, Heft 2, 2006, 36–54.

Lutz, Heinrich: Zwischen Habsburg und Preußen. Deutschland 1815–1866. Berlin 1985.

Lutz, Heinrich/Rumpler, Helmut (Hg.): Österreich und die deutsche Frage im 19. und 20. Jahrhundert. Probleme der politisch-staatlichen und soziokulturellen Differenzierung im deutschen Mitteleuropa. Wien 1982.

Ma-Kircher, Klaralinda: Die Frauen, der Krieg und die Stadt. In: Pfoser, Alfred/Weigl, Andreas (Hg.): Im Epizentrum des Zusammenbruchs, Wien im Ersten Weltkrieg. Wien 2013, 72–81.

Maderthaner, Wolfgang: Der Kongress fand nicht statt. Arbeiterbewegung und Krieg. In: Pfoser, Alfred/Weigl, Andreas (Hg.): Im Epizentrum des Zusammenbruchs. Wien im Ersten Weltkrieg. Wien 2013, 46–51.

Maderthaner, Wolfgang: Das revolutionäre Prinzip. Arbeiterbewegung und Krieg (2). In: Pfoser, Alfred/Weigl, Andreas (Hg.): Im Epizentrum des Zusammenbruchs. Wien im Ersten Weltkrieg. Wien 213, 566–571.

Maderthaner, Wolfgang/Hochedlinger, Michael: Untergang einer Welt. Der Große Krieg 1914–1918 in Photographien und Texten. Wien 2013.

Mannsberger, Eva Maria/Schäfer, Karl: Das Neusiedler Internierungslager 1914–1918. In: Neusiedler Jahrbuch. Hg. vom Verein zur Erforschung der Stadtgeschichte von Neusiedl am See, Bd. 11, 2008/9, 5–42.

Marksteiner, Franz: Where is the War? Some Aspects of the Effects of World War One on Austrian Cinema. In: Paris, Michael (Hg.): The First World War and Popular Cinema. 1914 to the present. New Brunswick/New Jersey 2000, 247–260.

Matis, Herbert: Grundzüge der österreichischen Wirtschaftsentwicklung 1848–1914. In: Rumpler, Helmut (Hg.): Innere Staatsbildung und gesellschaftliche Modernisierung in Österreich und Deutschland 1867/71 bis 1914. Wien/München 1991, 107–124.

Mazierska, Ewa: Between Parochialism and Universalism. World War One in Polish Cinematography. In: Paris, Michael (Hg.): The First World War and Popular Cinema. 1914 to the present. New Brunswick/New Jersey 2000, 192–216.

McMeekin, Sean: July 1914. Countdown to war. London 2013.

Mentzel, Walter: Kriegserfahrungen von Flüchtlingen aus dem Nordosten der Monarchie während des Ersten Weltkriegs. In: Bachinger, Bernhard/Dornik, Wolfram (Hg.): Jenseits des Schützengrabens. Der Erste Weltkrieg im Osten: Erfahrung – Wahrnehmung – Kontext. Innsbruck/Wien/Bozen 2014, 359–390.

Mentzel, Walter: Fern der Heimat. Ursachen von Flucht und Vertreibung in der k. u. k. Monarchie. In: Jubel & Elend. Leben mit dem Großen Krieg 1914–1918. Katalog zur Ausstellung. Schallaburg 2014, 344–349.

Mentzel, Walter: Kriegsflüchtlinge in Cisleithanien im Ersten Weltkrieg. Phil. Diss. Wien 1997.

Meyer, Enno: Grundzüge der Geschichte Polens. 3., erweiterte Aufl. Darmstadt 1990.

Mick, Christoph: Kriegserfahrungen in einer multiethnischen Stadt: Lemberg 1914–1947. Wiesbaden 2010.

Mitrović, Andrej: Serbia's Great War 1914–1918. London 2007.

Moll, Martin: Die Steiermark im Ersten Weltkrieg. Der Kampf des Hinterlandes ums Überleben 1914–1918. Wien/Graz/Klagenfurt 2014.

Moll, Martin: Kein Burgfrieden. Der deutsch-slowenische Nationalitätenkonflikt in der Steiermark 1900–1918. Innsbruck/Wien/Bozen 2007.

Moos, Carlo: Habsburg post mortem. Betrachtungen zum Weiterleben der Habsburgermonarchie. Wien/Köln/Weimar 2016.

Moritz, Verena: 1917. Österreichische Stimmen zur Russischen Revolution. Salzburg/Wien 2017.

Moritz, Verena: „... Treulos in den Rücken gefallen." Zur Frage der Behandlung italienischer Kriegsgefangener in Österreich-Ungarn 1915–1918. In: Kriechbaumer, Robert/Mueller, Wolfgang/Schmidl, Erwin A. (Hg.): Politik und Militär im 19. und 20. Jahrhundert. Österreichische und europäische Aspekte. Festschrift für Manfried Rauchensteiner. Wien/Köln/Weimar 2017, 185–207.

Moritz, Verena: Kriegsgefangenschaft als Erfahrung. Am Beispiel der Deutschösterreicher in russischem Gewahrsam. In: Bachinger, Bernhard/Dornik, Wolfram (Hg.): Jenseits des Schützengrabens. Der Erste Weltkrieg im Osten: Erfahrung – Wahrnehmung – Kontext. Innsbruck/Wien/Bozen 2013, 197–220.

Moritz, Verena: „Wir sind also noch fähig zu wollen!". In: Dies./Leidinger, Hannes: Die Nacht des Kirpitschnikow. Eine andere Geschichte des Ersten Weltkriegs. München 2008, 66–96.

Moritz, Verena/Leidinger, Hannes: Oberst Redl. Der Spionagefall – Der Skandal – Die Fakten. St. Pölten/Salzburg/Wien 2012.

Moritz, Verena/Leidinger, Hannes: Zwischen Nutzen und Bedrohung. Die russischen Kriegsgefangenen in Österreich (1914–1921). Bonn 2005.

Moritz, Verena/Leidinger, Hannes/Jagschitz, Gerhard: Im Zentrum der Macht. Die vielen Gesichter des Geheimdienstchefs Maximilian Ronge. St. Pölten/Salzburg 2007.

Morrissey, Susan K.: Suicide and the Body Politic in Imperial Russia. Cambridge 2006.

Morrissey, Susan K.: Suicide and Civilization in Late Imperial Russia. In: Jahrbücher für Geschichte Osteuropas, Bd. 43, Heft 2, 1995, 201–217.

Morton, Frederic: Wetterleuchten 1913/1914. Wien 1990.

Mülder-Bach, Inka (Hg.): Modernität und Trauma. Beiträge zum Zeitenbruch des Ersten Weltkrieges. Wien 2000.

Müller, Winfried: Das historische Jubiläum. Zur Geschichtlichkeit einer Zeitkonstruktion. In: Ders. (Hg.): Das historische Jubiläum. Genese, Ordnungsleistung und Inszenierungsgeschichte eines institutionellen Mechanismus. Münster 2004.

Münkler, Herfried: Imperien. Die Logik der Weltherrschaft – vom Alten Rom bis zu den Vereinigten Staaten. Berlin 2005.

Oltmer, Jochen (Hg.): Kriegsgefangene im Europa des Ersten Weltkriegs. Paderborn/München/Wien/Zürich 2006.

Ormos, Mária: Ein internationaler Versuch zur Rettung der Unabhängigkeit Österreichs, in: Stourzh, Gerald/Zaar, Brigitta (Hg.): Österreich, Deutschland und die Mächte. Internationale und österreichische Aspekte des „Anschlusses" vom März 1938. Wien 1990, 131–142.

Ortmayr, Norbert: Selbstmord in Österreich 1819–1988. In: Zeitgeschichte 17, Februar 1990, 209–225.

Osterhammel, Jürgen: Die Verwandlung der Welt. Eine Geschichte des 19. Jahrhunderts. München 2009.

Pawlowsky, Verena: Mutter ledig – Vater Staat. Das Gebär- und Findelhaus in Wien 1784–1910. Innsbruck/Wien/München/Bozen 2001.

Pethö, Albert: Agenten für den Doppeladler. Österreich-Ungarns Geheimer Dienst im Weltkrieg. Graz/Stuttgart 1998.

Petschar, Hans (Hg.): Der ewige Kaiser. Franz Joseph I. 1830–1916. Wien 2016.

Pfoser, Alfred: Wohin der Krieg führt. Eine Chronologie des Zusammenbruchs. In: Ders./Weigl, Andreas (Hg.): Im Epizentrum des Zusammenbruchs. Wien im Ersten Weltkrieg. Wien 2013, 580–586.

Pittler, Andreas P.: Bruno Kreisky. Reinbek bei Hamburg 1996.

Plaschka, Richard/Haselsteiner, Horst/Suppan, Arnold: Innere Front. Militärassistenz, Widerstand und Umsturz in der Donaumonarchie 1918. Bd. 1. Wien 1974.

Pollmann, Ferenc: Die Ostfront des „Großen Krieges" – aus ungarischer Sicht. In: Bachinger, Bernhard/Dornik, Wolfram (Hg.): Jenseits des Schützengrabens. Der Erste Weltkrieg im Osten: Erfahrung – Wahrnehmung – Kontext. Innsbruck/Wien/Bozen 2013, 87–104.

Prusin, Alexander Victor: The Lands Between. Conflict in the East European Borderlands, 1870–1992. Oxford 2010.

Prutsch, Ursula/Csáky, Moritz/Feichtinger, Johannes (Hg.): Habsburg Postcolonial. Machtstrukturen und kollektives Gedächtnis. Innsbruck 2003.

Puttkammer, Joachim von: Die Tschechoslowakische Bodenreform von 1919. Soziale Umgestaltung als Fundament der Republik. In: Bohemia. Zeitschrift für Geschichte und Kultur der böhmischen Länder 46, 2005, 315–342.

Rasevyč, Vasyl': Ein habsburgischer König für die Ukraine? Wilhelm von Habsburg und Kaiser Karl I. In: Gottsmann, Andreas (Hg.): Karl I. (IV.), der Erste Weltkrieg und das Ende der Donaumonarchie, Wien 2007, 223–230.

Rauchensteiner, Manfried: Der Erste Weltkrieg und das Ende der Habsburgermonarchie. Wien/Köln/Weimar 2013.

Rauchensteiner, Manfried: Der Tod des Doppeladlers. Österreich-Ungarn und der Erste Weltkrieg. Graz/Wien/Köln 1993.

Raulff, Ulrich: Der unsichtbare Augenblick. Zeitkonzepte in der Geschichte. Göttingen 1999.

Rauscher, Walter: Die fragile Großmacht. Die Donaumonarchie und die europäische Staatenwelt 1866–1914. Teil 1. Frankfurt am Main/Bern/Bruxelles/New York/Oxford/Warszawa/Wien 2014.

Reinalter, Helmut: 1790 – Tod Josephs II.: Aufklärung und Josephinismus. In: Scheutz, Martin/Strohmeyer, Arno (Hg.): Von Lier nach Brüssel. Schlüsseljahre österreichischer Geschichte (1496–1995). Innsbruck/Wien/Bozen 2010, 153–165.

Reiter, Roswita: Adelheid Popp – Biografie einer bewegenden Sozialdemokratin. Berlin 2010.

Ricoeur, Paul: Zeit und Erzählung. Bd. 1: Zeit und historische Erzählung. München 1988.

Ringel, Erwin: Das präsuizidale Syndrom bei Kronprinz Rudolf. In: Pöldinger, Walter/Wagner, Wolfgang (Hg.): Aggression, Selbstaggression, Familie und Gesellschaft. Das Mayerling-Symposium. Berlin/Heidelberg 1989, 175–182.

Robertson, Ritchie/Timms, Edward: Preface. In: Dies. (Hg.): The Habsburg Legacy. National Identity in Historical Perspective. Edinburgh 1994, VIII–X.

Roszkowski, Wojciech: Landowners in Poland, 1918–1939. New York 1991, 27–32.

Rumpler, Helmut: Die Todeskrise Cisleithaniens 1911–1918. Vom Primat der Innenpolitik zum Primat der Kriegsentscheidung. In: Ders. (Hg.): Die Habsburgermonarchie und der Erste Weltkrieg. 1. Teilband: Der Kampf um die Neuordnung Mitteleuropas. Teil 2: Vom Vielvölkerstaat Österreich-Ungarn zum neuen Europa der Nationalstaaten. Wien 2016, 1165–1256.

Rumpler, Helmut: Eine Chance für Mitteleuropa. Bürgerliche Emanzipation und Staatsverfall in der Habsburgermonarchie. Wien 2005.

Rumpler, Helmut: Parlament und Regierung Cisleithaniens 1867 bis 1914. In: Rumpler, Helmut/Urbanitsch, Peter (Hg.): Die Habsburgermonarchie 1848–1918. Band 7: Verfassung und Parlamentarismus. 1. Teilband: Verfassungsrecht, Verfassungswirklichkeit, Zentrale Repräsentativkörperschaften. Wien 2000, 667–894.

Rumpler, Helmut/Urbanitsch, Peter (Hg.): Die Habsburgermonarchie 1848–1918. 11 Bände. Wien 1973–2014.

Saage, Richard: Der erste Präsident. Karl Renner – eine politische Biografie. Wien 2016.

Sachslehner, Johannes: 1918. Die Stunden des Untergangs. Wien 2005.

Sandgruber, Roman: Ökonomie und Politik. Österreichische Wirtschaftsgeschichte vom Mittelalter bis zur Gegenwart. Wien 1995.

Sauer, Walter (Hg.): K.u.k. kolonial. Habsburgermonarchie und europäische Herrschaft in Afrika. 2., unveränderte Auflage. Wien/Köln/Weimar 2007.

Schanes, Daniela: Serbien im Ersten Weltkrieg. Feind- und Kriegsdarstellungen in österreichisch-ungarischen, deutschen und serbischen Selbstzeugnissen. Phil. Diss. Graz 2010.

Schmale, Wolfgang: Geschichte Europas. Wien/Köln/Weimar 2000.

Schmidt, Stefan: Frankreichs Außenpolitik in der Julikrise 1914. Ein Beitrag zur Geschichte des Ausbruchs des Ersten Weltkrieges. München 2009.

Schmitz, Martin: „Als ob die Welt aus den Fugen ginge". Kriegserfahrungen österreichisch-ungarischer Offiziere 1914–1918. Paderborn 2016.

Schnell, Felix: Räume des Schreckens. Gewalt und Gruppenmilitanz in der Ukraine 1905–1933. Hamburg 2012.

Schorske, Carl E.: Wien. Geist und Gesellschaft im Fin de Siècle. München/Wien 1994.

Schütte, Christian: Selbsttötung als Spektakel? Suiziddarstellungen in Boulevardzeitungen. In: Herberth, Arno/Niederkrotenthaler, Thomas/Till, Benedikt (Hg.): Suizidalität in den Medien. Interdisziplinäre Betrachtungen. Wien/Berlin 2008, 241–259.

Service, Robert: Lenin. Eine Biographie. München 2000.

Schulze, Hagen: Staat und Nation in der europäischen Geschichte. 2. Aufl. München 1995.

Schuster, Frank M.: „Was hat der Krieg zwischen Zar und Kaiser mit uns zu tun?" Osteuropäische Juden während des Ersten Weltkriegs. In: Eisfeld, Alfred/Hausmann, Guido/Neutatz, Dietmar (Hg.): Besetzt, interniert, deportiert. Der Erste Weltkrieg und die deutsche, jüdische, polnische und ukrainische Zivilbevölkerung im östlichen Europa. Essen 2013, 57–86.

Schuster, Frank M.: Zwischen allen Fronten. Osteuropäische Juden während des Ersten Weltkrieges (1914–1919). Köln/Weimar/Wien 2004.

Šedivý, Ivan: Der Einfluss des Ersten Weltkrieges auf die tschechische Politik. In: Rumpler, Helmut (Hg.): Die Habsburgermonarchie und der Erste Weltkrieg. 1. Teilband: Der Kampf um die Neuordnung Mitteleuropas. Teil 2: Vom Vielvölkerstaat Österreich-Ungarn zum neuen Europa der Nationalstaaten. Wien 2016, 711–734.

Šedivý, Ivan: Die Tschechoslowakischen Legionäre: ein historischer Mythos des 20. Jahrhunderts. In: Mythen und Politik im 20. Jahrhundert: Deutsche – Slowaken – Tschechen. Essen 2013, 91–99.

Sked, Alan: Der Fall des Hauses Habsburg. Der unzeitige Tod eines Kaiserreichs. Berlin 1993.

Stekl, Hannes: Reichtum und Wohlstand in der späten Habsburgermonarchie. In: Bruckmüller, Ernst (Hg.): Armut und Reichtum in der Geschichte Österreichs. Wien/München 2010, 113–140.

Stiasny, Philipp: Das Kino und der Krieg. Deutschland 1914–1929. München 2009.

Stibbe, Matthew: „Ohne jede Ausnahme eine Schar von Feinden Österreichs". Die Internierungspolitik des Habsburgerreiches im europäischen und globalen Kontext. In: Jubel & Elend. Leben mit dem Großen Krieg 1914–1918. Katalog zur Ausstellung. Schallaburg 2014, 338–343.

Stibbe, Matthew: Krieg und Brutalisierung. Die Internierung von Zivilisten bzw. „politisch unzuverlässigen" in Österreich-Ungarn während des Ersten Weltkriegs. In: Eisfeld, Alfred/Hausmann, Guido/Neutatz, Dietmar (Hg.): Besetzt, interniert, deportiert. Der Erste Weltkrieg und die deutsche, jüdische, polnische und ukrainische Zivilbevölkerung im östlichen Europa. Essen 2013, 87–106.

Stieg, Gerald: Sein oder Schein. Die Österreich-Idee von Maria Theresia bis zum Anschluss. Wien/Köln/Weimar 2016.

Stollberg-Rilinger, Barbara: Maria Theresia. Die Kaiserin in ihrer Zeit. Eine Biographie. München 2017.

Stourzh, Gerald: Die Außenpolitik der österreichischen Bundesregierung gegenüber der nationalsozialistischen Bedrohung, in: Stourzh, Gerald/Zaar, Brigitta (Hg.): Österreich, Deutschland und die Mächte. Internationale und österreichische Aspekte des „Anschlusses" vom März 1938. Wien 1990, 319–346.

Straub, Eberhard: Der Wiener Kongress. Das große Fest und die Neuordnung Europas. Stuttgart 2014.

Street, C. J. C.: President Masaryk. In: Traitor-Patriots in the Great War: Casement and Masaryk. A Belfast Magazine, No. 23, 12–21.

Striegnitz, Sonja: Deutsche Internationalisten in Sowjetrussland 1917–1918. Proletarische Solidarität im Kampf um die Sowjetmacht. Berlin 1979.

Suppan, Arnold: Die imperialistische Friedensordnung Mitteleuropas in den Verträgen von Saint-Germain und Trianon. In: Rumpler, Helmut (Hg.): Die Habsburgermonarchie und der Erste Weltkrieg. 1. Teilband: Der Kampf um die Neuordnung Mitteleuropas. Teil 2: Vom Vielvölkerstaat Österreich-Ungarn zum neuen Europa der Nationalstaaten. Wien 2016, 1257–1341.

Suppanz, Werner: Österreichische Geschichtsbilder. Historische Legitimationen in Ständestaat und Zweiter Republik. Köln/Wien u.a. 1998.

Szendi, Zoltán: Medialisierung des Zerfalls der Doppelmonarchie in deutschsprachigen Regionalperiodika zwischen 1880 und 1914. Wien 2014.

Szlanta, Piotr: Der lange Abschied der Polen von Österreich. In: Rumpler, Helmut (Hg.): Die Habsburgermonarchie und der Erste Weltkrieg. 1. Teilband: Der Kampf um die Neuordnung Mitteleuropas. Teil 2: Vom Vielvölkerstaat Österreich-Ungarn zum neuen Europa der Nationalstaaten. Wien 2016, 813–851.

Szlanta, Piotr: Unter dem sinkenden Stern der Habsburger. Die Ostfronterfahrung polnischer k. u. k. Soldaten. In: Bachinger, Bernhard/Dornik, Wolfram (Hg.): Jenseits des Schützengrabens. Der Erste Weltkrieg im Osten: Erfahrung – Wahrnehmung – Kontext. Innsbruck/Wien/Bozen 2013, 139–156.

Teichova, Alice: Wiens wechselhafte Rolle als Finanzzentrum in Europa während des 20. Jahrhunderts, in: Teichova, Alice (Hg.): Banken, Währung und Politik in Mitteleuropa zwischen den Weltkriegen. Wien 1997, 23–44.

Timms, Edward: Citizenship and „Heimatrecht" after the Treaty of Saint-Germain. In: Robertson, Ritchie/Timms, Edward (Hg.): The Habsburg Legacy. National Identity in Historical Perspective. Edinburgh 1994, 158–168.

Trogrlić, Marko: Die Südslawische Frage als Problem der österreichisch-ungarischen und internationalen Politik. In: Rumpler, Helmut (Hg.): Die Habsburgermonarchie und der Erste Weltkrieg. 1. Teilband: Der Kampf um die Neuordnung Mitteleuropas. Teil 2: Vom Vielvölkerstaat Österreich-Ungarn zum neuen Europa der Nationalstaaten. Wien 2016, 965–1015.

Tooze, Adam: Sintflut. Die Neuordnung der Welt 1916–1931. München 2015.

Überegger, Oswald: „Man mache diese Leute, wenn sie halbwegs verdächtig erscheinen, nieder". Militärische Normübertretungen, Guerillakrieg und ziviler Widerstand an der Balkanfront 1914. In: Chiari, Bernhard/Groß, Gerhard P. (Hg.): Am Rande Europas? Der Balkan – Raum und Bevölkerung als Wirkungsfelder militärischer Gewalt. München 2009, 121–136.

Überegger, Oswald: „Verbrannte Erde" und „baumelnde Gehenkte". Zur europäischen Dimension militärischer Normübertretungen im Ersten Weltkrieg. In: Hohrath, Daniel/Neitzel, Sönke: Entfesselter Kampf oder gezähmte Kriegführung? Gedanken zur regelwidrigen Gewalt im Krieg. In: Dies. (Hg.): Kriegsgreuel. Die Entgrenzung der Gewalt in kriegerischen Konflikten vom Mittelalter bis ins 20. Jahrhundert. Paderborn/München/Wien/Zürich 2008, 241–278.

Urban, Otto: Die tschechische Gesellschaft 1848–1918. Bd. 1 Wien/Köln/ Weimar 1994.

Urbanitsch, Peter: Die Deutschen in Österreich. Statistisch-deskriptiver Überblick. In: Wandruszka, Adam/Urbanitsch, Peter (Hg.): Die Habsburgermonarchie 1848–1918. Band 3: Die Völker des Reiches. 1. Teilband. Wien 1980, 33–145.

Veyne, Paul: Geschichtsschreibung – und was sie nicht ist. Frankfurt am Main 1990.

Vocelka, Karl/Mutschlechner, Martin (Hg.): Franz Joseph 1830–1916. Wien 2016.

Vocelka, Michaela/Vocelka, Karl: Franz Joseph I. Kaiser von Österreich und König von Ungarn 1830–1916. Eine Biographie. München 2015.

Wagner, Walter: Gliederung und Aufgabenstellung. In: Wandruszka, Adam/Urbanitsch, Peter (Hg.): Die Habsburgermonarchie 1848–1918. Bd. V: Die bewaffnete Macht. Wien 1987, 142–633.

Wakounig, Marija: Dissens versus Konsens. Das Österreichbild in Russland während der franzisko-josephinischen Ära. In: Wandruszka, Adam/ Urbanitsch, Peter (Hg.): Die Habsburgermonarchie 1848–1918. Band VI: Die Habsburgermonarchie im System der internationalen Beziehungen. 2. Teilband. Wien 1993, 436–490.

Walleczek-Fritz, Julia: Lagerwelten. Kriegsgefangene im Habsburgerreich 1914–1918. In: Jubel & Elend. Leben mit dem Großen Krieg 1914–1918. Katalog zur Ausstellung. Schallaburg 2014, 330–336.

Wendland, Anna Veronika: Die Russophilen in Galizien. Ukrainische Konservative zwischen Österreich und Russland 1848–1915. Wien 2001.

Wingfield, Nancy M.: Flag Wars and Stone Saints. How the Bohemian Lands Became Czech. Cambridge, Mass./London 2007.

Wingfield, Nancy M.: Creating the Other. Ethnic Conflict and Nationalism in Habsburg Central Europe. New York/Oxford 2003.

Winkelbauer, Thomas: Wer bezahlte den Untergang der Habsburgermonarchie? Zur nationalen Streuung der österreichischen Kriegsanleihen im Ersten Weltkrieg. In: MIÖG 114, 2004, 368–398.

Winter, Jay: Sites of memory, sites of mourning. The Great War in European cultural history. Cambridge 1995.

Wißkirchen, Hans: Die Familie Mann. 6. Aufl. Reinbek bei Hamburg 2007.

Wittkop, Justus Franz: Bakunin. Reinbek bei Hamburg 1974.

Zielinski, Konrad: The Shtetl in Poland, 1914–1918. In: Katz, Steven T. (Hg.): The Shtetl. New Evaluations. New York/London 2007.

Zsuppán, F. Tibor: Die politische Szene Ungarns. In: Cornwall, Mark (Hg.): Die letzten Jahre der Donaumonarchie. Der erste Vielvölkerstaat im Europa des frühen 20. Jahrhunderts. Wegberg 2004, 107–125.

Personenverzeichnis

Adler, Friedrich 224
Adler, Victor 212, 224, 228, 232f, 293f
Aehrenthal, Aloys Lexa Freiherr von 138
Andrássy, Gyula Graf 285f
Andrian-Werburg, Leopold Freiherr von 162
Arz von Straußenburg, Arthur Freiherr 273
Badeni, Kasimir Graf 76, 85
Baernreither, Josef Maria 25f, 27
Bahr, Hermann 99
Bardolff, Carl Freiherr von 273
Baše, Jan 200
Bauer, Otto 212, 225, 303, 310, 324
Beck, Maximilian Wladimir Freiherr von 25, 27f, 47, 80
Beneš, Edvard 253, 259f, 280f, 284f, 308
Berchtold, Leopold Graf 152ff, 159f, 208
Berger, Vojtech 264
Bethmann Hollweg, Theobald von 159
Biały, Stanisław 96
Biliński, Leon Ritter von 152
Bismarck, Otto von 61, 63
Böhm-Ermolli, Eduard Freiherr von 239
Boroević von Bojna, Svetovar 244f
Brandner, Leopold 91f
Breiter, Ernest 346
Bunsen, Maurice de 159f
Burián, Stephan Graf 208f
Canis, Konrad 13
Cecil, Robert 258ff
Cehels'kyj, Lonhyn 247
Chamberlain, Joseph 34

Churchill, Winston 314
Čičerin, Georgij 312, 320f
Clam-Martinic, Heinrich Graf 249
Clemenceau, George 256, 308
Conrad von Hötzendorf, Franz 139, 154f, 208, 231
Csáky, Imre Graf 132f, 207ff
Czernin, Ottokar Graf 208f, 225f, 228f, 239, 242, 254–258
Daszyński, Ignacy 171f
Deák, Ferenc 65
Dessewffy, Emil Graf 296
Deutsch, Julius 276
Djurić, Damjan 180
Dörrer, Berta 129
Dollfuß, Engelbert 313ff
Eichhoff, Johann Andreas Freiherr von 115
Ellenbogen, Wilhelm 84, 95f, 142, 212
Erzherzog Eugen 172
Erzherzog Johann 59, 97, 351
Erzherzog Joseph 171, 289f
Esterházy, Móric Graf 241
Esterházy, Nikolaus 296
Fasse, Karel 341
Fragnerová, Marianna 341
Franz II. (I.) 51
Franz Ferdinand 25, 103, 115f, 152f, 155, 210, 287
Franz Joseph. I. 16, 59ff, 63ff, 78–82, 85, 87, 97, 108, 110ff, 134, 145, 151ff, 155, 161f, 169, 173, 178, 183, 206–209, 213, 231, 242, 253, 350, 356
Franz Stephan von Lothringen 49
Freud, Sigmund 42
Fuchs, Albert 337f
Gentz, Friedrich von 56

Glaise von Horstenau, Edmund 206, 208
Glaser, Elisabeth 93f
Gogol, Anastasie 169f
Gołuchowski, Agenor Maria Adam Graf 84f
Grey, Edward Sir 112, 138f, 158ff
Grün, Anastasius (= Auersperg, Anton Alexander Graf von) 72, 77
Hadik, János Graf 289
Hale, John Parker 35ff
Haller, Józef 246
Hallier, Oberstleutnant 86
Herriot, Édouard 313f
Hindenburg, Paul von 229, 234, 263
Hodek, Josef 264
Hodza, Milan 286f
Hofmannsthal, Hugo von 77
Hons, Josef 129
Horthy de Nagybánja, Miklos 304ff, 325, 346, 349
House, Edward Mendell 225f
Hoyos, Alexander Graf 153f, 162
Hülsemann, Johann Georg 35
Hussarek von Henlein, Max 275, 282
Ješátko, Josef 129, 135
Johann Salvator 97
Jókai, Mór 150f
Joseph II. 33, 49
Judson, Pieter M. 14, 33
Kaiserin Elisabeth („Sisi") 63, 85, 97
Kaiserin Zita 208, 258, 295, 305, 350
Kállay, Benjamin von 144
Kálnoky, Gustav Graf 109
Kamler, Heinrich Ritter von 337f
Kamler, Lorle 337f
Kanner, Heinrich 162
Karl I. 16, 178, 208, 220, 222, 225, 229, 239f, 242, 246, 249, 254f, 257ff, 274, 277, 283, 287, 289, 293ff, 305f, 315, 333, 350

Karl V. 111
Karl VI. 48
Károly, Mihály Graf 240f, 282, 289f, 296f, 325f, 345
Kernetzky, Károly 243f
Keschmann, Anton 291f, 308
Klofáč, Václav Jaroslav 119f, 149f
Koch, Friedrich 190
König, Wilhelm 68f
Koerber, Ernest Baron von 96, 252
Kohout, František 129
Kolman, Arnošt 210
Korošec, Anton 84, 137, 142, 242f, 250f, 267, 277, 282f
Kossuth, Lajos 59
Koza, Václav 214f, 341f
Kramář, Karel 95, 137, 178, 248f, 252, 276, 281, 285f, 303
Kranebitter, Notburga 92
Kreisky, Bruno 207, 350
Krleža, Miroslav 288
Kronprinz Rudolf 73, 97f, 108, 351
Kun, Béla 304, 311
Lach, Vladimír 132
Lammasch, Heinrich 290, 295, 309
Landwehr von Pragenau, Ottokar 217
Lansing, Robert 256, 259
Layton, Walter T. 319
Lenin, Wladimir I. 102, 227ff, 236, 256, 268, 272, 280, 300, 310f
Leopold II. 50
Leuthner, Karl 266f
Levyc'kyj, Kost' 171
Lloyd George, David 255, 259
Lodgman von Auen, Rudolf 290f
Loewenfeld-Russ, Hans 202f, 207f, 217
Loos, Adolf 145
Lucheni, Luigi 102f
Ludendorff, Erich 229, 234, 263
Ludwig XVI. 111

Lueger, Karl 80, 116
Lukachich, Baron 289
Mach, Ernst 42
Mann, Thomas 101
Maria Theresia 33, 48f, 342, 351
Marie Valerie 97
Masaryk, Tomáš Garrigue 105f, 131, 251ff, 262f, 281, 284ff, 330, 342, 345
Mensdorff, Albert Graf 158ff
Metternich, Klemens Wenzel Nepomuk Lothar von 55f, 58
Moltke, Helmuth von 62
Moos, Carlo 20
Musil, Robert 24, 27, 33, 39f, 69f
Mussolini, Benito 313, 318
Napoleon Bonaparte 44, 50–54, 58, 111, 313
Němec, Antonín 119, 141f
Nečaev, Sergej 101f
Neurath, Konstantin von 318
Nietzsche, Friedrich 103
Nikolaus II. 110
Northcliffe, Alfred C.W.H. 259
Obergottsberger, Franz 94, 130
Otto Habsburg, Thronfolger, Erzherzog 208, 315, 317, 350
Palacký, František 72
Pánek, František 193, 201, 214
Pantz, Anton 213, 217
Pašić, Nikola 156ff
Pernitza, Friedrich 192
Petruszewycz, Eugen 172
Pilsudski, Józef 246
Poincaré, Raymond 152
Popovici, Aurel 115f
Popp, Adelheid 126f
Princip, Gavrilo 103
Radić, Stjepan 302
Rašin, Alois 281, 285f
Redl, Alfred 86f, 140

Redlich, Josef 225
Renner, Karl 116f, 212, 234, 292f, 308, 340
Ribot, Alexandre 255
Rist, Charles 319
Rosthorn, Arthur 143f
Saar, Ferdinand von 99
Sarkotić von Lovćen, Stjepan Freiherr 227, 287f
Scherleitner, Barbara 93, 130
Schlemmer, Maria 191
Schmerling, Anton von 64
Schmidt, Guido 318
Schmidt, Wilhelm 334f
Schnitzler, Arthur 99
Schönburg-Hartenstein, Alois Fürst 273
Schönthaler, Alois 90f
Schürer, Katharina 92
Schuschnigg, Kurt 316
Schwarzenberg, Felix Fürst zu 60
Seeger, Richard 336f
Seidler, Ernst Ritter von 239, 273ff
Seipel, Ignaz 116, 309, 312, 334
Seitz, Karl 303
Skoropad'skyj, Pavlo 230
Šmeral, Bohumir 248f, 252f
Sonnino, Sidney Baron 255, 257
Šrobár, Vavro 286
Starzer, Anna 131
Stefan, Jakob 130
Stresemann, Gustav 315
Stöger-Steiner Freiherr von Steinstätten, Rudolf 273
Stürgkh, Karl Graf 136f, 154, 170f, 174, 218, 224, 248, 274
Šušteršić, Ivan 243
Suttner, Bertha von 150
Švehla, Antonín 248f, 281, 286, 345
Svoboda, František 209, 340, 342
Svoboda, Josef 130f

Szápáry, Frigyes Graf 160
Széchenyi, Emil Graf 296
Szilassy, Gyula von 133f, 137, 148f
Szögyény-Marich, László Graf 158
Talleyrand-Périgord, Charles Maurice de 54
Thun-Hohenstein, Franz Graf 84
Tisza, István Graf 114, 154, 218, 240, 245f, 277, 280, 282, 290
Toth, Marie 128, 191, 199, 218f, 339
Trakl, Georg 100, 104
Tschirschky, Heinrich von 151
Tuna, Hochwürden Ill. 182f

Udržal, František 292
Vaniš, František 340
Vázsonyi, Vilmos 241
Weininger, Otto 42, 104
Wekerle, Sándor 241, 282f
Wilhelm I. 62
Wilhelm II. 73, 82, 85, 123, 153, 155, 159, 229, 236, 246, 257ff, 262, 275, 356
Wilson, Woodrow 236f, 255ff, 259, 262f, 282, 286, 342
Witos, Wincenty 245
Wlassics, Julius 296

Dank

Einzelne kleinere Textteile im Abschnitt „Gewaltlösungen" entstanden unter Mitwirkung und auf Grundlage (bzw. in Form von Zusammenfassungen) von Arbeiten meiner Kollegin und Frau Verena Moritz. Ich danke ihr überdies für das Überlassen von verschiedenen Materialien, für zahlreiche Hinweise, für viele anregende Gespräche zum Thema des Buches und für die kritische Lektüre desselben.

Hannes Leidinger
Trügerischer Glanz: Der Wiener Kongress
Eine andere Geschichte
328 Seiten, € 24.90
ISBN 978-3-7099-7064-5

Der Wiener Kongress war ein einziges rauschendes Fest – so schildern es jedenfalls die Aufzeichnungen von Zeitzeugen. Bälle, Paraden und viele andere Lustbarkeiten sollten Sieges- und Friedensstimmung verbreiten, die politischen Verhandlungen fanden währenddessen in den Salons und Hinterzimmern statt. Aber was geschah wirklich in der k.k. Residenzstadt?

Umfassend beleuchtet Hannes Leidinger den Wiener Kongress, der Europa 1814/15 neu ordnen wollte, aus verschiedenen Blickwinkeln. Er erklärt die Hintergründe, die Entwicklung und die Folgen des Großereignisses für Österreich und ganz Europa. Darüber hinaus erzählt Leidinger, wie das Leben abseits der „großen Historie" aussah, und er berichtet vom Alltag der Menschen, der so gar nicht dem Klischee des „tanzenden Kongresses" entsprach.

www.haymonverlag.at